U0134185

范文澜 著

大学者谈史系列

历史的钥匙

中国文史出版社

图书在版编目（CIP）数据

历史的钥匙 / 范文澜著 . -- 北京：中国文史出版社，2023.12
（大学者谈史系列 / 史鸣主编）
ISBN 978-7-5205-4424-5

Ⅰ . ①历… Ⅱ . ①范… Ⅲ . ①中国历史 – 研究 Ⅳ . ① K207

中国国家版本馆 CIP 数据核字 (2023) 第 210093 号

责任编辑：方云虎

出版发行：中国文史出版社
社　　址：北京市海淀区西八里庄路 69 号院　　邮编：100142
电　　话：010-81136606　81136602　81136603（发行部）
传　　真：010-81136655
印　　装：廊坊市海涛印刷有限公司
经　　销：全国新华书店
开　　本：16 开
印　　张：28.25
字　　数：328 千字
版　　次：2024 年 1 月北京第 1 版
印　　次：2024 年 1 月第 1 次印刷
定　　价：85.00 元

编者说明

　　范文澜是我国著名的马克思主义史学家,马克思主义史学的主要奠基人之一。他把马克思主义普遍真理与中国历史的实际相结合,深刻地阐发了中国历史的特点,对中国历史的分期提出了卓越的见解。其《中国通史简编》运用唯物史观阐述中国历史,成为20世纪中国史学发展的重要里程碑。本书收录的是范文澜的重要史学论文和短论,涉及中国历史分期、历史哲学、历史研究等方面,作者高屋建瓴,实事求是,既发挥深厚的国学功底,又富于理论勇气,是了解马克思主义史学在现代发展不可绕过的环节,也是继承马克思主义史学需要认真研究和学习的对象。本书适合历史爱好者尤其是领导干部阅读和收藏。

编　者

目 录

与颉刚论五行说的起原

直到现在，任何中国人，把他头脑解剖一下，量的多少固没有定，"五行毒"这个东西，却无疑地总可以找出来。颉刚说："五行，是中国人的思想律，是中国人对于宇宙系统的信仰；二千年来，它有极强固的势力。"这几句话，的确是至理名言，因为无论是谁，不管头脑洗涤怎样干净，在某种机缘中，有意或无意地，很容易流露出一抹淡影，虽然刹那间散没了。正如孙悟空尽着努力，依然跳不出如来佛的手掌一般。

凡是一种思想，到了能支配社会心理的威权地位，被支配者自然心悦诚服，绝不敢怀疑，而且要尽量加以涂泽补充的工夫，使它愈看愈可信。这种自欺的心理，实在是人类最卑弱劣性之一。我忽然想起个比喻来，有个老妖物，两颊苍皱，纹理横竖，至少十条以上，偏不肯认丑，粉抹得极厚，唇点得极红，在黄昏时候，混进人丛里，东飞一眼，西摩一肩，把许多痴儿弄得更痴了。腾地招恼了性如烈火的鲁男子，跳上去劈头揪住，顺手在路旁舀盆冰水，喳！喳！喳！给她大洗特洗，大擦特擦，抬起腿，踢出三丈之外。呵！何等勇猛！何等爽利！

好！五行老妖物，今天可倒运了，被颉刚揪住洗剥得多痛快。我想，读过《五德终始说下的政治和历史》的，没有不感觉到这样心情罢。我对于这本书的理论，是根本赞成的，不过在

1

《五行说的起源》一节里，多少意见有些出入。本想应颉刚的雅嘱，利用假期做篇文章彼此讨论，不幸最近发生一件事须到南方去走一趟，不能细写，止好把很粗陋的几层意见随笔录在下面。

一

　　阴阳与五行不是一件事，阴阳发生在前。最野蛮社会里，人，除了找些果实和野兽充腹，相等重要的就是男女之间那个事。他们看人有男女，类而推之，有天地，日月，昼夜，人鬼，等等，于是"阴阳"成为解释一切事物的原则。在《易经》里可以探求不少的消息。——现在的《周易》虽经后人增饰，但原始阴阳说却也保存着。——社会逐渐进步了，头脑比较复杂了，他们里面有智者出，另外造出一种五行说，即水火木金土五物。因为这五物为民生所行用，所以《左传》襄公二十七年说"天生五材，民并用之。"本来就是极平常的话头，并不含神秘性质。文化极度卑劣的民族，他们计数比打一只老虎还难，先止能数一二，不知道经过多少年，才会数一二三四五，这还借着天生五个指头的光呢。从原始阴阳说到原始五行说，其间经过的岁月一定也不少。从五行到九畴，又得经过若干年，所以《洪范》的九畴，与五行亦有前后的程序，九畴是根据五行而扩充的学说。我此地假设阴阳说发生在夏以前的社会里，五行说发生在所谓夏代的社会里，九畴说发生在殷代的社会里。

　　占卜是野蛮人一切活动的指南针，现在我们看殷墟龟甲的数量，真是多得可惊。不过究竟怎样卜法，很难断定。我想，大概是卜者各有口耳相传的辞句——繇辞——其含义在似隐非隐，可懂不可懂之间，好似神庙里签条相像。从甲骨上的兆文，合到他们的繇辞，于是吉凶判出来了。用阴阳的符号来占卜，是起于殷周之际，是占卜法的新旧革命。春秋时代卜卦，不全用《周易》，大概旧法和新法随意用的缘故。周易卦辞爻辞本极简单，经过十翼的大发挥，阴阳学说才进展到最高点。凡是一种学说，发展到极盛地步，不久就要衰退或蜕变，自然，某部分认还是保存着的。"阴阳"，它的风头十足时期在孔子以后，邹衍以前罢？

邹衍的确是一位伟大的附会家——在他以前还有孟子，说见下第三条。——他觉得单拿阴阳做工具，不足以耸动听闻，于是打开古董箱，恰恰天字第二号的宝贝是五行。——天字第一号的阴阳，已经给殷周之际以及做十翼的老师们利用了。——他拿出来大加雕饰，尽量使它神化，再把老牌的阴阳混和在一起，成立他的阴阳五行说。大抵创造一个新说，必得要于古有之，才能使人相信；更要说得天花乱坠，玄而又玄，才能把这新说扩大而有势力。战国诸子没有不如此的。颉刚疑心五行说如早存在，何以到邹衍始发达起来。这果然可疑，不过很有许多例证，可以证明各种事物，差不多都有它的来源。我们拿文学史来做例罢。王褒在汉宣帝时做一篇《圣主得贤臣颂》，到东汉末期骈体发达起来；六朝骈体发达到极点，而姚察苏绰在南北两朝各做散文，到唐后半期散体发达起来；陆机演连珠，徐庾以后四六发达起来；陈思王受梵呗的影响，作《太子颂》《睒颂》，到齐梁时四声八病发达起来；梁武帝作《西洲曲》，沈约作《六忆诗》，到唐末词发达起来；齐梁人备四声八病，唐朝四六律赋律诗发达起来；赵德麟作《元微之崔莺莺》商调蝶恋花词，元代戏曲发达起来。当然，说明一种文学的起原，并不这样容易，有甲原因，有乙原因，原因又各有其原因，不像我们在纸面上那样简单明显，可是甲原于乙，乙原于丙，这个公式是可以存在的。造丙的想不到会有乙，造乙的想不到会有甲；而甲之于乙，乙之于丙，同的仅小部分，新变花样却占了重要位置。所以阴阳发达时期，五行不妨存在，等阴阳说极而盛衰，五行起来代替它的地位。在我们看，五行在夏殷已下了种子，何以不快快长育起来，其实因为阴阳的种子，比它下得更在前，按顺序说，也得让阴阳先长育，才轮到五行出头。

本节的总意，是先有原始阴阳说，后有原始五行说。原始阴阳说在殷周之际发育而逐渐盛大，接着五行说经邹衍一番附会扩充，与旧有之阴阳合并而成其新的神化的阴阳五行学说。

二

《洪范》一篇，旧说相传，没有什么可疑的地方。刘节先生的《洪范疏证》我未见过，不敢妄议。不过我以为原始的五行说与邹衍的神化五行说，无妨先后并存。似乎不必费力把《洪范》搬开去，因为它并不妨碍我们说话。《甘誓》所记的事，有说是启，有说是禹，有说是相，不管是谁，先秦所传都说是夏书。今按里面有"怠弃三正"的话，照后儒解释作三建，岂非大有可疑三正既有问题，那威侮五行当然也可疑。不过我觉得三正——三建——之说，是邹衍以后一班阴阳五行先生的谬解，而《甘誓》的三正却是另外一件事。先说三正罢。我探求古历学的结果，知道所谓三正也者，完全是胡说。历法与农业有极密切的关系，夏代，——借用夏殷等名号，为说话方便计，其实所谓夏殷，不过那时候一个大部落，一家老酋长而已。——农业进步到某个阶段，他们根据自然界种种现象，造成历法，以天气渐觉和暖的一月为岁首。这可以叫做原始历，也就是最幼稚的历。以后推步术渐进，觉得一岁的计算，应该以日景短长为终始，——换句话说，就是渐知探求冬至点所在。——自然，他们的测景术非常拙劣，又夹着闰月在那里捣乱，弄得没法，止好把岁首大概置在孟春前的一个月。这不必奇怪，我们看《春秋》前半期所载正月，应该是建子的了，实际却多是建丑，这就是冬至点不能确定的缘故。后来测景术更进步，知道冬至在孟春前两个月，即以含冬至之月为正月。话虽如此，他们虽有这些进步的知识，岁首还有时准确，有时不准确，何尝有什么建寅建丑建子那套把戏。战国时人依据他们的历学知识硬造出三建来，于是改正朔易服道成为换朝代的大事，岂知三代岁首不同，完全由于历术进步自然的结果呢。

那末，《甘誓》的三正究竟是什么？我想，《左传》文公七年却缺引《夏书》有所谓九歌，其解释是"九功之德，皆可歌也，谓之九歌。六府三事，谓之九功；水火金木土谷，谓之六府；正德，利用，厚生谓之三事。"《九歌》《九辩》见于屈原赋及《山海经》，先秦有此传说。《左传》的真伪此可不辨，不过《左传》里面一定有古史包含着，不能全部抹杀，郤缺的话，可以说是有根源的，六府是五行加一谷，因为民以食为天，谷又是五行所化生的，所以总称为六府；三事是做国君的大道理。六府三事大概是夏代的政治大纲领，好像《洪范》为殷代政治的大纲一般。做《甘誓》的那一位，去征伐有扈氏，当然要拿大帽子去压他。所谓威侮五行，等于说你不重六府，就是说你不能养活百姓；所谓怠弃三正，等于说你不好好做三事，也就是说你不配做国君。本没有什么奥义精旨。自从为阴阳五行先生一说，弄得支离破碎站不住脚。总之，《甘誓》是否夏书，要是有旁的方法证明其非是，我们再来商量，如以三正为三建，而疑其非夏书，则我似乎有些期期以为未可。

本节的总意是《甘誓》三正即郤缺所说的三事，与三建不可并为一谈。

三

邹衍是孟子一派的儒者，我在十五年做一部《诸子略义》，已经是这样想。不过邹衍与孟子似乎不能说荀卿误并为一个人。孔子以来，鲁成了儒家的根据地；邹本鲁邑，儒学发达，至与鲁并称，这大概是从孟子起的。——《庄子天下篇》是庄子后人所做，也就是孟子之后人所做。——至于齐地的学者，在《孟子》书中，记着许多被孟子藐视的话，在孟子看起来，他们是外江派，不足道的。孟子的学生很多是齐人，齐有儒学，受孟子影响一定不小。荀子《非十二子篇》指子思、孟轲为五行造说者，颉刚疑心把邹衍当作孟轲，或是荀卿传闻之误，我想荀子无论怎样胡涂，决不至胡涂到如此。他也是齐稷下出身，距孟子时代不远，不应该连孟子、邹衍都闹不清楚。我们试翻《孟子》七篇，很看到些气运终始的痕迹，如

> 孟子去齐，充虞路问曰，夫子若有不豫色然。……曰，彼一时也，此一时也。五百年必有王者兴，其间必有名世者，由周以来，七百有馀岁矣，以其数则过矣，以其时考之，则可矣。夫天未欲平治天下也，如欲平治天下，当今之世，

舍我其谁哉！

　　孟子曰，由尧舜至于汤，五百有馀岁，由汤至于文王
五百有馀岁，由文王至于孔子，五百有馀岁，由孔子而来至
于今百有馀岁。去圣人之世，若此其未远也；去圣人之居，
若此其甚也。

这两条明明是推气运的意味。而且阴阳五行家在他那一套推
运工夫外，还懂得科学的历法和迷信的占星两种本领。在《孟
子》书里，有

　　千岁之日至，可坐而致也。

的话，是孟子懂历法的，又说

　　天时不如地利。

天时是时日支干五行旺相孤虚之属。孟子虽说天时不如地利，地
利不如人和，不过他承认天时是战胜的一个条件，是无疑的了，
孟子的舌头圆活，真可以，如

　　沈同以其私问曰，燕可伐与？孟子曰，可。齐人伐燕。
或问曰，劝齐伐燕有诸？曰，未也。沈同问燕可伐与，吾应
之曰，可，彼然而伐之也。彼如曰，孰可以伐之，则将应之
渔业，为天吏则可以伐之。……

照这段话看来，孟子实在有点不合，假如有个暴徒偷偷来问杀人
行不行，你能随便答应他说可以的么？等到人家来质问了，不说
自己不说明白，反说人家不问明白，难道孟子这样聪明人，不知
道沈同的本意么？我推想邹衍的学说，是与孟子同派的，他把五

行组织成一个系统，更鼓之以长广，古，说得生龙活虎一般，看史记所载他的种赫奕的声势，比孟子后车数十乘，从者数百人，以传食于诸侯，利害得多多，原始的五行说，经孟子推阐之下，已是栩栩欲活；接着邹衍大鼓吹起来，成了正式的神化五行，来源很明白，似乎不必说孟轲子邹衍误会成一人才通得过去。

荀子和孟子学派不同。荀子的弟子多传授经学，有模实保守的风气，孟子邹衍一派，则颇能簧鼓唇舌，耸动听闻。秦朝的丞相是荀子的高足李斯，而儒生们——儒与方士分不清楚，总称为儒生——却大说其火德水德，以十月为岁首，以黄河为德水，足见其深结主心，势力着实不小。这种本领，就是孟子邹衍的心传，后来骊山一坑，是先哄他们去议论冬天生瓜的事，荀卿一派学者，连天都不信，那里会去议论这样无聊的事去，坑儒惨剧，恐怕还有李斯一辈人的阴谋在内，他们的学派，本是世仇呵！赵岐说，"逮至亡秦，焚灭经术，坑戮儒生，孟子徒党尽矣。"足见这班五行先生是孟子的徒党，究竟他们有这套闳大不济，眩人耳目的本领，虽说吃了这样大亏，并不绝根，到了汉初，经学立博士的多是荀卿徒党，而汉文帝却特别给孟子立博士，荀卿则无闻焉尔，这不是很可怪的事么？因为文帝甚信方士式的儒生，也就是孟子的徒党，所以孟子居然得立于博士。

本节的总意是孟子是神化五行说的创造者，邹衍是发扬光大五行说的老师父，荀子《非十二子篇》所记是可信的。

我做这篇小文，足足费了两天了，恕不再繁征博引，就此做个结束罢。对于五行说起原的问题，我和颉刚不同之点是：

> 颉刚以为五行说是起于邹衍，他以前没有五行说，凡古书所记关于五行的话，都可以怀疑。

我的意见是无论什么学术思想或文学种种，一定有个来源，起始是很简单的，很平常的，到后来因有适宜的条件，它才发达起来。自 A 变 B，自 B 变 C，……每变一次，对于旧者要保留一部分，新的方面则增加一部分，跟着变下去，离本来面目愈远，甚而至于完全不像，然其起原却不能完全抹杀，根据这个式子，所以我对于五行起原说是这样：

A，原始阴阳说夏以前。B，原始五行说分二期：夏为创始期；殷为扩充期。C，神化阴阳说分二期：殷周之际为阐发期，孔子以下为光大期。D，神化五行说分二期：孟子为阐发期，邹衍为光大期。

（原载 1931 年《史学年报》第 3 期）

关于上古历史阶段的商榷

人类历史的发展，要经过原始公社、奴隶占有制度、封建制度、资本主义制度，而后达到社会主义的社会。

因为人是制造工具的，而新工具之制造，又必须依靠前一辈人所已有的成就，逐渐改善，才有可能。旧石器工具，只能进步到新石器。新石器工具，只能进步到粗笨的简单的效用不大的金属工具。金属工具——主要的是铁器——继续改善，才有蒸汽机的出现。蒸汽机进步到电气机，人类文明因而走上更高的阶段。

随着生产工具之变更和发展，人们的生产经验、劳动技术也变更和发展了。一定的工具和一定的劳动者结合起来，成为一定的社会生产力。

与一定的社会生产力相适合的，是人们的生产关系。所以，生产力是怎样，生产关系也就应当是怎样。

中国上古历史，因为文献的难征，和发掘工作的幼稚，许多问题无法予以正确的说明。尤其是奴隶制度在什么时候成立，封建制度在什么时候开始。聚讼纷纭，莫衷一是。大体说来，约有：

（一）殷代是氏族社会，西周是奴隶社会——这是郭沫若氏《中国古代社会研究》的主张。按郭氏《中国古代社会研究》一书是1929年出版的，后4年即1933年郭氏所著《卜辞通纂考释》，似乎并未重提殷代为氏族社会之说，而于书中《征伐》、

《食货》各篇，考证殷代的奴隶服兵役及从事牧畜农艺等生产事项颇详。是则郭氏于殷代社会已有新的发见和新的认识了。郭氏是世界著名的考证家和历史学家，他用唯物史观的方法来研究中国古代历史，其功甚伟，其影响亦甚大。现在我们提出一些材料，希望商榷的结果，能得到更接近真理的见解。

（二）殷代是奴隶社会，西周是封建社会——这是我党历史学者吴玉章同志的主张。

哪一说接触了真理呢？让我们来考察一下：

奴隶制度时代，已用铁作农具，这是对的，但不能说，殷墟还没有发见铁，所以殷代决不会是奴隶社会。郭沫若氏取《公刘篇》"取厉取锻"和《考工记》仅存标题的"锻氏"，用《说文注》"椎物也"作桥梁，推出西周已有铁器，因而西周是奴隶社会。按《公刘篇》虽是周初人作，说的却是公刘时候的事。据《史记·周本纪》公刘世系不明，大抵在夏、殷之际。如果我们相信《公刘篇》所说可靠，那么，夏、殷之际已经有铁，殷何以一定不是奴隶社会呢？且"锻厉"也不能作为铁器的积极证明。《周书·费誓》："锻乃戈矛，砺乃锋刃"，西周兵器均是用铜，是铜器亦称锻厉也。《荀子·强国篇》说当时制剑的技术"刑范正，金锡美，工冶巧，火齐得，剖刑而莫邪已。然而不剥脱，不砥厉，则不可以断绳。"可见兵器犀利主要是靠砥厉，这与《左传》昭公十二年楚子革说"磨厉以须，王出，吾刃将斩矣"的意义相合。锻只是把戈矛不直的击之使直——因为刑范有不正的——并没有制铁器的时候那样重要性，所以用"锻"字来推测铁之用否，是不甚有力量的。

我们知道中国留传下来的古文献，是高高在上的统治阶级谈论他们那一套如何榨取人民压迫人民的大道理，本来不是为后人考察经济发展而说而写的，而且遗失的又太多了，如《尚书·多士篇》说"惟尔知惟殷先人，有册有典"，可是现在只保存了几篇。至于地下发掘更只是开始工作。譬如《孟子》说"周公驱虎豹犀象而远之"。《吕氏春秋》说"商人服象为虐于东夷，周公遂以师逐之，至于江南"。象是南方特产，谁也不相信 3000 年前河南地方会生象，可是地下发掘却给证明了。殷代的铁器，我们现在断其必无，未免早些吧。

所以，铁制农具何时开始，是一个无法讨论的问题。（因为材料不够）幸而《联共（布）党史简明教程》给予我们以明确的指示，依据这个指示，我们可以在生产关系方面找出实际证明，因而生产力也就不会凭空臆测了。

试看《联共（布）党史简明教程》怎样写着？

（一）奴隶占有制度

1."生产关系的基础是奴隶主占有生产资料和生产工作者，这些生产工作者就是奴隶主可以把他们当作牲畜来买卖屠杀的奴隶。"[①]

《尚书·梓材篇》："皇天既付中国民，越厥疆土。"《召诰篇》："皇天上帝，改厥元子，兹大国殷之命，惟王受命。"这就是说殷王是皇天的大儿子，他代天有土地和人民。现在周王做了大儿子，所以土地人民都归周王所有。这是周初人说的话，足见生产资料和生产工作者，在殷代是属于王的。

在"卜辞"及发掘里，证明殷代（盘庚以前无可考）大批杀戮奴隶，祭祀用奴隶作牺牲，《盘庚中篇》称民为"畜民"。《周

---

① 《联共（布）党史简明教程》，人民出版社 1975 年版，第 138 页。

易·旅卦·六二爻辞》,"旅即次,怀其资,得童仆贞。"皆买卖屠杀之证。

2. 生产工具"人们所拥有的已经不是石器,而是金属工具。"[1]

石头工具已被金属工具所代替,但并不是完全消灭。恩格斯在《家庭私有制和国家的起源》里说:"铁产生了大规模的耕作……这些都是逐渐形成的,最初的铁常比青铜还要柔软,所以石头很慢很慢才消灭的。"奴隶社会一般说来,畜牧业还占主要地位,金属农具还没有广泛的应用。等到广泛散布的时候,也就是封建制度的开端了。

3. 生产部门"已经被畜牧业、农业、手工业以及这些生产部门之间的分工所代替。"[2]

说已经代替而不说已经发达,这个指示是应该注意的。许多人把历史发展的阶段弄糊涂了,就是没有注意"已经出现"四个字的缘故。

这里畜牧业居第一位,据郭沫若氏考证,殷代是牧畜最蕃盛的时期,我还可以提出一个补充证据。《洪范篇》、《庶征》:雨、旸、燠、寒、风,"五者来备,各以其叙,庶草蕃庑。"这正是畜牧时代人说的话。农业居第二位。《洪范》在《庶征》以后,接着说"岁月日时无易,百谷用成。"百谷说在庶草之后,证明殷代是首畜牧而次农业。手工业居第三位。当时的手工业,主要的是供给统治阶级的使用。所以殷墟发掘,工业场所都在王宫附近。

---

[1] 《联共(布)党史简明教程》,人民出版社1975年版,第138页。

[2] 《联共(布)党史简明教程》,第138页。

何以知道奴隶参加这些部门呢？奴隶是畜牧的工具，卜辞虽少记载，但这正说明奴隶从事畜牧，事属平常，不疑何卜。刍何以卜，刍待天时，不可必其蕃庑也。《左传》昭公七年"马有圉，牛有牧。"圉、牧在仆台之下，其贱可知。《庄子》说臧获牧羊，臧获是奴隶的通称。《晋书·陶侃传》还有牧猪奴的称呼（西汉公孙宏牧猪海上，后作宰相，卜式牧羊，亦非奴隶）。这些都是古代（殷、周）留传下来的习惯语。"卜辞"中有耤臣，是农业奴隶的管理者。手工业的首领叫做百工，也叫做工师，他们家传技术，实际劳动却是奴隶，周代还保存这个习惯。

说到生产工具和分工，农业用具尚少实证，手工业据发掘所知，有陶工、石工、骨工、铜工、玉工。玉的硬度是很大的。可是玉工已能雕刻精细的花纹，证明雕玉工具是最好的金属。依此推想，工业既能刻玉，在黄土上刺几寸深的农具，也可能有的吧。

4."这时已经有可能在各个人之间和各部落之间交换产品。"[1]

《尚书·酒诰》："妹土嗣尔股肱纯，其艺黍稷，奔走事厥考厥长。肇牵车牛远服贾，用孝养厥父母。"据此，是殷人先已有交换生产品之事。殷墟发现大量的贝，贝产于海滨；又青铜所含之锡，亦非黄河流域所产，足见团体间也有交换。

5.这时已经"有可能把财富积累在少数人手中，而生产资料确实积累在少数人手中。"[2]

据殷墟发掘所见，贫富的分割非常明显。《史记·周本纪》：

---

[1]　《联共（布）党史简明教程》，第138页。

[2]　同上。

"武王命南宫括散鹿台之财，发钜桥之粟，以振贫弱萌隶。"萌就是氓，隶即奴隶，被统治阶级所剥削者。

6．"这时已经有可能迫使大多数人服从少数人并且把大多数人变为奴隶。"[①]

殷代最重刑罚，《礼记·表记》所谓"商人先罚而后赏"。《荀子》说"刑名从商"。《韩非子》也说商人有弃灰之刑。"卜辞"及地下遗骨，想见殷代杀戮的凶残。"卜辞"囚字，作人在井中之形。刑罚是统治阶级压服人民的工具，目的就在迫令大多数人服从少数人。

7．在这里，"占主要地位的是受不劳动的奴隶主剥削的奴隶的强迫劳动。"[②]

三个生产部门居首位的畜牧业是用奴隶的。农业是部分的用奴隶，工业也用奴隶，是强迫劳动占统治地位了。阶级划分的结果，旧氏族社会中一切组成员共同劳动自由劳动的现象破坏了，也就破坏了对于生产资料以及对于生产品的公共所有制。土地归最大奴隶主——王——私人所有，贵族从王分得土地是可能的，如箕子封于箕、微子分于微之类。周初大封建，在殷代已经发生了萌芽。

8．阶级斗争。"富人和穷人，剥削者和被剥削者，享有完全权利的人和毫无权利的人，他们彼此的残酷的阶级斗争。"[③]

---

① 《联共（布）党史简明教程》，第138页。
② 同上。
③ 同上。

这里指出奴隶社会里有三个阶级。第一是贫人阶级。贫人不是奴隶，而是旧氏族社会残留下来的大批"破落户"。《高宗肜日》篇："王司敬民，罔非天胤，典祀无丰于昵。"所谓"罔非天胤"的民，就是指同一氏族的那些"破落户"。《洪范·五福》其二曰富；六极，其四曰贫。《洪范》说富贫而不说贵贱。奴隶社会财富以奴隶多少为标准，如果奴隶大批逃走或死亡，富人即变成穷人，而贵人也就变成贱人，所以在那时候的统治阶级，觉得贫富比贵贱更有重大的意义。"卜辞"里殷代征伐之事极多，但也不见他们扩大了多少土地，原因就在掠夺奴隶，增长自己的财富。《礼记·表记》说殷人之敝，"荡而不静，胜而无耻。"这就是奴隶主强盗行为的写照。第二是被剥削阶级。这些人或由别的地方逃避更残酷的剥削而逃来附归，或由俘虏的一部分被束缚于土地而缴纳贡赋。这些人经营小农业，地位在奴隶和农奴的中间。第三是奴隶阶级。他们同牛马一样，什么权利都没有，至于统治阶级只是一个，富人就是剥削者，也就是享有完全权利者。

《联共（布）党史简明教程》指出奴隶社会基本的条件，考之殷代盘庚以后，无不备具，因此我们可以判定殷代（指盘庚以后，前此如何，因无实证，不能率断）是奴隶社会。

（二）封建制度

1."生产关系的基础是封建主占有生产资料和不完全地占有生产工作者——农奴，封建主已经不能屠杀农奴，但是可以买卖农奴。"[①]

---

① 《联共（布）党史简明教程》，第138页。

16

周是旧邦，见于"卜辞"。周人世世重农，不仅后稷公刘的传说可资佐证，就在技术上，又确比夏殷二代为进步。古史所传三世（即夏建寅、殷建丑、周建子。春秋时代宋尚建丑，晋仍建寅）被阴阳五行家附会成神秘的东西。其实这只是说明三代历法发展的步骤。夏人看到自然界从冬寒以后，有新的现象发生，就定这个月为一岁之首（寅月，即正月）。殷人知道实际岁首（冬至点）还在其前，以为冬至点在前一个月（丑月，即十二月）。周人推步术更有进展，发现冬至点更在前一月（子月，即十一月）。这只发现冬至在子月的原则，实际应用，在春秋前半期仍多错误，文公以后才大体正确。历法是为农业而研究的，历法进步，证明农业的进步。

周氏什么时候解体，奴隶制度什么时候成立，现在无法考证，因为材料太缺乏了。如果《大雅·公刘篇》所说的是事实，照第四章看来，公刘迁豳的时候，似乎是在氏族解体过程中。到古公亶父迁居岐下，疆理田亩，建筑宫室宗庙，有司空、司徒等官属，还有军队和邻国作战。这也许已经组成奴隶制度的国家了吧？郭沫若氏把古公描写成一个穴居野处的野蛮人，骑着马（东周人还不知道骑马啊）走到岐山之下，嫁给姜女酋长作丈夫。这未免近于文学而疏于考证。古公只是避薰鬻戎狄的攻击，率领本部人马逃到岐山来。如果他是嫁给姜女酋长的，他如何夺取酋长的权力，那些司空、司徒从那里来，宗庙里祭祀谁的祖宗，姜氏族愿意么？在文化上，他突然暴发到摆皋门应门那种大架子，古公亶父真是太飞跃了。《豳风·七月篇》，据《小序》是周公叙述后稷先公风化之所由，先公也许包括古公在内。这首诗很像写奴隶劳动的情况。如"七月流火，九月授衣"，如"采荼薪樗，食我农夫。"衣食都是公家给的，而工作之忙，几乎同王褒对杨家奴子便了开玩笑的《僮约》差不多，所以我推想古公时候可能组成奴隶国家。

文王是开创西周王业的"圣王"。他立志翦商，针对着殷纣规定政策。如殷人酗酒，他严厉禁酒；殷人好畋猎，他不敢盘于游田（《无逸》）；殷纣残民，他"乃裕民"（《康诰》）；殷纣招揽奴隶，他反对奴隶逃亡。《左传》昭公七年，楚申无宇说"周文王之法曰，有亡荒阅，所以得天下也"。当时的邦国，都是些奴隶国家，殷纣恃强做逋逃薮，破坏了较小奴隶主的所有权，周文王定这条法令，得到"诸侯"们的拥护。后来武王宣布纣的罪状，伯禽征伐徐夷的誓命，都指出奴隶所有权之必须保障。足见当时奴隶占何等重要的地位。虽然这些奴隶大体是指供奔走使令的臣仆而言，但按马克思所指示奴隶制的经济，要经过好些阶段，从主要地以满足自己消费为目的的族长制起，到为世界市场而劳作的种植制为止，文、武、伯禽都是采取巩固奴隶占有制的政策的。

在西周从事农业的是奴隶还是农奴呢？照现有材料看来，奴隶也有，农奴也有，而主要的却是农奴，《召诰》篇说"夫（即奴隶社会的贫人阶级被剥削阶级）知保抱携持厥妇子，以哀吁天，徂厥亡出执。"文王是反对奴隶逃亡的，如果这些"夫"（周人称农民为夫）是奴隶，纣拘执他们，不算大罪恶，足见"夫"不是奴隶。何以知道西周"夫"最多呢？因为看到有"夫"身份的人多，奴隶身份的人少，如《豳风·东山篇》描写战士回家的情况"鹳鸣于垤，妇叹于室。"这是一幅孤村冷落的图画，要防止奴隶逃亡，要应该有比较集中的居处，这样散居荒野，正是农奴留恋在小土地上的情景。《召南·行露篇》是说男人聘礼不足，女子不肯嫁他而兴狱讼。这是穷苦农民想讨便宜老婆。如果是奴隶，根本不要什么聘礼，由主人择配罢了，何致兴讼而且传为美谈。《大雅·灵台篇》："经始勿亟，庶民子来。"这是诗人夸张文王行仁政得民心，庶人像儿子那样来替父亲出力。如果是奴隶，呼之即来，"子来"有什么希罕。周公称颂文王"不敢侮鳏寡"，如果是奴隶，鳏寡由于主人不给他匹配，有什么可称颂？依这些材料看，西周文王时代，农奴已是主要的生产者。

何以见得这类经营小农业有室家妇子之私的农奴在社会占主要地位呢？"卜辞"不见民字，殷周之际作的"周易"卦爻辞也不见民字。"卜辞"周反映的意识是迷信享乐（畋猎），卦爻辞也是满篇鬼怪狩猎的话头，在殷人心目中，剥削主要靠奴隶，民是无关重要的。周人却大不然，《诗》、《书》二经，几乎每篇要说到民事，把民看得非常重要，这正可见剥削对象是民（因为农业已占第一位），所以民的地位被注意了。

农民有某种限度的自由权，而隶属关系却很严格，所以《小雅·北山篇》说，"溥天天下，莫非王土，率土之滨，莫非王臣。"这正适合于封建制度生产关系的基础。

《联共（布）党史简明教程》指出"新的生产力，要求工作者具有某种在生产中的自动性，要求他具有从事劳动的嗜好，要求他具有愿意从事于劳动的兴趣。因此，封建主就把奴隶抛弃而宁愿利用农奴。"[①]古史相传文王发政施仁，大概文王就是首先抛弃奴隶而利用农奴的封建主，在封建社会看来，他确是值得"仪式形文王之典"了。

周是西方小国，竟能翦灭大邦商，这正证明一种新制度，必然要战胜旧制度。

---

① 《联共（布）党史简明教程》，第139页。

19

2. 与封建所有制并存的，"还存在农民和手工业者以本身劳动为基础的个体所有制。"①

《周颂·臣工篇》"庤乃钱镈，奄观铚艾。"钱、镈、铚都是金属农具，庤是储藏，奄观是大检查，也许这些生产工具是封建主发给耕种公田的农奴，教他们保存使用，用后缴还主人。《小雅·大田篇》"雨我公田，遂及我私"。这是私有经济的个人所有制，生产工具也应该是自己的。吕刑作于穆王时代，他规定五刑之罚三千条，最重要的罚锾多到铜六千两。（依郑玄说）穆王距周初不过百年，农奴已可大量榨取，足见私有经济在周初已经开始发展。

《尚书·康诰》以"不孝不友"为"元恶大憝"，这固然为在殷民中间建立起封建秩序（即下文所谓"民彝大泯乱"），然不给殷民以私有财产，孝友从何讲起。《酒诰篇》允许殷民"牵车牛远服贾"，证明人民得经营私有经济。《逸周书·作雒解》"凡所征熊盈族十有七国，俘维九邑。俘殷献民迁于九里。"九邑被俘，其余仍保旧状，是未贬为奴隶也。九里当在成周。《多士篇》"今尔惟时宅而邑，继而居，尔厥有干有年于兹洛。"《多方篇》"今尔尚宅尔宅，畋尔田。"是被俘之殷献民即顽民，也还承认他们的私有权。《左传》定公四年说分鲁公以殷民六族，分康叔以殷民七族。《左传》明明说教这些族长"帅其宗事，辑其分族，将其类丑（族中所有的奴隶），以法则周公，是使之职事于鲁（卫）。"他们仍依然有官职，何尝是奴隶。此处更有注意点，即"皆启以商政，疆以周索"两句。鲁、卫二国，政治方

---

① 《联共（布）党史简明教程》，第138—139页。

面保留殷代习惯法，土地却改用周法。周的土地法只有传说而无确证（如一夫授田百亩，耕者九一，耕者助而不税，什一而税之类），但据《诗》《书》所示，周的农民是私有经济的个人所有制，那么，殷代的奴隶从事农业者，被新主人抛弃而成农奴了。

郭沫若氏举周金十二器以证周是奴隶社会[①]，我看却不必然，臣仆称家，庶人称夫。臣仆全家都是奴隶，庶人难道都是鳏夫么？（《孟鼎》人鬲〔即殷士大夫之被俘者，见《尚书》及《逸周书》，与庶人同类〕千又五十夫），这正说明庶人是农奴，他个人对封建主负徭役贡赋的义务，家室却是私有的（所以仲山甫谏止宣王料民）。《克鼎》："锡汝邢长、缮人籍"，这与《左传》定公四年封卫康叔时"聃季授土，陶叔授民"同例。给受封者以人民名册，不一定是奴隶。

周初是否班爵禄？《左传》隐公十一年，"滕侯、薛侯来朝，争长。薛侯曰：我先封。滕侯曰：我周之卜正也，薛，庶姓也，我不可以后之。公使羽父请于薛侯曰，……周之宗盟，异姓为后。"桓公二年"今晋，甸侯也"。又十年"鲁以周班后郑。"僖公四年齐桓公责楚"尔贡包茅不入"。昭王南征不返，王室威信坠地，足见茅包之贡尚在其前，非成王周公所班定而何。又五年晋灭虞，"归其职贡于王"。昭公十三年子产曰，"昔天子班贡，轻重以列，列尊贡重，周之制也。卑而贡重者，甸服也。郑伯，男也，而使从公侯之贡，惧弗给也。"又二十三年，"列国之卿，当小国之君，固周制也。"哀公七年，吴来征百牢，鲁子服景伯对曰："……周之王也，制礼上物，不过十二。"这些例证如果不是全出伪造，那就不能否认周初封建爵禄贡赋是有定制

---

① 《中国古代社会研究》，第296—297页。

的。又哀公十一年鲁"季孙欲以田赋，使冉有访诸仲尼，……仲尼不对。而私于冉有曰，君子之行也，度于礼，施取其厚，事举其中，敛从其薄。……且子季孙若欲行而法，则周公之典在。"如果仲尼曾说过这些话，而"周公之典"也不是假造的，是分封诸侯时，已规定封建制度的剥削方式。至于王公侯伯子等名称参差，并不足怪，一种制度开始行施，当然不能严密划一。春秋时候大夫有称公的（《左传》襄公三十年），欧阳修在北宋还自称其父为"皇考"，难道北宋不是封建时代么！

3. "铁的冶炼和加工更进一步的改善，铁犁和织布机的推广。"[1]

关于西周铁的记载很少，《逸周书·世俘解》武王用玄钺斩纣二嬖妾头。《史记·周本纪集解》引宋均说"玄钺用铁不磨砺"。《秦风》有驷铁，驷是黑马。这些证据都欠有力，所以不能知道铁犁是否推广。据《豳风·七月篇》，织布机是广泛推广了。

4. "农业、种菜业、酿酒业和榨油业的继续发展。"[2]

周重农业，不须再证，殷人祭祀用牲偶有多至三百的，而《召诰》"社于新邑，牛一、羊一、豕一。"《洛诰》"王在新邑，烝祭岁，文王骍牛一，武王骍牛一。"用牲极少。可知畜牧业已衰退。圃字已见于"卜辞"，酿酒亦盛于殷代。惟制油业在中国文献中罕见。

---

[1] 《联共（布）党史简明教程》，第 139 页。

[2] 同上。

5. "除手工业作坊以外工场手工业企业的出现。"①

这是比较后起的，周初不会有。

6. "剥削者和被剥削者之间的阶级斗争。"②

古史称颂文武，好像那时候阶级斗争比较和缓，其实依然情势严重，《左传》僖公十九年"宁庄子曰，昔周饥，克殷而年丰。"不进行掠夺，国内就有叛乱的危险，所谓标准的仁政，也只如此而已。

依据上面的论证——如果这些证据可靠的话——西周已开始封建社会。当然，氏族社会奴隶社会的残余保留还是很多，但这些残余之能保留下来，只是由于传统及惰性力，不能再有所发展了，我们不应该误认残余为这个社会的本质，而忽视新因素的向前发展，因为新制度是发展着，而旧制度则日趋瓦解，即使在开始时，旧的还占较大比重的力量，而必然要被新制度所代替，是无可置疑的。所以，文王国土虽小终能灭商，恰好证实了这个历史的定义。

（原载 1940 年延安《中国文化》第 1 卷第 3 期）

---

① 《联共(布)党史简明教程》，第 139 页。
② 同上。

开始了并结束了
旧民主主义革命的辛亥革命

"亚洲社会的不变性，与亚洲国家之经常被破坏而重新建立，与它们朝代之迅速更换，恰恰相反。这个社会基本经济成分底结构，并不被政治范围内所发生的风暴所惊动。"马克思这个锐敏的论断，把"一部二十四史从何说起"的秘密揭露了。而辛亥革命则是社会基本经济成分底结构已经变动得足以破坏3000年改朝换姓的老窠臼，崭然呈显资产阶级民主主义革命的新面目，因之辛亥革命无疑是伟大的，因为它是从一个社会制度开始转向另一社会制度的革命。

中国革命的历史进程，必须分为两步。其第一步是民主主义革命。而民主主义革命又必须分为两个阶段，十月革命以前是旧民主主义革命，十月革命以后是新民主主义革命。自从1840年鸦片战争以来，中经太平天国运动、戊戌政变、中法战争、中日战争，以至辛亥革命，都属于旧民主主义革命阶段，而辛亥革命则是在更完全的意义上开始了这个革命。继辛亥革命而起的，是五四运动、五卅运动、北伐战争、土地革命、"一二九"运动，直到今天的抗日战争，都属于新民主主义革命阶段。辛亥革命从其成功的一方面看来，是开始了具备规模的旧民主主义革命，但革命的实际经验又证明了这种革命决不能完全改变中国半殖民地半封建的社会形态，使之变成一个独立的民主主义的社会的艰巨任务，势必让位于新民主主义革命，才能负起反帝反封建的千钧重担。因之旧民主主义革命也就不得不从此渐归于结束。（参阅《新民主主义论》三、四两节）

构成辛亥革命的重要因素，可以从四方面来说明。

（一）**帝国主义** 19世纪末20世纪初（光宣之际）帝国主义列强运用军事的、政治的、文化的，尤其是经济的各种侵略方式，狂风暴雨般向中国袭来。腐朽顽劣的满清政府望风披靡，丧失权利不可数计。试观下列简表：

1894年（光绪二〇） 中日战争。

1895年（光绪二一） 《马关条约》的成立，中国赔偿日本军费二万万两，割辽东台湾及澎湖列岛，放弃朝鲜宗主权。

同年 俄德法三国干涉日占辽东，日本退还辽东，增偿赔款3000万两。

1898年（光绪二四） 德强租胶州湾，并获得山东筑路开矿等权利。

同年 法强租广州湾，宣言两广云南为其势力范围。

同年 俄强租旅顺大连，宣言东三省及蒙古为其势力范围。

同年 英强租威海卫，宣言扬子江流域为其势力范围。

同年 日本要求福建为其势力范围。

1900年（光绪二六） 八国联军攻入天津北京。

1901年（光绪二七） 《北京条约》成立，中国赔款4万万5000万两，丧失海关及其他权利多种。

1904年（光绪三〇） 日俄在东三省大战。

同年 英藏私约成立。

1905年（光绪三一） 日俄《朴资毛斯条约》成立，俄所占南满一切权利转让日本。

伴随着上述暴力掠夺，旧中国的经济命脉铁路、海关、邮电、航运业、矿冶业、纺织业、银行业悉数掌握在帝国主义手里了。由于中外经济力形成不可比拟的悬殊，统治中国的满清政府，事实上成为帝国主义恭顺的奴仆，主奴交互勾结利用，共同向中国人民进行残酷无比的压榨。单就海关一项说，光绪三十一年后，每岁总在2万万两左右，政府征收关税每岁三四千万两，大部抵偿外债。这种压榨的结果，促成中国人民迫切要求革命。

（二）满清政府　鸦片战争以来，尤其是光绪时代，清政府对外军事的失败，外交的屈辱、国权的丧失、藩属的削夺，政府的威信在人们面前坠落几尽。同时内政也败坏到不可收拾的地步，皇室以西太后那拉氏为首，官僚以庆亲王奕劻为首的整个统治机构，贪污腐化，骇人听闻。例如全国每岁征收捐税，用作贿赂上官，饱入私囊的数目，超出公货实额总在五成至七成之间。政府岁入总数，光绪二十九年1万万两，三十四年增至2万3000万两，宣统三年增至3万万两，公货实额如此飞跃增加，官吏私囊随之充盈，可以想见。人民穷极无告，只有向革命控诉以求生路。不过满清的统治机构很庞大，统治经验也丰富，如果内部还能保持相当的团结，镇压人民革命，其势力仍未可轻视。恰好那拉氏死后，摄政王载沣代宣统帝溥仪执政，首先斥逐汉族官僚袁世凯回籍。宣统三年，组织立宪内阁，国务大臣13人。满人占九，汉人占四，军谘府两个大臣都是满人。汉族官僚非常愤恨，候补侍郎陈宝琛，大学堂监督刘廷深等上奏折严厉抨击载沣用人不公，要求满大臣引咎辞职，满汉两族官僚公开冲突，造成极大的裂痕。袁世凯痛恨载沣，包藏着夺取满清政权的野心，他虽然被逐下野，却与旧部新军六镇及徐世昌为首的大批汉族官僚的拥护，实力远在载沣之上。袁世凯载沣的分裂，大大削弱了满清政府的统治力。

帝国主义列强是间接的但是强大的中国统治者,满清政府是直接的但是衰弱的中国统治者,中国人民与满清政府角力,帝国主义是不能坐视的。

(三)汉族人民 光绪二十六年以后,国库每岁亏短二三千万两,宣统时代岁亏增至6000万两,政府假借筹备立宪扩张军备名义,大肆搜括,田赋自3000万两增至5000万两(对土地所有者大不利),厘金自1300万两增至4300万两(对工商业者大不利),其他盐、茶、鸦片、矿、渔、牙、印契等旧税以外,另创米谷、砂糖、烟酒、绸缎、首饰、屠宰、赌场、彩票等新税,名目繁奇,无所不至,定价出卖官职,任何不堪之人,有钱就做官,政府提取官吏陋规,美其名曰化私为公,实际是抽官吏所得税,在这样抽税狂潮下,人民一致对政府不满;民族的仇恨,在大部分人民间尤激发不可抑止。当时社会里各阶级阶层所持态度大体如下:

民族资产阶级 清末工业非常幼稚。自光绪二十九年至三十四年,在商部注册的公司有128家,资本总数不过4900万元,号称第一流的银行如厦门绅士林关嘉独力经营之劝业银行,广东绅商经营之广东大信银行、南洋华侨经营之吉林实业银行,资本都不过数十万元。资本家多从官僚出身,如江苏省资本家首领张謇是状元,浙江省资本家首领沪杭甬铁路总办汤寿潜是四品京堂,其他白身出身的较大资本家总要弄个官衔以资夸耀。他们经济力量既极薄弱,对政府只要求君主立宪,不一定主张排满,但也并没有好感。

买办资产阶级 买办是帝国主义的走卒,他们依附洋主人,在市场上有很高的地位,对政治没有什么主张,因帝国主义不满意清政府，所以他们也没有好感。

华侨资本家 华侨在国外饱受当地统治者的压迫，希望祖国富强给他们保护，小部分受康梁保皇党欺骗，赞成君主立宪，大部分受孙中山先生影响，赞成排满共和，同盟会得华侨助力最大。

地主 地主本是拥护清政府的基本力量，因田赋激增，除有势力的地主不受影响外，其余改取冷淡态度，不愿出力支持。

小资产阶级知识分子 感受政治的（满汉不平等）经济的（家业衰败）压迫，排满革命思想极发达，日本留学生进行革命最为有力。

农民 占人口极大多数的农民，从来是生活痛苦的一个阶级，但到清末，愈益陷入悲惨的境遇。他们不仅要负担官府明令规定的捐税，同时还要供应破靴党（土豪劣绅）的额外榨取。宣统时代办理新政，破靴党借地方自治调查户口等名义，或称设立自治公所小学校，没收寺庙公产，或称破除迷信、禁阻迎神赛会、或称汇集款项，增设鸡豚家畜等劳捐，户口调查尤使农民发生政府将征收新税或抽丁当兵的恐怖，破靴党利用自己的地位，巧取豪夺，大饱私囊，农民精神上物质上遭遇不可忍受的压力，对统治阶级激起深广的仇恨。他们没有懂得组织，但反抗的潜在力量非常巨大。

工人 因为资本主义工业的幼稚，无产阶级数量既少，觉悟程度也还很差，未能形成一个独立的革命力量。

依据上述情况，满清政府对汉族统治的基础，事实上已经丧失，一遇风暴，势非崩溃不可。

（四）革命政党 领导革命，必须先有革命的政党。1894年（光绪二十）孙中山先生联络国内外志士创立兴中会，开始实际行动。1904年（光绪三十）黄兴宋教仁等组织华兴会。又有章炳麟徐锡麟等组织光复会。兴中会多闽广人，华兴会多两湖人，光复会多江浙人，三个团体带有封建地方性，对革命认识政治主张也不一致，惟推倒满清统治则为共同奋斗的目标，1905年中山先生在东京集合三会及其他革命人士成立中国革命同盟会，发表"驱除鞑虏，恢复中华，建立民国，平均地权"四项共同政纲，公推中山先生为首领，黄兴为副首领，章炳麟为民报主笔。这一统一战线的成功，革命势力遂成飞踊前进的雄姿。

同盟会员包括全国各省文武留学生，当时清廷举办新政，模仿日本，留日学生回国多在政界学界军界获得重要地位，同盟会势力因之遍布于全国。

湖北革命运动开始于光绪三十年，志士刘静庵、宋教仁等数十人组织科学补习讲习所，联络黄兴、吴禄贞等在湖南所办东文讲习所，采取一致行动。补习所决议从运动新军入手，所员多投军充当兵士。讲习所事露被破坏，补习所也遭封闭。不久，刘静庵联合武昌圣公会会长胡兰亭，借日知会（圣公会附属传教机关）作革命机关。光绪三十二年，日知会员在浏阳起义，有众数万人，战败，日知会被封。光绪三十四年，日知会员组织军队同盟会，加盟达400人，因议会名意见纷歧，未能正式成立。不久，组成群治学社，社员遍布新军中各部门。宣统二年，为避免官府监视计，改称振武学社，扩大组织，各标营均建代表制度，社员凡240余人。振武学社旋被协统黎元洪破坏，停顿两月余，改组称文学社。辛亥年元旦，文学社正式成立，公推蒋翊武为社长，大江白话报主笔詹大悲为文学部长，社员增至5000人。四月，文学社派代表与孙武为首的革命团体共进会接洽联络事宜，共进会主张推孙武为共同首领，文学社不允，从此两团体间取得联络，但也留下不幸的暗影。五月，文学社与益智社（四十二标一营后队司书郑兆阆所组织）、神州学府（武汉两商业学堂学生所组织）合并，团体愈益发展。孙中山先生派谭人凤来湖北谋组织中部同盟会，经詹大悲介绍，得与文学社负责人蒋翊武等会面。七月，文学社与共进会开联合会议，组织最高机关，统一指挥，筹备大举起义，公推蒋翊武为湖北革命军总指挥，王宪章为副指挥，孙武为参谋长，刘复基、彭楚藩等为军事筹备员。八月，发动辛亥革命。民国元年，由蒋翊武提议，文学社全体加入同盟会。

文学社特点是革命知识分子长期的深入新军下层工作，秘密组织士兵，人数几占湖北全军十之七八，起义后社员战死及被暗害竟占全社人数十分之九强。文学社发起辛亥起义，并孤军支持汉口战争，以待各省的响应，奇功伟业，实可歌泣，没有同盟会全国性的倡导革命，迅速响应，武汉军事发动必不能成功，没有文学社深入的普遍的武力作基础，辛亥革命也必不能成功。全国与地方，军事与政治，配合适宜。相得益彰，达成辛亥起义的大功。

关于辛亥起义的事迹，史书记载颇详，不须赘述，这里正想依据上述情况，试论这个革命成就和失败的两方面：

中国社会从鸦片战争以后，逐渐发生了一个新兴的力量，这就是资产阶级民主主义的革命力量。另一个是传统的封建反动力量。近百年来的中国史，也就是这两个力量的长期斗争史。革命力量以推翻封建制度，建立民主政治发展资本主义经济为目标，反动力量以把持封建专制政权，勾结帝国主义及其走卒买办资产阶级协力反对民主革命为职志。在辛亥时代，革命力量以孙中山先生领导的同盟会为代表，反动力量以载沣领导的满清政府及袁世凯领导的汉族文武官僚为代表。满清政府对帝国主义虽极恭顺，但它已是顽钝的，人民面前威信扫地的，腐朽到不堪供帝国主义使用的工具了。袁世凯兵力足以镇压革命，凶险的办事才干，老练的政治经验足以收拾危局，在汉族上层社会中又有颇高的声望，他是代替满清政府最适当的工具，以英日两国为首的帝国主义抚育这个宠儿是完全必要的。帝国主义永远反对中国资产阶级民主革命的抬头，但是辛亥起义后八天，英日俄法德五国同时宣告中立，承认革命军为交战团体，这当然不是所谓革命外交的成功，而是帝国主义压迫满清退位。鼓励袁世凯登台演戏的预定计划。

袁世凯强大的兵力加上帝国主义的援助，与起义军兵力加上全国人民主要是农民的革命情绪比较起来，自然袁世凯方面占优势。如果袁世凯恃强进攻不止，迫使起义军结合农民共同战斗，那么，袁世凯内有满族官僚的牵制，外遭广大群众的反抗，帝国主义本身存在着矛盾，不能增加更多的助力，优势将转成劣势。这样，和议很快成功的原因显然可见了。革命力量方面弱点很多，孙中山先生虽然勇气有余，无奈同盟会动摇，势孤力单，不得不委屈议和，反动方面投鼠忌器，袁世凯虽然野心勃勃，也不得不适可而止，借和议结束革命的第一幕，乘机巩固既得的地位，再用政治阴谋来进一步的瓦解革命团体，孤立孙中山先生及少数坚决革命分子，最后用武力驱逐革命力量，使不能在南方立足。袁世凯着着成功，革命步步失败，革命的目的在取得政权，现在政权正是从满清转移到袁世凯手中，辛亥革命无疑是失败了。

不过辛亥革命还有其伟大成功的一方面。中国是 3000 年封建专制的国家，朝代可换，皇帝必不可无的传统观念，大圣群贤苦心制造的"君天也，天可逃乎"一类"永恒真理"，深入人心，牢不可拔，辛亥以后自然幻灭了。（顽固分子例外）人民虽然仅仅获得民主共和的空名，但民主共和代替了"天皇神圣"，建立民国的政治原理教育了全国广大人民，那么抑在社会下层的工农群众觉悟到自己不是统治阶级的奴役而是国民一分子，更觉悟到统治阶级善于改头换面，挂出好看的政治招牌，保持传统政治，镇压民主革命的本质决不可变，这种觉悟的开始，即造成新民主主义革命的必要前提，辛亥革命伟大的成就就在这里。小资产阶级知识分子在革命运动中有其重大的作用。满清时代止有少数最前进的青年敢于从事革命活动，辛亥以后，一般学生踊跃参加政治运动，普及全国，留学生远落在国内学生后面，原因之一就在辛亥革命开其风气。这一成就对后来革命事业的发展，也有伟大的意义。

总之，辛亥时代的革命力量（落后的民众和落后的政党）根本不可能一下推翻旧统治势力，君主制度的根绝，（洪宪复辟两次尝试，立即覆灭，即其明证）民主国家的建立（虽然是名义上的），在历史发展进程中，确是跃进了一大步，所以辛亥革命的成就部分也许比失败部分要大些。

如果说，辛亥革命的成就止能如此，不可能再多些，而就近于聊以解嘲了，由于中国社会半殖民地半封建的性质，应该（旧民主主义革命时代）领导民主革命的资产阶级，本身软弱无能，它们主观上要求革命，客观上又要求与反动势力谋得妥协。小资产阶级呢，主观上愿意替资产阶级服务，可是不得资产阶级强有力的支持，它们也非投降反动势力不可。袁世凯北京政府成立不久，革命团体动摇而瓦解了，"革命成功，革命党消"，是事实不是造谣诬谤。假设当时同盟会是依据西欧先进理论武装起来的，是有严格的组织和纪律的，是植根在广大工农群众身上的，懂得中国革命必须反帝反封建的，抱着不屈不挠、拒绝与反动势力妥协的勇气的，那么，在这个政党领导下的革命，无疑要获得另一样的成就。不过我们要知道中国是落后的国家，在十月革命以前，中国革命不能创造先进的政党，丝毫不容加以非议，我们应该接受的是辛亥革命留给中国革命事业极宝贵的经验和教训：

第一，要中国革命成功，必须首先建立民族统一战线。统一战线的结成和破裂，扩大和缩小，巩固和离散，紧密和松懈，与革命的成败涨落成正比例，同盟会的历史完全证明了这一点。

第二，中国资产阶级本身软弱无力，在一定时机下起而领导民主革命，其特征是浅尝即止，不敢前进。辛亥革命以妥协草草了事，完全证明了这一点。

第三，中国资产阶级大体带有官僚性买办性，因之它宁愿放弃民主，向封建军阀帝国主义伸出妥协之手，共同压榨劳苦人民。南北和议前后，资产阶级相率脱离孙中山先生的领导，转向拥护袁世凯政府，完全证明了这一点。

第四，中国资产阶级反封建是有限度的，反帝是几乎不敢的，因之它领导的旧民主主义革命，绝无成功的可能。然而社会发展的规律不允许革命停顿不进，反帝反封建两大任务，必须由无产阶级起来领导广大人民作坚决斗争，这才能完成而且一定能完成任务。五四运动以后，中国革命的形势完全证明了这一点。

第五，中国共产党揭橥新民主主义革命的旗帜，决心完成近百年来至今未了的民主革命，因之中国共产党是中国人民解放意志的体现者，是革命事业的继承者，是辛亥革命的发展者，是统一战线的主持者。中国共产党诞生以来遭遇残虐无比的灾难,然而全国人民爱护之期望之援助之参加之使之日趋于壮大,这决不是偶然的事,也就是完全证明了新民主主义革命确切代表中国人民一百年来革命的意志。

（原载 1942 年 4 月 11 日延安《解放日报》）

斥所谓中国文化的统一性

重庆中央社新近发表一篇社论，题为《中国文化的统一性》。篇中列举中国史实来证明中国文化的特性，我也是喜欢谈中国文化和历史的，读了这篇文章，很有些大惑不解，愿意提供些意见，向文化界的先进求教。

在没有进入篇中具体问题的讨论以前，我觉得有简单地提出四个一般概念的需要。

第一：毛泽东同志在《新民主主义论》第三节"中国的历史特点"里面说："一定的文化（当作观念形态的文化）是一定社会的政治和经济的反映，又给予伟大影响和作用于一定社会的政治和经济；而政治则是经济的集中表现。这是我们对文化和政治、经济的关系及政治和经济的关系的基本观点。"这当然不仅是毛泽东同志个人的基本观点，而是凡属把握科学方法去研究文化历史等等问题的所有人们一致公认的基本观点。我们应该有一个共同的信心，就是科学方法是消除一切成见意气、探求真理的最公正的保证。

第二：历史是不断运动的，不断变化的，不断革新的，不断发展的。无论何时，它总包含着某种东西在产生着和发展着，某种东西在败坏着和腐朽着的两个方面。文化（当作观念形态的文化）也是历史的一部分，所以它也包含着新鲜的发展的和腐朽的衰亡的两个方面。新鲜的发展的文化是符合于或接近于人民大众的意志的,腐朽的衰亡的文化是发生于或保存于没落倒退者群里面的。因之,我们对于前者必需加以发扬光大,对于后者必需加以批评否定。

第三:不论古代史近代史,都是客观存在的事实,任何人不得也不能凭臆牵附,要求客观的历史迎合自己主观的志愿。如果这样做,关于古代史,最起码的《纲鉴易知录》就会不答应,近代史属于所闻世、所见世的范围,更是昭昭在人耳目,一点含胡不得。

第四:王船山先生明亡后痛切地垂戒道:"今族类之不能自固,而何他仁义之云云"!今天正是抗日战争进入第七年,相持最艰苦的阶段,在文化问题上的紧急任务,是如何发扬民族气节、鼓励民族道德、如何团结全国各党各派各阶层进行民主政治,如何挽救私欲横流罔识大义者们的将死或已死之心,如何痛斥日寇、汪精卫以及一群不逞之徒的莠言谬论阴谋诡计,舍此而谈中国文化,我们必须警惕船山的遗训。

研究讨论中国文化,首先要弄清楚上述四点,这才不会笼统地谈传统继承。喜爱光明者决不继承黑暗的传统,黑暗的传统也决不能阻遏光明传统的存在和发展。泾渭异流,可以省却不少无谓的争论。

下面仿照六朝人论辨体,专就"中国文化的统一性"提出异议。凡称论曰……都是中央社社论原文,凡称辨曰……都是我的意见。

　　论曰:我们要以传统继承者自任,必须首先看清楚一个最重要的事实,这个事实,就是中国只有促成政治统一的文化，没有助长封建割据的文化。这个事实，就是证明中国文化的统一性。

辨曰：谈文化，既指出它的统一性，更必需着重地指出它的斗争性，同时必需指出它的进步性正义性或倒退性反动性。谈统一，更必需区别革命性正义性的统一或倒退性反动性的统一。如果止谈统一性，又止谈抽象的空洞的统一性，那是非常危险的。例如日本法西斯强盗狂吠其所谓"日满华一体论"和"大东亚共荣论"（法西斯文化），汉奸汪精卫高叫其所谓"中国反共和平统一论"（汉奸奴隶文化），他们也都用所谓"中国只有促成政治统一的文化"做口实来欺骗人民，我们若不发扬正义的进步的抗战文化和他们斗争，坚决消灭他们的反动腐朽的血腥下贱文化，那么，就会发生谁统一谁和如何统一的严重问题。在今天的中国离开了斗争性和革命性来谈统一性，不是中国对日寇汪逆妥协的"统一"，就是日寇汪逆征服中国的"统一"，除此以外，还有什么统一的途径？因为没有弄清楚这个问题，所以中央社这篇文章往后就发生了一联串的糊涂观念。

论曰：中唐以后200年的思想界统一运动，造成了宋元明清1000年的统一国家……遍读古今思想家的作品，从没有一个替封建割据作辩护的。

辨曰：蒙元满清在当时不是异民族暴力征服汉民族的朝代么？孙中山先生在民族主义讲演中明明白白说过："中国几千年以来，受过政治力的压迫，以至于完全亡国，已有了两次，一次是元朝，一次是清朝。"孙先生说是亡国，这篇社论的作者却说是"统一"，难道亡国就是"统一"么？元清统治中国300馀年，汉民族曾不断起义反抗，以破坏那两个"统一国家"为神圣天职，孙中山先生领导的同盟会，即曾以理论与行动坚决反对清末保皇党拥护当时"统一国家"的汉奸路线，国民党是同盟会的后身，理应发扬这一光荣的革命传统，不意国民党的代表宣传机关却公开歌颂元清的统一，并归功于"中唐以后二百年的思想界统一运动"！韩愈、周敦颐、程颢、朱熹之流提倡君主专制的奴隶文化是事实，奴隶文化在异族侵略下极易转变为汉奸文化也是事实，论者托命于号称民主共和之世，弄笔于民族危急存亡之秋，对于这样的专制文化汉奸文化不加以严厉的挞伐，反而备予表彰，颂为典范，实属不可思议之至。若然，留梦炎、吕文焕、赵孟頫、范文程、洪承畴、吴三桂、李光地以及无数大小汉奸都是赞助统一的中国文化优秀传统的继承者，而文天祥、张世杰、陆秀夫、郑思肖、史可法、黄道周、郑成功、黄宗羲、王夫之、顾炎武、洪秀全、孙中山以及无数忠臣义士都是反对统一的"封建割据"者和破坏中国文化优秀传统的罪人了。曾国藩卖身满清，破坏孙中山先生所再三赞美的太平革命，屠杀极惨，号称"曾剃头"，为今日一切大小汉奸开其先路；抗战以来的汪精卫，卖身日寇，倡言反共，破坏民族革命，穷凶极恶，无所不为，凡属国民孰不切齿痛恨，争欲食其肉而寝其皮：照论者说来，难道他们也是赞成统一的文化优秀传统的继承者么？照论者说来，中国人好像是历来对于不论什么统治者的"统一"都是无条件拥护的，这就是所谓中国文化的最大特征，那就必然得出这样的结论：凡建军据地以反抗元清或其他反动统一者，都是政治的"封建割据"，凡著书立说以反抗元清或其他反动统一者，都是文化的"封建割据"。那么，孙中山先生在辛亥以前，屡谋广东作革命根据地（按满清政府说是谋割据造反）以反抗统一的满清政府，在北伐以前，屡取广东作革命根据地（照北京军阀政府说是割据作乱）以反抗统一的袁世凯、段祺瑞、吴佩孚之流的军阀政府，也应该作为政治的"封建割据"，而孙中山先生一切鼓吹革命反抗的遗教，也应该作为文化的"封建割据"了。论者自称"遍读古今思想家的作品"，事实说明，不特宋明两朝孤臣遗老的"作品"未曾翻阅，即三民主义惟一经典的中山遗著，似乎也未曾寓目，所谓"遍读"，岂其然乎？

自然，依常理而论，中山遗著，论者一定是读过的，文天祥《正气歌》，史可法《答多尔衮书》，黄宗羲《原君》《原臣》一类早已编入中学课本的名篇，论者一定也是读过的。所以似乎未曾读过的原因，大概出于对"封建"、"统一"、"割据"、"革命根据地"等词义不甚了解，因此在这里解释一下大概还是有益的。所谓"封建"，从政治上说，就是少数地主阶级专制的政治。一个国家在一个封建独裁者（皇帝或不是皇帝都一样）统治着的时候，叫做"封建统一"，同时有两个或几个专制独裁者据地争雄，叫做"封建割据"。历史上有过进步的封建统一，也有过进步的封建割据。中央社社论说中国的统一国家"论规模则首推汉唐，论复兴则必称宋明"，而刘邦、李世民、赵匡胤、朱元璋恰恰毫无例外地都是由割据开国的（刘与李氏父子据陕西，赵据中原，朱据南京），赵与朱还是篡了其他割据者的位，刘、李与朱又都是从直接破坏秦、隋、元三个"统一国家"发展起来的，但是这些"破坏统一"的割据都有很大的进步意义，这大概是这篇社论的作者也不能不承认的；他如民族英雄郑成功割据台湾以反抗清的"统一"，至今妇孺都知道加以崇敬，类此的事例，更是不可胜数。但是现代的中国，处在民主时代，所需要的是民主的统一（如果没有民主的统一，至少也需要有民主的根据地为其准备与楷模），因此无论是封建统一或封建割据，就都是反动的了。在现代的中国，特别有一个值得注意的规律，即任何企图以反民主的法西斯化的封建专制或半封建专制来实行强迫统一的人，无论他暂时怎样拥有中央的政权军权财权，仿佛不可一世，其封建统一的结果都不免流为封建割据，都不免因受到全国人民的反抗而败亡。袁世凯、段祺瑞、吴佩孚的统治，在没有遇到武力反抗时是封建的统一，在遇到孙中山、蔡松坡和国共合作的广州革命政权反抗以后，就成为封建的割据了。今天的世界既是民主的反封建反独裁的世界，即今再有袁世凯式的统一出现，在全世界范围来说也不过是一种封建割据；况且中国已经加入民主阵营，中国人民经过长期的民主斗争，也都已熟知民主的必要，这种反民主的政治就更无统一全国的可能。至于在反对封建统一、封建割据或法西斯侵略的革命运动方面，当其统治力量限于一地区时，这个地区称为革命根据地，扩大及于全国时则称为革命的民主的统一。过去孙中山先生根据广东以反抗帝国主义的侵略和北京军阀政府的封建割据，今天共产党创立陕甘宁边区及华北华中各根据地以反抗日本法西斯的侵略及溥仪汪精卫等汉奸群的爱国封建割据，都是最好的例证。

论曰：远在 2500 年前，中国思想界就起了"大一统"的运动，春秋的思想中心就是大一统，孟子就力主"天下定于一"，荀子就主张"调一天下"。

辨曰：孔孟荀在当时主张统一，确是一种进步的思想。他们这一思想的进步性，不在于笼统地主张统一，而在于主张应该用什么标准什么力量什么方法来统一。今文家说春秋讲大一统，同时讲故宋，黜周，以春秋当新王。孔子作易革卦象辞称："汤武革命，顺乎天而应乎人，革之时大矣哉！"孟子赞美汤以七十里、文王以百里行仁政王天下，劝齐宣王梁惠王学汤武的故事。荀子看到秦的经济比较进步，政治比较严明（灭六国后却一变而为多行暴政，所以二世而亡于农民起义之手），不主张周的统一而预料秦可以统一。孔孟荀都是封建学说的创造者，中心思想不外乎如何保持并扩大君主的权利，不过他们懂得政治的是非和历史的趋势，不敢无视人民的公意，尤其是孟子还主张"民为贵，社稷次之，君为轻"，可见他所说的"定于一"乃是定于民而非定于君，这比后世腐儒文丐一味提倡专制独裁，盲目忠君，如汉奸周佛海未投敌前所宣传的"信仰主义要信仰到迷信的程度，服从领袖要服从到盲从的地步"者，智愚相差，是不能比较的。

　　论曰：中国文化之特点就在于充满了融和的力量，充满了统一的性能。由于这丰富的融和力与统一性，使中华民族能建国于亚洲大陆有五千年悠久的历史，如对于中国文化所蕴蓄的统一性与由此统一性而发挥的融和力熟视无睹，纵然赞叹中国文化的优秀，也就等于买椟还珠。

辨曰：鸦片战争以前，中国文化高出于四邻任何种族。但当中国统治阶级腐朽到极度的时候，北方游牧部落种族如五胡、拓跋、鲜卑、契丹、女真、蒙古、满洲等族，仍然凭藉武力征服中国的全部或一部。这些种族里面的统治层，利用中国文化的黑暗面，豢养大批文武汉奸来维持自己的地位。这样，他们虽然有意识地保存"骑射国语"，力戒被同化于"汉儿柔靡之风"，但历时既久，这个外来种族一方面生产方法前进了，文化程度提高了，另一方面，固有的强健朴野之俗也就因中国旧统治阶层的腐化影响而消磨略尽，逐渐"融和"在汉族里面（止有元顺帝回到长城以外，恢复了蒙古旧俗）。这个所谓"融和"，对于整个侵入民族诚然产生了进步的结果，但对于当时国亡家破，受尽"扬州十日""嘉定三屠"式的残杀蹂躏的汉民族，却是极可耻极可悲的。今天汉满蒙各民族的广大觉悟群众，以"国内各民族一律平等"的精神共同团结在伟大的抗日斗争中，丝毫没有种族的偏见和历史的成见，不过当以前一方侵入一方被侵入的那个恐怖时期，被侵入民族的忠义士民，却决没有如今之论者所说的欢迎侵入，以便将来用文化同化他们的那种令人肉麻的"大量"和"远见"。所谓"融和"既然并不是什么预定的计划，而只是一种无可如何的结果，那么，所谓融和的动力究竟是文化还是武力，所谓融和的方法究竟是同化还是征服，这样的问题，对于被侵入的民族就根本不能成立。自然，从侵入者看来，问题是很明显的：武力正是后来融和的动力，征服正是后来融和的方法。而在被侵入的汉民族中，有些人自己不愿认输，便说是"融和的动力是文化不是武力"（因为武力抵抗在腐败的投降的统治者手里失败了！），"融和的方法是同化不是征服"（因为自己被征服了！）。这样说，若只为聊以快意，虽然阿Q的优态可掬，也还罢了；但是论者一定要大声疾呼，说是"中国文化之优秀"就在于此，对此不加以"赞叹""就等于买椟还珠"，却不免很有些"鱼目混珠"的嫌疑。照论者说来，亡了国不但等于不亡，而且还是"充满了融和的力量"、"充满了统一的性能"的中国文化一大胜利，那么文天祥等人固不必说，即如岳飞的抗战也是多此一举，南宋甚至北宋对于辽金元也就都是论者所谓"封建割据"，只有秦桧张邦昌或者"外来"的石敬瑭一流人才是中国文化的先知先觉了。论者在鸦片战争百年后、抗日战争六年后的今天，还来重弹这种不抵抗主义的旧调，以所谓"融和性"掩盖求和性，以所谓"统一性"掩盖被统一性，诚不知其心何居。假如日寇据此提出要求道："让我日本来与你们'融和''统一'吧！这是你们贵国历史上文化上'最重要的事实'，请你们连椟连珠一起卖给我吧！"试问论者能不能像溥仪汪精卫那样查照老例准予出卖呢？

如果在鸦片战争以前，中国统治阶级一味吹嘘自己的所谓"融和性""统一性"，已足使中国一亡再亡，那么，到了鸦片战争以后，中外的形势与以前更是完全不同了，外国侵略者的生产力高过于中国，中国已经再不能像从前那样，亡了国还去"融和"人家，而只能被人家所"融和"了，这时中国和中国文化的问题，更不是什么"融和性""统一性"的问题，而是老老实实、实事求是地推翻封建专制，发动人民力量，学习外来科学，实行内部改革，藉以救亡图存的问题了。不懂得或不承认这一点，曾造成近百年史无数次的大失败。当初满清统治者是不懂得这个道理，庞然自大，提出"天朝至上"的口号，企图用封建文化与资本主义文化对抗，结果披靡溃败，国权残破。后来是懂得了而不愿意承认，因为承认了就得让位给人民，于是满清的忠实走狗张之洞又苦心发明一个"中学为体，西学为用"的口号，它的实质就是保存固有的专制政治，拒绝新兴的民主革命，而欢迎舶来的"奇技淫巧"与坚甲利兵，用以提高自己的享受和保护自己的统治——坚甲利兵而不与民主革命相结合，当然是只能"安内"，不足"攘外"的。所以这个口号显然最适合于半封建半殖民地大地主大资产阶级的利益。这个口号在今天还可以偷运舶来的法西斯主义，彼此沆瀣一气，助长固有的专制主义，不过这样想的先生们要注意法西斯已经是一只死在俄顷、无法逃命的恶虎，全世界正义人士正到处打这只恶虎，冒冒然拿虎皮披在自己的身上，一鸣既不足以惊人，一蹴更是驴脚毕露、柳宗元"三戒"之一的那篇文章，是值得深长思之的。这个口号又可以用以为投降外国的法西斯侵略者的理论基础，例如日寇在沦陷区宣讲"孔孟王道"，汪逆可以说："这是中学为体呵"；日寇在沦陷区开矿造路，榨取人力物资，汪逆可以说："这是西学为用呵"。假如不幸沦陷区与日寇竟这样"融和"起来，则论者又将奈之何哉？

　　落后的文化不能抵抗进步的文化，全人类历史进程已经完全证明了这个真理，任何主观愿望或巧妙口号都不能改变它。试读中国近代史，大清皇帝的君主专制，在文化上是落后的，孙中山先生的共和民权，在文化上是进步的。当时反动士大夫替君主专制遍贴"国产至上"的商标，说这才能"为体"；替共和民权遍贴"舶来至下"的商标，说这决不能"为体"。结果，辛亥革命证明了人民大众欢迎的是共和民权。北京军阀政府的尊孔读经、武力统一，在文化上是落后的，孙中山先生的三民主义、三大政策，在文化上是进步的。当时反动士大夫又替尊孔读经，武力统一遍贴"国产至上"的商标，又说这才能"为体"，替三民主义、三大政策遍贴"舶来至下"的商标，又说这决不能"为体"，结果，大革命证明了人民大众欢迎的是三民主义、三大政策。这种例证，举不胜举，实际整部人类历史（中国史自然不能例外），无非是前进文化战胜倒退文化的纪录。由此可知文化的兴替，关键在于进化程度的高低，在于是否适合于人民大众的需要，高者适者一定通过各民族而发展，低者不适者一定相形见绌而趋于衰亡，断断于"国产""舶来"的上下，舌敝唇焦，目昏齿豁，徒自苦耳，甚无谓也。

　　　　论曰：在割据分立时期，往往有利用外来文化以为粉饰的事情。即如佛教传入中国以后，黄河流域的封建割据势力如石勒如姚苌，都曾特别提倡以维系人民的心理于一时，然而当时中国思想界便发生了反对的运动，首先是"夷夏论"，力持中国民族的思想，其运动之有力，终使佛教改向于中国化。中国毕竟没有因缘佛教而产生的割据战争。隋唐以后，佛教便在统一的中央政府之下求生存。等到禅宗的改革运动勃兴，佛教从此避免它对于政府的冲突，佛教也就不再与中国的旧有文化起争辨而中国式的佛教更与印度大异其趣了。

辨曰：这一段议论，不知依据中国何种史书。姑就普通人习见的晋书、南北史、北魏书、隋书、新旧唐书、高僧传、弘明集、法显传、玄奘法师传、开元释教录等书看来，全然找不出这段议论的根源何在。五胡乱华是异族侵入中国北部，不得笼统称为封建割据。五胡酋长出身野蛮民族，确有迷信宗教者，石勒姚苌适逢名僧佛图澄、鸠摩罗什，这两位大师的产生并非他们"特别提倡"的结果，且北朝还有两次灭佛兴道的事，而"当时中国思想界"中心所在的晋宋齐梁的统治者与士大夫，对于佛教之"都曾特别提倡以维系人民的心理于一时"，却尤非"黄河流域"所及，梁武帝甚至说孔子老子都是佛的学生，他又屡设"普渡众生"的渡苦斋，无遮会，并且三度出家同泰寺，让人民每次出钱一万万赎身，不知这样的常识何以这篇社论的作者也不知道。中国统治阶级这种利用宗教的愚民政策，由来已久，历代相沿，至今仍有标榜"外来"宗教，宣传耶和华显圣，拜给班禅做弟子，或藉"时轮金刚法会"之类"以维系人民的心理于一时"的把戏。佛教从科学的唯物论的见地是可以批评、应该批评的，但是这自然不能望之于当时的统治阶级和反动的士大夫。在当时的反对者方面有一位梁朝的范缜，他的《神灭论》乃是一篇很有科学价值的文章，可惜这篇社论竟没有表扬这样的科学作品，反而拉了一个南齐的道士顾欢所作《夷夏论》来"力持中国民族的思想"！《夷夏论》在学术上的地位，比佛教的经典更要低得不可计量，里面只有造谣谩骂，如说佛教礼拜是狐蹲狗踞，剃发是受髡刑，不娶妻是绝恶种等等，其无知、无耻与无聊，唯今日各国法西斯派的反共宣传差可比拟。且在顾欢之前即已有东晋道士王浮作《老子化胡经》，顾作亦并非"首先"。《夷夏论》既是这样下流的东西，所以不但后世从未有人荒唐到用为"中国思想界"的代表，在当时亦遭僧俗各方面的严厉抨击（请看《弘明集》），使顾欢理屈辞穷，无话可对。它在南方既绝无作用，在北方更毫无影响，所谓"其运动之有力，终使佛教改向于中国化"，不知何所指而云然。南北朝分立，由于汉族士大夫腐朽到极点，异族乘机侵夺中原，并非汉族与五胡对佛教有什么争执的意见。南朝盛行小乘教义，北朝盛行大乘教义，各信所宗，互不相犯。达摩见梁武帝谈禅不能契合，北至嵩山，面壁兀坐，北方并无一人借达摩兴兵攻梁。佛教的生存，在分立时代统一时代并无区别，如隋灭陈，隋炀帝向天台智者大师卑礼求教诲，智者大师未尝向隋中央政府摇尾求生存。所谓"隋唐以后，佛教便在统一的中央政府之下求生存"，不知如何求法。禅宗自慧能以后，宗分南北，派别流衍，传播独盛，所谓禅宗改革运动是否指慧能弘法而言。慧能以前北魏太武帝、北周武帝，慧能以后唐武宗，前后共三次崇道灭佛，他们向佛教冲突，佛教求避免而不得，何曾有一次敢主动地对于政府冲突。三帝以外，佛教在禅宗发达以前发达以后，备受帝王士大夫的尊敬布施，更何曾有一次表示对于政府冲突的意思。韩愈号召辟佛老，北宋以来儒者照例要辟一番，以表章"吾儒"的门面，实则暗中剽掠佛老精气性命的教义，附会儒书（主要是"大学""中庸"），造成所谓"道学""理学""宋学"等名称的儒学。照学术史看来，佛道受儒学影响极小，而宋明儒学却受佛老影响极大，与两汉南北朝儒学大异其趣了。

论曰：愿为中国文化优秀传统的继承者，则首先必须正视三个真实的具体的事实：（一）中国的文化从来只有促成中国的统一而决计没有助长割据的事情。(二)中国文化的发扬光大都在于政治统一的时期，如秦汉、如隋唐、如宋明，绝无例外。（三）外来文化有时纵为割据分立者所利用，例如佛教，但不久即融会于中国固有文化之中而丧失了它的本来面目，所以中国从来没有宗教战争一类的文化战争。

辨曰：（一）单讲文化的统一性而不讲斗争性，又不区别文化及其统一性的正义性进步性与反动性倒退性，必致误认元、清为统一，而抹煞了异族入侵，国统中绝，生灵涂炭、沦为奴隶牛马的事实；必致误认卖国求荣，为虎作伥的汉奸为文化优秀传统的继承者；必致误认反抗的力量为封建割据破坏文化优秀传统之罪人；必致不敢正视和继承孙中山先生据广东以实行民族民主革命的伟大事业。而孙中山先生的这一伟大事业，在当时就曾经被那些主张"武力统一"的北洋军阀百端诬蔑，妄指为"作乱造反"。蒋介石先生民国十五年八月十六日的"国民革命军出师宣言"中声讨吴佩孚，就指斥过这种诬蔑，说："其尤不可恕者，则利用国人之专制传统思想，日倡复古，反抗潮流，造谣赤祸，以防民众。托偶像以树威权，藉名教以济奸诈。欲造成一系天下，遂标榜武力统一，使一般时代落伍之腐儒官僚军人政客，结合而成封建末期洛阳式的残余腐败势力，以为反动思想之中心。"当此日本法西斯强盗攻掠中国，扶助汪逆伪政权的"统一"，妄称我中央政府为"重庆地方政权"的时候，希望中国谈文化的作者们留意及之，幸甚！

（二）政治统一，也要分清进步的统一与反动的统一。在中国历史上的反动统一时代，文人学士们或作诗文以歌颂天王之神圣，或讲哲学以巩固君长之威权，宗旨不外提倡专制，压抑民主，著书汗牛充栋。"发扬光大"的主要部分，如此而已。秦始皇焚书坑儒；汉武帝罢黜百家，独尊今文经说；隋唐以诗赋取士；宋以诗赋经义四六取士；元尊喇嘛教，相传八娼九儒十丐，斯文扫地；明清以八股取士，窒息读书人思想使作代圣贤立言的鹦鹉。凡此所谓政治统一时代的政府，摧残文化如此暴厉，可称"绝无例外"。反之分立时代，也要看这所谓分立是反动统治者的内部分立，还是进步与反动的分立。若在后一种分立时期，则文化不但不会衰落，而且一定发扬光大。例如孔子创立儒宗是在春秋分立时代，战国诸子百家，号称古代文化的黄金时代，即如孟荀两大宗师也都是战国时人。黄宗羲、王夫之、顾炎武等大思想家著书立说，都在反抗满清所谓统一的时期。尤显著的是孙中山先生反满清反北洋军阀的三民主义思想，在中国文化史上发一大光彩，岂是依靠满清和军阀"政治统一"的威胁利诱收买豢养才捏造出来。要之，国家在反动倒退的政治统一之下，文化必然趋于衰落，而卑劣的腐臭的奴隶的文化却得以特别发达；在反抗这种反动政治的运动勃起时，进步的文化才可以与之俱兴，直到革命统一以后，进步性文化才能正常地普遍地在全国范围内发展起来。

（三）中国全部历史并无利用佛教进行割据分立之例，所称未知何据。外来宗教古有佛教回教，鸦片战争以后天主教耶稣教传播亦渐盛（古代佛回二教外，其他外来宗教不发达），各教教徒，佛教衰颓已甚，至于戒洁高僧到今天并没有"丧失了它的本来面目"。回教信徒更是极大多数恪守天方穆圣的遗训，教规谨严，丝毫不苟。天主教、耶稣教流传已一百年，不为不久，中国著名人物受洗入教，成为基督徒者不乏其人，他们是否已经"丧失了它的本来面目？"论者说"中国从来没有宗教战争一类的文化战争"，其实一部中国历史，尤其是近百年史，从文化方面说，就是一部文化战争史。在中国的政治战争史——文化战争史中，宗教战争的成分确是比较少些（绝对纯粹的宗教战争，在世界史上本来是没有的），但如满清政府屡次屠杀回回民族，不是民族压迫兼宗教歧视的战争么？汉奸曾国藩反对太平天国，以及义和团之役，不是也带着一部分宗教战争的色彩么？不过论者在这里的本意，原不在研究什么宗教战争，而在于否认文化战争。我们应该正告论者，这种企图不但违背着中国历史的事实，也违背着中国革命与抗战的利益。谁不知道，鸦片战争以来的无数次反侵略战争，没有一次不是中国革命民族主义文化向外国资本主义、帝国主义、法西斯主义文化和汉奸投降主义文化的战争；谁不知道，孙中山先生提倡合乎世界潮流的自由思想民权政治，满清政府悬赏购头，企图消灭中山先生的肉体生命，袁世凯编一本"国贼孙文"，企图消灭中山先生的政治生命，而反满战争，反北洋军阀战争岂不也就是三民主义文化对那些顽固旧文化的战争。

在今天的中国，我们的全部力量都应该团结起来来反对日本法西斯主义和汪逆精卫的所谓反共和平主义的文化，我们的抗战是政治的战争，也是文化的战争——对野蛮与奴役的战争，这更是凡为中国有心人莫能不首肯的。论者一定要抹煞这些战争的文化性质，说这些战争都不是为文化而战，究竟什么人才欢迎这种理论，不是很明显的么？

最后，我对《中国文化的统一性》的作者谨致沉痛的和诚恳的希望，就是希望彼此都站在反日寇反汉奸的立场上来讨论中国文化问题和中国历史问题；只要我们都是"国家至上、民族至上"的坚决抗战分子，一定不会忘了王船山先生"今族类之不能自固，而何他仁义之云云"的遗训。

（原载 1943 年 7 月 10 日延安《解放日报》）

辛亥革命：三条路线斗争的结果

自从鸦片战争打破了清朝的闭关政策，中国社会开始变成为半封建半殖民地的社会以后，中国就存在着三条路线：一条是人民大众的革命路线，它的特征是坚决的反帝反封建，坚决的反对专制主义和失败主义，坚决的要求建立独立自由的民主共和国。一条是统治阶级顽固派的反动路线，它的特征是对内死守专制政体，摧毁革命，屠杀人民，对侵略者实行失败主义和投降主义，使中国从半殖民地变到完全殖民地。还有一条在这两者之间摇摆着的改良路线，它的特征就是没有坚决明确的立场，虽然不满意于统治阶级的反动政策，但又没有革命的勇气，害怕革命，经常幻想统治阶级的"回心向善"，以便吸收改良主义者参加到统治阶级的营垒里面去，他们的口号就是君主立宪。正因为这样，这末一条路线就不产生决定的作用。

三条路线的历史发展

近代人民的革命路线肇端于鸦片战争中群众的反侵略斗争。禁烟派首领林则徐坚信"民心可用"，从人民方面寻求力量，不重官兵而重民兵，这是他异乎一般统治人士的卓识。1841 年广州数万人民所代表的沿海各省反侵略的群众运动，尤为百年来民族运动的前锋。马克思、恩格斯都称许"这是保存中华民族的人民战争"。当然，林则徐和广州人民都因顽固派的压迫破坏，没有达到目的。但是相隔不过10年，1851年又爆发了大规模的太平天国革命。这次革命，前后15年，扩大到16省，提出《天朝田亩制度》，反对封建剥削，揭开了中国旧民主主义革命的序幕。可惜洪秀全在政略上战略上都不免错误，尤其是领导集团内部分裂，国势衰落，给曾国藩等一群汉奸以可乘之机。太平革命挫败了，但革命运动不停止，幼年时代的孙中山先生"即以洪秀全第二自任"，毅然担负起民族革命的大任。

1895年，孙中山先生在香港创立兴中会，首先提出"排满"、"共和"两大口号。1903年，徐锡麟、蔡元培、章太炎、秋瑾在上海组织光复会，1904年，黄兴、宋教仁在长沙成立华兴会。这三个革命团体，代表两广、江浙、两湖三个重要地区的革命势力。1905年，三团体在东京联合组织同盟会，提出民族、民权、民生三大主义，公推中山先生为总理，领导革命。中山先生极重视这一统一战线的成立，说"予之希望，为之开一新纪元"，"信革命大业可及身而成"。1905年以后，这个统一战线组织的海内外会员增至万人左右，革命影响普及全国，因此它虽然有军事冒险和组织涣散等严重弱点，以致后来竟不能成为辛亥革命的首先发动者，也不能领导辛亥革命使得真正成功，但究竟不失为当时革命路线的主要代表。同盟会和当时的其他革命组织，由于时代和阶级的限制，对于革命应该推翻一个什么社会制度，建立一个什么社会制度，虽也有一些口号，其实是很模糊的，但他们对于推翻清皇朝，建立共和政体一点是明确的、革命的，这是他们和当时一切改良主义者（保皇党、君主立宪派）不同的地方。

　　近代顽固派的反动路线，也开始于鸦片战争，当时的首席军机大臣穆彰阿便是这一派的代表人物；斥逐禁烟派，解散人民的武装自卫组织，对侵略者割地赔款，使中国开始变成半殖民地，便是这一派的问世之作。穆彰阿的得意门生曾国藩，组织贼匪军——湘军，屠杀中国人民2500万，勾结外国侵略者共同绞杀太平革命。曾国藩的衣钵又传给李鸿章。李鸿章是包办卖国的专家，马关、辛丑两约都是他干的。他送掉广大国土，出卖千百万人民当殖民地奴隶。他最后又传衣钵给袁世凯（继任直隶总督，北洋大臣），袁世凯对于垂死的清廷虽不再如曾、李之尽忠尽孝，但对于反对人民却是完全一致的，他终于勾结外国侵略者绞杀辛亥革命。

　　清皇朝首领西太后及其后继者摄政王载沣，曾利用曾国藩、李鸿章等一群走狗，摧残太平天国和捻、回、苗等起义军，摧残戊戌新政和同盟会的一切革命活动，抱定"宁赠友邦不予家奴"的决心，指使李鸿章等大卖国贼，同时又伪装"变法""立宪"，企图欺骗人民。但是无论他们怎样凶残狡猾，他们还是没有能挽救清皇朝的灭亡的命运。

　　至于改良主义之成为一条显著路线，开始于容闳向曾国藩建议办洋务（办江南制造局，派遣留美学生等），而发展于1888年康有为上书光绪帝，指斥曾、李办洋务。康有为说"洋务奸蠹丛生，反成巨害"，应大变旧法，通达下情。所谓变法通下情，就是要求君主立宪，给资产阶级一些民主权利。1895年，他发起"公车上书"，反对李鸿章签订《马关条约》。容闳这时也与康有为等合作，他们专力鼓励立宪运动，居然造成一大势力。1898年（戊戌），光绪帝下诏变法，召见康有为，商议变法步骤。康有为、梁启超以及最激进的谭嗣同都得重用，雷厉风行地变起法来。变法刚满 100 天，顽固派首领西太后突然捕杀谭嗣同等六人，囚禁光绪帝，康梁得外人保护逃往香港、东京。容闳逃往上海租界，全部新法取消了。容闳在上海与唐才常、林圭等组织自立会，被举为会长，1900 年谋起义"力扶皇上复辟"，事败逃美国。康梁逃日本后，不但不觉悟到改良主义的毫无出路，反而组织起保皇党，希望西太后老死，光绪复位，好回国当帝师宰相，并从这样的自私的愿望出发，在华侨中竭力反对革命运动。但是改良主义者并不一定始终是保皇党。庚子以后，国内改良主义者又以张謇为首，发动请愿立宪运动。这一派人在辛亥革命胜利以后，并没有像康有为一样主张复辟，他们拥护了那原来也是保皇党的顽固头子袁世凯，终于和袁世凯共同绞死辛亥革命。

光绪末年三条路线的斗争

1900 年，八国联军攻入北京，西太后逃往西安，她知道顽固路线闯了大祸，不参用欺骗方法，不能平全国公愤，她下了一道变法的上谕，说"世有万世不易之常经，无一成不变之治法。……盖不易者三纲五常，昭然如日星之照世；而可变者令甲令乙，不妨如琴瑟之改弦。"果然，改良主义者欣欣有喜色，说她在失败中长了一层识见。她回到北京，四、五年中，至少颁布30 种以上的新政令，实际是把外交、军事、教育三大新政都归腐败的满员管理。改良主义者失望了，但仍不忘君主立宪。1905年，清政府被迫讨论立宪，派了五个大臣出洋考察宪政。第二年，西太后下一道预备立宪的上谕，标明宗旨说"大权统于朝廷，庶政公诸舆论"。办法是"必从官制入手"。改革官制的结果，军机处三个大臣，满员占2名，11个部，满员又占7名，主要政权仍全被顽固分子独占，自称中央集权，政令统一，"以预备立宪基础"。改良主义者更失望了，但仍念念不忘于君主立宪。1908年，江浙闽豪绅资本家以张謇、汤寿潜、郑孝胥为首，组织预备立宪公会，联合湖北宪政筹备会、湖南宪政公会、广东自立会以及南北各省绅士向清政府请愿开国会。革命方面，1906年以来，湖南有萍浏起义，光复会有安庆起义，同盟会有黄冈、惠州、钦廉、镇南关、河口五次起义，把清政府骇倒了。因此，不敢正面压迫请愿团，允许"缩短"预备期为九年（本定十年或十年以上），并开给一张叫做钦定宪法大纲的支票，但申明宪政必须以守法与统一为前提，"如有不靖之徒，附会名义，借端构煽或躁妄生事，紊乱秩序，朝廷惟有执法惩儆，断不能任其妨害治安"云云。

所谓钦定宪法大纲，是些什么东西呢？条文共23条，"关于君上大权"占了14条，"关于臣民权利义务"占了9条，这是顽固派的标本宪法。国民党"五五宪草"完全继承它的传统精神，只是把它"发扬光大"罢了。试看所谓"君上大权"：

第一条、"大清皇帝统治大清帝国，万世一系，永永尊戴"。

第二条、"君上神圣尊严不可侵犯"。死狗烂鱼，人人掩鼻的清政府，侥幸统治中国260年，还妄想保持"万世一系""不可侵犯"的"正统"。让逐臭之夫去承认你的顽固派"正统"罢，人民和以孙中山为代表的革命党人是不知道这些的。

第三条、"君上有钦定颁行法律及发交议院之权"。

第六条、"君上有统率海陆及编定军制之权，一切军事，皆非议院所得干预"。专制独裁者在政治上按照自私自利的需要"钦定颁行"了许多法律，强迫人民服从，在军事上，对外每战必败，丧失广大领土，对内则以武力压制人民，维持自己的腐败统治，这样的政治军事，自然要禁止人民"干预"，这就是清廷高唱"政令军令统一"的意义。

再试看所谓臣民权利义务：

第一条、臣民中有合于法律命令所定资格者，得为文武官吏及议员。

第二条、"臣民于法律范围内，所有言论著作出版及集会结社等事均准其自由。"什么"得为文武官吏及议员"呵，"所有……均准其自由"呵，似乎民主的范围是非常广泛的，但冒头来一个"有合于法律命令所定资格者"，"于法律范围内"，什么权利都落空了。国民党的"五五宪草"以及在全国人民要求民主的呼声前面，故意强调"法治""守法"的思想，不也还继承了这个传统吗？

第九条、"臣民皆有遵守国家法律之义务"。懿欤休哉！（《中国之命运》第六章）"国家法律"可以听便"钦定"，臣民不得"干预"，但是却必须"遵守"。仅此一条，就说明了人民的义务无限大，权利等于零。无奈孙中山先生领导的中国人民却坚决否认这个"义务"，因此宪法大纲的名字尽管好听，并没有挽救清朝统治的危机。

宪法大纲公布后，不但没有缓和革命运动，就是改良主义者也是又一次地大大失望。但他们仍念念不忘于君主立宪，准备发动更大规模的请愿运动。正在这时，恰巧西太后死了，给他们一个新幻想。

宣统时期三条路线的斗争

继承西太后当权的摄政王载沣，是光绪帝的亲兄弟。这一点，改良主义者认为大有希望。载沣也装腔作势，表示预备立宪，北京成立资政院，各省成立谘议局，地方办理"自治"。谘议局议员选民的资格是：

（一）曾在本省地方办理学务，及其他公益事务，满三年以上，著有成绩者。

（二）曾在中学堂及与中学同等或中学以上之学堂毕业得有文凭者。

（三）有举贡生员以上之出身者。

（四）曾任实缺职官，文七品武五品以上，未被参革者。

（五）在本省地方有 500 元之营业资本，或不动产者。

（六）凡非本省籍贯之男子，寄居本省满十年以上，而有 1 万元之营业资本或不动产者。

资格限制如此之苛，而选出的谘议局，又并无立法的实权。它的决议要呈候督抚公布施行，督抚认为不合即须复议。督抚对谘议局选举开会，并有监督甚至解散之权。资政院议员半数由皇帝派定，其决议亦须得皇帝批准才能有效。可见这一套都是为了换取时间，以便集中一切权力，完成寡头专政的迷梦。但是君主立宪派却以为事情大有希望了。1910 年，江苏谘议局议长张謇约集十六省谘议局，组织"国会请愿同志会"，两次请愿，均被拒绝，第三次又联合资政院及各省督抚请求速开国会，成立责任内阁。最后清政府被迫允许立宪筹备期再"缩短"为五年，并提前设立责任内阁。张謇一派以为请愿已获相当结果，停止活动。其他政派还准备进一步活动，载沣乃下令解散请愿团，一律送回原籍，并令各省督抚开导弹压，违抗者实行拿办。在天津组织第四次请愿的温世霖，竟被充军新疆。1911 年，载沣实现了他的"军令统一"的计划，自任大元帅，其弟载洵任海军大臣，另一弟载涛任军谘大臣（参谋总长）。接着所谓责任内阁也出现了。内阁大臣 13 人，满员占 8 名，内 5 名是皇族，全部权力集中在皇族手中。这是贵族、买办的独裁内阁，大买办盛宣怀任邮传大臣，由他经手，用"铁路国有政策"名义，出卖中国全部铁路，去交换帝国主义的支持。各省谘议局联合会对这个内阁当然不满意，要求改组，又遭斥责，说是"黜陟百司，系君上大权，议员不得妄行干涉"。改良主义者到此真是山穷水尽无可奈何了。辛亥三月同盟会竭尽全力，在广州作最后之一击，牺牲烈士 72 人以上。那个请愿会首领张謇又生出希望，向内阁总理奕劻说党人对朝廷如此深仇大恨，应该挽回民心，以求治安。直到这时，他还想利用统治者畏惧革命的弱点，挽救清廷垂死的统治，挽救自己破产了的改良路线！

"君主立宪"式的"中华民国"之产生

辛亥（1911 年）时的中国革命运动，虽被同盟会的军事冒险政策遭遇 3 月 29 日的惨败，和同盟会的内部分歧发展到分裂（陶成章、章太炎被排斥，陶在辛亥后且被暗杀，宋教仁、陈其美自立同盟会中部总会），受到挫折，但革命的火焰是消灭不了的，它在另一个未被注意的地方爆发了，而且得到了成功，这就是双十节的武昌文学社起义。武昌起义后，各省迅速响应，清政府连续战败，惊慌失措，恳请政敌袁世凯当内阁总理大臣，一切大权被迫交出来，希望他出力保护自己。随着南方革命势力的发展与袁世凯的摆布，清廷顽固派在绝望中还要演两幕丑剧，表现它的死硬性。第一幕是最后的一骗。它颁布"宪法十九信条"，第一条依然是"大清帝国之皇统万世不易"，第二条依然是"皇帝神圣不可侵犯"，第十条"皇帝直接统率海陆军，但对内使用时，须依国会议决之特别条件"。它想借"民意"（国会议员选举法是政府定的）来发动反革命内战，形式上似乎让了一大步，实际是要打更大的内战。第二幕是最后的一硬，袁世凯反对中山先生就任临时大总统，嗾使部下走狗冯国璋、段祺瑞等40余将领通电维持君宪，誓死扑灭共和，清廷顽固派喜极，发内帑黄金八万锭作战费。但是欺骗和威吓都不生效了。袁世凯与南京临时政府交涉总统地位成功，又嗾使段祺瑞等40余将领通电立采共和政体，要求清帝退位。清廷顽固派经不住这一吓，接受优待条件，下退位诏宣告自己的灭亡。

清朝是失败了，但人民和革命党并没有胜利，胜利的是袁世凯。武昌起义，各省响应，只有直隶河南东三省暂时受清支配，事实上清朝的灭亡已经决定了。但是袁世凯要保存它几个月，自己在君主共和中间制造个人地位。如果南方起义军真正联系群众，坚持革命立场，组织统一战线，继续北伐，清廷连同袁世凯一起推倒是完全可能的。可惜当时革命领导权被改良主义者把持着，两湖江浙等重要省份的都督是他们，作为立法机关的"各省都督府代表联合会"、"参议院"，多数代表、议员也是他们，支持临时政府的有力总长是他们，支配着当时同盟会的"革命党人"也是他们。这些人名义上虽然也赞成共和，实际上还是君主立宪派，不过他们所拥的君不是爱新觉罗家的皇帝，而是袁世凯或其他袁世凯式的"元首"，他们要这样的人物来做"君"（形式上叫做总统或是旁的什么都一样）作"主"，并幻想在这样的"君主"之下给他们"立宪"。1912年（民国元年）4月1日，南京的临时大总统孙中山先生退位，辛亥革命结束，袁世凯式的"中华民国"从此产生，并存在了33年之久。

从鸦片战争到辛亥革命（1840—1911年）的70年间，三条路线的斗争就得着这样一个结果。从保持或推翻一个具体的反动政权和反动政权形式——清皇朝——来说，主张君主专制的顽固派是失败了，他们的欺骗和他们的压迫一样没有成功；主张君主立宪的改良派也失败了，清皇朝和中国人民都没有采取他们的路线（或者说他们的幻想）；成功的是主张人民民主的革命派，因为只有革命，只有民主共和国，才能解决人民与统治阶级间的深刻矛盾。但是从保持或推翻一个社会政制制度——半封建半殖民地的专制主义制度——来说，那么，革命派就完全失败了，他们并没有真正改变这上面任何一个小节；君主立宪派也失败了，袁世凯和其后的一切袁世凯们虽然做到了不折不扣的"君主"，而"立宪"在他们手里却始终连影子还看不见；成功的是顽固派，因为他们还保留了自己的统治，只是把满族的皇帝换成汉族的总统之类。但是这究竟还是就历史的表面结果说罢了。历史的真实结果却远不止此。人民是又失败了一次，但学习了很多。还是革命才有出路，而且必须是密切联系群众的，贯彻正确政策的革命。人民的革命运动，此后再没有停止过。正如中共中央关于纪念民国30年双十节的决定所说："中国人民为民族解放与民权自由的伟大斗争，从此进入了一个新阶段。从此以后，中国人民的民族民主斗争，乃能因国际国内新因素的成长而发展到明确的反帝国主义与反封建制度的阶段。于是乃有五四运动和中国共产党的产生，乃有国民党的改组、国共合作的实现与孙中山先生的三大政策的执行，乃有北伐战争和红军的英勇奋斗，乃有今天全民族的伟大抗日战争与抗日民族统一战线。"已经进入了第八年的抗日战争，今天正是一个决定的关键。全国人民正热烈要求结束国民党寡头的专政，成立联合政府与联合统帅部，实行民主政治，挽救正面战场的严重危机。这是辛亥革命事业的继续发展。学习了辛亥革命教训的中国人民，将不会再对任何专制主义者发生幻想。中国人民将要得到胜利，中国的抗日战争将要得到胜利。

（原载 1944 年 10 月 10 日延安《解放日报》）

论正统

　　什么是正统，在人们头脑里，浮动着一片糊涂观念，这并不是怪事。可是民贼独夫窃国大盗却利用人们的糊涂观念，掩蔽自己的罪恶。蒋贼介石就是其中的一个，而且是最狡诈的一个。辨明正统问题，将有助于人们进一步认识蒋贼的罪恶。

一　正统的基本条件

　　辛亥革命以前，远至西周初年，汉民族称自己的祖国为中国（见《尚书·梓材篇》），国家主权为汉民族所独有。那是封建社会，农民阶级不可能组织农民政府。行施国家主权的政府，即所谓朝代，只能是地主阶级专政的君主专制政府（参阅博古译《论一元论历史观之发展》解放版页160）。因此，广大农民阶级，对地主政府的要求，不是什么民主（虽然孔孟以下不少政论家提到民主学说），而是：（一）保护汉民族利益，抵抗异族侵入；（二）保持国家统一，反对割据与偏安；（三）剥削比较缓和（封建经典所谓"仁政"），农民能生活下去。这就自然形成了汉民族的、统一的、政治较好的三个基本条件。合乎此者，就有权被认为代表中国主权的正统朝代。按照第一条件，五胡、元魏、辽、金、蒙元、满清侵占中国半部或全部，僭立伪号。不得冒充中国朝代。按照第二条件，三国五代十国是群雄割据，东晋、宋、齐、梁、陈偏安江左，南宋赵构（宋高宗）对金自称藩臣，都不得妄称正统。按照第三条件，孔子在《春秋》襄公三十一年书"莒人弑其君夷密州"，《左传》发凡说"君无道也"（宣公四年）；孟子说："贼仁者谓之贼，贼义者谓之残，残贼之人谓之一夫（独夫），闻诛一夫纣矣，未闻弑君也"；封建圣人也承认起义杀独夫是合理的。所以正统朝代，一到农民大规模起义，便丧失它的正统地位。

辛亥革命以后，特别是五四运动以后，中国人民有足够力量组织自己的民主政府。民主主义的正统观当然要代替旧时代的正统观，旧的三个基本条件也当然被三个新的基本条件所代替。第一是反帝国主义的民族主义；国内各民族一律平等，共同反抗帝国主义的侵略。旧的汉民族独有中国的思想，变质为反动的大汉族主义了。第二是反封建制度的民主政治。旧的"仁政"思想变质为可耻的欺骗手段了。第三是人民的统一。旧的统一思想变质为荒谬的专制统一了。

根据新的三个基本条件来观察民国以来的政府。辛亥革命时期的南京临时政府，大革命时期的武汉政府，按其性质，可以看作正统政府。但是，它们实行的政策，不是力求消灭革命对象，以期迅速完成统一全国的大业；相反地，它们向革命对象力求妥协投降，以致迅速为反革命势力所消灭。这种气衰力微、朝生暮殡的正统政府，放弃革命的领导权，不符合人民的要求，所以不能予以过高的评价。至于北洋军阀政府与蒋介石国民党政府，全是僭伪叛逆政府，一丝一毫也找不出正统的气味来。

二 一片浓厚的糊涂观念

民国以前，所谓历史学者，在三种谬误观点的支配下，写出大量史书。一种是家奴观点。例如司马光作《资治通鉴》，因北宋近似曹魏，尊曹魏为正统；朱熹作《通鉴纲目》，因南宋近似蜀汉，尊蜀汉为正统。二人要说明赵匡胤得天下的正当，同尊五代为正统，而后唐、后晋、后汉三代都是异族僭号，自违尊南朝斥五胡拓跋之例。朱熹不尊南唐为正统，又自违尊蜀汉之例。司马光、朱熹都是著名史家，自造例，自破例，支离矛盾如此，原因止在他们是赵姓的家奴。一种是汉奸观点。异族侵入中国，建立伪朝，凡认伪朝为中国朝代或正统朝代的史家，都或多或少抱有汉奸观点。一种是因袭观点。沿用旧说，陈陈相因，不自觉的替家奴汉奸传播谬说。这三种观点，影响到广大士人层，造成一片糊涂观念，不能清楚认识关于正统的三个基本条件。

入民国后，军阀买办霸占中国政权，三种谬误观点与三个变了质的旧正统条件在社会守旧人群中得到飞跃发展的机会。汉奸观点结合大汉族主义成为卖国贼敢于对外投降对内镇压的支持力量。家奴观点与专制统一结合，成为法西斯匪帮敢于穷兵黩武屠杀人民的支持力量。因袭观点与欺骗手段结合，成为政治骗子敢于明目张胆愚弄群众的支持力量。从袁世凯、段祺瑞、曹锟，以至汪精卫、蒋介石，一个倒了，一个继起，祸国殃民，愈演愈烈。这一群民贼独夫的僭伪政府，所以还能获得一部分人士的承认与拥护，主要由于浓厚的糊涂观念掩蔽了民主主义的正统观。这些人士的误认僭伪政府是国民的正统政府，以为对正统政府效忠是合理的，不知恰恰坠入民贼独夫的圈套里。

三 蒋介石利用糊涂观念卖狗皮膏

窃国篡党大盗蒋介石，开设了一座黑店——蒋记国民党政府，门悬"孙中山嫡派信徒"，"奉行三民主义"两块招牌，糊涂观念的人们被诱惑了。现在请平心静气看一看，孙中山先生在清末领导民主革命，同盟会机关报《民报》第十二期绘"过去现在汉奸图"，曾国藩人头蛇身，李鸿章人头鱼身，袁世凯头面劈成两半，革命意识何等鲜明。蒋介石崇拜汉奸曾国藩、李鸿章至于五体投地，尊若神明，对袁世凯事事效颦，不仅是再版，而且还是增补版。这能说蒋介石、蒋记国民党与孙中山同盟会有丝毫传统关系么？孙中山先生在 1924 年改组国民党，揭橥联苏联共扶助工农三大政策，发表三民主义真释——国民党第一次全国代表大会宣言——国民党重新走上革命的道路。蒋介石反叛大革命，厉行反苏反共屠杀工农，曲解革命的三民主义成法西斯的三民主义（《中国之命运》可证），这能说蒋介石、蒋记国民党与孙中山国民党有丝毫传统关系？

如上所述，足够证明蒋介石、蒋记国民党对孙中山同盟会国民党说来，根本不是正统而是篡党。

试再平心静气看一看，蒋记政府有没有合于民国正统政府的条件呢？民国正统政府的基本条件，第一是反帝的民族主义，而蒋介石恰恰是彻底出卖祖国的美国儿皇帝。第二是反封建的民主统治，而蒋介石恰恰是封建法西斯匪帮的总头子。第三是人民的统一，而蒋介石恰恰是好战成性，向全国人民进攻的罪魁祸首。这能说蒋记政府与民国正统政府有丝毫的共同性么？事实证明，蒋记政府根本不是正统而是窃国。

蒋介石是有自知之明的。他知道他本人是孙中山的叛臣贼子，他的国民党是孙中山党的冒牌劣货，他的政府是个私生子政府。因此当民主势力弥漫全世界，中国人民觉悟程度空前提高的今天，蒋介石作贼心虚，急得鸡飞狗跳，铤而走险，大胆召开所谓"国民大会"，妄图扮演出一个假爸爸，宣告私生子的合法地位。

扮演假爸爸那出戏是危险的。袁世凯玩了一次伪国民大会，造出伪洪宪皇帝，结果袁贼毙命在新华宫。曹锟玩了一次猪仔议会，造出伪宪法伪大总统，结果曹贼滚出新华宫。现在蒋介石又来玩伪国民大会，它将造出一连串的伪东西，如伪宪法，伪总统，伪政府，伪命令等等。结果如何，请看袁、曹二贼。

四　中华民国急需成立正统政府

蒋介石用伪国大制造大批伪东西，目的在彻底出卖中国给美国作殖民地，自己永远充当殖民地的奴隶头子。我中国人民为真正实现孙中山"主权在民""还政于民"两条遗教，亟需召集人民代表会议，商讨救亡建国大计，成立中华民国的民主联合的正统政府。中国共产党，暨全国民主进步人士一贯主张独立和平民主，当此危急存亡的关头，号召全国人民从蒋贼魔爪中把中国抢救出来；无疑的，4万万5000万人民一定要拥护这个神圣号召。

（原载 1946 年 12 月 30 日《人民日报》）

研究中国 3000 年历史的钥匙

　　西周初年到现在，中国封建社会的历史已经积累了 3000 年。这从一大堆历史的现象看来，固然是"一治一乱，治时少而乱时多"，但从历史的本质看来，却只有一个土地问题，即农民和地主争夺土地所有权问题。究竟谁应该享有土地所有权？ 300 年前的王船山《噩梦》里很明确的答复了。他说"土地不是帝王所得私有。人民生在土地上，用自己的劳力，耕自己的田地，土地分明是耕者所有"。王船山的主张，完全符合真理。因之，凡主张土地应归地主所有者，完全违反真理。

　　地主阶级最早提出自己的主张，是在西周时代。《尚书·梓材篇》说"皇天既付中国民越厥疆土"。《小雅·北山篇》说"普天之下，莫非王土，率土之滨，莫非王臣"。按照这种说法，领主对土地及农奴的所有权，最初是从天上掉下来付给天子的。谁也知道，天上决不会掉下所有权来，那么，究竟从哪里来的呢？这就是领主（王、侯、卿、大夫）用武力占有土地和农奴，要农奴替他们开垦和耕种。《周颂·噫嘻篇》："噫嘻成王……率时农夫，播厥百谷，骏发尔私，终三十里，亦服尔耕，十千维耦"。本诗大意是说，周成王督率一大群农奴在地上耕种，成王鼓励他们，允许他们开发私田。地区长 30 里，条件是一万个农奴出力耕种公田。最好的田地（称为南亩）被指定为公田（又称大田或甫田），每年要 1 万农奴无报酬地替周王的公田服役。普通田地分配给农奴，称为私田（《小雅·大田篇》："雨我公田，遂及我私"），每年缴纳十分之一的谷物。还有大量荒地，地主作为恩物让农奴们开垦，变成熟地以后，缴纳租税。领主用公田私田两种形式，对农奴进行力役地租实物地租两种剥削。西周时代的封建制，比起商代的奴隶占有制，确是一个大进步。所谓"成康之世，颂声大作"，就是这个进步的反映。

等到私田数量远远超过公田的时候，领主收入主要依靠私田的租税，公田渐成"告朔之饩羊"。《齐风·甫田篇》："无田甫田，维莠骄骄"，"无田甫田，维莠桀桀"，公田上莠草长的茂盛，说明春秋初年，领主不重视公田了。鲁宣公十五年，鲁国"初税亩"，这又说明公田制度废除，领主按亩收租，不分公田私田了。春秋末期以至战国时代，土地已得自由买卖，地主不限于领主，依靠财力的人也可以占有土地成为地主，地主逐渐增多。及秦朝统一，地主政权代替了领主政权。领主和地主占有土地都是依靠武力或财力，都不是用自己的劳力耕自己的田地，更不是上天付给他一个所有权。

自从陈胜、吴广领导第一次农民大起义以后，农民开始向领主地主争夺土地所有权。这一争夺过程，在历史上形成下列三个阶段。

第一阶段——秦汉起，下迄太平天国起义，是农民自发地争取土地时期。

第二阶段——太平天国起，下迄五四运动，是资产阶级号召农民争取土地时期。

第三阶段——五四运动以来，是无产阶级——中国共产党领导农民收回土地时期。

　　农民应该享有土地，但是失去了土地；地主不应该享有土地，但是占有了土地。这是极大不公平的事，历史上的混乱现象，根本原因就在于此。更明确的说，凡历史上的治，都是农民起义造成的，所有的乱都是地主造成的。

　　试先举第一阶段历史为例。本阶段内，按照旧历史家的说法，所谓著名治世，有西汉文景之治，有唐太宗贞观之治，有满清康熙之治。所谓乱世，那就多的很，每一朝代都有乱世。陈胜、吴广以后，每一次农民起义，都被称为"乱"。事实恰恰相反，文景之治，正因为秦末农民起义，夺回了不少的土地。贞观之治，正因为隋末农民起义，恢复了均田制度。康熙之治，正因为明朝贵族官僚霸占全国极大部分上等田地，李自成提出均田口号，推倒明朝，满清政府代表汉奸地主向农民让步，实行更名田制度。历史上所谓三个著名治世，事实证明不是"圣君贤相"施行仁政的结果，而是农民起义的产物。反过来看，历史上一切所谓乱，没有例外都是地主过度集中土地所激成的。

　　从古代政论家的主张里，也证明这一真理。

　　春秋时代，因诸侯及大夫间强烈地进行兼并，后半期土地由领主手里逐渐转到地主手里（郡县制开始推行）。战国时代，土地主要被地主占有（因春秋时代"收族聚党"的宗族已破坏），农民失去宗族的依靠，多数人不得土地耕种。孟子首创井田说，反映了当时农民需要土地的严重情况。西汉师丹倡限田说，王莽倡王田制，晚唐元稹创均田图，南宋林勋创均田法，贾似道创公田法，明代朱国祯创均田说，王船山创耕者有其田说，这都反映了地主集中土地过度，地主阶级中人也看出危机，不得不提供办法。但是他们的办法多限于空谈，即使实行也不能有利于农民（如王田、公田）。只有农民自动起义，才能暂时夺回一些土地，政治上呈现程度不等的治平现象。

从陈胜、吴广以下，历史上大规模的农民起义何止数十次，目的当然在要求土地，但很少有人提出明确的主张。长长 2000 年，农民起义被地主摧残压迫，牺牲是无限的。这说明自发性的运动，虽然也起了些治的作用，但不能克服地主所造成的乱。

再试举第二阶段为例。太平天国革命运动提出《天朝田亩制度》，揭开资产阶级民主革命的序幕。天国似乎不曾实行田亩制度，但因地主被驱逐，农民生活改善，即汉奸曾国藩也被迫承认天国境内的治，与满清帝国的乱成显著的对照。康有为主张"公农"，他说："举天下之田地，皆为公有，人无得私有而私买卖之。"但是这须"待之百年"以后。孙中山提出平均地权（见《中国革命的社会意义》），列宁说他"谈得如此漂亮而又如此含糊"。[①]章太炎在《代议然否论》中提出"田不自耕植者不得有"，"地权平均以后，全国无地主"，这些是资产阶级号召农民争取土地的动听的议论，但是他们不敢领导农民去实行。

本阶段内，除去太平天国局部、短期的治以外，只看见地主阶级勾结帝国主义所造成的乱。

最后试举第三阶级为例。中国人民失望于资产阶级的空口号召，要求得到真正的领导者，因此，中国无产阶级——中国共产党不得不负担起资产阶级性质民主革命的任务。中国人民、中国共产党在英明伟大的领袖毛泽东同志领导下，坚决地进行反帝反封建的斗争。在十年内战中，不大的苏区，不多的人口，对抗反革命蒋介石百万大兵，五次粉碎其所谓"围剿"，苏区内人民虽饱受战祸，生活却蒸蒸日上。这是什么缘故呢？因为苏区内实

---

① 列宁：《中国的民主主义与民粹主义》，《列宁全集》第十八卷，第155页。

行了土地改革政策。在抗日战争中，八路军、新四军用落后的武器、贫乏的物资，战胜了日本帝国主义及其走狗汪记国民党，解放广大地区和人口。根据地内民主和平，实现"盗窃乱贼而不作，外户而不闭"（见《礼记·礼运篇》）的理想世界。这是什么缘故呢？因为根据地内实行了减租减息政策。在反对美蒋的爱国自卫战争中，八路军、新四军及其他人民军队，大量歼灭蒋记美械军，鼓舞了全国人民对革命胜利的信心。解放区内人民生活安乐，比抗日时期又有大进步。这是什么缘故呢？因为解放区内实行了农民大翻身，扫除了压榨人民的封建地主阶级。这里切实证明了，第三阶段内，农民一定要在全国范围内解决土地问题，治的力量一定要克服乱的力量。

上列三个阶段，在长期的第一阶段里，农民运动是自发性的，因之效果是微小的，所谓治的时间是极其短促的。在第二阶段里，资产阶级号召土地改革，虽然它无心也无力求其实现，但给农民以不少的影响，其口舌之功是不可抹煞的。在第三阶段里，广大的农民已经得到了土地，这个土地改革运动必然要在全国范围内取得胜利，这就是说，当新民主主义革命在全国胜利的时候，即全中国永远大治的时候。3000 年历史上绵绵不绝的乱，将因此而永远消失。

（原载 1947 年《北方杂志》第 2 卷第一、二期合刊）

中国早期的唯物历史科学家 ①

> 其变者青春之进程，
>
> 其不变者无尽之青春也。……
>
> 吾族青年所当信誓旦旦以昭示于世者，
>
> 不在齦齦辩证白首中国之不死，
>
> 乃在汲汲孕育青春中国之再生。
>
> ——李大钊《青春》

距今 22 周年以前，就在北平这个地方，帝国主义与封建军阀共同绞死了李大钊同志。大钊同志是为中国人民反帝反封建的革命事业而牺牲的，也就是为中国共产党所领导的革命事业而牺牲的；今天，中国共产党所领导的中国人民的革命事业胜利了，北平永远成了人民的城市，在这个时候这个地方来纪念大钊同志，我们不禁想到他所歌颂的"无尽之青春"，想要向他说，他以生命和热血所孕育的青春中国，已经"再生"了。今天在北平纪念大钊同志，这个富有意义的事实，又向我们证明了：凡与青春不老的人民相结合者，其人不老，凡与不朽的人民相结合者，其人不朽。

---

① 本文为纪念李大钊牺牲 22 周年而作。由华北大学历史室王南起草、范文澜写定。原以范文澜、王南署名发表于 1949 年 4 月 28 日《人民日报》。

大钊同志是中国早期的马克思主义的宣传家理论家之一，是中国共产党创建人之一，是中国革命史上不朽的战斗者。这些方面我不多谈，只是极简单的提一提作为中国早期的历史科学家的大钊同志。

大钊同志在历史科学上的功绩，首先应该提出的，就是他所说的"现代史学的研究及于人生态度的影响"。某些学者说"史学研究日趋严重，是人类精神渐即老成的征兆，在智力的少年时期，他们不很注意人间曾经作过的事物，却注意到那些将来人类所可作的事物，为的是兴奋他们，历史似应作成一个传奇小说的样子，以燃烧他们的想像"。大钊同志反对这种说法，他主张"很热心的去研究过去"，是为的"去照澈人生经过的道路"，"可以认识出来人生前进的大路"。"一切过去，都是供我们利用的材料。我们的将来，是我们凭借过去的材料，现在的劳作创造出来的。这是现代史学给我们的科学的态度。这种科学的态度，造成我们脚踏实地的人生观"。大钊同志说"现代的史学告我们以有生命的历史不是这些过去的记录。有生命的历史，实是一个亘过去现在未来的全人类的生活。过去现在未来是一线贯下来的。……历史的进路，纵然有时一盛一衰、一衰一盛的作螺旋状的运动，但此亦是循环着前进的，上升的，不是循环着停滞的，亦不是循环着逆返的，退落的，这样子给我们以一个进步的世界观。我们既认定世界是进步的，历史是进步的，我们在此进步的世界中，历史中，即不应该悲观，不应该拜古，只应欢天喜地的在这只容一趟过的大路上向前行走，前途有我们的光明，将来有我们的黄金世界。这是现代史学给我们的乐天努进的人生观"。大钊同志说"本着旧史观所编的历史，全把那皇帝王公侯伯世爵等特权阶级放在神权保护之下，使一般人民对于所遭的丧乱，所受的艰难……不但不能反抗，抑且不敢怨恨……在这种历史中，所能找出来的，只是些上帝，皇天、圣人、王者，决找不到我们的自己。……新历史观及本着新历史观编成的历史则不然，他教吾人以社会生活的动因，不在"赫赫""皇矣"的天神，不在"天亶""天纵"的圣哲，乃在社会的生存的本身。一个智识的发现，技术的发明，乃至把是等发现发明致之于实用，都是像我们一样的社会上的人人劳作的结果。这种生活技术的进步，变动了社会的全生活，改进了历史的阶段。这种历史观，导引我们在历史中发现了我们的世界，发现了我们的自己，使我们自觉我们自己的权威，知道过去的历史，就是我们这样的人人共同造出来的，现在乃至将来的历史，亦还是如此。……所谓英雄所谓豪杰的人物，并非与常人有何殊异，只是他们感觉到这社会的要求敏锐些，想满足这社会的要求的情绪热烈些，所以挺身而起，为社会献身，在历史上留下可歌可泣的悲剧、壮剧。"

大钊同志自己坚定的认识到和再三的向人宣说"社会的变革便是历史"。这种历史观的思想上的渊源，就是他所要努力掌握的马克思和恩格斯的唯物史观，而他所以要努力来掌握这种史观，则主要的由于他是一个要"变革"中国旧社会，要和"我们这样的人人共同造出来"中国新社会的革命者，由于他在学术上主张"凡是一种学问，或是一种知识，必于人生有用，才是真的学问，真的知识，否则不能说他是学问，或是知识。"由于他相信"学都所以救真，而历史的尤然。"（因为反革命反人民的家伙，一定要掩盖真历史，捏造伪历史，如目前的美帝国主义和国民党反动派均是——文澜）

上面这些摘录，都出自大钊同志所作的 1924 年出版的《史学要论》，他远在 1920 年 1 月出版《新青年》杂志上，即写出

《唯物史观在现代史学上的价值》。同年12月又刊出他所写《由经济上解释中国近代思想变动的原因》，这是中国早期企图用唯物史观的方法来处理中国历史问题的尝试。正由于大钊同志是马克思主义的革命者和历史科学家，所以当1918年，大家欢呼庆祝"联军胜利"的时候，只有他能够看出第一次世界大战的结果，是"庶民的胜利"，是"布尔塞维主义的胜利"。这在当时中国，真可以说是独具慧眼。

总括起来，用大钊同志自己的语句来说，他的历史观，不是"拜古"的，而是"爱今"的，不是"天命"的，而是"进步"的，不是所谓"无所为而为"的"学问之趣味"，而是要"变革"社会"创造"社会的，而是主张"求真"与"有用"合一的。这种人民的历史观，富有战斗性的历史观，不仅高出与大钊同志同时期的一般庸俗的历史观，就是在今天看来，仍然是很可宝贵的。

最后，我要说明白，大钊同志有关历史学的著作很多，现在我所见到的却很少，以上只是就其著作中抽出一两点来谈谈。再有，大钊同志是中国早期的马克思主义的历史科学家，在我们今天看来，其著作当然难免有不成熟的地方，但这恰如鲁迅先生所说，"他的遗文却将永在，因为它是先驱者的遗产，革命史上的丰碑。"

1949年4月27日于北平。

1949年4月28日《人民日报》

伟大的五四运动 ①

　　五四运动是中国历史上真正光荣，真正伟大，真正划时代的一次大运动。从这个运动开始，中国人民昂然站立起来，向帝国主义、封建主义猛烈作战，把那堆积如山的臭秽物逐渐扫除出去，使历史变成人民自己的历史，旧中国变成人民自己的新中国。

　　谁发起这个运动的呢？共产主义知识分子，小资产阶级知识分子和资产阶级知识分子三部分人。但是，只有共产主义知识分子在"六三"运动中，便和广大的无产阶级结合成一体，1921年便成立了中国共产党。自从有了共产党，中国人民才得到正确、英明、勇敢、机敏的领导者，才能够用自己的力量打倒封建主义、帝国主义、官僚资本主义的重重枷锁。五四运动之所以光荣、伟大、划时代，正因为这个运动在思想上与干部上准备了中国共产党的成立，而共产党则是领导全国人民洗去垢辱，消灭强暴，创造新天地，完成"五四"所提任务的无产阶级政党。不言而喻，五四运动的光荣、伟大、划时代是属于中国共产党、中国无产阶级、中国人民所有的。小资产阶级知识分子（除去投入无产阶级阵营的一部分）动摇、消极、悲观，资产阶级知识分子与

---

　　①　本文原为 1949 年 5 月为纪念五四运动 30 周年所作讲演的讲稿。

敌人妥协，站到反动方面去，如果他们在五四运动中也曾有光彩的话，那只能说，或多或少的光彩是有过的，可惜不久，有的就失去了光彩，有的背叛"五四"，变为可耻的反动知识分子了。

共产主义知识分子与中国工人农民站在一起，在中国共产党，人民领袖毛泽东同志领导下，在新民主主义革命中，前仆后继地战斗了30年，现在即将在全国范围内取得胜利。为什么他们的知识会变成革命一部分的力量？没有别的，只是他们学习了马克思列宁主义、毛泽东思想，把头脑武装起来，从这个头脑里所发出的知识，才能为人民服务，才能为人民所欢迎，才能产生力量。有人这样想，我的知识很玄远，很深奥，管他什么马克思列宁主义，什么毛泽东思想，什么辩证法唯物论、历史唯物论，我自有我无用之用，不朽的价值。是的，你是有这样想的自由的。但是人民也有不欢迎的自由。在人民的世界里，不为人民所欢迎的知识那就是无用的知识，只有速朽而不能不朽。

我在五四运动前后，硬抱着几本经书、汉书、说文、文选、诵习师说，孜孜不倦，自以为这是学术正统，文学嫡传，看不起那时流行的白话文、新学说，把自己抛弃在大时代之外。后来才知道错了！错了！剑及履及般急起直追，感谢时代不抛弃任何一个愿意前进的人，我算是跟上时代了。想起那时候耳不闻雷霆之声，目不睹泰山之形，自安于蚯蚓窍里的微吟，如何不后悔呢！

今天，轰轰烈烈的革命胜利，其显而易见易闻，比雷霆泰山不知要高大多少倍，大量知识分子倾向或涌入革命阵营，这决不是偶然的现象。可是还有一部分人舍不得旧有的一套，不愿意改变自己的立场、观点、方法，有的自嫌迟暮，懒得再下功夫去改造。这两种想法都是不对的。新中国伟大的建设工作——经济的、政治的、文化的、军事的——正在开始，只要参加这个工作总是早而不算迟的，关键在于立场观点方法的改变是否早而不迟。如果愿意改就有改的机会，但迟到不禄而还没有改那就算是迟了。

我也是一个知识分子，虽然经过改造，却改造得很不够，愿意和我的同伴们共同努力，攀着时代的轮子，永远前进。我们要在革命建设工作的实际行动中证明我们都是五四运动的继承者和发扬者。

（1979 年中国社会科学出版社《范文澜历史论文选集》）

谁是历史的主人 ①

　　马克思曾说过这样四句话："世界中一切变化着，生活中一切发展着；生产力增长着，旧关系破坏着。"念历史的人一定要好好记住这四句话，以它作为研究历史的基本观点，灵活地运用，并发扬这四句话的真义。北平是一个文化城，古物很多。我们到博物院参观，就可以看到古代的石器、铜器和铁器。看完了这些经过整理陈列起来的石器、铜器和铁器，再到现代的工厂中去看一看，我们就可以体会到马克思这四句话的真实意义。

　　看到石器，我们想到它所代表的原始共产社会；看到铜器，我们想到奴隶社会；看到铁器，我们想到封建社会；看到机器工厂，我们就联想到近代资本主义社会。有人说社会历史的发展是一些偶然的事实凑合成的。这是一种错误的看法。学习历史一定要懂得历史发展的规律，我们从社会生产力的全部发展过程来看，就可以明了这种规律了。我们知道某种猿类慢慢转变成类人猿，类人猿又慢慢转变成真正的人类，这一种发展是在劳动的过程中发生的。最早的时候，人类拿着自然石块当武器。后来发展到人工磨制的石器。那时人类的劳动生产力很小，劳动终日还不得温饱，没有剩余劳动产生，因此形成了社会生活资料共同所有

---

　　①　本文作者是在北京大学的一次讲演。

的制度，这就是原始共产社会。原始共产社会中各游牧部落间常常发生战争。俘虏来的人，最初因为生产力很小，生活资料缺乏，无法养活俘虏，大部分的俘虏都被杀掉了。后来发展了农业，俘虏便用来作耕田的奴隶。这样就开始转变到奴隶社会。奴隶社会是人类阶级社会的开始，这是劳动生产力增长到有剩余劳动可以剥削时自然产生的结果。奴隶社会使用铜器作为生产的工具。后来发明了铁器，铁器的使用逐渐代替了铜器，生产力发展到一定程度，奴隶社会便过渡到封建社会。封建社会中的手工业慢慢发展到手工工场，手工工场又发展到机器工厂，资本主义制度就一定要代替封建制度。近代资本主义社会发展的结果又必然会达到社会主义社会。在中国的情况下，从半封建半殖民地社会到社会主义社会，是经过新民主主义社会的一个阶段。这一种历史发展的规律就是"生产力增长着，旧关系破坏着"的结果。

因此，历史的发展不是由于英雄豪杰，而是由于生产力的增长发展。蒲列哈诺夫写了一本《论个人在历史上的作用》。读了那本书，我们就可以知道英雄史观的错误。

中国的历史也经过了石器时代，但是中国原始共产社会的实在情形现在无法得知。唐虞夏的时代只是一种传说。不过大致讲来，如果夏禹确有其人，则夏禹以前大概是原始共产社会。恩格斯说酒和城是奴隶社会产生的标帜。因为酿酒表示农产物已有剩余，筑城表示有财物要守护。在原始共产社会，大家都是穷得很，绝对不会有剩余农产物。传说禹的时候已经有酒和城。我们可以大致推定奴隶社会在禹的时代已经开始了。禹传子也表示一种财产的继承。商代有石器，又有了铜器，生产力提高了，奴隶社会也发展了。两周的时候由铜器转到铁器，生产力又提高一步，因之生产关系主要是封建制度。西周以后，封建制度在中国统治了近 3000 年。封建制度为什么在中国存在这么久，这是一个很复杂的问题。今天因为时间关系，来不及讲了。鸦片战争以后欧洲资本主义侵入，引起了太平天国的革命。它在基本上是农民革命，但已包含有某些资本主义思想的因素。因此太平天国虽不是资产阶级民主革命，但可看作是中国资产阶级民主革命的序幕，机器工业在中国逐渐产生，资产阶级也逐渐形成。戊戌变法和辛亥革命就是中国资产阶级向封建主义作斗争的运动。由于中国的资产阶级的软弱性和妥协性，改良的和革命的运动都失败了。五四运动以后，中国共产党成立，中国人民开始有了自己的领导力量。中国劳动人民蕴藏着的力量是无穷无尽的。中国共产党领导的人民解放战争所以能消灭 3000 年的封建，驱除百年来帝国主义侵略势力，就是因为中国共产党和广大人民结合，依靠着人民，启发了人民无穷无尽的巨大力量。

上面我们已经说明了生产力的发展是历史的原动力。中国历史也是"生产力增长着"和"旧关系破坏着"的过程。现在我们就谈到了问题：谁是中国历史的主人。

生产力是由生产工具和"人力"组成的。"人力"里面包括劳动技能和生产经验。生产工具是谁制造的？由谁来使用呢？很明白，生产工具是劳动人民制造的，也是由劳动人民使用的。例如工人造了铁犁，农民使用铁犁来耕种。既然生产力是历史的推动力，那么制造生产工具和使用生产工具的劳动人民便是历史的推动者，也就无疑是历史的主人。

承认了劳动人民是历史的主人，对于统治阶级我们应该采取怎样的看法呢？统治剥削阶级在一定的历史时期有它的进步性，我们不能一概抹煞。奴隶社会代替了原始共产社会，提高了生产力，一部分奴隶主阶级中人因为脱离了物质生产劳动，从事文化工作，开始了人类的文明时代。因此在一定的历史时期。剥削阶级也有它的进步和革命的作用。统治阶级中的一些进步文化工作者从事于脑力劳动，提高了社会文化，他们也可以包括到历史的主人的行列中来。但请注意：一切文化产物，如科学、哲学、文学、艺术、医药等等，都先在劳动人民中产生出来，不过一般是粗制品，经文化工作者精制以后，才被统治阶级保存下来。此外统治阶级中，如抵御外侮的民族英雄，少数在政治上、军事上作过有益于人民事业的人也可以包括到历史的主人中来。在这以外，剩下的统治阶级的人物，不论过去的史书如何称赞他们英明神武，他们都是民贼或人民的公敌，历史发展的障碍。中国历史的主人是劳动人民加上进步的文化工作者和统治阶级中在政治上、军事上作过有益于人民事业的人。过去的历史是以帝王为主人的历史，我们今天要推翻它。历史是劳动人民的历史，劳动人民是历史的主人。

（原载 1949 年 5 月 29 日天津《进步日报》）

再谈谁是历史的主人 ^①

关于"谁是历史的主人"一题，前些天曾在北大讲过一次，现在有些意见和诸位再谈一谈。

按照社会发展的规律，在一般的情况下，有什么样的生产力，就有什么样的生产关系。到生产关系变成生产力的枷锁的时候，革命就起来了，新的社会制度代替旧的社会制度。当生产力由石头工具过渡到金属工具（铜器和铁器），再过渡到较为改善的铁制工具，再过渡到现代机器工业，与之适应的生产关系一定是原始公社制度，奴隶占有制度，封建制度，资本主义制度，社会主义制度。这是一般的规律，应用到某一个具体社会的历史里，还须依据实际情况找出具体的规律。

中国历史是人类历史的一部分，它的发展也是循着一般规律前进的。博物馆陈列了各种石器，又有各种铜器，又有各种铁器，这些马克思称之为"劳动资料的遗骸"。依据各种遗骸，"对于研究已经消亡的诸社会经济形态，也如动物骨骼之遗骸结构，对于研究已经消亡的诸种动物之身体组织一样，有同样重要的意义"。中国历史的发展，也和其他民族一样，是由石制、铜制、铁制的生产工具发展下来的。所以，在中国存在过的各种生

---

① 本文是作者 1949 年 5 月 30 日在华北大学政治研究所的讲话。

产关系，也是和其他民族一样的。

但是，中国有自己特殊的环境和条件，正与其他民族各有其特殊的环境和条件一样，在一般规律的基础上面，要加上一些各自特具的因素，好比甲与乙都是人，而甲与乙又不是一个人，我们不能强迫甲与乙变成一个人。

人类起初利用自然的石块作工具，经过漫长的年月，才知道制造石头的工具来从事生产，例如石椎、石杵、石刀、石斧等工具和武器，那时的生产力很小很弱，一个人所得几乎不够一个人的食用，此外并无余剩。

当原始公社生产力较为发展的时候，就是说，石制工具较为进步，生产经验，劳动技能较为提高，生产能有一点剩余的时候，为了分工的缘故，极大多数劳动群众之旁，形成着一个免除直接生产劳动的阶级，来管理社会的共同事务，如生产、军事、祭祀、科学、艺术、社会秩序等等。因为生产力逐渐增长，公社中某些社员摸索出金属（铜）工具制造法之后，虽然是制作粗劣的，硬度不大的，生产力却开始发生变革了。生产剩余也有些增加了，那个免除直接生产的阶级，依靠它的特权，再加上暴力、掠夺、狡诈、欺骗等方法，有可能把财富积累到少数人手中，压迫大多数人服从他们，变为他们的奴隶，战争中获得的俘虏，（以前的俘虏是杀掉的，因为他们还不能产生可供剥削的剩余劳动。）也就留下来当奴隶，这样，奴隶制社会就开始了。

中国文字究从何时开始，现在还不知道，商朝有文字则是确定了的。因此商以前的古代史止能根据地下遗物和传说等加以推论。据传说，禹作城（一作鲧），禹时仪狄造酒，禹铸九鼎（一说启），禹传子，禹以铜造兵器，这些传说如果含有某种真实性，那么，也可以假定，禹以前是原始共产社会，夏开始了奴隶制社会，虽然止是微小的开始，却应予以重视，因为它是正在发展着的。到商朝后半期，根据安阳发掘，那时候工具还是青铜器和不少的石器，夏商生产力是在铜器逐渐排斥石器的过程中发展着，夏商生产关系就建筑于这个基础之上，因此奴隶制不可能充分发展，对原始公社不能给以强有力的破坏，相反的，奴隶制与原始公社混合在一起，成为中国式的奴隶制社会而不是像希腊罗马那样繁盛的奴隶制社会。

社会发展的一般规律，奴隶制社会已开始用铁制造工具，溶铁和制铁工作的继续改善，才出现封建制社会。在中国却不然，西周才结束了石器，普遍使用铜器，生产力显然比商朝提高一步，这就出现了封建领主制社会。什么叫做封建领主制呢？就是天子、公、侯、伯、子、男、卿、大夫等贵族，以氏族制度衍变下来的宗族为单位的占有土地制。宗族里面生产者主要是农奴，还有奴隶和自由民。宗族首领是世袭的宗子，统治并剥削宗族里的人。春秋时代，铁（称作恶金）开始用作农业工具，由于铁制农具的使用，人们获得生产工具比较容易了，再加上诸侯兼并和大夫兼并，许多宗族破坏，从宗族散出来的人，用铁开垦草莱，成为个人或一家私有的田地，这就出现了地主和农民。到战国时代，宗族更是破坏得所存无几，地主和农民差不多代替了领主和农奴。秦始皇统一中国，虽然嬴姓是最后的一个领主。秦的政权却是地主阶级的政权了。周朝生产力是在铁器排斥铜器的过程中发展着，封建领主制度是建筑在这个基础之上的。

陈胜、吴广为首的许多农民起义军，用铁制农具作武器，打倒了以铜为武器的秦朝。汉高祖成立了封建地主政权的汉朝。武帝时制铁技术才进步到代替铜在兵器上的地位，在生产关系上也确立了以土地买卖为特征的封建地主制度（一切氏族制、奴隶制、农奴制的残余，都包容在里面），直到鸦片战争以前都是这一个制度继续着，缓慢地发展着。鸦片战争以后，在中国原有铁制生产工具之外，加上了开始由外国输入蒸汽机器的生产工具，中国社会的性质变成半封建半殖民地的社会。由于机器生产在中国开始发展，在中国社会里产生了两个新的阶级，一个是拥有工厂和机器的中国民族资产阶级，一个是在外国资本和中国资本支配下使用机器的中国无产阶级。在帝国主义、封建主义联合对中国人民肆行压迫与中国新生产力要求发展的基础之上，引起了五四以前以资产阶级为领导的旧民主主义革命。1914 年开始的第一次世界大战及俄国十月革命引起了旧中国的大变化，五四以后，中国无产阶级及其先锋队中国共产党领导着旧中国广大劳动人民发动了新民主主义革命。中国无产阶级从开始登上政治舞台到现在英勇地斗争了 30 年，使反帝反封建反官僚资本的革命任务基本上完成了。

中国共产党领导着广大劳动人民进行新民主主义革命，为什么不马上实行社会主义革命呢？因为新式工业（新生产力）在国民经济中仅仅占百分之十左右，必须以新民主主义的经济政策先使农业国变成工业国的缘故。将来新生产力大大发展起来，中国的前途，将是如何光明如何伟大啊！

依据上面简单的叙述，可以看出一切历史现象，追溯到最根本的因素，乃是生产力与生产关系。历史发展的原动力是劳动人民在一定的相互关系条件下拿着工具在生产物质资料。现在我们对几千年历史的看法，必须彻底翻他一个身。过去读历史，止看生产关系里面的一面，偏重在各个朝代的盛衰兴亡，典章制度的沿革改订，帝王将相的功过优劣，文武官员的升降黜陟，文人学士的佳话轶事，英雄豪杰的"丰功伟业"等等，一句话，偏重在压迫、剥削、统治阶级的方面，也就是偏重在生产关系里高高在上的一面（当然，我们并不否认每个剥削阶级在一定历史时期，也曾有过它的进步性和革命性），对被压迫、被剥削、被统治阶级的一面，即生产关系里受苦受难的一面，是不重视或无视的，把他们反抗压迫的阶级斗争看作"乱民"、"叛民"、"流寇"，至于把生产力的发展，看作历史的决定的最后的因素，那就更谈不到了。这样的看法如果不改变，就永远找不到历史的主人，永远看不见历史的本质。

寻找历史的主人是谁，这对我们知识分子是有头等重大意义的。因为找到历史的主人，也就找到了现社会的主人。我们认识了这个主人，老老实实替他们来服务，知识分子才能找到自己的光明愉快的前途。

出身于剥削阶级或受剥削阶级教育的知识分子，一向轻视生产劳动。他们的生活依靠剥削阶级，他们所得的知识又是由剥削阶级世代传授下来的，所以他们的思想意识不能不是剥削阶级的。但是人类的一切有益的知识，根本上都是劳动人民经验积累的结果，对于这种文化的遗产，必须采取慎重态度，把其中好的有利于劳动人民的部分留下来，坏的、反动的一部分加以抛弃。

对已经过去了的知识分子是如此，那么对尚在人间的那些反动腐朽的知识分子如何呢？我们希望他们回头是岸。如果顽固不化，死硬到底，那有什么办法呢？只好让他们跟着国民党匪帮做一辈子向隅而泣的可怜虫。

今天所讲的有许多见解不成熟的地方，提出来希望在座各位给以批评指正。

（原载 1949 年 6 月 23 日《人民日报》）

中华民族的发展

一 伟大中国的主人是伟大中华民族

中国按其地理位置及自然条件,可以说是一个天赋独优合乎理想的国家。中国国境北端气候严寒,南端进入热带,极大部分则处在温带。疆域广大,约略等于整个欧洲的总面积。凡山岳丘陵,江河湖沼,高原平原,山地盆地,草原沙漠,海洋岛屿,森林矿产,无不应有尽有。这就是说,生长或蕴藏于各种气候各种地区各种地层,凡有益于国计民生的动物、植物、矿物,一般可以自给自足,无待外求。也就是说,大规模发展新的工业,农业,渔业,牧畜业,都具备着坚固雄厚的基础,足资利用的富源真是无穷无尽。

广大的疆域,必需有广大的人民来居住,而居住在这广大疆土上的,恰恰是人口将近5万万、广大无比的中华民族。四五十万年前,中国已有称为"北京猿人"的一种人,他们使用火和旧石器,在北中国生活着。新石器的普遍发现,证明数千年前,有人在全部国境内劳动,生息,繁殖,向自然界作斗争,创造自己的文化。按地区及文化遗物来推测,新石器时代的人,就是后来构成中华民族各族的祖先,换句话说,就是中华民族的共同祖先。

广大的中国疆域,不是那一个民族所能独力开发出来的,她是许多已经消失了的和现时正在发展的各民族合力开发，经数千年的艰苦斗争，才逐步建立起这个伟大的中国来。依据历史纪载，共同开发中国的各民族，一般说来（极其粗枝大叶的说来），汉族最先开发了黄河流域的陕甘及中原地区，东夷族最先开发了沿海地区，苗族（所谓"蛮"族"闽"族，实际就是苗族）、瑶族最先开发了长江、珠江和闽江流域，藏族（古代的羌族）最先开发了青海西藏，彝族和西南各族最先开发了西南地区，东胡族（包括肃慎，乌桓、鲜卑、女真、契丹、满洲）最先开发了东北地区，匈奴、鲜卑、柔然、突厥、回纥、蒙古各族先后开发了蒙古地区，回族和西北各族最先开发了西北地区，黎族最先开发了海南岛，高山族最先开发了台湾。

所以按照汉族今天居住地区看来，似乎中国领土的极大部分都是汉族所开发的，其实其中不少地区，最先开发者，却是已经消失了的和现时存在并发展的许多民族。事理很显然，中国之所以成为疆域仅次于苏联，人口在全世界各国中居第一位，历史悠久延续不绝在全世界各国中也居第一位的伟大国家，首先必需承认，这是构成中华民族的各族男女劳动人民长期共同创造的成果，其次是思想家、文学家、科学家、发明家、政治家和军事家对劳动人民的帮助。中华各族的劳动者既然是中国的创造者，中国当然是属于他们的，他们当然是中国历史真正的主人翁。

二　汉族是怎样形成的

中国拥有将近5万万的人口，差不多占了全世界人口的四分之一。在这巨大人口总数中，十分之九为汉人，所以中华民族的发展，主要是汉族的发展。

为什么汉族会有这样蓬勃强盛的发展呢？因为在远古时候，原始汉族的生产力就比她所接触的同时代其他各族都要高些。相传黄帝以玉为兵器，玉石制造出工具来，效力较大。黄帝族进入中原地区后，和羌族的一支炎帝族结成了联盟，共同战胜蚩尤为首领的黎族。尧舜时黄炎族与皋陶为首领的东夷族结成联盟，共同战胜了来自南方的苗族。相传禹以铜为兵器，进一步战胜苗族。因为使用金属生产工具所引起的结果，就开始了奴隶占有制社会。夏朝以前黄帝族与炎帝族、东夷族联盟的过程，实际就是三族同化的过程，再加入一部分同化的苗黎族，形成了汉族的坚固基础。夏商两朝，汉族文化继续发展，商盘庚以后，据殷墟发掘，青铜器文化已达到全盛阶段，这时有更多的其他民族溶合在一起。

立国在陕西的周国，历世重农，由于生产力发展所引起的结果，到周文王姬昌时，行施新的剥削制度，即封建制度。列宁说：剥削形式的变换，把奴隶制度的国家转化为封建制度的国家。这（剥削形式的变换）是有极大的重要性的（《论国家》）。周国就是当时许多奴隶制国家中最先变换剥削形式的一个国家。这种新制度发生新力量，周武王姬发使用这个新力量战胜了强大的奴隶制国家商朝，基本上破坏了以商朝为代表的奴隶占有制度社会，建立起初期封建制度的周朝。

这样汉族就更加发达起来。自西周迄战国，长城（秦以前沿边塞已有长城）以南，长江中游下游，楚、吴、越旧境，全部土地都为汉族所有。沿边国家还向外扩展，秦国势力进入甘肃，与氐族、羌族杂居，又进入四川与巴族、苗族杂居，楚国势力进入云南，与苗族、彝族杂居，燕国势力进入辽河流域，与东胡族杂居，这种扩展形势，成为秦朝建立大帝国的基础。

公元前 221 年，秦始皇嬴政统一中国，北筑新长城，西起甘肃岷县，东至辽东，长万余里与北方强大奴隶制国家匈奴分境。南守五岭，开辟岭南的广西、广东（包括海南岛）及福建为郡县，嬴政建立起统一的中央集权的以汉族为基干的民族国家，这又是一个有极大重要性的历史事件，这可以说是伟大中国和伟大中华民族形成的开始。

从西汉武帝刘彻时起，两汉、三国 400 数十年，不断对外战争，疆域愈益扩大，吸收并同化少数民族愈益众多，北方的南匈奴族，东北的乌桓族、鲜卑族（慕容族），西北的羌族、氐族，南方的苗族、瑶族、黎族、山越族，西南的彝族、苗族，都成为中国境内的少数民族。其中如南匈奴、乌桓、慕容鲜卑、氐、巴等族很快的全部与汉族同化，因此汉族愈益壮大。

南北朝时，北中国被鲜卑拓跋族宇文族侵入，北中国的生产力大遭破坏。但另一方面，不是对汉族完全无利，因为塞外游牧民族，文化远远落后于汉族，不论战败归附或武力侵入，经过若干年月，自然同化而并入汉族。如匈奴屠各族统一长城外各民族，总称匈奴，东汉时以屠各为首的匈奴 19 族并入汉族。鲜卑拓跋族统一长城以外各民族，总称鲜卑，侵入北中国建立北魏朝，隋时全部并入汉族。此后如唐时突厥，宋时契丹女真，建立元朝的蒙古，建立清朝的满洲，都带着很大数量的塞外各族，侵入中国，终于全部或一部分并入汉族。

南北朝时南中国发展了高度的文化，比较细致地开发了长江流域，生产力显然提高了，汉族数量显然增加了。这和北中国相反，北中国同化塞外民族，第一步是武力斗争，南中国同化山地民族，第一步是文化浸润。

大体说来，汉族成为巨大民族的主要原因，首先是生产力不断发展（虽然是缓慢的），人口因之繁殖，其次是文化影响不断扩大，国境内文化较低的少数民族，因之逐渐被同化。

拿黄河来比汉族，黄河发源于星宿海，沿路吸收大小河流，终成巨大的黄河。同样，汉族发源黄炎族，5000 年来，吸收数以百计的大小民族，终成巨大的汉族。谁也不能取出一杯黄河水，说这是星宿海的水。谁也不能指出一个汉族人，说这是黄炎的嫡派子孙。以血统谈民族，是荒唐无稽的谬说。

三　各有光荣历史的少数兄弟民族

构成中华民族的各族，除了汉族，还有许多少数兄弟民族，这些兄弟民族的具体情况，向来不曾有过详细明确的调查。一般人所比较熟悉的有回、蒙、藏、满、苗、彝、黎等族，据约略估计，各族人口在全国总人口中当为十分之一。

各兄弟民族之所以比较为人所熟悉，主要原因约有三种：第一，反抗压迫的精神特别坚强，如回教各族。第二，在中国历史上曾有重大表现，如蒙、满等族。第三，远古以来，与汉族保持经常的接触，如藏、苗、彝、黎等族。这些民族（包括未列举的）不论文化高低如何不同，人口多少如何不同，但有一点是共同的，就是各有其光荣的历史，在中华民族的组成上，都有不可缺少的重要性，都是有机体中必需的部分。

历史学者非常惭愧，对少数兄弟民族的历史知道的太少了，这里举出一些例证来，虽然只是一个小斑，藉此推想全豹，可以说，还是正确的。

回教各族——信仰回教的民族，历代居住在西域广大地区。

唐时回教传入中国，元时西域色目人大量入居内地，与汉族和平相处。明时云南郑和率大舰队七次航海，最远一次到达非洲意属索马利兰，创中国历史上空前未有的壮举。明末农民起义，陕西马守应（绰号老回回）与李自成联合作战。满清侵入中国，陕甘米剌丁与汉族人民共同进行抗满爱国战争。由于满清阴险毒辣的民族政策，故意制造汉回间恶感，挑拨汉回两族相互仇视，以至冲突残杀，满清统治者及其走狗汉族地主阶级代表人军阀官吏乃得从中取利，肆意惨杀，满足地主阶级的兽性和贪欲。回族人民与汉族人民失去联络，声势孤弱，但反抗精神却愈益激发，嘉庆、道光时新疆有张格尔的反抗，在太平天国革命影响下，甘肃有马化龙的反抗，云南有杜文秀的反抗，满清政府灭亡后，北洋政府、国民党政府继承满清的一贯惯技，并行施更露骨的大汉族主义。回教各族给它们的回答是有加无已的坚强反抗。

蒙族——成吉思汗率领蒙古民族，创造古代无与伦比的伟大帝国。这个民族蕴藏着无限精力，即此可以想见。

辛亥革命前内蒙古人民也曾和汉族的民族革命运动联合，积极进行反满斗争。大革命时代，内蒙古人民革命运动也澎湃发展着，组成了十二团革命军队和军政学校。提出打倒帝国主义反对大汉族主义统治与反对封建的口号。此后不断反对国民党蒋介石大汉族主义者，如1929年伊盟达拉旗人民库里什泰大会反对放垦运动，因而演成激烈的武装斗争，"九一八"以后，卓盟、哲盟人曾举兵抗敌。抗战时期自八路军进入察、绥、热，建立游击根据地以后，广大蒙古人民更英勇地和日本帝国主义作不屈不挠的斗争。

藏族——西藏是世界第一个高原，自然环境给居民带来非常的艰难，西藏高原的开发，就是藏族人民的斗争史。1904年英帝国主义入侵，西藏人民曾英勇反抗，此后更不断反抗西藏反动统治者勾结英帝的残酷剥削和压迫，打伤过英帝走狗扎隆，反对以扎隆为首的在机什城建筑英领事馆的主张。即使也居于统治者之列的前藏三大寺的喇嘛，也曾在1932年反对达赖征僧人入伍进攻川康边界而发生暴动。在西康，大吉寺的喇嘛曾武装起来反对国民党反动军队的暴行。1934年共产党长征到西康，曾在甘孜帮助藏族人民成立过博巴苏维埃政府，这段光荣历史，始终留在一部分藏民的记忆里。

苗族、彝族、黎族中，苗族曾在湖北、湖南、江西地区建立一个大国。彝族中哀牢族曾在云南建立南诏国。三族都饱受汉族满族剥削阶级的侵夺与压迫，因之也都富于反抗性。

以上列举的民族和尚未列举的民族，各有其光荣的历史是一致的，他们的历史有待于搜集和发扬，那时候，中国历史才有可能成为丰富的全面的历史。

四 近代中华民族发展所受到的障碍

满清以少数民族统治中国，长到260余年，它用各种方法来维持自己的地位，阴险毒辣的民族政策就是各种方法中的一个。它把汉族人民当作最大的敌人，它害怕蒙古族人民攻袭后路，陷于前后受敌的困境。于是竭力笼络蒙古贵族，赏给亲王、郡王等爵号，与满洲贵族同等待遇。划分牧地，使各旗隔离，不能团结统一。满洲贵族女子大批嫁给蒙古贵族，使蒙古贵族生活满洲化。提倡喇嘛教，使蒙古人精神上吸食强烈的麻醉剂。蒙古人家里有两个儿子，一个就得出家当喇嘛，社会上存在大量怨女旷夫，男女关系自然不正常，因而花柳病盛行，加上贪官污吏，奸商悍兵在政府纵容下肆意掠夺牲畜财物。满清政府企图有计划的使蒙古人民生计枯竭，人口逐年递减，一直到灭种为止。

同样，在回教各族居住地，满清政府或利用教派不同，挑拨内讧；或利用地主、教主，压迫本族劳动人民。更恶劣的手段，是假意优待汉人，诱使欺压回人。回人积怨既久，起而仇杀汉人，满清政府藉口保护汉人，动兵杀戮回人，怨怨相报，循环无止境。凡汉人与其他少数民族杂居的地区，满清政府都用类似的方法来制造民族间纠纷与仇恨。

满洲八旗呢？当然被满清皇帝看作最可靠的力量。为了要保持这个力量，只许满人做官当兵，坐食饷俸，禁止从事生产劳动。结果满人被满清皇帝害得好苦，满清政府覆亡时，满人生计断绝，很多人依靠救济来维持生活。

可以断言，大清帝国是民族的牢狱。

可以断言，北洋政府、国民党政府统治下号称"五族共和"的中华民国与大清帝国一样，还是一个民族的牢狱。特别是国民党政府勾结更多的更凶暴的帝国主义者，合力看守着这个牢狱。

谁也知道，拘禁在牢狱里面的人，除了饥饿、拷打、杀戮、死亡，此外还有什么呢？这就是中华民族自满清统治以来，生产停滞，文化衰落，内乱频烦，外患严重，全国人民几乎当亡国奴的主要原因之一。

但是，谁也知道，压力愈大，反抗力也愈大。伟大的中华民族，在多苦多难的牢狱里，锻炼得革命意志逐渐坚强了，政治觉悟逐渐提高了，民族间了解逐渐加深了，对共同敌人的认识逐渐明确了，这就是新民主主义革命为什么得到全国人民的拥护，30年战斗，终于驱逐帝国主义消灭封建主义、官僚资本主义，建立起中华人民共和国的主要原因之一。

五　中华民族将以无比的速度发展起来

中国人民在人民领袖民族救星毛主席领导下，新民主主义革命基本胜利了，中华民族真正解放了（只有极小部分尚待解放）。共同纲领第六章民族政策，提供了各民族平等友爱团结互助的保证。过去汉族受反动统治阶级的蒙蔽，不少人曾以大汉族主义欺压少数兄弟民族，此后当彻底扫除残留的反动思想，按照共同纲领平等互助的原则，帮助少数兄弟民族在原有的经济文化基础上，迅速向上发展。并且还可以向少数兄弟民族学习，因为他们文化的积累也很丰富，如果扬弃其某些落后的成分，光大其优良的传统，这将大大充实整个民族的文化生活。在少数民族方面，过去饱尝反动民族政策的苦味，对汉族不免存有戒心，这是很自然的。现在反动统治彻底消灭，国家性质已与过去根本不同，这也是很自然的，他们将以愉快和谐的心情来帮助汉族和其他兄弟民族的加速发展。

民族牢狱摧毁了，代替它的是各民族一律平等团结互助，友爱合作的民族大家庭。这个大家庭，不仅保证了中华人民共和国的繁荣兴旺，而且也保证了世界和平民主阵营的更加强壮。

（原载 1950 年《学习》第 3 卷第 1 期）

论中国封建社会长期延续的原因

中国封建社会自周秦以来，一直延续了 3000 年，到最近新民主主义革命时代，这个封建制度才逐渐被打碎以至于消灭。恩格斯说："封建时代交换是有限的，市场是狭小的，生产方式是稳定的，地方和外界是隔绝的，地方内部是团结的；农村中有马尔克，城市中有行会。"[①] 这种情况，中国与欧洲封建社会基本上是相同的。为什么中国封建社会延续到 3000 年，而欧洲只经历了 1000 年便出现资本主义社会呢？马恩指出它的原因说：

"大工业建立了由美洲的发现所准备好的世界市场。世界市场使商业、航海业和陆路交通得到了巨大的发展。这种发展又反过来促进了工业的扩展，同时，工业、商业、航海业和铁路愈是扩展，资产阶级也愈是发展，愈是增加自己的资本，愈是把中世纪遗留下来的一切阶级都排挤到后面去了。"[②]

世界市场总是增长着，商品需要总是扩大着；手工业不得不让位于手工工场，手工工场又不得不让位于现代工业，这就是西欧封建社会较早崩溃的基本原因。

---

① 《马克思恩格斯选集》第三卷，第 430 页。

② 《马克思恩格斯选集》第一卷，第 252 页。

但是我们不要忘记，在1492年哥伦布发见美洲以前，第九世纪时，古挪威人也曾发见过北美洲的西北海岸。为什么这一发见没有那样重大的意义呢？为什么这一发见会被忘记到这样的程度，竟至哥伦布和西欧学者关于这一发见连知也不知道呢？因为在第九世纪，封建制度还没有产生像后来因商业资本的发展而发生的那些需要（毕去根：《地理环境在社会发展中的作用》）。所以，中国封建社会长期延续的原因，主要的还应向社会内部去探求，就是说，应研究中国封建社会本身生产方式的情况。

马克思在《政治经济学批判序言》里这样指出："无论哪一个社会形态，在它们所能容纳的全部生产力发挥出来以前，是决不会灭亡的，而新的更高的生产关系，在它存在的物质条件在旧社会的胞胎里成熟以前，是决不会出现的。"[1]

马克思所说"一切生产力"，在封建社会里，包括两种生产力：一种是农业生产力，一种是工业生产力。前一种生产力的发展、萎缩、破坏与生产关系的矛盾松弛、紧张、尖锐是平行的，它只能在这个公式里转来转去，无论如何，不可能有这样一个前途，即发展到否定原来的生产关系，创造新的社会形态（资本主义社会）出来。后一种生产力的发展，到了一定程度，便成为革命力量；破坏旧的封建社会，创造出新的资本主义社会。

依据马克思的原理，试举下列三个问题来研究中国3000年来的历史事迹。

---

[1] 《马克思恩格斯选集》，第二卷，第83页。

一 从农业生产力的迟缓发展来看封建制度的延续

农民耕种土地，地主占有、支配土地，吸食农民的血汗。剥削者（地主阶级）与被剥削者（农民阶级）之间的阶级斗争，就是封建制度底基本的特征。

耕种土地的人（劳动力）与可供耕种的土地（劳动手段）是发展封建农业经济的两个重要条件。人力是生产力中最重要的因素（《联共（布）党史简明教程》）。这里当然不是说生产工具不重要，但比较起来，人力占更重要的地位。因为小农经营所用的工具不得不是碎小的、粗陋的、狭隘的，只要有一把镢头，便可以进行生产，最高也不过牛马拉犁。没有机器工业的高度发展，农业工具不可能进步到机械化。所以，研究封建农业经济的发展过程，首先应从劳动者（农民）与劳动手段（耕地）来着眼，农业工具和农业技术虽然也在发展，但只能是含有次要的意义。

在封建社会里，人口的极大多数是农民。当时人们谋得生存所必需的生活资料，农业劳动是比较容易和习惯的方式；只要还有土地可耕，人们总是循着旧路走下去；人口逐渐增长，土地逐渐扩大，农业经济就在这种情况下得到它的发展。

这是不是犯了"地理论"与"人口论"的错误呢？我想不是，下面摘引《联共（布）党史》两条。

"地理环境无疑是社会发展的经常和必要的条件之一，它当然影响到社会的发展，加速或者延缓社会发展进程。但是它的影响并不是决定的影响。"

"人口的增长对社会的发展有影响，它促进或者延缓社会的发展，但是它不可能是社会发展中的主要力量，它对于社会发展的影响不可能是决定的影响。"

地理条件与人口数量对封建农业经济起着促进或延缓的作用，是不容怀疑的事实。显然，如果把它当作改变人们社会制度底性质的决定因素，那就是荒谬之谈了。但是我们从来没有这样想过。

要知道古代农民人数是不可能的事。历史上记载人口数字是不确实的。统治者为了剥削（丁口税，徭役等）必需调查户口；人民为了逃避负担，必须设法隐蔽。一般说来，人口实数应大于人口记载数。满清改行地丁制，官吏虚报户口，夸扬太平盛世，人口实数应小于人口记载数。我们不把记载数当作实数，而把它当作实数的影子；从影子里多少望见一些农民数量增多或减少的态势。因为人口中占极大多数的是农民。

道光二十一年前，各朝代所记载的最大人口数大致如下：

战国末约 1000 余万。

西汉末约 5900 余万。

东汉末约 5600 余万。

唐中叶约 5200 余万（"人口逃避庸调之征，所在隐漏"）。

北宋末约 1 万万（宋户口不计妇女，当时男丁 4380 万，加上同数妇女，应为 8700 余万。再加，"户版刻隐"，约为 1 万万）。

南宋境内约 6000 万，金境内约 4600 万，全国人口约 1 万万以上。

明初约 1 万万 1000 余万（男丁 5600 余万，加上同数妇女，总数在 1 万万 1000 万以上）。

满清乾隆六年约 1 万万 4000 余万（不计妇女，男丁数恐是虚报）。

道光二十一年约 4 万万 1000 万（不计妇女，虚报更是显然）。

以上所记人口数，究有多少真实性，是很难说的。不过，可以看出一种情况，即新旧朝代变换的时候，因遭受严重的战祸，人口耗损极大。等到新朝代稳定以后，人口才恢复并增长起来。从战国末到清道光二十一年，2000余年间，像波浪般起伏着；总的趋势则在上升。上升的一个原因是中国疆域的逐渐扩大，封建经济在新开辟地区有所发展。又一个原因是统一较久，国内不发生大战争。

工具和技术低劣的农业生产，特别需要土地面积的扩大，借以增加生产量。战国以前，农业经济中心在黄河流域。秦国开发巴蜀，楚国开发江南，秦汉统一，因而有两汉的人口上升。孙吴以迄六朝进一步开发江南，隋唐统一因而有唐代的人口上升。唐宋开发福建，宋元明开发两广云贵，满清开发东北、台湾、内蒙、新疆，因而有宋明清的人口上升。经数千年的土地开发与人口上升，终于形成了世界上人口最多疆域仅次于苏联的伟大国家。这里所谓开发，是指国内各民族人民特别是汉族人民开垦土地，建立起经济基础的艰苦经营而言。旧历史称颂开疆拓土的帝王将相，比之人民，那就微不足道了。

封建时代开发土地，其方式不外：（一）汉族统治者以武力为主要手段，夺取国内少数民族已垦或未垦的土地；（二）移民或募民实边；（三）用流刑遣送犯罪人到荒远地方；（四）狭乡贫民被迫向宽乡谋生；（五）天灾、苛政逼使人民流亡四散；（六）战祸驱迫人口向偏远处逃避。从来人口大迁移，多半属于后三类，特别是第六类。这就可以想见人口迁移，不是有准备有资助，而是在丧失了最后一点脂膏，颠沛流离，死里逃生的情况下进行的。这对新地区的开发，当然很艰难、很迟缓，需要很长的时间。

历史上人口与土地的比例，按照全国范围来说，农民人口总是落后于土地的容纳量，并无人满之患。直到现在，据农业专家估计，全国未开垦土地的面积大于或相等于已开垦土地的面积，等待大量农民去开发。按照局部来说，凡土地过度集中的地区，则应有"人满"现象，在这种"人满"地区，生产力与生产关系必然发生尖锐矛盾。农民不是饮泣吞声而死亡（所谓"老弱转乎沟壑，壮者散而之四方"），便是挺身而起，武装暴动（所谓"官逼民反，不得不反"）。如果"人满"地区多而大，则成为农民大起义；如果"人满"地区较小较少，则成为某地区的农民暴动。历史上农民对地主的武装斗争，规模大小不等，原因在此（当然，不能看作惟一的原因）。经过残酷的大规模阶级斗争以后，村庄被毁灭了，田地被荒弃了，林木被砍伐了，牲畜被掠夺了；农民一部分死在战争里，一部分流亡到远方，一部分劫后余生；在废墟上重整家园。总之，农民所遭遇的损失和破坏是难以言语形容的。但地主阶级当然也受到严重的打击；使得代表地主阶级的统治者，鉴于前车之覆，不得不制订一些让步的改良的新制度，借以和缓矛盾，稳定其统治地位。在矛盾比较松弛的情况下，新旧地区的荒地逐渐开垦，生产设备如水利、畜力、农具也逐渐增加和改善；旧地区较高的生产技术，也因人口迁移而流传到新开垦地区。农业生产既然获得扩展和提高的机会，同时工商业也会受到某些影响，有所推动。这样，社会生产力将在一定程度内显示其进步。毛主席在《中国革命和中国共产党》第二节《古代的封建社会》里指出：

"中国历史上的农民起义和农民战争的规模之大，是世界历史上所仅见的。在中国封建社会里，只有这种农民的阶级斗争、农民的起义和农民的战争，才是历史发展的真正动力。因为每一次较大的农民起义和农民战争的结果，都打击了当时的封建统治，因而也就多少推动了社会生产力的发展"①。

我想，毛主席的论断，可能是指上述情况说的。正因为历史发展的推动力是农民阶级而不是其他先进阶级；所以只能打击封建制度而不能打破封建制度。也就是说，如果中国与世界隔离，继续闭关自守的话，封建农业经济还会遵循旧公式保存下去，封建社会一时还不会灭亡。

二　从生产关系对生产力的破坏
来看封建制度的延续

农业生产力发展滞缓的最主要原因，是在于地主阶级对农民残酷的剥削与对生产可怕的破坏。农民创造财富，供养了地主阶级，但是，地主阶级决不满足于这些供养，它要敲骨吸髓，来填满无底的贪壑，因而造成疯狂屠杀，军阀混战，外族侵入一连串的悲惨后果。这些后果的承受者，自然是农民阶级。

（1）残酷的剥削使生产力萎缩——大抵一个朝代过了中期，猛于虎的苛政特别明显起来。租税渐重，徭役屡兴，高利盘剥，土地集中，农民生活逐步恶化，社会生产力不断萎缩，这种历史事实怎样也是说不尽的。我想，不如举出一些文艺作品来当作例证，因为好的文艺作品富有真实性而文字又精练得多。明人韩邦奇替富阳人做了一首诗：

> 富阳江之鲥，富阳山之茶，鱼肥卖我子，茶名破我家。
> 采茶妇，捕鱼夫，官府拷掠无完肤。昊天何不仁，此地亦何

---

① 《毛泽东选集》4卷合订本，第588页。

> 辜，鱼何不生别县，茶何不产别都。富阳山何日摧，富阳江何日枯。山摧茶亦死，江枯鱼乃无。呜呼，山难摧，江难枯，我民不可苏。

不错，韩邦奇只是说富阳地方茶户、鱼户受了害，推而广之，也只是说名产害民，但并不曾说农民受了什么害。那么，请读明人王弼的永丰谣。

> 永丰圩接永丰乡，一亩官田八斗粮……。旧租了，新租促，更向城中卖黄犊，一犊千文任时估，债家算息不算田。呜呼，有犊可卖君莫悲，东家卖犊兼卖儿。但愿有犊在我边，明年还得种官田。

不错，王弼只是说江南地方官田粮重，农民受了害，推而广之，也只是说官田害民，但不曾说一般农民受了什么害，那么，请摘录元曲中描写地主与农民的生活对照。

> 地主们，霸占着"鸦飞不过的田产"，开着油房、粉房、磨房、酒房、解典库。"旱路上有田，水路上有船，人头上有钱。"他们看见"别人的东西，恨不得攫手夺将来"，若有问他要"一贯钞"就如"挑一条筋相似"。农民们"又无房舍又无田"，受这些"悭吝苦克"的家伙压榨，弄得"吃了那早起的，无晚夕的，每日烧地眠，炙地卧，衣不遮身，食不充口"。就是"与人家挑土筑墙，和泥、托坯、担水、运浆、做垒工生活"，也因为饥寒交迫，"气力不加"，做到半工还得歇下来。

各地方名产是好东西，田地当然更是好东西，可是对农民说来，却成了这样的一个枷锁，和那样的一个枷锁，地主阶级压迫农民带着这样和那样的枷锁，鞠躬尽瘁死而后已地为它服役。农民这还能具有某种在生产中的自动性？还能具有从事于劳动的嗜好？还能具有愿意从事劳动的兴趣？没有疑问是不能的。

（2）疯狂屠杀，使生产力遭受破坏——农民被压迫剥削，无法生活下去，除了武力反抗，是没有其他道路可走的。这叫做"造反有理"。但是地主阶级却有相反的看法，它把农民不能生活叫做"人满为患"，到底是不是"人满"呢？所谓"人满"（人口过剩）原因是什么呢？假如农民一家有5口人，耕地20亩，平均4亩地养活一个人，农民失地以后，变成佃户，同样种20亩地，对半分只得10亩地的收入，再加生产成本：赋税、徭役、苛杂、借贷等耗损，假定又减去五亩，那么，付出20亩的劳力和成本，仅仅收入5亩地的产物，至多能养活两个人，其余三人便成"过剩"的人口。多数农家如此，社会当然陷于极度的不安。历史有这样一个规律，即土地愈益集中，人口愈益"过剩"，农民求佃愈益迫切，地主愈益骄奢淫侠，剥削愈益苛刻，农民愈益无法生活。地主就认为"人满为患"，需要大屠杀。汪士铎是曾国藩、胡林翼大屠户的上宾和谋士，曾胡尊崇他当成圣贤豪杰之士，他在《乙丙日记》里推论农民投入太平军"效死不去"的原因，设为与农民问答一段话：

问：汝（农民）仇恨官长，官长贪乎？枉法乎？曰：不知。问何以恨之？则以收钱粮故。问：长毛不收钱粮乎？曰：吾交长毛钱粮不复交田主粮矣。曰：汝田乃田主之田，何以不交粮？曰：交则吾不足也，吾几子几女，如何能足？曰：佃人之田，交人之粮，理也，安问汝不足？且汝不足，可别谋生理。曰：人多无路作生理，无钱作生理也。

于是汪士铎得出一个结论来，他说："呜呼，岂非人多之患哉！"他满眼看去，穷人太多了，凡穷人皆可杀，主张"草薙而万狝之"。这还不够，他还要正本清源，主张少生人，以为"女多，故生人多而生祸乱"，应"首先溺女之赏，贫户不准生女。民之清修为僧尼者赏，立清节贞女之堂，广施不生育之方药，男人有子而续娶，妇人有子而再嫁，犯皆斩立决。"汪士铎赤裸裸地暴露出地主阶级仇恨农民的野兽心理。其实，所谓人多，不是多了生产者的农民，而是多了寄生吸血的地主，消灭地主阶级，才真是正本清源的"理也"。

从来地主阶级屠杀农民是丝毫不留情的，"千里无人烟"的大破坏，认为"叛逆"的农民自食其恶果。反动的史学者称颂那些善于屠杀农民的刽子手，叫做圣君贤相谋臣猛将，以为他们有"平乱"之功，以为屠杀是解决"人满之患""恢复治平"的良法。事实恰巧相反，正因为农民起义打击了地主统治，所以多少推动了社会向前发展。

（3）军阀混战，破坏生产——地主阶级为了争夺土地和权利，经常内部分裂，出现军阀混战的局面，孟子说："争地以战，杀人盈野，争地以战，杀人盈城，此之谓率土地而食人，罪不容于死。"王粲《七哀诗》描写汉末战祸说："出门何所见，白骨蔽平原，路有饥妇人，抱子弃草间，顾闻号泣声，挥涕独不还，未知身死所，何能两相完。"战地情况如此，不待言，一切生产必然被破坏。在非战地，如果受到战争影响，生产也必然下降。

（4）外族侵入，带来落后的生产关系——地主阶级奢侈腐败，残民以逞，往往招致边境落后民族的侵入。这些落后民族，按其社会发展过程来说，大都是在氏族社会转上奴隶社会的阶段上；它们侵入中原，好像一群猎人进入围场，屠杀掳掠，焚烧破坏，充分发挥其野蛮性和民族偏见。但是灾祸并不止于此，它们还带来落后的生产关系，在封建制度的中国社会里，行施奴隶制度（虽然是局部的），并以奴隶主的精神统治中国人民，对社会起着极大的阻碍作用。五胡、北魏、辽、金、元、清莫不如此。特别是满清，因为害怕外国人可能助长很大部分中国人对清廷的不满情绪，实行最严格闭关自守政策凡200年，摧毁明末从西洋输入的科学知识，断绝中国与欧洲的交通，以致错过了中西交互影响，共同进步的机会，中国社会远远落在欧洲的后面。

中国历史的大部分，就是上述那些悲惨事迹所构成的。推原致祸的基本原因，不是别的，只是由于地主对农民进行残酷的剥削和压迫。毛主席在其名著《中国革命和中国共产党》里论到"古代的封建社会"时指出：

"中国虽然是一个伟大的民族国家，虽然是一个地广人众、历史悠久而又富于革命传统和优秀遗产的国家；可是，中国自从脱离奴隶制度进到封建制度以后，其经济、政治、文化的发展，就长期地陷在发展迟缓的状态中。这个封建制度，自周秦以来一直延续了3000年左右。"

"中国历代的农民，就在这种封建的经济剥削和封建的政治压迫之下，过着贫穷困苦的奴隶式的生活。农民被束缚于封建制度之下，没有人身的自由。地主对农民有随意打骂甚至处死之权，农民是没有任何政治权利的。地主阶级这样残酷的剥削和压迫所造成的农民的极端穷苦和落后，就是中国社会几千年在经济上和社会生活上停滞不前的基本原因。"[①]

毛主席这个英明的论断，指示我们生产关系阻碍并破坏生产

① 《毛泽东选集》4卷合订本，第587—588页。

力的发展的真理，有意无意地给地主阶级作辩护的学者们，可以平心想一想，究竟祸根在剥削者的地主方面，还是在生产者的农民方面呢？地主阶级加在农民身上的枷锁如此沉重，农业生产力不得不是前进两步，退缩一步，陷于发展迟缓甚至停滞的状态中，同时也影响着工业生产力不能顺利地较快地发展起来。

三　从工业生产力发展的迟缓来看封建制度的延续

奴隶阶级不能消灭奴隶制度，农民阶级不能消灭封建制度（参阅普列汉诺夫《论一元论历史观之发展》第五章《现代唯物论》）。消灭奴隶制度的是奴隶社会里怀妊着的"佃农"（西罗马帝国崩溃前有一种佃农叫做Coloni，恩格斯称之为中世纪农奴的先驱者，参阅《家庭私有制和国家的起源》）；消灭封建制度的是封建社会里怀妊着的市民阶级（工商业者）。

工业生产的历史可分作三个时期：（一）手工业；（二）手工工场；（三）现代工业。中国工业生产自唐宋以来即有手工工场的存在。依据鸦片战争前的情况来看，中国手工工场大抵有三种类型：（一）对外贸易的工场——道光年间广州附近有2500个纺织工场，工人约5万人。广州是鸦片战前惟一对外通商口岸，每年输出大量棉布；这种纺织工场部分地使用机械（不是什么蒸汽机），并且进行不完全的分业。（二）供日常生活品的工场——如四川的糖业、盐业及各地方城市乡镇普遍设立的油坊、酒坊等作坊。（三）供少数富贵人享用的工场——如江浙的丝织业，景德镇的窑业，精制品供皇室及贵族消耗，次等产品也非普通人所能使用。这一类工业，规模不小，技术精良，它的扩大和发展，与地主阶级的奢侈浪费成正比例，因而农民负担愈益严重，农民生活愈益恶化，国内市场愈益缩小，其他工业的进步愈益受到阻碍。三类中第三类有害国计民生，第二类无发展前途，第一类颇有进步性，但从全国范围来说，它是数量较少的，而且英国棉布输入以后，它的发展便停止了。

18世纪英国制针工场——一个针的制成要分18种手工作业，广州织布工场的分工是远不及英国的。它还停留在发展的幼稚阶段上。所以在政治上，欧洲资产阶级一次又一次的向封建制度作斗争（参阅《社会主义从空想到科学的发展》英文版序），而中国手工工场主一般依附在封建制度之下，自己还不曾形成为一个新的阶级，还不能向封建制度作政治斗争。

世界之最先完成产业革命的英国，是首先具备了资本主义发展条件的一个国家。它拥有广大的世界市场。试举1789年为例，英国对外贸易价值1万万6000万美元，这种巨额贸易，必然刺激科学与生产工具的迅速进步，特别是17世纪英国资产阶级革命获得胜利，国会制度代替了专制王权，18世纪英国小自耕农经济全部被清算，大批破产农民进入工场给资本主义造成顺利发展的条件。

中国却完全不是那样，中国社会基本经济成分底结构是小农业与家庭手工业相结合的生产结构。中国的政治制度是世界上第一等的几乎牢不可破的封建专制制度，在这个总制度里面，包含着各式各样阻挠社会发展的小制度，如各朝代共守的重农（地主）轻商制，如秦汉以后的土地自由卖买制，如两汉以后的儒学独尊制，如隋唐以后的诗赋取士制，如明清两朝的八股取士制。诸如此类的小制度，服务于总的封建专制制度，使它更加巩固而有力。这种经济结构和政治制度，只有在国外的或国内的市场无限扩充，工商业顺利发展的情况下，才有冲破的可能，而明清两朝，特别是清朝，恰恰严格执行闭关政策，商人到海外贸易被认为非法行为，当然不会奖励保护他们去开辟国外市场。中国疆域辽阔人口殷繁，应该有广大的国内市场，但占极大多数的农民，过着非人的生活，被摈于市场之外，因之国内市场的范围也很狭小，不足以促进手工工场的更多发展，工商业者获利以后，因无法积累资本，扩大再生产，多余的资金，只好购买土地放高利贷，转到地主阶级方面去。中国封建社会里所怀妊着的工业因素与英国和欧洲大陆各国作比较，中国显然是落后的，它不可能对旧社会起着决定性的否定作用是无可置辩的事实。

中国某些地区，也曾出现过进步的生产工具。元朝王祯《农书》说江西产茶地方有水转连磨，用急流大水，冲击水轮，水轮转大轴，大轴中排列三个轮子，每轮各打动大磨一槃，每一大磨又各打动二磨，九个磨同时转动，大轴第一轮既上打磨齿，复下打堆轴，数堆并动，搞碎茶叶，然后上磨。《农书》又说中原产麻布地方有水转大纺车，用水激动大轮，"弦随轮转，众机皆动，上下相应，缓急相宜，遂使绩条成紧，缠于轴上，昼夜纺绩百斤。"（据徐光启《农政全书》所绘图有15个锭子）王祯山东人，做过江西丰城县官，他说看见过两种水转机，当是可信。明末，徐光启著《农政全书》抄录《农书》原文，徐光启是否看见过，那就不一定了。《农书》成于元仁宗皇庆二年（1313年），距南宋亡（1279年）30余年，距金亡80余年。金元都是破坏生产的落后民族，在它们统治下，中国人民是否有余力发展生产工具，大概是困难的。水转大纺车的发明，或在元，或在金，或在北宋，水转连磨则是在南宋，因为茶是南宋对外贸易的重要输出品。两宋工业是古代比较进步的朝代（如火药用于战争,活字版用于印书,指南针用于航海,都始于南宋),发明水转机是可能的。

一切发展了的机械都由三个在本质上不同的部分构成,一为发动机(蒸汽力、水力等),二为配力机(调节运动),三为工具机(即工作机)。蒸汽机是17世纪末叶制造业时代发明的,但继续至18世纪的80年代之初,还不曾引起产业革命,直到工具机的发明,却使蒸汽机关有革命的必要。18世纪的产业革命,实以机械的第三部分为出发点(参阅《资本论》第四编第十三章机械与大工业)。水转连磨与水转大纺车具有工具机的原始形态,不得不惊叹中国古代工业劳动者的伟大创作力。英国1765年发明纺16支纱的手纺机,1771年发明水车纺织机,1784年瓦特完成了改良蒸汽机的发明。英国17世纪时,资产阶级革命获得胜利,替资本主义扫清了前进的道路,所以生产工具得以迅速发展起来。比瓦特早几年,俄国人鲍菲罗夫曾经发明并制造改良蒸汽机,他的机器很适于工作,可是在农奴制的俄罗斯,劳动力低廉,蒸汽机没有立即广泛的应用(叶菲莫夫《近代世界史》)。从这个例证看来,中国劳动力的低廉是无可比拟的,水转机自然不会有继续改善的前途。

中国古代有过一个机会,资本主义可能生长起来,那就是明末西洋科学的输入,中国士大夫阶级一般乐于接受这种新知识。徐光启、李之藻、王征、宋应星、李时珍、方以智等人著书,多少接近了当时科学的边缘;如果明朝还能维持下去或代替它的朝代是李自成的大顺朝而不是满清,中国追上当时尚在开始的西洋科学,并不是什么困难的事。李自成主张均田,废止八股,改用策论取士,允许西洋教士随军,他有进步倾向,异于过去所有农民起义军,大顺朝的建立,无论如何,要比明朝或满清统治好得多。可是历史的事实统治中国的却是那个严格闭关的满清。

综观上述，中国封建社会里一切生产力，一方面既还保有发展的余地，另方面自然不会有新的生产关系的出现，那么，鸦片战争以前，中国封建农业经济将遵循着老公式缓慢的进行，正如马克思所说："这些自给自足的村社经常以同一形式重新恢复起来，他们被破坏了，又在原处用原有名称重新产生，他们的生产结构底简单就足以解释亚洲社会不变性的秘密。"马克思指出的不变性，也就是封建社会的长期延续性。鸦片战争以后，外国资本主义侵入中国，旧的完整的封建制度被打破了，但只是破了一部分，变成半殖民地半封建的社会。这个半封建社会的地主阶级与帝国主义勾结，成为帝国主义统治中国的主要社会基础；它的存在，因有帝国主义的利用而得到可靠的保证。太平天国革命运动曾企图用武力消灭地主阶级，结果外国侵略者与中国封建势力联合起来消灭了太平革命。此后，资产阶级的代表人如康有为《大同书》；陶成章（龙华会规章）、章太炎（代议然否论）、孙中山（平均地权）在各种不同的程度上，都表示反对封建制度，但都是托之空言，并无实际作为，这也难怪，历史命定了中国资产阶级患着先天不足的软弱症，不可能希望它担当起资产阶级民主革命的艰巨任务。

事情很明白，只有中国共产党——中国无产阶级的先锋队所领导的新民主主义革命，才能胜利地消灭帝国主义在华势力，消灭祖传3000年的老牌地主阶级以及买办地主阶级的结晶品官僚资产阶级。活生生的事实就是这样，我们看到中国封建社会的长期延续，我们也就看到新民主主义革命的无比伟大。

附记：封建社会的上层建筑物如政制、政策、宗教、哲学、学说、传统惯例等等，无疑是服务于地主阶级的利益，阻碍社会发展的一种严重力量，不过，它对于社会发展的影响，不能是具有决定作用的影响，本文没有较多的论到上层建筑物所起作用而着重在生产力生产关系发展情况的探讨，用意即在于此。

（原载 1950 年《中国青年》第 33、34 期）

金田起义 100 周年纪念

　　1850 年，太平天国革命运动在广西紫荆山前金田村爆发了。这一点火星很快蔓延成燎原大火，清朝 200 年腐秽统治，几乎被它烧个干净。今年，1950 年，中国人民革命已经取得基本胜利了，中华人民共和国已经建立并巩固了，中华民族已经解放，不再是被人轻侮的民族了。从革命成功的 1950 年回顾革命揭幕的 1850 年，我们不禁高声欢呼："看啊！仆倒的是一切反革命势力，站起来的是伟大中国人民！"

　　太平天国革命运动，在中国历史上是有空前重大意义的。它不同于秦汉以后任何一次农民起义，因为它破天荒提出消灭封建制度的土地纲领。它又不同于后来资产阶级所领导的旧民主主义革命，因为它敢于发动广大农民参加战争，而资产阶级则是不敢唤起民众。太平天国革命如果得到成功，资本主义将在中国顺利地发展起来，比之 60 年后的辛亥革命，成就要大得多。谁都知道，辛亥革命只是推翻了清朝的统治，但不曾改变半封建半殖民地的社会性质。

　　太平天国革命运动能不能成功？按照当时的条件，是可能的，而且是很大的可能。

　　19 世纪 60 年代和 70 年代，世界资本主义还在自由竞争的发展的阶段。1860 年以前，垄断公司的组织还没有开始，1860

到 1870 年间，垄断公司还只显露出不甚明显的萌芽；因此各资本主义国家没有力量对国外输出资本，没有力量大规模的掠夺殖民地。资本主义最发达的英国，1862 年投在国外的资本不过 36 万万法郎，1860 年所占据的殖民地面积不过 250 万平方哩；至于法、美等国，当时几乎没有国外投资，完全没有或者仅有很少的殖民地。1840 年至 1860 年间，英国占领导地位的资产阶级政治家是反对殖民政策的，1852 年颇有帝国主义倾向的英国政府要人笛斯勒利尚且说过："殖民地是吊在我们脖子上的石磨。"像中国那样巨大的一个国家，再加上当时欧洲各国间存在着武装冲突的危机，英国有多大的胆，多硬的脖子，敢于尝试这块石磨？处在这样的国际环境里，外国侵略者只能扶助中国封建势力，利用一群文武傀儡来镇压革命，想从欧洲派遣大量军队到远东作战，事实上是做不到的。

清政府自从遭受白莲教、天理教两次起义的打击，已经陷入无法维持其统治的困境。鸦片战争，更使它的腐朽无能，在全国人民眼前，原形毕露。说到财政，户部每年收入不过 4000 万两，1843 年查出银库贪污窃盗竟达 925 万两。1845 年以后每年入不敷出，1850——1851 年，每年亏短竟至 2000 余万两，左支右绌，无法弥补。说到军队，除了发饷的时候，有兵丁前来领饷，平时官长要集合他们的队伍是很困难的。号称最精锐的满洲禁旅，鸦片战争时，扬威将军奕经曾带到浙江来，兵丁沿路捕捉民夫，勒令民夫们替自己拿着刀矛，用门板抬着自己走路，这种怪异军队连地主阶级中人看见也泄了气。说到政治，满族官员排挤汉族官员，满族官员又互相排挤，统治阶级内部明争暗斗，离心离德。当作总首领的皇帝奕詝，是怎样的一个人呢？是一个淫欲过度，身患痨病，好色以外，一无所知的大纨绔子。

要奕訢在政治上有所作为，那只能要他作出更多的坏事。总而言之，清政府正像东斜西歪的一所破房子，只待革命的一击，它就会倒塌下去。

　　鸦片战争以来10年间，每年都有人民起义，而且一年多似一年。1841年湖北崇阳县钟人杰起义，聚众数千人；1849年广西一省起义军多至数十部，每部有众数百以至数千人；华中、华南的三合会，华北、华中的捻党、白莲教，西北、西南的回族、苗族与彝族人民纷纷起义。全国人民一致要求推翻清政府，革命危机已经到了完全成熟的高度。

　　起义时不过万人的太平军，未及三年，即攻克南中国重镇南京，人数竟发展到100万。这说明什么呢？这说明中国广大民众要求革命，这说明清朝统治是枯草朽木，毫无有效的抵抗力。1853年林凤翔、李开芳率领北征军四五万人，以破竹之势，一直攻到天津城外。奕訢和他的奴才们知道北京空虚，不可固守，准备向热河逃避。假如太平军克服南京后，派遣上将如石达开统率几十万大军，乘敌人不备，长驱进攻北京，一举消灭清政府，穷追捉拿流亡者奕訢，无疑是会成功的。那时候，清统治集团失去了共同崇奉的中央政府与总首领，分裂排挤现象必然愈益严重，残余势力可以各个击破。新起势力如大汉奸曾国藩之流，无法获得团练大臣、钦差大臣等名义，号召力必然大削减，组织反革命武装必然更困难。英国为首的外国侵略者，即使加意勾结中国军阀、官僚，在当时的情况下，也将苦于无从着手，因为香港及上海租界以外，英国不能和内地封建势力发生关系，失土地、失权势逃入租界的地主官绅，可以当鹰犬，不可以当虎狼。尸居余气的逃亡地主和官绅，是不能成为像曾国藩那种虎狼的。

太平天国革命具备着成功的条件，但是终于失败了。失败的主要原因，不是反革命方面力量过于强大，而是革命内部领导方面犯了严重错误。

太平天国占领南京以后，不用全力北征，林、李孤军深入，后援不继，终至一败而不可收拾，这是战略上的错误。排斥愿意合作的天地会，忽视捻党及回、苗、彝等少数民族的起义力量，不曾有计划地去发动和联络，革命的形势趋向于缩小，这是政略上的错误。继两大错误之后，又出现了更大的或者说致命伤的错误，那就是 1856 年的杨韦内讧，革命力量从此大大地削弱，一直走下坡路，无法再振作。1860 年以后，英、法等国已经开始加紧夺取殖民地；而清政府也已经签订了《天津条约》《北京条约》，与外国侵略者勾结在一起；曾国藩、李鸿章、左宗棠等部被培植成强大的反革命武装，军事上取得主动的地位。太平天国革命自食其宗派、保守、享乐三种消极思想的恶果，不得不悲惨地结束其革命。

太平天国革命虽然失败，但中国人民的革命运动并不因此而停止，相反地，反帝反封建的英勇斗争却从此展开了。太平天国的政纲，如废除地主阶级的土地占有制；如准备采纳资本主义制度，革命成功后建立轮船、铁路、工厂、矿厂等近代工业；如要求国与国平等，人与人平等，男与女平等的大同思想；如创行人民选举乡官，罢免行政人员的民主政治；如反对传统的封建思想，传播有关生产的知识；如提倡"文以纪实"，"朴实明晓"，"切实明透，使人一目了然"的进步文化政策；这些都是天才思想或思想萌芽，成为后日中国民主主义革命的基本纲领。不过软弱的中国资产阶级，在帝国主义、封建主义沉重压迫之下，没有足够的魄力和勇气来发扬太平天国遗留下来的政治思想，旧民主主义革命的高峰辛亥革命，远不及太平天国革命的规模壮阔。

五四运动标帜着中国新民主主义革命的开始，中国无产阶级及其政党——中国共产党担负起领导中国人民革命的大业了。经过 30 年的艰苦斗争，已经取得基本上的胜利。太平天国革命纲领的进步部分，不只实现，并且有了极大的发展。从《天朝田亩制度》到中华人民共和国土地改革法；从选举乡官到人民民主专政；从准备建立新工业到人民握有社会主义性质的大工业；从要求政治经济平等到实现政治经济平等；从朴素的反对封建文化到广泛传播民族的科学的大众的新民主主义文化。无论从那一方面说，新民主主义的革命的成就，比之太平天国革命不知要高出多少倍。但是，太平天国革命作为先驱者来看，大路辘轮，还是值得中国人民的永远纪念。

成百万成千万的太平天国军民，被外国侵略者和中国反革命政府的野兽军队疯狂地屠杀，这口恶气郁积在中国人民胸窝里，是一定要吐出的，今天吐出了。可以告诉为太平天国革命运动而牺牲的先烈们说：你们所热爱的祖国已经真正解放了！屠杀你们的外国侵略者，已经驱逐出去了！屠杀你们的地主买办阶级，已经彻底消灭了！你们的鲜血没有空流，你们的英名永垂不朽！

（原载 1950 年 10 月《新建设》杂志第 3 卷第 1 期）

武训是个什么人？为什么有人要歌颂他？

过去，我没有注意过武训这个人，最近从报纸上读了许多有关武训的文章，并把《武训传》影片，《武训画传》，《千古奇丐》也看了。我有责任参加这个讨论，我应该提出自己的意见。

一　武训是个怎样的人？

关于武训的行事，我主要根据谢兴尧先生的《武训其人其事"，同时也参考了些《武训画传》等书所说材料。

（一）武训的阶级成分

武训出身贫农家庭，15岁到19岁当雇工，受尽雇主的虐待。他被李老辫用假账本赖去三年工钱，还挨一顿毒打，驱逐出门。他这种痛苦遭遇是可以同情的。

武训被逐出门，在破庙里"昏睡"了三天，这正是武训在选择他自己该走那一条道路的时候。按照农民阶级，特别是贫雇农的反抗性，他可以参加当时当地的农民起义军，但武训不愿意。按照农民阶级的保守性，他可以回家帮哥哥武谦种地，但武训也不愿意。他选择的道路是做乞丐。

从这里可以看出武训虽然出身贫雇农，但幼年曾做过乞丐，沾染了二流子习气，思想里保有游民思想的因素，而这个因素，终于发展起来，决定他放弃农民阶级，加入农村游民阶层，"扛活受人欺，不如讨饭随自己"，就成为他的根本思想。

游民阶层是极端散漫，极端自私自利，不耐烦正式进行生产劳动，吃空手饭，吃浮头食的游离阶层。其思想特征，一方面是破坏性，一方面是奴隶性。属于这个阶层的人，容易被收买也会想法投靠到反动势力门下作走狗，借势欺压、剥削弱者，以达到不劳而获，满足自私的目的。武训就是这样的一个人，他对给钱——那怕一个钱两个钱——的人，装狗装马装驴骡，拳打脚踢都可以，对有势力的绅士娄峻岭、杨树芳之流，奉之若神明，自卑如虫豸，做绅士家的狗马驴骡觉得很荣幸。他那协肩谄笑，下跪磕头的丑态，表现了异乎寻常的奴隶性。他对哥哥与母亲（一说伯母）的那种冷酷无情和借绅士势力重利盘剥穷人，一丝一毫不放松的凶狠行为，又表现了他的残忍性，破坏性。

有人说，武训讨饭为的是"积钱兴学"，这种说法是错误的。我们试替武训算一算账。武训20岁讨饭到30岁积得钱90吊，平均一年积9吊。照《武训画传》所说，"轧一斤（斤当是天字之误）棉花绒子可以赚200文制钱，纺一斤棉花能得到600文制钱，替人家浇园，一天可以赚到200文制钱"，可以推想当时劳动报酬，一天约为200文制钱。武训名下有3亩地，如果种地以外，每年进行副业劳动100天，1年即可得20吊，10年当有200吊，比讨饭所得多一倍以上，足见武训讨饭并非出于不得已，也不是兴学非讨饭不可，而是出于不爱劳动，爱过"随自己"的游民生活。从一年积钱9吊看来，他讨得的钱是不多的，给人家磨面浇园等工作，也是做得很少的，在街上玩"拿大鼎"，"蝎子爬"，"打车轮"，"吃蛇蝎"，"学马爬让孩子们骑"等等丑把戏，也没有获得多少钱。讨饭既不是积钱的好方法，更不是惟一的好方法，那么武训为什么一定要讨饭呢？除了二流子把讨饭这件事看作颇有兴趣以外，怕不能有其他理由可作解释。有人说：武训生活很"刻苦"，"喝脏水""吃猪食"甚至"吃骡粪"，难道他也以为颇有兴趣么？是的，如果武训喝的经常是脏水，吃的经常是猪食骡粪，说他生活刻苦，自然该承认。不过武训经常吃讨来的饭，也就是经常吃普通人所吃的饭，不劳动生产，而讨到普通人的饭，生活刻什么苦呢？"喝脏水""吃猪食、骡粪"，显然是当众表现一番的吓人把戏，与某些恶丐用剃刀破头，用砖块打胸同一行径，武训并不比某些恶丐更"刻苦"些。

武训 30 岁和哥哥分家得地 3 亩，变卖得钱 120 吊，合讨饭所积 90 吊，两共 210 吊，跪求娄峻岭、杨树芳替他向穷人放债生息。从 30 岁到 50 岁，武训积得土地 230 多亩，现钱 2800 多吊，成为地主兼高利贷者。50 岁以后，又上升为大地主，高级绅士，与官府交接，乞讨上升为奉令募捐。最后，连满清朝廷也和他交接，赏他立牌坊，地位更高了。但是武训一直到死，形式上总保持着乞丐的身份。终身不娶妻。这一点，把很多人迷惑得钦佩之至。事实上，他做乞丐有很多好处。第一，一个乞丐想得到绅士的赏识是极为困难的，武训用"行乞兴学"作敲门砖，卖身契，10 年工夫居然被杨进士收下当奴才。"行乞"是武训"发迹"的惟一本钱，当然舍弃不得。第二，一个乞丐想放高利贷，是毫无保障的，武训必须依靠绅士势力，才能逼穷人还账。用"行乞"之名，掩盖"积钱"（剥削）之实，这正是他的妙处所在，当然舍弃不得。第三，绅士看武训是个特别忠实的奴才，可用的走狗，因为他有麻痹反抗情绪，取消农民起义的作用。如果武训不做乞丐，娶妻生子，成家立业了，势必被绅士认为失去作用或变节僭越，不是从特别奴才的地位降为普通奴才，便是予以惩罚而斥逐，武训的前途从此完了。行乞对武训有大利，当然舍弃不得。第四，武训有极浓的二流子习气，有极深的无赖性格，做乞丐过着"随自己"的游荡生活，适合于心之所好，不做乞丐就不便在街上"拿大鼎""打车轮"闹着玩哄钱，因此也有些舍弃不得。武训一辈子保持乞丐名义是势所必然的，他以"行乞兴学"起家，所以一辈子嚷着"兴学"，也是势所必然的，武训是个游民，但又是地主绅士高利贷者，武训是个不爱读书的人，但又是"大教育家"，归根说来，武训是个极其狡诈的大流氓。

（二）武训为谁兴学？

武训"行乞兴学"不过是投靠绅士门下的一种手段，兴什么学，为谁兴学，他并不考虑。有人说，武训不是为穷孩子兴义学么？是的，他一个讨饭的二流子，怎敢说要给富孩子办学呢，当然只好说为了穷孩子。

武训口口声声说要让穷孩子读书认字，他本人却是最不喜欢读书认字。他 30 岁以后，已经投靠了绅士，如果真是爱认字的话，磕头跪求（这是他的惯技）杨进士，吩咐村里塾师一声，一天或两天教武训一个字或一句"天地玄黄"，"赵钱孙李"。自己再到塾师门前磕头跪求一番，请塾师当作赏给乞丐一碗饭，一文钱，杨进士和塾师是可能允许的。但是不曾听说武训有过这样的要求，却忙于在街上献丑哄钱或用心计盘剥穷人的钱财。他自己一辈子不肯认个字，足见他并不真以为认字有必要，那么，要穷孩子读书认字，不是骗人的把戏是什么？有人说，这是"舍己为人"的精神。试问一天或两天费一些时间认字，就算不"舍己"不"为人"了么？难道他一分钟也不停止的在街上讨饭么？他剥削穷人的钱，口称要替穷人家孩子办学，实际呢，所谓"崇贤义塾"的学生，正如谢兴尧先生所说"由教师的地位，教学的内容，学生的人数看，都可以想象学生的成份不会是贫苦的农民子弟"。有人说，武训为穷孩子办学的动机是好的。谁钻进武训的头脑里，见过他的真正动机呢？说他动机好，还不是根据武训那些口头好听话？为什么不用武训的实际行为作根据呢？第一个"崇贤义塾"，穷孩子进不了学，但是他仍继续办两个所谓"义塾"，并不因为穷孩子进不了学而有所改善，足见武训的动机只是为行乞、为投靠绅士而办学，不是为穷孩子办学。

（三）武训是个封建僵尸

武训这个最狡诈的大流氓，极反动的大奴才，他挂着"行乞兴学"的招牌，企图破坏当时蓬勃发展的农民起义，在反动统治阶级看来，武训确是值得大大表扬的有用工具。从满清的绅士、官僚、皇帝到北洋军阀、蒋介石匪帮，一致把他捧得"高入云表"就是因为他的十足奴隶性和反动性，极合反动统治者的口味。反动统治者希望中国人民学习"武训精神"，那就天下"太平"，可以高枕无忧了。"武训精神"又极合帝国主义者的口味，《新约全书》教训奴隶们说"不要与恶人（？）作对，有人打你的右脸，连左脸也转过来由他打"，武训对有势力的人都看作善人，百分之百的实行了新约的教训。所以武训这个人正是半封建半殖民地社会里最行时的上上人物，被送到封建圣人孔子堂上并肩而坐，丝毫不是偶然的。

但是到了新民主主义社会里，武训立即成为臭秽的封建僵尸，再不允许它停留在人们的头脑里，更不允许它在人民面前跳梁胡闹。它应与帝国主义、封建主义一起被彻底的消灭。

二 为什么有人要歌颂他?

在《人民日报》发表社论以前,不少人在歌颂武训;社论发表以后,还有些人为武训辩护,也就是说依然还在歌颂武训。这些过去或现在歌颂武训的人,大致有下列几类(歌颂武训的反革命分子,又当别论):

(一)人云亦云——这一类人并未研究过武训,仅因别人说好,跟着也说好。一朝认识了武训的真面目,就会立即唾弃,毫不犹豫。

(二)募款办学——这一类人中,有些是教育界改良主义人士,自以为"教育"可以"救国",在反动统治时期,募款办学,困难很多,当伸手要钱以前,不免低声下气向大腹便便者说许多好话,因此借武训"行乞"来比自己的募款,借武训"兴学"来比自己的"救国",捧武训就是捧自己,至少是给自己解嘲打气。还有一些进步教育家,被武训"为穷孩子办义学"的把戏所迷惑,更要高捧武训用来比自己在办进步教育。这一类人对武训的真实情况,大概也只是略知一般,并未深入研究,所以当他们学习了新民主主义的教育政策和认识了武训是个大奴才时,他们也会抛弃武训,无所留恋。

(三)同情"利他主义"——这一类人以为不管武训的行为如何卑污可耻,但他那种"受苦忍辱","舍己为人"的"利他主义"还是值得钦佩。这一类人如果只是抽象地钦佩"利他主义"而不是有什么其他成见的话,那么,只要懂得这样的一个道理,就是武训所利的"他",不是穷孩子的"他",而是地主富农的"他"。利了地主富农的"他",反过来也就利了武训自己的"己"。我想,这一类人如果发现武训并不是利他(穷孩子)主义而是利己主义时，很愿意抛弃武训，犯不着替他再作什么辩护。

（四）封建思想——这一类人头脑里有封建思想，甚至有浓厚的封建思想。他们口头上虽然也说要"铲除封建残余，配合土地改革"，实际上把武训那种反对农民起义，彻底投降地主的丑恶行为看得很合心意，认为值得介绍给劳动人民，走武训的奴才道路。任何一个封建反动人物，在新民主主义社会里，无法露出他们的头面，一露脸就要被群众哄下去。武训曾被进步人士歌颂过，给他披上更多的好看外衣，利用他来宣扬封建主义，确是最合适不过的一块材料。大吹大擂真心诚意歌颂武训的人如果认识到自己封建思想的沉重，自己的行为客观上所起的作用，不是"铲除封建残余，配合土地改革"，而是宣扬封建复辟，反对农民翻身，那就应该对人民负责，赶快采取严肃态度接受批评并进行自我批评，公开承认错误。能这样做，我想他们的罪过还是可以补救的。

（五）思想顽固——这一类人头脑僵化，武训那个僵尸正好把它当作藏身之所。直到现在为止，还有些人为了给武训也是为自己辩护，挖出各种破碎"道理"来，说武训至少尚有些微可取之处，不该一笔抹杀。这一类人一方面是中封建思想之毒太深，一方面是对社会科学的常识完全无知。如果一定要自称有"知"的话，那也只是知些"为无产阶级而生，生与无产阶级为友；为无产阶级而死，死后与无产阶级同穴"等等语无伦次的昏迷梦话。对待这一类人，必须予以严厉的批评，帮助他们学习和改造。我想，他们即使顽固不化，总有一天会感到头脑里窝藏着一个僵尸是危险的，这个僵尸不会给他们丝毫的好处。

武训这个人，从头顶到脚底，从皮肤到血管，浸透了封建主义的毒素，当土地改革正在进行的今天，居然有不少的人歌颂他，什么《武训传》电影、《武训画传》、《千古奇丐》、单篇文章一齐出现了，这说明我们革命的思想战线上还存在着弱点，使武训的徒众们有机可乘。我们必须警惕，努力学习马克思列宁主义、毛泽东思想，加强思想战线，防止封建主义的毒箭再一次射过来。

（原载 1951 年 7 月 6 日《人民日报》）

纪念九三抗战胜利日 ①

一

中国史学会今天举行"九三抗战胜利日"座谈会来纪念今年的对日作战胜利的日子。

从1945年日本投降到今天已经六年，六年中一切的变化是很大的。日本自明治维新后即在美国支持下向中国作极其凶猛的侵略，而且愈来愈胆大，1931年"九一八"向东北进攻，1937年更进而向全中国发动侵略战争，日本敢于这样胆大妄为，因为有美国作它的后台。中国人民在中国共产党和毛主席的领导下进行了八年的艰苦抗战，（如果从"九一八"算起就是15年）终于把日本侵略军打败了。在这长时间的抗日战争中，中国人民在爱国主义的鼓舞下，发扬了高度自我牺牲的精神，坚持到抗战胜利。现在我们回想一下，八年中我们在生命和物质上的损失是极其巨大的，这种深重的创痛，中国人民是永远不会忘记的。

日本投降后，美帝国主义"如法炮制"地走着日本的老路，最近所公布的荒谬绝伦的对日和约，便是它发动更大的侵略战争

---

① 这是1951年8月26日作者在纪念"九三抗战胜利日"座谈会上的发言。座谈会由中国史学会主办，郭沫若、沈钧儒等76人出席。

的准备，也正是对中国人民和平幸福的最大威胁。从前，日本是世界强国之一，但中国人民在中国共产党和毛主席的领导下，有把握把它击败，毛主席的《论持久战》便早已有了英明的预见。美帝国主义在军火生产方面似乎比日本强，但它和日本一样有必败之道，兵员不足就是它必败的原因之一。于是在欧洲，它不得不把法西斯残余纠合起来，现在悍然不顾中国和全世界人民的反对，对日进行片面和约，其主要内容就是竭力搜求炮灰以便侵略中国，侵朝战争便是侵略中国的初步，如果我们不加以制止，这个侵略战争就会更扩大。我们有伟大领袖毛泽东主席，我们有久经锻炼的中国共产党，中国人民只要坚决服从毛主席和中国共产党的领导，美帝国主义任何阴谋暴行，我们是一定能制止的。

我们史学工作者，今天应该加紧全体动员起来，从历史方面，即从日本和美帝国主义对中国侵略的史实方面，从抗日战争和抗美援朝方面，以及中国人民的爱国主义精神和整个世界在以苏联为首的和平阵营的日益壮大等方面撰写出许多文章来，向中国人民作广泛深入的宣传。美帝国主义者会篡改历史，我们史学工作者必须写出真实历史，揭穿它的卑鄙无耻行为。我们今天这个座谈会，可以作北京和全国史学工作者的全体动员大会，希望诸位先生踊跃发言。

二

日本帝国主义凶狡蛮悍，野心无边。1931年发动"九一八"事变，轻而易举地从蒋介石国民党反动政府手中夺得了东北四省。1937年，日本发动大规模的侵略战争，妄图一举吞灭全中国。中国人民在伟大领袖毛主席和中国共产党的英明领导下,进行了坚强的抵抗。八年抗日战争,终于把日本在华侵略军打败了。一想起日本帝国主义的滔天罪行,眼前立即浮现出一副蜂目豺声、满脸横肉的强盗嘴脸,站了起来的中国人民决不允许日本法西斯势力再有死灰复燃的一天。

但是抗日战争胜利六年以后的今天,美帝国主义正在与日本反动政府缔结片面和约,阴谋武装日本来进行新的侵略战争。不顾中国的一再警告,由美英两国政府擅自决定的旧金山对日和会,预定在 9 月 4 日举行。美英政府已经公布,要在和会上"通过"所谓"和约草案定本"。大家都知道,这个和约里不但充满了破坏中国主权,侵占中国领土,复活日本侵略势力的各种条款;而且狂悖到这样的程度:竟敢不承认对日作战最久、出力最多、牺牲最大的中国是对日作战的盟国;竟敢篡改抗日战争的历史,妄想把 1941 年 12 月 7 日以前,中国人民长期独立抗战的事实一笔勾销。美帝国主义如此倒行逆施、蛮横无理,正好说明以美国为首的帝国主义阵营确实日暮了,途穷了,除了闭着眼睛胡说乱动,再也没有其他道路可走了。中国人民在纪念抗日胜利六周年的今天,一定要保卫自己用鲜血换来的神圣果实,一定要反对美国与日本反动政府缔结的片面和约。周恩来外长关于美英对日和约草案及旧金山会议的声明,是代表中国 5 万万人民说的话,5 万万人民坚决拥护周恩来外长的庄严声明。

美帝国主义是个什么东西呢? 毛主席早就指出,它是一个外强中干的纸老虎。美帝国主义怕还有人不相信自己是纸做的,竭力在全世界人民面前作证明。它一方面摇头摆尾,呼啸跳跃,证明自己外强,像个老虎。另一方面则是厚颜无耻,乞灵于几年前拼过刺刀的敌人。在欧洲,请出希特勒的残余匪徒来,在日本,请出监牢里的大小战犯来。被打得落花流水、丧魂失魄的法西斯强盗，俨然做起美国的救命王菩萨，美国这样做，正好证明自己中干，干得像个瘪臭虫。

正义在中国人民方面，在全世界人民方面，正义就是无穷无尽的力量。历史证明，中国人民是不可被战胜的，以苏联为首的世界和平民主阵营是强大无比的。美帝国主义一定要走日本帝国主义的老道路，那么，日本帝国主义曾经覆没过的老道路就在美帝国主义的前面。

三

我听了沈老一席话之后，觉得非常感动。沈老年近 80，与我们之间有差至二三十岁甚至四五十岁之多的，但他为了保卫世界和平，仍然不辞劳苦，奔走于数万里之外，这种为人民而忘我的精神，的确是值得我们敬佩和感动的。沈老还特别给我们强调了一点，即希望我们不要单单“坐而论道”，而更要以实际的行动来迎接现实的政治斗争，我除同意他的意见外，觉得“坐而论道”虽然也还是可以的，但必需首先论今天之道，首先论 30 年来中国人民历史之道。或许有些人恐怕参加实际行动之后，会耽误研究工作，这种顾虑是不正确的，因为我们不但要“坐而论道”而且还要进一步“立而行道”。沈老刚才说他即将出国赴柏林参加一个讨论有关目前世界上战争罪犯问题的国际性会议，我想：这对战争贩子将是一个严重的打击，同时也将对保卫世界和平起着极大的作用。他建议我们在国内也能有一个实际行动的表示，这是完全正确的，因此我建议各位先生是否可以很快地就着手组织一个编委会，写出一整套关于抗美宣传的文字，（二三万字左右的小册子。）这对全国人民将会是很有用的，这个工作可以与我们史学会所编写的亚洲各国简史相配合。

沈老的话还曾提到说："太平洋名为太平，其实是很不太平的，它从来就是帝国主义作孽的渊薮。"这是极精辟之语。今天我们之所以抗美援朝，为的也是要把未来的太平洋真正变为名符其实的太平之洋，因此，在今天，要我们真正实际行动起来，的确是比较最重要的。

以上就是我听了沈老的话以后的一点意见。

（原载 1951 年 9 月 3 日《大公报》《进步日报》）

史学会已有的成绩与今后的努力 ①

一

各位同仁：

今天的会是我们史学会很盛大的一个集会，照原来的估计，现在正值各学校暑期休假，好多同仁不在北京；又值各机关正在热烈展开政治自觉的学习运动，好多同仁工作特别忙。因此，我们预计今天到会的人数是不会很多的。但是，事实告诉我们：我们的估计错了。这可以看出大家对于史学会是很关心的，对于史学会的成立是很注意的。现在就请郭老和吴老讲话，指示我们今后工作的方向。

二

刚才郭老和吴老一方面鼓励我们，一方面给了我们很好的指示，以我自己所得来谈，是得益不浅的。

我们的会本来叫做"新史学研究会"，林老出国前，指示我们说，"新"和"研究"都可以去掉了。我得到指示以后，并没

---

① 这是作者1951年7月28日在中国史学会成立大会上的讲话。"一"是作为开幕词。"二"是大会的结束语。

有深入研究为什么要去掉这几个字的原故，就照办了。现在听到郭老的讲话以后，可以说我的思想犯了一点懒惰病。郭老指出：中国史学界自新史学研究会筹备会成立以来，主要的有了以下六种转向：（一）从唯心史观转变到唯物史观；（二）从个人研究转变到集体研究；（三）从名山事业转变到群众事业；（四）从贵古贱今转变到注重现代史的研究；（五）从大汉族主义转变到注重少数民族历史的研究；（六）从欧美中心主义转变到注重亚洲史以及其他各洲历史的研究。有了这六点，我们改变学会的名称就有理由有内容了。

郭老所指出的六点转向，个人觉得，主要是要我们大家向那些个方向去转。所以重点在"转向"两字。到底我们转向了多少呢？是大部分转过去了呢？还是才转了一部分呢？这一点是值得注意的。我想，不管转了多少，我们一定要彻底向那边转是毫无问题的。我们可以保证一定能够全部转过去。原因是：我们同仁工作忙了一个星期，但仍然牺牲了应该休息的星期日跑来开会。单拿这一点来说，也可以作为一定能全部转向的有力保证。

我们开过不少的会。获得了如下的成绩：（一）在政治理论方面，我们每个同仁的确有了很大的提高。（二）我们的研究和教学联系起来了。现在我们努力想订出比较一致的教学提纲，虽然还没有完成初步的定稿，但这样做下去，初步的定稿是可以产生的。（三）我们史学会在搜集史料方面做的很不差。这个工作对研究近史是很有贡献的。（四）亚洲史小组的同仁们要编辑亚洲史目录，这个工作规模颇大而且是草创，参加这个工作的同仁都很热心。郭老看到这个计划很赞成，已经批准。等到批下来以后，就可以很快的做起来。我们从事历史研究的人，首先是要把自己所有史料公布出来。因此，个别少数人不肯公布史料的作风是应该批评的。希望有好材料的同仁们要把它公布出来，让大家共同研究。（五）我们会里有一个小组，专门组织那些亲身经历过辛亥革命以来各个历史事件的先生们，给我们讲述亲身参加和亲眼看到的事实。从这些讲述里，可以得到许多不见于书本上的可贵史料。（六）专题报告会，我们也举行了若干次，对某一问题研究的心得，在这种会上提出来很有好处。此外，史学会同仁们正在计划编辑国内少数民族史史料，亚洲各国史小丛书。我想，这些计划都能成为事实。

我们新史学研究会从今天起变为史学会了。在新史学会期间有他的一定成绩已如上述，这是由于郭老、吴老的正确领导和全体同仁们共同努力的结果。但我们的工作还是很不够的，还得继续作更大的努力。例如，郭老曾经指示我们，要我们主办一个史学刊物，但我们估计力量实在还很不够，所以一直到今天没有把郭老的期望付诸实行。

总起来说，今天郭老、吴老交给我们的十条指示，希望我们大家来共同努力，把郭老指示的六条中每条的前半段在史学会成立以后完全去掉，另外把吴老指示的四条全部实现。今天就是我们大家转向告一段落的一天。如果还没完全转过去的，希望以更大的努力来完成这个转向。同时，史学会成立以后，更希望郭老、吴老给与我们更多的领导。这样，我们史学会的成就是不可限量的。

（原载 1951 年 9 月 28 日《大公报》）

关于中国历史上的一些问题 [1]

　　1940 年我去延安，组织上要我编写一本十几万字的中国通史，为某些干部初习文化之用。我当时就同马列学院历史研究室的几位同志分工写作，由我总编。由于缺乏集体写作的经验，对如何编法没有一致的意见，稿子是齐了，有的太详，有的太略，不甚合用。组织上叫我索性从头写起。1940 年 8 月至第二年四、五月完成上册（五代、十国以前），至年底完成中册（下册原拟写近代史部分）。校完全书我就转入整风运动中去，不再接触这个工作了。这本书原来限定写十几万字，但上册写完已有 20 多万字，事已如此，只得不限字数，继续写下去。所以这本书说不上有什么目的性计划性（当时仅拟定略前详后，全用语体，揭露统治阶级罪恶，显示社会发展法则等几条），只是随手写来，积累章节成为一本书而已。这就是编写旧本《中国通史简编》的经过情况。

　　旧本《中国通史简编》有很多缺点和错误，我在 1951 年写了一篇自我检讨，希望引起大家的批评，帮助我改正。我在那篇检讨中所得到的对本书缺点的初步认识，可以归纳为以下两个方面。

---

　　① 　《修订本中国通史简编》第一编于 1953 年出版后，作者在 1954 年对书中的一些问题作了进一步阐述，形成本文，发表在《中国科学院历史研究所第三所集刊》第一集。1963 年，作者又对本文作了较多的修改。

一 非历史主义的观点

在中国历史上占很长时期的封建时代,一方面是包含着许多甚至对于今天的民族生活还起着副作用的沉重遗产;另一方面,也必须承认这段历史时期对于中国民族生活的发展有其积极作用。毛泽东同志在《中国共产党在民族战争中的地位》里指出:"我们不应当割断历史。从孔夫子到孙中山,我们应当给以总结,承继这一份珍贵的遗产。"[①]《新民主主义论》里也指出:"剔除其封建性的糟粕,吸收其民主性的精华,是发展民族新文化提高民族自信心的必要条件。"[②]这正是无产阶级对待历史遗产的正确态度。对于整个封建时代的历史应该采取这种马克思主义的历史分析的态度,对于个别的历史人物、个别的历史事件也同样应该采取这种历史的分析态度。无分析的一律抹杀或一律颂扬,都是主观主义的、非历史主义观点的表现。

在这本书里,有些地方的叙述就有这种非历史主义的缺点。例如属于封建统治阶级的帝王将相,就他们整个阶级的地位来说,没有问题是压迫人民、剥削人民的。但是他们中间的某一些人,在一定的历史条件下,确实也起了推动历史进步的作用,如果一律否认或缩小他们对历史的贡献,那是不对的。例如秦始皇结束了从西周到战国八百多年的诸侯割据,伟大的中国第一次统一起来。他废侯王,置郡县,兴水利,筑驰道,通河渠(特别是史禄开灵渠),修长城,统一制度和律令,统一历法,统一文字,统一车轨,统一度量衡,商贩通行全国不收关税,拆毁国内长城

---

① 《毛泽东选集》横排合订本,第449页(以下版本同)。

② 《毛泽东选集》横排合订本,第668页。

与要塞，填平巨堑与各郡县的城池，开发岭南，驱逐匈奴，建立规模宏大、空前未有的大帝国。汉朝制度基本上承袭秦制，汉后历代制度又自汉制逐次演变而成，秦在两千年来中国历史上所起的创始作用，是有重大意义的，没有适当的分析，主要写他专制残暴的一面是不对的。汉武帝是雄才大略的皇帝。至少从商朝起就侵扰汉族的匈奴族，到汉武帝时，才打了决定性的大战争，汉族胜利了。当时匈奴还是奴隶制度的国家，每年侵入边郡，破坏生产，捕捉汉人去当奴隶，打败匈奴完全合乎汉族的利益。我对汉武帝的武功，没有着重写他积极的一面，却着重写了人民所受战争痛苦的一面。唐太宗是中国皇帝中出类拔萃的人物。他击败了侵略中国的突厥族，建立起疆域广大、超越前代的大帝国。汉唐是历史上两个光辉的大朝代，唐朝的强盛又胜过汉朝。我没有着重写唐太宗击败突厥的功业，却看作为唐高祖报仇雪耻的战争。宋太祖进行统一战争，消灭五代、十国分裂的局面，在历史上很有贡献。明太祖驱逐元朝统治者，恢复汉族政权，在历史上也很有贡献。我着重写宋太祖的官僚政治，明太祖的专制残暴，他们在历史上的贡献，都没有当作着重点，显著地予以叙述。

这本书中又有些地方因"借古说今"而损害了实事求是的历史观点。本来"借古说今"并不是绝对不可以，但如果简单地借古人古事来类比今人今事，这就不是"一切都依条件、地方以及时间为转移"的历史的观察社会现象的态度，而是古今不分，漫谈时事了。例如旧本《中国通史简编》里叙述魏蜀吴三国的情形就有这个毛病。三国以前长江流域经济文化落后于黄河流域，孙权建立吴国，推行北方的耕作方法，开辟耕地，又派朱应、康泰出使南洋诸国，组织一万人的大舰队开展海上交通，长江流域经济、文化比东汉前进了一步，这些功绩是值得重视的。蜀汉在四川、云南，对少数族不很采取残暴镇压的政策，汉族与少数族一般还能和平相处，这在封建时代是很少见的。三国分裂是军阀混战的结果，但三国国内设施，也各有其积极意义的一面。借吴蜀联合拒魏来类比抗日民族统一战线，借孙权来类比国民党反动派破坏统一战线，把孙权描写成几乎是全部黑暗的人物，这是不合当时的历史事实的。又如武则天利用特务镇压她的政敌，是统治阶级内部的互相争夺。借武则天来斥责特务统治，着重写了特务的残暴，甚至把宫廷私事也写了出来，意在使读者增加对特务统治的鄙视。事实上武则天统治的时候，唐朝还保持强盛的形势，对人民说来，武则天不算是属于坏的一类皇帝。

以上就是由于片面的"反封建"和"借古说今"所造成的非历史观点的错误。

二　在叙述方法上缺乏分析，头绪紊乱

列宁说：马克思主义的最本质的东西，马克思主义的活的灵魂，就在于具体地分析具体的情况。这种具体的分析，首先要把生产关系划分出来作为说明该社会形态的结构和发展，同时还要到处和经常考察那些适应于这些生产关系的上层建筑物，以血和肉来把骨干包裹起来。但事情还不止于此，马克思说："相同的经济基础——按主要条件来说相同——可以由无数不同的经验的事实，自然条件，种族关系，各种从外部发生作用的历史影响等等，而在现象上显示出无穷无尽的变异和程度差别，这些变异和程度差别，只有通过对这些经验所提供的事实进行分析才可能

理解。"①马克思主义的分析法应用在历史研究上，如此复杂而繁重，丝毫没有其他轻而易举的便宜方法可以代替。旧本《中国通史简编》却采用了一个便宜方法来代替它，那就是现象罗列法，把互相有机联系着的统一的整体，排列成许多各个孤立的现象。经济基础与上层建筑物，前一时期与后一时期，这一事件与别一事件，同一事件在此时此地与在彼时彼地，说不出或说不清楚它们中间有什么有机的内部联系，结果是头绪紊乱，不相贯通，名为历史，实际只是一本史料汇编。对某些单独的历史事实，也因为缺乏分析，往往不能作出恰当的判断。例如岳飞是抵抗女真（金）侵略的民族英雄，他的行动是代表汉族利益的伟大行动。他曾代表地主阶级攻灭洞庭湖旁农民起义首领杨么，这固然不是好事，但比起他的抗金来，显然是较小的，没有把事情的轻重说明白，在鉴定岳飞这样一个历史人物上，引起了混乱的看法。又如隋炀帝开运河，给当时人民带来了严重的死亡和痛苦，开成以后，北至涿郡，南达余杭，在经济文化的发展上起着重大的作用。隋炀帝以前和以后，历史上有不少开运河的人，他之所以特别著名，在于他使用民力太急暴，为以前以后的人所未有。着重写了他的骄奢淫逸残害人民，却没有说明开运河还有其积极的意义，显得看问题不够全面。

除了以上所说的两个方面，其他如使用材料也有错误或欠妥的地方。不少史学工作者，曾经善意地给我指出，我在这里表示感谢。此外没有检讨到的问题当然还有，需要自己更深入的作检讨，找出全部错误来。

中国古代史书非常丰富，有很多杰出的名著，但都属于旧型

---

① 《资本论》，人民出版社1975年版，第3卷，第892页（以下版本同）。

类，是为封建统治阶级服务的。在真正科学的历史书出现以前，只要是尝试着马克思列宁主义的观点、方法写的历史，总比旧型类的历史书要好一些。当然，马克思主义者也有区别。斯大林说过，有两部分马克思主义者：第一部分是躺在马克思主义立场上的人，他们把马克思主义的生动原理变成毫无意思的生硬公式；第二部分人恰巧相反，他们不是从历史比拟和历史譬喻中求得指示，而是从研究实际环境中求得指示。显而易见，只有认真学习第二部分，才会有力量去认清并批判地主资产阶级的谬误观点和其他如公式主义之类的各种说法。我自知科学水准太低，无论在旧本或修订本通史简编里，不知不觉地犯了第一部分的错误，是很难免的。没有批评就没有进步，我希望进步，因而希望得到多方面的批评。

修订本《中国通史简编》在编写时，一方面主观上力求减少已经检讨出来的错误，一方面仍保留旧本的某些写法，并且也增加了一些新的观点，概括说来，计有下列九点。

（一）劳动人民是历史的主人

《辩证唯物主义和历史唯物主义》指出："历史科学要想成为真正的科学，就不能再把社会发展史归结为帝王和将相的行动，归结为国家'侵略者'和'征服者'的行动，而首先应当研究物质资料生产者的历史，劳动群众的历史，各国人民的历史。"[1]本书肯定历史的主人是劳动人民，把旧型类历史以帝王将相作为主人的观点否定了。

---

[1]　《联共（布）党史简明教程》，第135页。

（二）阶级斗争论是研究历史的基本线索

《共产党宣言》告诉我们说："至今所有一切社会的历史（恩格斯附注，'即有文字可考的全部历史'）都是阶级斗争的历史。"① 列宁在《卡尔·马克思》里指出："马克思主义给我们指出了一条基本线索，使我们能在这种看来迷离混沌的状态中找出规律性来。这条线索就是阶级斗争的理论。"② 忘记了这条线索，固然不可能讲明历史，但是，即使记住了这条线索，要讲明历史也还是很困难。因为"自由民和奴隶，贵族和平民，地主和农奴，行会师傅和帮工，简短些说，压迫者和被压迫者，始终处于相互对抗的地位，进行着不断的，有时隐蔽，有时公开的斗争，而每一次斗争的结局，不是整个社会受到革命改造，就是斗争的各阶级同归于尽"③。阶级斗争的情景既是那样复杂，要了解它，不仅要分析各个阶级相互间的关系，同时还得分析各个阶级内部各种集团或阶层所处的地位，然后综观它们在每一斗争中所起的作用和变化。如果只是记住了阶级斗争而没有具体分析，那就会把最生动的事实变成死板的公式。

要做具体的分析，没有马克思主义的高度修养，是不可能做好的。正因为这样，本书不可能在基本问题上有深切的阐发。它注意到写阶级斗争，着重叙述腐化残暴的封建统治阶级如何压迫农民和农民如何被迫起义。这与旧型类历史站在地主阶级的立场上骂农民起义是"流寇""土匪"，描写成为野蛮人，把所谓"官军"的真正野蛮行为，大都挂到起义军账上的写法比起来，总算是纠正了谬见，肯定了被压迫者起义的作用。至于对外族统治者

---

① 《马克思恩格斯全集》第 4 卷，第 465 页。

② 《列宁全集》第 21 卷，第 39 页。

③ 《马克思恩格斯全集》第 4 卷，第 466 页。

的侵入，本书也着重写了民族英雄和人民群众的英勇抵抗。写农民起义和反抗外族统治者的侵略，意在说明中国人民确实富于阶级斗争与民族斗争的伟大革命传统，但写得很肤浅，远远不能说明阶级斗争的实际情形。

（三）在生产斗争中的科学发明

恩格斯说过，"科学的发生和发展从开始起便是由生产所决定的。"[①] 在中华民族的开化史上，有素称发达的农业和手工业，也就是说，中华民族有久远的丰富的多方面的创造性的科学传统。读恩格斯《自然辩证法》[②]《古代末期纪元 300 年左右和中世纪末期——1453 年的情况的差别》，足以证明中国是科学先进的古国。诸如天文学、数学、物理学、化学、医学、药物学、植物学等学科，在战国以前，都早有了优秀的成就。又如养蚕、丝织、炼钢、造纸、制瓷、印刷、火药的逐步发展；茶树、早稻、棉花的大量种植。又如南宋时江西、浙江有人使用投铁片入胆水，提炼出铜的方法。东汉末曹操开始用石炭。汉时高奴县（延安县东）发见石油，北宋用来点灯。唐时海船特别巨大，能抵挡波斯湾的险恶风浪。宋时航海用指南针定方向。凡此种种，都说明一件事，就是中国人民有足够的自信心，可以在旧的基础上无限地发展现代的科学。有一些人看到古代科学往往夹杂着迷信成分，因而采取一笔抹煞的态度，这是不可容忍的错误。恩格斯给史密特的信里说"科学的历史，就是这种荒谬思想渐渐被排除的历史，是它被新的、荒诞性日愈减少着的荒谬思想所代替的历

---

① 《自然辩证法》，三联书店 1955 年版，第 149 页。

② 恩格斯《自然辩证法》，三联书店。

史"①。不从发展方面看逐步前进，却在"荒谬思想"方面寻找排斥一切的借口。这样的态度，本身就是非科学的。本书重视古代科学上的成就（当然被遗漏的也很多），只是因为知识缺乏，不能作适当的批判和说明。

（四）汉族社会发展史的阶段划分

列宁在《论国家》里指出："你们应当时刻注意到社会从原始形态的奴隶制过渡到农奴制、然后又过渡到资本主义这一基本事实，因为只有记住这一基本事实，只有把一切政治学说纳入这个基本范围，才能正确评价这些学说，认清它们的实质，……要认清这一切异常繁杂的情形，……就必须牢牢把握住社会阶级划分的事实，阶级统治形式改变的事实，把它作为基本的指导线索，并用这个观点去分析一切社会问题，即经济、政治、精神和宗教等等问题。"②列宁指示我们，研究历史首先要明确地划分社会发展的诸阶段，给历史画出基本的轮廓来，然后才能进行各方面的研究。本书企图用马克思主义的普遍真理和中国的具体历史结合起来，说明它曾经经过了原始公社制社会、奴隶社会、封建社会诸阶段。虽然写的未必正确，但方向显然是正确的。

（五）汉族封建社会的分期

中国封建社会的发展过程是很缓慢的。旧本《中国通史简编》把封建社会分成三个时期，现在看来，第二第三两个时期的

---

① 马克思恩格斯:《关于历史唯物主义的信》,人民出版社1956年版,第88页。

② 《列宁全集》第29卷, 第434页。

分法是有错误的。修订本分为初期（西周至秦统一）、中期（秦至隋统一为中期前段，隋至元末为中期后段）、后期（明至清鸦片战争以前）三个时期，似乎比较恰当些。下面叙述为什么划分三个时期四个大段的理由：

第一大段，初期封建社会——自西周至秦统一。西周初年，相传大小国家和部落多至数百个。西周建立起王权，天子掌握礼乐（制度）征伐，在漫无秩序中他是秩序的代表。恩格斯说："在这种普遍的混乱状态下，王权乃是一种进步的因素。"[1] 这是极显而易见的。东周时期王权衰落了，领主们为夺取土地与人口，进行兼并战争，数百个国家和部落因此合并成十几个大国，战国时期剩下七个大国。这是含有进步性的兼并。东周战国的兼并战争，正如马克思给恩格斯信里所说"一般地说，战争对于经济的发展是很重要的。"[2] 大体说来，两周是众诸侯割据、诸侯国内众采邑割据的局面，到战国时，山东六国内部基本上统一了。秦国比六国表现出更高的统一性，因此它有力量消灭六国统一全中国。

在这个大段里，阶级的概状是：统治阶级方面，起初是宗族土地所有制的贵族领主阶级统治着大小国家和采邑，后来兴起了家族土地所有制的地主阶级。东周时领主阶级内部进行战争，战国时代表地主阶级的秦与主要代表领主阶级的山东六国间进行战争，最后地主阶级取得了胜利。被统治阶级方面，商朝耕种奴隶经过各种斗争（消极的反抗如逃亡，积极的反抗如配合周兵阵上起义），西周时基本上转化为农奴了。东周战国

---

[1] 《德国农民战争》，人民出版社，第 167 页。

[2] 马克思恩格斯：《关于历史唯物主义的信》第 24 页。

时期，农奴参加了贵族领主阶级内部的客观上起着削弱领主统治的长期兼并战争，农奴又转化为农民（当然不是说，不再有相当数量的耕种奴隶和农奴残留着）。从少数贵族领主的占有大块土地变化为比较多数的地主占有土地和更多数的农民各占有小块土地，是一种意义重大的变化，当时农业生产力的发展就是建立在阶级变化即所有制变化的基础上的。马克思说："奴隶并不会出卖他自己的劳动力给奴隶主，正如耕牛不出卖它自己的服役给农民一样。奴隶连同他自己的劳动力一次永远出卖给他的主人了。……他本身是商品，可是劳动力却不是他的商品。农奴所出卖的只是自己劳动力的一部分。并非他从土地所有主方面领得报酬，而是相反的，土地所有主从他那里收得贡租。"[1] 农民当他保有耕地的时候，形式上是不出卖自己的劳动力的。他比农奴进一步地实现了以个人所有制和以本身劳动为基础的私有经济。西周至战国八百余年中，生产工作者的社会地位基本上有这样的三次大变化，也就是生产关系有三次大改革。在不多的史料里，足以说明中国劳动人民从来就是善于对统治者进行伟大的阶级斗争的。

商朝手工业奴隶，西周以来，一直被统治阶级占有着，不得释放。但在东周时，民间手工业却逐渐生长起来了。

第二大段，中期封建社会的前段——自秦至隋统一。秦是一个短促的但有极大重要意义的朝代。秦始皇为统一事业作出了许多重大措施，建立起专制主义的中央集权的封建国家。这个统一的大帝国决不是"暂时的（虽然秦朝是短促的——引者）

---

[1] 《雇佣劳动与资本》，三联书店 1953 年版，第 9 页。

不巩固的军事行政的联合"①，也决不是资本主义时代的那种民族统一国家，而是必须体会毛泽东同志给予我们的教导，确认秦以后的统一是"在某种程度上仍旧保留着封建割据的状态"②的统一。

继秦而起的两汉，是国力强盛的、地主经济很繁荣的朝代，它们把这个统一国家进一步巩固了。正因为中国的统一是"在某种程度上仍旧保留着封建割据的状态"的统一，大概自西汉中期起，代表地主阶级的豪强加剧了割据行为，由于赤眉、黄巾两次农民大起义都被镇压下去，割据势力愈益强大起来。豪强强迫穷苦农民充当类似农奴的徒附（徒附就是法律上还不可以买卖的农奴），强迫更穷苦的农民当奴隶，又筑起无数坞壁，迫使徒附当部曲（私兵），几乎恢复了两周时期的大小采邑。黄巾起义失败后，豪强乘胜互斗，爆发了军阀大混战，生产力遭受空前未有的大破坏。军阀吞并的结果，成立魏汉吴三国。三国分立对东汉末年的大混乱说来，是趋向统一的一个步骤，也还有它一定的进步意义。

曹丕、司马懿等人为取得政权，向士族（官僚集团，是豪强的一部分）让步，用九品中正法取士，实际是和高级士族分享政权，中央集权的力量大大削弱了。西晋统一后，政权为若干家高级士族所把持。晋武帝大封同姓王侯，企图牵制高级士族，结果招致了八王之乱。统治阶级极度腐败，它不仅残酷地剥削农民，同时也严重地压迫中下级士族和居住在国境内的匈奴、羯、氐、羌、賨等半汉化的少数族。等不到农民起义来推倒西晋统治，少

---

① 斯大林：《马克思主义与语言学问题》，人民出版社1953年版，第9页。

② 《毛泽东选集》第587页。

数族的豪强在中下级士族扶助下起兵反晋，推倒了西晋朝廷，报复了高级士族，而且残暴地蹂躏了汉族人民，频繁地进行了各族间的互斗，造成一百几十年的大混战。向来是经济政治文化中心地的黄河流域，经东汉末年一次大破坏以后，现在又来一次历时更久的大破坏，社会几乎被毁灭了。鲜卑族乘虚侵入，最后鲜卑族拓跋部贵族联合汉族的北方士族，统一了黄河流域，建立起北朝，与汉族政权的南朝对立。到隋统一南北，才结束了这个长时期的对立状态。

在这个大段里，阶级的概状是：统治阶级方面，地主阶级和它的代表者士族，一直朝着周朝贵族领主的老路上走回去，魏晋九品中正法就是皇帝承认他们半合法领主的地位。北魏崔浩竟公开主张恢复周朝的五等封爵制，要求朝廷承认高级士族做完全合法的领主。这和皇帝的权利冲突太剧烈了，北魏皇帝说崔浩谋叛，族灭崔氏，并大杀士族，抑制了这个要求。被统治阶级方面则是很多农民被迫当豪强的徒附。由于农民的穷极破产，奴隶数量不断在增加。以皇帝为首的统治阶级（特别是北魏的统治阶级）都占有奴隶，迫使他们从事农业手工业和商业上的劳动。奴隶生产品（一部分供主人自己消费）的成本当然是比较低廉，民间农业和手工业的经营者必须降低自己的生活水平和奴隶同样，才能把自己的生产品和别人交换。事实上因为负担着沉重的赋税，即使生活费降到奴隶的水平，实际收入并不能相等。所以奴隶生产的存在，大大障碍了民间生产的发展。

自西汉中期以至南北朝，奴隶数量显然是巨大的，但因此说当时社会还是奴隶社会，这就错误了。须知奴隶只是农民阶级（有田者和无田的徒附）中最不幸的那一部分，比起农民来，奴隶自然是少数，在生产中也只有附属的地位。如果说第二大段是第一大段的循环，这也是错误的。它不是循环，而是螺旋式的发展，虽然前进得不是很远，但终究是前进了。秦汉统一国家的成立，就是最显著的前进。

第三大段，中期封建社会的后段——自隋至元末。隋和秦相似，统一后不久就崩溃了。这是因为秦隋的统一都是统治阶级内部互相吞并的结果，旧势力并没有受到较沉重的打击，过了一些时以后，它又放肆起来。只有经过大规模的农民战争，旧势力遭受了沉重的打击，新的统治者接受了严厉的教训，新的统治者不得不对农民让些步，这才有可能产生新的盛大的朝代，进一步巩固国家的统一。汉唐两朝就是这样建立起来的。

唐比汉更盛大。因为有广大的荒田，唐朝前期实行均田制，农民一般可以得到土地，这就是唐之所以成为盛大朝代的根本原因。由于农民得到土地，官私奴隶大大减少了（家庭内役使的奴婢除外），民间手工业、商业加速地发展起来了。

支持隋唐以来社会生产上升的条件，除官私奴隶大减外，主要有下列几点：一、长江流域经东汉孙吴特别是南朝的开发，南方经济赶上了黄河流域。隋唐时，恢复了繁荣的黄河流域以外再加上长江流域，封建经济的地盘至少扩大了一倍，并且以此为基地，继续向闽江珠江两流域逐步扩大。二、自隋唐时起，航海技术进步，海上贸易比陆上贸易更为有利，加强了中国与外国间的交换关系。三、因为商品流通的增加，货币流通也为之增加。货币的作用虽然还不到破坏封建经济的程度，但地主自给自足的经济比南北朝以前更削弱了，因而民间工商业得到进一步的发展。四、运河与驿站的畅通，大大增加了交通运输上的便利。繁盛的商业刺激了手工业的发展，商业税和手工业税逐渐成为国家收入的一个重要部分（当然远不及地税的重要），因此减轻了统治者对民间工商业的压迫。

唐朝中年，封建割据战争又开始爆发。此后中央集权势力和地方割据势力经过长期相持不决的斗争，因黄巢农民起义军的失败，割据势力愈趋猖獗，中国陷入五代十国的大分裂状态中。黄河流域遭受军阀战争的破坏，北方边境为契丹族（辽）统治者所侵占，但长江闽江珠江三流域却因割据者保守境界，开发荒地，经济在继续前进，从此南方经济超过了北方。赵宋统一中国后，政治上一切措施都是为了加强中央集权和抑制割据势力。称为道学或理学的哲学与伦理学，对政治也起着严重的辅助作用。在巩固统一这一点上，赵宋是成功的。北宋以后，中央对地方的统治愈益强固，不再有公开的地方割据现象。北宋政治统一给予手工业、商业以巨大的影响，国内商业和对外贸易特别是海上贸易都比唐朝发达，货币流通也比唐朝有很大的增加。宋朝生产力的顺利进展，很可能产生资本主义的萌芽。可是，由于落后的女真族统治者乘北宋政治极度腐败，武力侵占黄河流域，建立起破坏作用很大的金国。南宋苟安于长江流域，继续着北宋的腐败政治。蒙古族统治者武力消灭金国，又消灭南宋，统一了全中国。元朝的破坏作用比金更强烈，在全国范围内特别是黄河流域，农业生产遭受极大的摧残，社会发展受阻了。在手工业、商业方面，因元朝疆域广大，中外贸易的通达和中外手工业技术的交流，虽然手工业工人陷入类似工业奴隶的厄运中，但工商业还相当地保持着前进的趋势。明太祖所领导的农民战争击败了元朝，结束了元朝的野蛮统治，社会又走上发展的阶段。

在这个大段里，阶级的概状是：统治阶级方面，地主阶级不像南北朝以前那样，既剥削农民（主要是徒附），又剥削奴隶，而是比较单纯地以佃农为主要剥削对象了。魏晋至南北朝，实行士族制度，高门（大地主）掌握政权，寒门（中小地主）不得参与。隋唐科举取士，仍有门第的限制。宋科举只论文章，不论门第，通过科举之门，中小地主富农以及工商业出身的士人，可以直接加入统治集团。从此，魏晋以来门第间和秦汉以来有市籍与无市籍地主间统治阶级内部的冲突得以缓和。统治阶级的基础扩大了，因而对人民的统治力量也加强了。士人助武夫割据称雄的局面，此后也少见了。两宋中央集权有进一步的发展，科举改制也是一个重要原因。被统治阶级方面，农民沦落为奴隶已成很个别的现象。穷困失地的农民投地主家当佃户，生活自然很苦，不过比汉朝以后的徒附（名称各朝不同，如西晋荫户也是徒附一类的农民）终究是好了一些。小工商业者到唐朝才有行会的组织（唐贾公彦《周礼正义》说肆长"若今行头"。这说明唐时确有行会的组织，它的管事人称为行头）。南北朝以前，民间工商业的竞争者是奴隶劳动，使用奴隶的是拥有特权的统治阶级，因之民间小工商业无法组织行会来反抗奴隶劳动。唐朝出现行会组织，说明和小工商业者竞争的已经不是奴隶而是另一部分的小工商业者，从这个意义说来，唐以后的小工商业比南北朝以前确是发展了。唐以后手工业免除了奴隶劳动的障碍，有可能作较快的进展，虽然行会到后来阻碍着竞争的加强，使技术趋于停滞状态，但在当时应该说是有它一定的进步意义。

第四大段，后期封建社会——明至清鸦片战争以前。明太祖驱走元朝统治者，建立起汉族的朝代。专制主义的中央集权的制度到明朝达到极高的程度。明朝皇帝除了明太祖和明成祖，一般是凡庸贪婪的皇帝。以皇帝为首的皇族、贵族、太监、官僚、绅士、土豪大量集中土地。农民失去土地，只好充当佃户，有些农民被迫投靠势家当奴隶。这种奴隶，主人对他们只有不完全的所有权关系，所以他们实际上是农奴性质的奴隶。佃户和农奴数量的不断增加，农业生产力自然要受到伤害。手工业和商业在元朝的基础上又有进展，某些地方出现了规模不大的手工工场，也就是说出现了资本主义生产方式的萌芽。斯大林在《苏联社会主义经济问题》里指出："只有存在着生产资料的私有制，只有劳动力作为商品出现于市场而资本家能够购买并在生产过程中加以剥削，就是说，只有在国内存在着资本家剥削雇佣工人的制度，商品生产才会引导到资本主义。"[①] 依据这个原理来看史料，明朝确实存在着资本家剥削雇佣工人的制度了。《图书集成》（《考工典》）引《苏州府志》说"郡城之东，皆习机业。……工匠各有专能。匠有常主，计日受直。有他故，则唤无主之匠代之，曰唤找。无主者黎明立桥以待。缎工立花桥，纱工立广化寺桥。以车纺丝者曰车匠，立濂溪坊。什百为群，延颈而望，如流民相聚。粥后散归。若机房工作减，此辈衣食无所矣。"嘉靖《仁和县志》载元末徐一夔《织工对》说"予僦居仁和之相里。有饶于财者，率居工以织，每夜至二鼓。……且过其处，见老屋将压，杼机四五具南北向，列工十数人，手提足蹴，皆苍然无神色。进问之曰……工对曰，……吾虽贱，日佣钱二百，吾衣食于主人，而以日所入养吾父母妻子，虽食无甘美，而亦不至饥寒。"这是苏州、杭州织工的生活情况。其他手工业比较发达的地区，被雇佣的工人，情况当相类似。概括说来，明朝某些地区，确有资本家在剥削雇佣工人。在万历二十九年（1601年）七月《明实录》里，还有苏州织工抗苛税斗争的记载。曹时聘奏章里说："机户出资，机工出力，相依为命久矣。……然榷网之设，密如秋荼，原奏参随、

---

① 斯大林：《苏联社会主义经济问题》，人民出版社，第10页。

本地光棍以榷征为奇货。吴中之转贩日稀，织户之机张日减；加以大水为灾，穷民之以织为生者岌岌乎无生路矣。五月初旬……（太监孙隆等）妄议每机一张，税银三钱，人情汹汹，讹言四起。于是机户皆杜门罢织，而织工皆自分饿死，一呼响应……。浮食奇（孤苦）民，朝不谋夕，得业则生，失业则死。臣所睹记，染坊罢而染工散者数千人，机房罢而织工散者又数千人。此皆自食其力之良民也，一旦驱之死亡之地，臣窃悼之。四郡额赋岁不下数百万，何有于六万之税，不亟罢之，（何）以安财赋之重地哉。"这里所说机户就是拥有生产资料剥削雇佣工人的原始资本家，所说织工染工就是出卖劳动力的雇佣工人。这种工人已经完全离农业而分立，不出卖劳动力就不能生活。从税银看来，机张税比农业税是六万两比数百万两，所以这种资本主义生产关系在封建社会里还只是极微小的胚胎或萌芽，同时还混合着浓厚的封建成份，但是，这是极可珍贵的胚胎或萌芽。

这里还得说一说当时织工斗争的情形。织工领袖葛贤一呼，织工群起响应，包围织造衙门（孙隆是苏杭等处提督织造），要求罢税。据《明实录》记"苏州民葛贤等缚税官六七人投之于河，且焚宦家之畜税棍者"。又记他们"毙黄建节（孙隆的走狗）于乱石之下，付汤莘（本地棍徒）等家于烈焰之中，而乡官（劣绅）丁元复家亦与焉。不挟寸刃，不掠一物，预告乡里，防其延烧，殴死窃取（乘机掠夺）之人，抛弃买免（纳贿求免）之财。……及汤莘等被责枷示，一挥而散。葛贤挺身诣府自首，愿即常刑，不以累众。"伟大的中国工人阶级的先驱者当他们在1601年第一次起而斗争的时候，就表现出反封建压迫的英雄气概。他们行动服从葛贤的指挥，有卓越的组织性和纪律性；抛弃贿赂，不贪一丝非义的财物，有圣洁不可渎犯的高尚品质；保护乡里，专打贪官劣绅棍徒，连明朝皇帝也只得承认他们"止破起衅之家，不及无辜一人"。这预示工人阶级有创造社会新秩序的全能全力。葛贤在斗争胜利后，知道不牺牲自己，织工们将受到更残酷的伤害，就挺身而出，愿受死刑。这种大公无私自我牺牲的精神，在350年后的今天，还是光芒万丈，引起人们无限的同情。中国工人阶级当它开始萌芽的时候，就充分地显示出它将有远大的光荣的前途。列宁写道："我们满怀着民族自豪感，因为大俄罗斯民族也产生了革命阶级，也证明了它能给人类做出为自由和社会主义而斗争的伟大榜样。"[①] 是的，中国人民也有权充满民族自豪感，因为350年前，中国工人阶级的先驱者为反抗封建统治而作出了斗争的伟大榜样。

李自成领导的农民起义军，推倒了明朝的统治。满洲统治者与汉族地主阶级互相勾结，击败了农民起义军，中国的统治权落入清朝贵族的手中。清朝对汉族和其他少数民族人民的压迫是极其残酷的，但是，它在政治上却有很强的统治力量。清朝武力强盛，在明帝国基础上，开拓了广大的疆域，在征服汉族前后，也征服了其他许多民族。它这样做，当然是想满足统治集团的占领欲。列宁曾批评米海洛夫斯基说"丝毫不懂得工商业资产阶级的非常实际的利益是这种仇恨（民族仇恨——引者）的主要基础，丝毫不懂得把民族感当作独立因素来谈就只是抹煞问题的实质。"[②] 封建地主阶级也和资产阶级一样，它为自己"很实际的利益"，使用暴力征服其他民族，并在各民族间制造仇恨心理。这种血迹斑斑的悲痛事件，曾在历史上写出很多的篇幅。可是，

① 《列宁全集》第21卷，第84页。

② 《列宁全集》第1卷，第135页。

从中国各民族人民在中国共产党和伟大英明的人民领袖毛泽东同志领导下，已经成为国家主人翁的今天看来，我们有大好河山的祖国和兄弟众多的民族大家庭，在这一点上，清朝统治集团客观上是起了积极作用的。

由于清朝疆域的扩大，封建地主经济比明朝更繁荣了。手工业、商业在明朝的基础上也就进一步的发展。如果说，唐宋统治者并不感觉到工商业对封建经济不利的话，那么，明清两朝已经潜意识地预感到它的某些威胁。明朝厉行海禁，清朝更加严格。片板不许下海的禁令以及控制贸易的公行（十三行）之所以设立，原因之一就是企图阻遏民间对海外自由通商。事实上明清两朝都不能禁止对外贸易的实际进行，但若干地区正在发芽的资本主义已受到严重的压制，发展的速度因而迟缓起来。不过，即使如此，中国资本主义终究是鹅行鸭步地在前进。

清初屈大均《广东新语》记广东冶生铁炉情形，范端昂《粤中见闻》也说"凡开一炉，约计司炉者二百余人，掘铁矿者三百余人，汲水者、烧炭者二百余人，驮者牛二百头，载者舟五十艘。一铁炉费须万金。日得铁二十余版（一版约三百斤）则利盈，八九版则倾本矣。"一个冶铁炉约有人工一千人，规模是不小的。这种冶生铁的炉称为大炉，别有冶熟铁制镴（铁片）的炉称为小炉。小炉一肆（铺）有数十砧，一砧有十余人。炉中烧铁团透红后取出置砧上，"一人钳之，二三人锤之，旁十余童子扇之。童子必唱歌不辍，然后可炼熟而为镴也"。雍正九年查禁铁锅出口上谕里说："检查案册，见雍正八九年造报夷船出口册内，每船所买铁锅，少者自一百连至二三百连不等，多者买至五百连，并有至一千连者。查铁锅一连，大者一个，小者四五六个不等。每连约重二十斤不等。……计每年出洋之铁锅为数甚多。"制铁锅铺多在南海县佛山镇，所制铁锅畅销内地并大批出口，想见工场规模也不小。《广东新语》载："广之线纱与牛郎绸，五丝八丝，云缎光缎皆为岭外、京华（北京）、东西二洋所贵。予《广州竹枝词》云：洋船争出是官商，十字门开向二洋，五丝八丝广缎好，银钱堆满十三行。"这说明广东丝织物是当时出口的重要商品。云南矿厂在清初也很发达，崔乃镛《东川府地震纪事》说"厂人累万，厂有街市巷陌"。又说"厂数百硐，硐千百砂丁（矿工）。一硐有七十三尖。尖者，各商取矿之路径也。每尖至少不下十四五人。……大抵厂商聚楚、吴、蜀、秦、滇、黔各民，五方杂聚，谁为亲识，贪利亡躯（压死）盖不知其凡几。"一个矿厂人数多至一万，砂丁来自各省，被厂商役使，"死亡等诸蝼蚁"。资本主义剥削的残酷性，连封建主义者的崔乃镛也认为"亦惨甚已"！魏源《圣武记》说广西大的矿厂，有凿工、挖工、捶工、洗工、炼工、搬运工以及管事人、帮闲人，总数不下万人，规模与云南矿厂差不多相等。大抵鸦片战争以前，手工工场规模最大的是矿厂，其次是纺织业。它们的生产品，销路主要依靠国内市场，其次才是出口，这和海禁是有关系的。中国商人不能公开主动地去找海外市场，只能等待洋船来收购，或采用不合法的方法私运货物出洋，资本主义在封建主义压迫下，不可能顺利地发展起来。

鸦片战争前后，广州附近有 2500 纺织工场，工人约 5 万，平均一工场约 20 人。这种工场部分的使用机械，并且进行不完全的分工。又有一个制茶场，有男女工和童工 500 人。当时广州还不算是最重要的纺织地区，长江下游如苏州、松江、杭州等地的丝织业和棉织业比广州发达得多。至于江西景德镇的烧窑业，四川自流井的制盐业，中南西南各省的采矿业，都是规模不小的手工业工场。列宁在《什么是"人民之友"以及他们如何攻击社会民主主义者？》里指出："家庭手工制大生产就是资本主义工业形式，这里已具备资本主义工业的一切标志：商品经济已达到高度的发展，生产资料集中于个人手中，工人大众遭到剥夺，他们没有自己的生产资料，因而只好把劳动用在别人的生产资料上，他们不是为自己做工，而是为资本家做工。显然，按手工业的组织说，这是纯粹的资本主义；同大机器工业相比，它的特点就是技术不发达（主要是因为工资低得不成样子），工人保有一小块土地。"[①] 按照这个原理，可以断言明万历以前，资本主义的生产方式早已萌芽，清朝则发展到相当的规模，只是因为工资太低，不仅廉价的人力延迟了蒸汽机的发明，而且也使手工工场本身前进很缓慢。依据科学的定义说来，鸦片战争前中国"纯粹的资本主义"的萌芽是存在着的，但同时必须确认，中国仍是小农业与家庭手工业相结合的根深蒂固的封建社会。又必须确认：由于中国的土地广大，经济的发展表现出极端的不平衡性，某些资本主义萌芽虽然存在，但对整个封建社会并不曾发生破坏作用。

在封建社会里原始资本主义的生产情况，李鸿章曾说过这样的话，"从前江西之乐平及山西湖南等省，皆以土法开采煤铁等矿，工力较繁而所得较微，无裨大局。"（光绪七年《直境开办矿务摺》）这里所谓"无裨大局"，就是说微弱的资本主义还不能对封建主义的大局起什么影响。所谓"工力较繁而所得较微"，就是说原始资本主义的生产力是微弱的，在外国资本主义刺激下，很自然地会提出采用新法以增加所得的要求。这种原始资本

---

① 《列宁全集》第1卷，第189页。

主义与地主（一部分汉族地主）经济是有联系的。也就是说，是和封建主义相结合的。另方面，与充当雇佣工人的失业农民也是有联系的。新法对他们都有一定的影响。所以鸦片战争以后，除了仇视新法的封建顽固派（以满洲贵族为代表），各阶级、阶层对外国资本主义的生产力都表示了各种不同的态度与趋向。从洪仁玕《资政新篇》提出广泛采用新法到洋务派的把持新工业，基本上都是欢迎蒸汽机，只是趋向各有不同而已。这和封建顽固派与外国侵略者的态度与趋向错综起来，便构成中国旧民主主义革命时期全部历史的素地。

在这个大段里，阶级的概状是：统治阶级方面与前一大段大体相同，被统治阶级方面也同于前一大段，只是添加了原始资本家和工人阶级的先驱者。他们虽然还只是微小的萌芽，但是必须珍重这个新添加。

哪一种物质力量引导封建社会这样一段又一段地发展着呢？最根本的物质力量就是发展中的生产力。

斯大林在《辩证唯物主义和历史唯物主义》里指出生产力发展的情形。在封建社会里，生产力的发展：一、"金属工具的进一步改良，过渡到冶铁风箱"。这一段大约相当于西周到战国的情形。战国时有大冶铁手工业，并且开始能炼钢。地下发掘证明，战国已有不少铁制的兵器，并有铁制的型范（《荀子·强国篇》所谓"刑范正"），用以造铜工具。二、"过渡到陶器生产，并与此相适应，手工业得到发展，手工业脱离农业，独立手工业生产以及后来的工场手工业生产得到发展"[1]。这一段大约相当于秦汉到南北朝和隋唐到元末的情形。初步的瓷器从两汉开始，

---

① 《联共（布）党史简明教程》，第164页。

经三国至初唐达到精美的程度。瓷器可以代替陶制铜制的日常用具，是一种用途宽广的手工业，而且还和丝茶一样，是对外贸易的重要商品（印度地下发掘，得唐时邢瓷越瓷和宋时瓷，埃及波斯也发见唐时越瓷）。自西汉中期起，炼钢术进步（西汉时传到西域，东汉初年传到罗马，中国铁被称为世界上最优良的铁），铁武器完全代替了铜武器。秦汉到南北朝手工业比战国以前有相当大的发展，某些手工业已离农民而分立（当然不是所有手工业都已分立），但被奴隶劳动障碍着，不能有更大的发展。隋唐以后，奴隶劳动已极少见，手工业很快的前进了。《旧唐书·高力士传》说力士"截沣水作碾，并转五轮，日破麦三百斛"。又据元王祯《农书》所记，至少在元时（很可能在南宋时）江西有用水力发动的水转连磨，数碓与九个磨同时转动，用来制造茶团。河南有水转大纺车，一昼夜纺麻 100 斤。徐光启《农政全书》所绘纺车图有 15 个锭子。英国于 1765 年发明多轴纺纱机，能用 12 个到 18 个纱锭，水转连磨和大纺车显然是工具机。马克思指出：机器的第三部分，"……工具机，是 18 世纪工业革命的起点。"[1] "自真正的工具从人手里移到一机构上以后，机器就代替了单纯的工具。"[2] 唐时发明工具机，宋元应用较广，中国手工业生产力在当时世界上是最先进的。不过，在当时的社会条件下，不可能设想它会在生产方式上引起什么变化。据《马可波罗游记》所说（可能有夸大处），在以杭州为代表的许多都市里，有规模颇大的工场手工业。依据王祯、马可波罗的记载，宋元有独立手工业生产是无可置疑的事实。三、有"独立手工业生产以

---

① 《资本论》第 1 卷，第 449 页。
② 《资本论》第 1 卷，第 450 页。

及后来工场手工业生产得到发展。"① 这一段大约相当于明至清鸦片战争以前的情形。普遍存在着的作坊以外，某些地区工场手工业在继续发展。

"随着社会生产力在历史上变更和发展，于是人们的生产关系，人们的经济关系，也与此适应而变更和发展。"② 西周到战国的生产关系，一般地，在农业方面，主要是领主对农奴的剥削，其次才是对耕种奴隶的剥削。在手工业方面，是领主对工业奴隶的完全占有。这和生产力低微，剥削者对被剥削者必须加以高度强制力的情形是相符合的。此外，小私有经济的民间手工业与农奴解脱为农民的过程相适应，一直在进展，到战国时，民间手工业已达到相当的规模。根据这样的生产关系，所以定西周至战国为初期封建社会。秦汉至南北朝的生产关系，一般地，在农业方面，主要是地主对农民（主要是徒附）的剥削，其次才是对耕种奴隶的剥削。在手工业方面，主要是民间手工业，其次才是地主和大工商业者对工业奴隶的剥削。因为生产力比前一时期显著提高了，而奴隶劳动的存在，对前一时期还处在"承前"状态中，所以定为中期封建社会的前段。隋唐至元末的生产关系，在农业手工业方面，奴隶劳动已经不成为障碍，因之小私有经济得以加速的进展，一直到工场手工业的开始出现。这对后一时期还处在"启后"的状态中，所以定为中期封建社会的后段。明至清鸦片战争以前的生产关系，除地主对农民的剥削和中期后段基本上相似以外，在手工业工场里出现了资本主义的生产关系。这虽然远没有发生破坏封建制度的力量，但迟早是会发生的，工人阶

① 《联共（布）党史简明教程》，第137页。

② 同上。

级的先驱者已经预示了这种力量。既然这个封建社会里怀妊着新社会的成了初形的胎儿，所以定为后期封建社会。

中国封建社会按三个时期四个大段向前发展，它的推动力是什么呢？基本上就是生产力的体现者——农民阶级（包括一切被剥削者）反对生产关系的体现者——地主阶级（包括一切剥削者）的阶级斗争。商朝奴隶阶级对奴隶主的斗争和周国封建制度反奴隶制度的斗争配合起来，破坏了商朝奴隶制度社会，出现了西周初期封建社会。秦末农民战争的结果，结束了西周以来的领主统治，建立起盛大的西汉期。隋末农民战争的结果，结束了奴隶制度的残余，建立起更盛大的唐朝。元末农民战争的结果，结束了元朝贵族的野蛮统治，建立起盛大的明朝。毛泽东同志教导我们说："中国历史上的农民起义和农民战争的规模之大，是世界历史上所仅见的。在中国封建社会里，只有这种农民的阶级斗争、农民的起义和农民的战争，才是历史发展的真正动力。因为每一次较大的农民起义和农民战争的结果，都打击了当时的封建统治，因而也就多少推动了社会生产力的发展。"[1]

为什么农民阶级只能或多或少地推动社会生产力的发展呢？这是因为农民阶级只有在进步阶级领导下，才能从封建制度转到高一级的社会制度上去。当它还没有得到这种领导以前，它只能在封建制度的范围内起推动作用。毛泽东同志指出："地主阶级对于农民的残酷的经济剥削和政治压迫，迫使农民多次地举行起义，以反抗地主阶级的统治。"[2]农民战争打击了封建统治，迫使封建统治者不得不在政治上经济上作出些让步和改良。

---

[1] 《毛泽东选集》，第588页。
[2] 同上。

这样，生产力和生产关系得到某些部分的适合，社会生产力因而多少有些发展。过了一些时以后，统治者又恢复残酷的剥削和压迫，因而又爆发了农民战争。每一次农民战争，其他被压迫者（奴隶、小手工业者、小商贾）往往参加进来，合力打击压迫者。奴隶残余的逐步缩小，手工业的逐步发展，都是农民战争的副产品。而手工业的发展，又正是为产生新的进步阶级准备着条件，农民战争终究会得到新阶级的领导来改变社会制度。历史上大小数百次的农民起义，就是这样反复着，社会也就是这样缓慢地前进着。革命是历史的火车头，农民革命战争起着速度不高的火车头作用，但决不能否认它是推动历史的火车头。

列宁说："发展似乎是重复以往的阶段，但那是另一种重复，是在更高基础上的重复（'否定的否定'）；发展不是按直线式而是按所谓螺旋式进行的。"① 中国封建社会正是费了3000年时间，按照螺旋式的路线在行进。马克思在《路易·波拿巴的雾月十八日》里说："黑格尔在某个地方说过：一切伟大的世界历史事变和人物，可以说都出现两次，他忘记补充一点：第一次是作为悲剧出现，第二次是作为笑剧出现。"马克思解释说："人们自己创造自己的历史，但是他们并不是随心所欲地创造，并不是在他们自己选定的条件下创造，而是在直接碰到的、既定的、从过去承继下来的条件下创造。一切已死的先辈们的传统，像梦魔一样纠缠着活人的头脑。当人们好像只是在忙于改造自己和周围的事物并创造前所未闻的事物时，恰好在这种革命危机时代，他们战战兢兢地请出亡灵来给他们以帮助，借用他们的名字、战斗口号和衣服，以便穿着这种久受崇敬的服装，用这种借来的语

---

① 《列宁全集》第21卷，第36页。

言，演出世界历史的新场面。"① 我们体会马克思这段话的精神来看中国封建社会的历史，不论事变和人物，常常是面貌相似而又不相似地一次一次在演出，也就是"画虎不成反类狗"的喜剧式地在演出。即以四个大段的发展过程来看，也是一样。这就是说，社会前进了一步，后来又倒退过来，但倒退总是退不到原来的出发点。社会终究要在已经前进一步的路线上，即螺旋式的路线上向前再进展。原因是在封建社会里，处于统治地位的地主阶级和大工商业，它们代表落后的惰性的力量；处于被统治地位的农民阶级和小手工业，它们代表发展生产力的力量。这两大阶级是构成封建社会的两部分，它们残酷地相互斗争着，同时相互之间又有千丝万缕的经济的思想的联系，它们谁也不可能和对方作彻底的分裂。因之相反而又相合的两个力量，一个要推动社会前进但受另一个的限制，一个要推动社会倒退但也受另一个的限制。倒退力量阻碍着前进的力量，前进力量却终究在前进，这就必然不能走笔直路线而必须走螺旋式的路线。西周以来领主统治经秦末农民战争而结束了，两汉南北朝的地主企图复活领主的亡灵，经崔浩的被杀和隋末农民战争而失败了。唐朝中期局部的地方割据发展到五代十国成为全面割据，军阀们企图复活三国、十六国的亡灵，经北宋的统一战争而告终了。北魏、金、元都曾部分地复活奴隶制度的亡灵，经隋末、元末农民战争而消失了。明清实行禁海，企图阻遏工商业的发展，企图复活完全自给自足经济的亡灵，不幸，中国资本主义来不及发展到足以打倒这个亡灵的时候，却被外国资本主义侵入了。中国封建社会因此转入半殖民地半封建社会。

---

① 《马克思恩格斯全集》第8卷，第121页。

历史走着大螺旋式和无数小螺旋式的发展路线,这就是为什么封建社会延续很久的一个基本原因。

以上是中国封建社会生产方式在历史上发展的一般的——还不完全的——情形。

（六）初期封建社会开始于西周

西周是初期封建社会的开始。依据现有的西周典籍（主要是《诗经》与《尚书》）和地下发掘所得的材料,不是寻章摘句式地而是全面地客观地来综观当时的经济基础与上层建筑,可以说西周确是封建社会。下面所述,主要是依据西周诗篇和《尚书》中周初文诰说明西周时期基本的生产关系。

一个社会的性质是由当时处于主导地位的生产关系即基本的所有制来决定的。斯大林在《辩证唯物主义和历史唯物主义》里给奴隶制度社会封建制度社会规定了定义:"在奴隶占有制度下,生产关系的基础是奴隶主占有生产资料和占有生产工作者";"在封建制度下,生产关系的基础是封建主占有生产资料和不完全占有生产工作者。"[①] 根据上述定义（不切实根据这个定义,所说便缺乏可靠性）,我们看商周两朝统治者对生产工作者的所有制的不同,可以断言商朝是奴隶社会,西周是封建社会。关于商朝社会的问题,不必在这里谈,这里只谈西周社会的问题。

斯大林在《苏联社会主义经济问题》里曾经说过,"封建制度的基础并不是非经济的强制,而是封建土地所有制。"[②] 什么

---

① 《联共（布）党史简明教程》第 138 页。

② 《苏联社会主义经济问题》,人民出版社 1961 年版,第 32 页。

是"封建土地所有制"呢？那就是"封建主占有生产资料和不完全占有生产工作者。"因为封建主如果完全不占有生产工作者，而仅仅占有生产资料（土地），那么封建剥削便无法实行。所以对于占有生产工作者情况的了解是了解封建土地所有制的钥匙。根据现存有关西周生产资料占有者和生产工作者相互间关系的材料，可以证明"封建土地所有制"确实普遍地存在着。周初大封建，从所有制的意义说来，就是自天子以至于采邑主，大小土地所有者向农奴（主要的）和自由民身份的农民（次要的）征收地租。也就是说，他们之间存在着封建的生产关系。为什么知道当时耕地的人是农奴农民而不是奴隶呢？《资本论》第三卷"劳动地租"节说，"地租的最简单的形式，即劳动地租。在这个场合，直接生产者以每周的一部分，用实际上或法律上属于他所有的劳动工具（犁、牲口等等），来耕种实际上属于他所有的土地上面，并以每周的其他几天，在地主的土地上，无代价地，为地主劳动。"[1]同节又说，"它（封建经济——引者）和奴隶经济或种植园经济是从这一点来区别在于：奴隶要用别人所有的生产条件来劳动，并且不是独立的。所以这里必须有人身的依赖关系，必须有不管其程度的人身的不自由和人身作为土地的附属物对土地上的依附，必须有真正的依附农奴制度。"[2]农奴和奴隶的区别，这里说得很清楚了。

我们看看西周的农夫有没有属于他的劳动工具呢？有的。《周颂·臣工篇》"命我众人：庤乃钱镈，奄观铚艾"。译意为命令我的农夫们：准备你们的耕具，还得多准备些割器。这不是

---

[1] 《资本论》第 3 卷，第 889 页。

[2] 《资本论》第 3 卷，第 1032 页。

农夫有自己的劳动工具是什么？而这一点，正是封建经济和奴隶经济最根本的区别点。我们再看看西周的农夫有没有实际属于他的土地呢？有的。《小雅·大田篇》说："雨我公田，遂及我私"，孔颖达疏，这是周朝"太平之时，民心先公之义"，其实不是这样。因为农夫"公事毕，然后敢治私事"（《孟子·滕文公篇》），耕完公田才得归耕私田，所以希望私田上的雨下得迟些，以便得到时雨的好处。这里所谓私田，就是农夫有"实际属于他的土地"。我们再看看西周农夫有没有给地主无偿劳动和附着在土地上呢？有的。所谓公田，就是以一部分时间"无代价地为地主劳动"。凡是农业劳动者，不论是农奴和农民，都是很难离开乡里，但孟子独说西周农夫"死徙无出乡"（《孟子·滕文公篇》），希望战国时农夫也是那样，足见西周农夫"不能和土地离开"，与战国时农夫有些不同，这就说明了西周实行着"有严格意义上的奴属制度"。

《辩证唯物主义和历史唯物主义》指出农奴的特征是"有自己的经济、有自己的生产工具。"[1] 农夫有自己的生产工具，上面已经证明了。因为有自己的生产工具，所以有自己的经济。西周农夫有没有自己的经济呢？有的。《周颂·载芟篇》："有嗿其馌，思媚其妇，有依其士。"译意为老婆送饭上地，孩子跟在一起，吃饭吞咽有劲，好让老婆看了欢喜。《周颂·良耜篇》："或来瞻女（汝），载筐及筥，其饟伊黍"。译意为你老婆快来看你了，拿着筐子，盛着黍米饭（黍贵稷贱）给你吃。农夫带着妻子去耕公田，吃着自己的饭，这就是农夫有自己的经济。奴隶吃主人的饭，是没有自己的经济的。

---

[1] 《联共（布）党史简明教程》，第 891 页。

　　周天子是生产资料和生产工作者的最高所有者。这种最高所有权的获得，照《尚书·梓材篇》说，是因为"皇天既付中国民越厥疆土于先王（文王）"。文王受命称王，表示自己是皇天的"元子"（长子），从皇天得到了最高所有权。此后凡是继承王位的文王子孙，都算是文王的继体，是文王从皇天得来的那个最高所有权的继承者。春秋隐公元年"春王正月"，《公羊传》解释说"王者孰谓，谓文王也"。这在《大盂鼎铭文》里也有同样的说法，并非汉儒臆造。《小雅·北山篇》："溥天之下，莫非王土；率土之滨，莫非王臣"，也说明周天子是土地和臣民的最高所有者。周天子有如此广大的最高所有权，如果仅仅拥有大块公田，只不过是个极大的地主，并不能体现最高所有权的全部，事实上更重要的体现还在分封臣属方面。马克思在《资本论》第一卷"所谓原始积累"那一章中写道："在欧洲一切国家中，封建的生产的特点是土地分给尽可能多的臣属。同一切君主的权力一样，封建领主的权力不是由他的地租折的多少，而是由他的臣民的人数决定，后者又取决于自耕农民的人数。"[1]这个原理同样可以说明西周的封建制度。周天子在王畿内保有大块公田，作为主要收入的一部分，但公田数量到底是有限度的，田地太大了农夫太多了也就无法管理了。所以他以最高所有者的地位，在王畿内分封许多卿大夫采邑，在王畿外分封许多诸侯国。这种受封的大小领主从周天子取得所有权，自然要尊敬他的权力并且向他贡献和服役。《尚书·洛诰篇》载周公归还政权给成王时说："汝其敬识百辟享，亦识其有不享。享多仪，仪不及物，惟曰不享。"周公教成王记住哪些领主来朝贡，哪些不来朝贡。来朝贡的如果

---

　　①　《资本论》第 1 卷，第 791—792 页。

贡物多而敬意不够，也算作不朝贡。对不朝贡的领主，天子有权处罚他们。这样，周天子公田收入以外，又有大量的贡物，而且又表现了最高所有者的权力。诸侯在国内，同周天子一样，分封卿大夫采邑。卿大夫在采邑内，也立侧室（"卿置侧室"）和贰宗（"大夫有贰宗"）。天子、诸侯、采邑主都从分封里建立起自己的权力，形成一整套的统治体系。

分封制度与宗法制度是分不开的。周天子是天下姬姓人的大宗，受封的姬姓诸侯对周天子说来是小宗。姬姓和非姬姓的诸侯在国内是同姓人的大宗，受封的同姓卿大夫对诸侯说来是小宗。卿大夫在采邑内是同姓人的大宗，受封的侧室、贰宗对卿大夫说来是小宗。凡小宗都得受大宗的约束。宗的成立由于受封得土地。最先受封者死后，子孙奉他为始祖，立庙称为宗。他的嫡长子嫡长孙世世承袭封土，称为宗子。一般说来，天子诸侯的国法仅行施到同姓和非同姓的宗子。非宗子的众人，不论贵贱都受他们自己宗子的约束。宗子对同宗族人有直接裁判权，执行普遍刑罚直到"戮于宗"的死刑。

宗法制度的基本精神是以宗子为中心，按血统关系的远近来区别亲疏贵贱，从而规定出无可改变的等级制度。亲者也就是贵者受封以后，嫡长子孙世世承袭土地所有权（名义上最高所有权属天子），自天子以至侧室、贰宗成为掌握各级统治权的贵族领主阶级。疏者也就是贱者（包括同姓的农民和非同姓的农奴等人，统称为庶民或农夫）成为被统治阶级。他们无权获得土地所有权，但可以通过受田的形式，获得实际上属于他们的土地。这种受田法也按照宗法分封制度来实行。农夫从领主受私田100亩，死后（或年满六十）由长子长孙世世承袭为户主，成为有100亩私田的大宗子。非长子的余夫如从领主受私田 25 亩，死后（或年满六十）由长子长孙世世承袭，对百亩田的大宗子说来，成为有 25 田私田的小宗子。不得受田的余夫称为闲民，或助宗子和其他有田人耕田，或从事工商业。农户的宗子当然不能有贵族宗子的那种权力，但"尊祖敬宗"的观念是一致的，因之农宗也起着约束同宗人的作用。

宗法制度对贵族领主说来是一种加强统治的组织力量，对农夫说来也是一种组织力量。春秋战国时期，贵族领主的宗族因兼并战争而崩坏，世袭小块土地的农宗就很自然地变成获得土地所有权的农民或小地主。再加上其他获得土地所有权的人，如士、荒地开垦者、工商业者、高利贷者等人，便形成春秋战国时期新起的地主阶级和农民阶级。

宗法与土地的分配法关系如此密切，因而不论是统治阶级或被统治阶级，祖宗崇拜在意识形态里占惟一重要的位置，公认孝道是最高的道德，任何宗教所崇拜的神和教义都不能代替祖宗崇拜和孝道。这是历史上汉民族特征之一。宗教在汉民族不能生深根，宗法是起了抵抗作用的。

公田私田和分封，构成了西周的封建土地所有制度。这个经济基础的最重要的上层建筑就是宗法制度。

恩格斯指出欧洲的封建社会是这样开始的：当法兰克民族占有了广大的罗马的国家领土以后，法兰克国王以礼物方式或恩赐方式分土地给他的侍卫。最初大半是把民有地整块整块地赐给侍卫们，后来是以采邑方式授给他们享用（起初大多场合是一直到国王逝世为止），这样，就靠牺牲人民而造成了新的贵族的基础[1]。国王分给侍卫们土地，叫做封地，这种封地的大量存在，

---

① 《家庭、私有制和国家的起源》，第 147 页。

也就成为封建制度的开始。在中国的西周，周王明明分封了大量的诸侯国和大夫采邑，而且分封制度比法兰克王国周备得多，说中国封建社会开始于西周，应该是可通的。

马克思主义经典著作里所指出的条件，西周完全具备了，为什么还不能说西周是封建社会的开始呢！

是不是可以说，因为西周还有奴隶从事农业生产，所以只能是奴隶社会呢？这是不对的。列宁说过"无论在自然界或社会中，'纯粹的'现象是没有而且也不可能有的。"[①] 如果以为有了奴隶，就不能有农奴和农民，这就把社会看作"纯粹的"现象。如果以为既有奴隶从事生产，所以不能是封建社会，这就无以解释《周颂》《小雅》里那些诗篇所说的生产情形。所以，要从各种现象中寻找问题的本质，必须遵照列宁的教导。列宁说："为要确信后面这个论点的正确，应当记住一个原则：在社会科学中（也像在一般科学中一样），所研究的是大量的现象，而不是个别的事件。"[②] 列宁又说："为了说明这种客观地位，不应当引用一些例子和个别的材料（因为社会生活现象极端复杂，随时都可以找到任何数量的例子或个别的材料来证实任何一种意见），而一定要引用关于各交战国和全世界的经济生活基础的综合的材料。"[③] 列宁又说："在社会现象方面，没有比胡乱抽出一些个别事实和玩弄实例更普遍更站不住脚的方法了。罗列一般例子是毫不费劲的，但这是没有任何意义的或者完全起相反的作用，因为在具体的历史情况下，一切事情都有它个别的情况。如果从事实的全部总和、从事实的联系去掌握事实，那么，事实不仅是

---

① 《列宁全集》第21卷，第212页。

② 《列宁全集》第21卷，第221页。

③ 《列宁全集》第22卷，第182页。

'胜于雄辩的东西'，而且是证据确凿的东西。如果不是从全部总和、不是从联系中去掌握事实，而是片断的和随意挑出来的，那么事实就只能是一种儿戏，或者甚至连儿戏也不如。"① 列宁给我们的教训是极其深刻的。要不犯上述错误当然很不容易，但是，我们至少要希望避免这种错误。列宁指出的方法，应用到西周社会问题上来，我想，我们必须"掌握与所研究的问题有关的事实的全部总和"②，首先是掌握《诗经》里叙述当时生产情形的全部诗篇，因为这些诗篇所叙述的情形不是个别的情形而是大量的普遍的主要的情形。

是不是可以说，《周颂》《小雅》所说不一定可信呢？这也是不对的。因为一、《周颂》是西周初期所作并在宗庙里演奏的诗篇，《小雅》也是西周人所作。它们叙述当时生产情形比后世人的追述要直接些可靠些。二、《周颂》《小雅》那些诗篇说的是周天子主要收入的来源（别一主要收入是畿内采邑和畿外诸侯的贡赋），并不是说个别的情形。既然西周前期（共和以前）公田是天子主要收入的一种，而公田的耕种情形，诗篇已有简要的叙述，那就足以证明在公田上耕种的农夫们确实以力役地租的形式向土地所有者贡献其无给的剩余劳动而且是主要的生产者。三、如果说《周颂》《小雅》作者是属于统治阶级的人，所以他们说的话不可信。这也不一定。作诗者不颂幽厉而颂成康，不刺成康而刺幽厉，足见他们作诗并不是任意美刺。再者，即使说农夫们的劳动兴趣，难免有诗人夸张之处，但农夫们有自己的工具和经济，有私田并助耕公田等事实，不是当时实有的话，诗人造出这

---

① 《列宁全集》第 23 卷，第 297 页。

② 同上。

些话来并庄严地在宗庙里演奏，有什么意义呢？

是不是可以说，诗义和训诂，不妨予以改变，按新意别立新说呢？这是应该慎重考虑的。春秋时期，《诗三百篇》是各国贵族们学习政治的一种必修科目，不懂得诗就无法参加朝聘盟会那种大事。《左传》记载贵族们赋诗言志往往断章取义，但，从来不曾发生过误解，足见诗有一定的诗义和训诂，为当时人所公认。孔子曾说："吾自卫反鲁，然后乐正，《雅颂》各得其所"。又曾劝"小子何莫学夫诗"，又曾教训儿子鲤说"不学诗，无以言"。按照孔子"述而不作，信而好古"的态度看来，他所整理的诗篇和他教弟子们学习的诗义和训诂，是有所本的。孔子以后，传诗大师自卜商、毛亨以至郑玄，其间师师相传，不可避免地要有一些后师添附的说解。从这些添附里，可以看出西周到东汉末，语言在逐渐变化（质言变化较大，文言或雅言变化较小，解经的语言是文言、雅言），前师以为不必解释，后师却需要添加解释以明诗意。毛《传》简单，郑《笺》较繁，原因即在于此（《史记》转载《尚书》，多以训诂改经文，其不改处即语言无甚变化处，看《史记》所改，语言变化并不太大）。因此可以相信，毛《传》、郑《笺》也像孔门诗教那样，基本上是有所本的，某些可疑或错误之处当然也是有的。所以后人说诗，固然不可抱残守缺，墨守旧说，否认后儒证据精确、优于汉儒的某些新说，但也不可仅仅因旧说不合己意，轻率地别立新说。凡立新说，如果显得费力甚大，或"通"于此处而不能通于他处，或新说虽立而旧说依然不曾为有力的证据所推翻，那么，这种新说都是值得怀疑的。例如《毛诗》《小序》说《十月之交》是周幽王时诗。郑《笺》作新说，证明是周厉王时诗。据《授时历》推算，日食在周幽王六年十月朔辛卯，毛说似较可信。足见轻改旧说不如多闻阙疑。《马克思主义与语言学问题》指出："事实上语言的发展不是用消灭现存的语言和创造新的语言的方法,而是用扩大和改进现存语言基本要素的方法。并且语言从一种质过渡到另一种质不是经过爆发,不是经过一下子消灭旧的和建立新的那种方法,而是经过逐渐的长期的语言新质和新结构的要素的积累,经过旧质要素的逐渐衰亡来实现的。"[1] 说诗不可随意离开训诂,就是因为春秋时人语言接近于西周人的语言,战国时人接近于春秋,汉人接近于战国。千余年间逐渐变化的语言,那时候传诗的人对它的了解比二三千年后的人,一般说来,总是要可靠些。对师师相传的诗义也应作如是观。没有令人信服的证据,随意改变诗义和训诂,我以为需要慎重考虑的理由就是如此。

是不是可以说,西周史料留存不多,需要等待地下发掘出新材料才能作证明呢? 我想,等待地下发掘当然可以,不过,已发见的西周器物数量不算少了,从这些铜器铭文看来,奴隶是有的,但并不能证明西周是奴隶社会,反之,有些铭文却足证明封建关系的确实存在。文字记载方面,现存西周部分的《诗经》和《尚书》,再配上东周时期的典籍,数量也不算太少了。从全部西周、东周的文字记载看来,只能使人看到同一种社会制度在演变,不能看到一种社会制度过渡成别一种社会制度。而两种社会制度间的过渡,"通常是表现于用革命手段推翻旧生产关系、树立新生产关系的办法实现的。"[2] 商与西周之间确实有过这样的过渡,而西周与东周之间,东周与战国之间,确实没有这样的过渡。因此,在地下发掘得到(如果可以得到的话)

---

① 斯大林:《马克思主义与语言学问题》,第 25 页。
② 《联共(布)党史简明教程》,第 144 页。

确实可靠的相反材料以前，我们只能依据已有的典籍与器物铭文作出以上的论断。

旧社会像个母体，怀孕着代替自己的新社会。当它成熟的时候，通过革命之门，旧社会便过渡到新社会。新社会诞生以后，由婴儿期向少年期过渡，这和前一种过渡已经是不同的了。所以，研究一个社会，必须用过渡观点来观察各种生产关系所处地位的变化。列宁说，要把俄国地主经济区别出何处是农奴制的终点，何处是纯粹资本主义的起点，是不可能的。我想，要把一个社会区别出何处是农奴制的终点，何处是封建制的起点，困难当然也很大。不过，多对主要的生产关系和过渡情况加以研究，问题还是可以逐渐接近于解决。俄国十月社会主义革命胜利后，有些人在研究俄国经济问题时，曾经有过异议。斯大林批评了这些异议并指出正确的观点。我们可不可以从下列引文中取得对研究其他社会的过渡观点的启示呢？我想是可以的。

1928 年斯大林在《答库什特谢夫》里说：

"我们常常说，我们的共和国是社会主义共和国。这是不是说，我们已经实现了社会主义，消灭了阶级，并取消了国家（因为社会主义的实现意味着国家的消亡）？或者，这是不是说在社会主义制度下还会有阶级、国家等等存在？显然不是这个意思。既然如此，我们有没有权利把我们的共和国叫做社会主义共和国呢？当然有。这是从什么样的观点来看的呢？这是从我们决心和准备实现社会主义、消灭阶级等等的观点来看的。

"库什特谢夫同志，也许你同意听听列宁对这个问题的意见吧。如果同意，就请听吧：

'看来，还没有一个专心研究俄国经济问题的人否认过这种经济的过渡性质。看来，也没有一个共产主义者否认过社会

173

主义苏维埃共和国这个名称是表明苏维埃政权有决心实现向社会主义的过渡,而决不是表明承认新的经济制度是社会主义的制度'。"[1]

十月社会主义革命胜利后,社会主义社会在俄国开始了,但在一个时期里,五种经济成分并存着,其中占领导地位的是社会主义经济成分,并由此过渡到完全的社会主义去。如果不算是从历史比拟和历史譬喻中求指示,是不是可以这样来了解西周社会的过渡性质。就是:西周有三种生产关系并存着,如上文所说,主要的占领导地位的是封建主对农奴的生产关系,并由此向较高的封建制度过渡。商周间过渡情形具见本书,这里只借孟子的话来说明两种过渡的不同。《孟子·滕文公篇》说:"夏后氏五十而贡,殷人七十而助,周人百亩而彻"。贡、助、彻是三种剥削方式。从殷助到周助可列为第一种过渡(质变),夏贡殷助与周助周彻可列为第二种过渡(数变)。夏贡是原始公社解体中自由民耕种土地向统治者纳贡物,殷助是土地被统治者所占有,自由民类似农奴地被迫为统治者无偿耕公田。这种生产关系的滋长,使原来并不发达的奴隶社会逐渐过渡到封建社会。以武王克商战争为标志,助法成为普遍行施的制度,社会也就开始成为封建社会。彻是实物地租。彻法的普遍行施,在王畿内开始于共和以后,在东方诸侯国间开始于春秋时齐鲁等先进国。从周助到周彻,是低级封建社会向较高的封建社会过渡。如果这些区别还有理由的话,当有助于对两周封建制度的了解。

至于生产工具制作的变化,在奴隶制向封建制的转化上,不一定是决定性的。请注意:我不是否认生产工具的作用,止是

---

[1] 《斯大林全集》第 11 卷,第 268—269 页。

说，同样的生产工具，在奴隶手中会遭受故意破坏，在"表现某种自动性，愿意劳动，对劳动感觉兴趣"的农奴手中，就会提高生产效率，实际上发生了生产力提高的作用。列宁在《论国家》里说："由于剥削形式的改变（也就是生产关系的变更——引者），奴隶占有制国家变成了农奴制国家。这件事有很大的意义。"[①] 普列汉诺夫在《论一元论历史观之发展》里说："实际上，为着使我能把被征服的敌人造成奴隶较之吃掉他更有利益，就需要他的强制劳动的生产品不仅能够维持他的生存而且至少部分地亦要能维持我的生存，换句话说，需要在我支配下的生产力有某一程度的发展。奴隶制度正是经过这扇大门进入历史的。奴隶劳动很少促进生产力底发展，在它之下，生产力的发展前进得非常之迟慢，然而总还是前进了，而最后到了这样的时机，即剥削奴隶劳动较之剥削自由劳动获益更少。这时候，奴隶制度被取消或逐渐衰亡。引它进入历史的门的生产力的发展把它赶了出去。"[②] 根据列宁的原理和普列汉诺夫的说法，足见奴隶制度的转化，主要在于奴隶对奴隶主进行斗争，迫使奴隶主不得不变更完全占有为不完全的占有，而生产力也就在这个变更中发展起来。

划分经济时期的事情，不是作了什么，而是怎样作，用什么劳动手段去作。生产的变更和发展始终从生产力的变更和发展上，首先是从生产工具的变更和发展上开始。人们获得了新的生产力，也就会改变自己所有的一切社会关系。这自然是马克思主义的一些原理，但是，把它公式化来应用，就难免失去

---

① 《列宁全集》第29卷，第437页。

② 普列汉诺夫：《论一元论历史观之发展》，人民出版社1954年版，第207—208页。

原理的精神。这里只就铜器铁器与奴隶制封建制的关系问题，提出一些我对上述原理的了解。恩格斯在《家庭、私有制和国家的起源》第一章《有史以前的诸文化阶段》野蛮高级阶段里指出，由野蛮转入文明是从铁矿的熔炼开始的。这在欧洲历史上是如此，在中国历史上却还没有证明。恩格斯在同书第九章《野蛮与文明》里叙述铁的巨大作用以后，接着就指出"所有这些都不是一下子办到的；最初的铁往往比青铜还要柔软些。所以，石器只是慢慢地消灭的；不仅在《喜尔得布兰歌》中，而且在1066年的哈斯汀斯之役中还都使用石斧。不过，进步现在是在不可抑制地、很少间断地、并且更急速地继续进行着。"① 这里说明自纪元后800年至1066年之间，在日耳曼人社会里铁没有脱离最初的阶段，更急速地继续进行着则是在1066年以后。在这以前，铁并不比青铜硬，甚至还比不上石斧（在中国，西周时青铜工具排除了石头工具，西汉时铁武器排除了最后的青铜武器，都比欧洲早得多）。而在社会制度上，日耳曼人早已从原始社会进入封建社会。因此，最初的铁只能作为金属工具之一，逐渐代替石头工具，不能一下子就起特殊的作用，也就是不能凭最初的铁的有无来决定社会的变化。恩格斯在同书第八章《德意志人的国家底形成》里指出，奴隶制度与封建制度的交替，是由于奴隶制已经没有益处，而小农经营却成为惟一有利的农作形式。这里根本不曾说起铁起了什么作用，而且在封建社会初期，铁制农具很贫乏，经过200年，铁器才开始有广泛的使用，铁器论将怎样解释这种现象呢？可见封建制的发生自有原因，主要是由于阶级斗争的推动，生产力得以前进，铜器和铁

---

① 恩格斯：《家庭、私有制和国家的起源》，第156页。

器，固然不必过于拘泥，甚至使用残存的石器，也不妨碍封建制的发生。推究封建制的发生，首先应从剥削形式的变更上也就是从阶级斗争的效果上着眼。又可见铁的作用，既不决定原始公社制与奴隶制的交替问题（决定于金属工具），也不决定奴隶制与封建制的交替问题，而封建社会经济的发展，则必须依靠制铁技术的进步。春秋时期，熟铁（最初的铁）进步到生铁，春秋时期的封建经济，也就比西周前进一步。是不是可以了解为从生产工具开始的原理不适用于奴隶制过渡到封建制呢？当然不是。奴隶缺乏工作积极性，只能使用最粗糙最笨重最不易损坏的工具，而与奴隶同时并存的自由农民和农奴先驱者的隶农，积极性和工具都要比奴隶生产进步些，这种进步的生产力的继续发展，社会就会被引导到新的阶段。马克思多次指出，只是历史发展的一般的趋势、社会经济结构的发展和变更的法则是绝对必然的，但它们是实现在多种多样的经验的环境中的。事实正是这样。原始社会获得了新的生产力，绝对必然地要产生阶级社会，产生出来的一般是奴隶社会，但有些可以是封建社会。同样，奴隶社会一定要变成封建社会，但新的生产力表现在自由农民和隶农的生产力，并不在于最初的铁。列宁说过，人们可以"抓住'论据'之中的一个，但是黑格尔说得很对，人们完全可以替宇宙万物找出'论据'。辩证法要求从发展中去全面研究某个社会现象，要求把外部的表面的东西归结于基本的动力，归结于生产力的发展和阶级斗争。"[1]生产工具必须与作为基本生产力的劳动群众结合起来，如果不适当地过度强调生产工具，这就难免把历史描绘成为没有人参加的（或者说

---

[1] 《列宁全集》第21卷，第194页。

没有人的能动性的）各种经济过程的平稳的自行发展，把历史唯物主义改变成为经济唯物主义，而生动活泼的人类历史可以用几个公式造成了。

（七）自秦汉起中国成为统一国家的原因

秦始皇统一中国以后，中国从此成为统一的封建国家。东汉末年由军阀混战而分为三国，唐时由藩镇之乱而扩大为五代十国，两次封建割据在秦汉以后的整个历史过程中，可以说是短期的、变态的（十六国割据，汉族地主不是主要发动者，北朝与金是外族侵入，当别论），而统一则是长期的、正常的。中国为什么能够保持长期的正常的统一状态呢？因为自秦汉起，汉族已经是一个相当稳定的人们的共同体，自北宋起，全国范围内经济联系性加强了，这个共同体也更趋于稳定。封建统治者因而有可能加强中央集权，压制地方割据势力，使不能公然活动，政治上的统一又前进一步。秦汉以后的统一，都是"在某种程度上仍旧保留着封建割据的状态"，不过程度上北宋前后确有些不同之处。因为汉族社会确实存在着一个相当稳定的人们的共同体，所以统一力量与割据力量作斗争，总是以统一力量取得胜利而告结束。即使在帝国主义侵入以后，帝国主义列强用暴力和阴谋企图分裂中国，但并不能真正达到它们的目的。这种现象决不是偶然的现象，也就是说，决不能用偶然为理由来解释这种现象。

斯大林在《民族问题和列宁主义》第二节《民族的产生和发展》里指出："在资本主义以前的时期是没有而且不可能有民族的，因为当时还没有民族市场，还没有民族的经济中心和文化中心，因而还没有那些消灭各该族人民经济的分散状态和把各该族人民历来彼此隔绝的各个部分结合为一个民族整体的因素。"①
依据这个原理来看欧洲的历史，毫无疑问是这样的。因为有了资
本主义，某个民族历来彼此隔绝的各个部分才能够联结起来成为
一个民族整体，也就是"分裂为各个独立的公国"的国家才能够
统一起来成为一个民族国家。中国历史却是早在秦汉时，从皇
帝、郡守、县令到乡三老、亭长、里魁，形成了一整套的统治体
系，除上述两次割据外，确实没有汉族封建主分裂中国为各个独
立的侯国或王国的现象。这样的统一国家，决不是"暂时的不巩
固的军事行政的联合"，因为它是一个持久的相当巩固的整体。
也决不是资产阶级的民族国家，因为资本主义萌芽的发生，远远
落在统一国家成立的后面。那么，这个统一的事实，应该怎样来
解释呢？

世界历史上有些民族在下列三种情形下，曾经成立起中央集
权的国家。中国在秦汉以前，三种情形全有，但可不可以就此得
出结论来呢？我看是不可以的。

1. 马克思在《不列颠在印度的统治》里指出，在东方因农
业上灌溉和排水的需要，"所以就迫切需要中央集权的政府来干
预。"②古代汉族经济文化的根据地是黄河流域。黄河中下游两岸
即今河北、河南、山东三省地方，经常有发生洪水的危险。齐桓
公葵丘之会，为诸侯立五禁，其第五禁"无曲防"（《孟子·告
子篇》），就是禁各国专水利害邻国。东汉明帝永平十三年（公
元70年）治河诏里说："左堤（北岸）强则右堤伤，左右俱强
即下方（下游地方）伤"（《后汉书·明帝纪》）。这两句话最足

---

① 《斯大林全集》第11卷，第289页。
② 《马克思恩格斯全集》第8卷，第145页。

以说明黄河必须统一管理的理由，而这种理由是从来就存在着的。《孟子·告子篇》载战国时白圭自称治水比禹还强。孟子斥责他说，禹按照水性治水，以四海为壑。你治水以邻国为壑，违反水性，造成洪水的灾害，有良心的人都憎恶你的作法。白圭以邻国为壑，正是人们的共同灾害。在割据局面未曾消灭的时候，各国自然要实行白圭的治水法。汉族一向有禹治洪水的神话，正反映着统一治河的共同要求。这种要求可以成为促进国家统一的因素，但不是重要的因素，因为治黄河主要是防水灾，并不像"东方"那样没有灌溉和排水便不能生产。

2. 恩格斯说："无论在城市或乡村，这样的人却越来越多了：他们首先希望结束那些无休止的无意义的战争，希望结束那种甚至当外敌已经入境还要不断引起内战的封建主们的争吵，希望结束那整个中世纪期间不曾间断过的漫无目的的破坏状态。这些人既然本身还过于软弱而不能实现自己的愿望，他们就向整个封建制度的首脑——国王——寻求有力的支援。"[1] 春秋战国也有这样的情形。《孟子·梁惠王篇》载：梁襄王问孟子，天下怎样才能安定。孟子说，统一才能安定。襄王问谁能统一呢？孟子说，不爱杀人（不好战）的人能统一。今天，所有国君都是爱杀人的，如果有一个不爱杀人的国君，天下的人那个不伸着头颈希望他来统一。孟子这段答话最能显著地表现当时人们厌恶战争的共同心理。这种共同心理可以成为促进国家统一的因素，但不是重要的因素，因为如果客观上不曾存在着统一的条件，主观愿望并不能成为事实。

3. 斯大林在《马克思主义和民族问题》里指出："东欧的情

---

[1] 《德国农民战争》，第164页。

形却有些不同。……在俄国，是以历史上形成的强大而有组织的贵族军事官僚为首的大俄罗斯人担负了统一民族的使命。"①在《论党在民族问题方面的当前任务》里又指出："凡是民族的形成和中央集权国家的建立在时间上大体一致的地方，那里的民族自然就具有国家的外貌，发展成独立的资产阶级民族国家。……东欧却与此相反，由于自卫（抵御土耳其人、蒙古人和其他人的侵犯）的需要而加速的中央集权国家的建立早于封建主义的消灭，因而也早于民族的形成。所以这些地方的民族没有发展成也不能发展成民族国家，而建立了一些混合的多民族的资产阶级国家，这些国家通常都由一个强大的统治民族和几个弱小的从属民族组成。奥地利、匈牙利、俄国就是这样。"②在中国也有需要自卫的情形。战国时期，汉族驱逐戎狄出国境。野蛮的匈奴族寇掠边境，破坏农业和牧畜业，成为汉族的大敌。秦赵燕三国各筑长城防御匈奴。赵国在长平被秦战败，死士卒数十万人，国势危急，但不敢调动守北边的李牧军。李牧与匈奴战，精选军士，得骑士1万3000人，勇士5万人，射士10万人，约计李牧全军当在20万人以上。秦燕两国守边军比赵可能少些，当各有10余万人。合计秦赵燕共用大约50万人的大军队防御边境，匈奴对汉族的压力可以想见。这种自卫的需要可以成为促进国家统一的因素，但不是重要的因素，因为秦赵燕虽分立，还都能阻止匈奴的侵入。

必须注意：马克思所说"在东方""在亚洲"，是指"从撒哈拉经过阿拉伯、波斯、印度和鞑靼区直至最高的亚洲高原的一片

---

① 《斯大林全集》第2卷，第301页。

② 《斯大林全集》第5卷，第14页。

广大的沙漠地带。"那些地方需要中央集权的政府来干预的原因是"在东方，因为文明程度太低，幅员太大，不能产生自愿的联合。"① 在中国，固然需要中央集权的政府来管理黄河，但原因并不是"文明程度太低"和"不能产生自愿的联合"。恩格斯所说是指当时欧洲已经有了资本主义。斯大林在说明"东欧的情形却有些不同"以后，即强调指出："可是资本主义在东欧各国也开始发展起来了。"② 所以上列三种情形，对中国说来，虽然全有，也只能说是促使中央集权国家成立的一些原因，不能是根本的原因。

那么，自秦汉起，中国成为统一国家的根本原因，究竟是什么呢？

斯大林指出："世界上有各种不同的民族。有一些民族是在资本主义上升时代发展起来的，当时资产阶级打破封建主义和封建割据局面而把民族集合为一体并使它凝固起来了。这就是所谓'现代'民族。"③ 汉族自秦汉时起，不待言，它决不是资产阶级民族。而且就在鸦片战争以后，在中国的社会经济生活中，同买办资本和高利贷资本结合在一起的地主阶级依然占着显著的优势，而中国民族资本主义虽然有了某些发展，并在中国政治的、文化的生活中起了颇大的作用，但是，因为处在帝国主义封建主义的严重压迫下，它并没有成为社会经济的主要形式，它的力量是很软弱的，它不曾也不可能起着"打破封建主义和封建割据"的作用。和这相反，中国封建势力在帝国主义支持下，呈现北宋以来所未有的割据状态。因此，在中国近代史上资产阶级并不是民族的纽带。也就是说汉民族有它自己的发展过程，并不因

---

① 《马克思恩格斯全集》第 9 卷，第 145 页。

② 《斯大林全集》第 2 卷，第 301 页。

③ 《斯大林全集》第 11 卷，第 288 页。

为有了资本主义才开始成为民族。

斯大林给民族下了定义："民族是人们在历史上形成的一个有共同语言、共同地域、共同经济生活以及有表现于共同文化上的共同心理素质的稳定的共同体。"斯大林又说："必须着重指出，把上述任何一个特征单独拿来作为民族的定义都是不够的。不仅如此，这些特征只要缺少一个，民族就不成其为民族。"①依据上述原理来看中国历史，自秦汉时起，可以说，四个特征是初步具备了，以后则是长期的继续发展着。

孔子、孟子、荀子、韩非子、李斯等人都主张统一天下，随着统一事业的实际进展，他们对统一的认识也愈益具体。《礼记·中庸篇》托名孔子说"今天下车同轨，书同文，行同伦"。《中庸篇》所谓今，显然是指秦统一以后，这与《史记·秦始皇本纪》所记秦始皇的统一措施是符合的。荀子的学说通过李斯在秦朝实现了。按照四个特征，"共同的语言"就是"书同文"。李斯作小篆，"罢其不与秦文合者"。汉时"学僮十七已上始试……书或不正，辄举劾之"（《说文解字》叙）。这说明自秦汉起，用以表达语言的字体全国完全一致，更不用说语法结构上的一致了。"共同的地域"就是长城之内的广大疆域。"表现于共同文化上的共同心理素质"就是"行同伦"。儒家思想的主要部分，即祖宗崇拜与孝道，是汉族的共同心理。秦时"以吏为师"，汉时立太学和郡学，讲授五经，太学与郡学成为全国的大小文化中心。以上三个特征，自秦汉时起确是具备了。在整个封建社会（包括半封建社会）时代里，本质上没有什么变化。

现在再看第四个特征。"车同轨"可以了解为相当于"共同

---

① 《斯大林全集》第2卷，第294—295页。

经济生活""经济的联系性"这个特征。《孟子·公孙丑篇》引孔子说："德之流行，速于置邮而传命"，足见春秋时期已有为便利交通而设的驿站制度。水路交通，照《史记·河渠书》《汉书·沟洫志》所记，长江淮水黄河已经贯通，南北各大水都可以通舟楫。这种水陆交通，当然不能和近代交通比快慢，但对经济闭塞状况，到底起着减轻的作用。春秋时水陆交通的作用，应予以适当的估计。周、郑、齐、晋都是商业比较发达的国家。商人用舟车装运货物往来各国，不受什么阻碍。当时大小国家都需要通商，例如卫文公"训农、通商、惠工"，复兴了卫国。齐国国君一向奖励工商业，齐国丝织业尤盛，号称"冠带衣履天下"（天下的贵族）。战国时期，商业的重要性更见增加，《公孙丑篇》载孟子列举王天下之道五条，其中招商（"天下之商皆悦而愿藏于其市"）、通商（"天下之旅皆悦而愿出于其路"）占了两条。如果经济生活中商品流通不是重要的，孟子怎能说是王天下之道呢？从各国大小市场的存在和经济上的联系来看，像孟子所说农民纷纷然与百工交易，固然还局限于一个地域内，而贵族们自给自足的经济生活，却随着宗族制度的破坏，事实上并没有完全的自给自足了。李斯上秦始皇《谏逐客书》，正好说明这一现实。经济上的联系性与各地方彼此孤立的割据状态是不相容的，《荀子·王制篇》《史记·货殖列传》说明了这种联系性在经济生活中的重要意义。《王制篇》说："北海则有走马吠犬焉，然而中国得而畜使之；南海则有羽翮齿革曾青丹干焉，然而中国得而财之；东海则有紫绤鱼盐焉，然而中国得而衣食之；西海则有皮革文旄焉，然而中国得而用之。故泽人足乎木，山人足乎鱼，农人不斲削不陶冶而足械用，工贾不耕田而足菽粟。"照荀子的说法，中国不仅国内泽人与山人、农夫与工贾经济上联系着，而且与国外的所谓四海经济上也联系着，所以他主张"四海之内若一家"，因为"通商与转输相救（葵丘之会，第五禁又有'无遏籴'，即转输相救），无不丰足，虽四海之广若一家也"（杨倞注）。《货殖列传》在列举各地出产物以后说："皆中国人民所喜好，谣俗被服饮食奉生送死之具也。故待农而食之，虞而出之，工而成之，商而通之，此宁有政教发征期会哉"；"此四者民所衣食之原也"。荀子所说山人与泽人，是指居在山泽的富贵人，劳动群众是不能足乎鱼木的。《史记》所说"被服饮食奉生送死之具"，也是指富贵人的享受。从这些人的墓葬里，可以看出许多送死之具不是一个地区的产物，他们生前奉生之具，当然不限于本地而要通过商贾得之于远地。这都说明战国以来，商品生产和交换已经比西周和春秋时期大进一步地在社会上层起着经济联系的重大作用，因而割据分裂也为统治阶级的人们所憎恶。《荀子·富国篇》说："今之世而不然。厚刀布之敛以夺之财，重田野之税以夺之食，苛关市之征以难其事……是以臣或弑其君，下或杀其上……无他故焉，人主自取之。"这就是说，阻碍通商是亡国的原因之一。在这样的共同趋势下，战国山东六国终于统一于秦朝。

秦汉实现孟子、荀子"关市讥而不征"的理想，商贾通行全国没有阻碍。《货殖列传》说："汉兴，海内为一，开关梁，弛山泽之禁，是以富商大贾周流天下，交易之物，莫不通得其所欲"。汉元帝时贡禹说："商贾求利，东西南北，各用智巧，好衣美食，岁有十二之利而不出租税"（《汉书·贡禹传》）。战国及秦汉商品交换既在经济生活中有如此重要的地位，大小市场和经济中心也就自然形成了。

中国国内大小市场的形成，开始于战国（即《史记·货殖列传》所列举的都会）。汉时长安、洛阳、宛、邯郸、临淄、成都为全国商业的中心大市场。其中西汉以长安，东汉以洛阳为中心大市场的中心。这些大市场与全国各郡县的中小市场联系着，不容否认当时全国经济上的联系是相当密切的。这种大小市场所起的联系作用，首先是各地区天然特产和著名手工业产品经官私商业的转输，流通在全国范围内供统治阶级中人享用，其次是本地区所产普通用品如铁器陶器等物，供本地居民使用。地主大工商利用大小市场得到自己奢侈生活所需要的一切，同时也利用它向广大劳动群众进行敲剥。张衡《西京赋》描写长安商市："廓（大）开九市（大路西六市，东三市），通阛（市墙）带阓（市门），旗亭（市楼）五重，俯察百隧（市上小路）"，这是说长安市场的规模。又："瓌（奇）货方至（从四方来），鸟集鳞萃，鬻（卖）者兼赢（利息加倍），求（买）者不匮（无求不得）"，这是说市上交易的繁盛。又："商贾百族（各地方人），裨贩夫妇，鬻良杂苦（劣货），蚩眩（欺骗）边鄙（边远人）"，这是说商贩对乡村人偏远地方人诈伪取利。其他大市场情状大致相似，中小市场具体而微，情状也不能有什么例外。农民每年要缴纳口赋钱，又要购买食盐铁器陶器等必需品，势必将一部分耕织所得的生产物当作商品到市场上出售，换取钱物，并受"杂苦"的额外损失。但更严重的是晁错所说农民受害的那种情况。就是朝廷及地方官府"急政（征）暴赋，赋敛不时，朝令暮得"。官早上说要，民晚上就得交。这样，当官府要钱时，农民只好"当具有者半价而卖，无者取倍称之息"，短期间商贾得到加倍的利息；当官府要物时，商贾"乘上之急，所卖必倍"（均见《汉书·食货志》），农民将自己的生产物半价卖给商贾，得钱再倍价买进官府所要之物。官府和商贾利益相关，官府不论要钱要物，商贾总是获利。受害者自然是农民。农民受害到极点，只好把田宅妻子甚至连自己都卖出去。在这种敲剥作用下，农民虽然过着最低度的自给自足生活，即"衣牛马之衣、食犬彘之食"的非人生活，但和市场的联系却依然是很密切的。西汉自公元前118年至公元5年，朝廷铸五铢钱凡280万万枚，奸商私铸钱数量也很大，这样大量的钱在市场上流通，说明劳动群众所创造的财富，尽量为地主大工商所吸收和消费。所以，地主大工商生活愈益奢侈，敲剥也就愈益残酷，市场也就愈益繁荣，而劳动群众主要是农民也就愈益穷困。地主大工商豪华的经济生活和农民小工商苦辛的经济生活，以大小市场为枢纽而联系起来了。主要为地主大工商服务的大小市场，既然是封建性的，那么，从它所起的经济上联系作用来说，固然可以产生国家的统一，从它的封建性来说，这种统一，却不能不是仍旧保留着封建割据状态的统一。读《史记·平准书》《货殖列传》，《汉书·食货志》《货殖传》《王莽传》，桓宽《盐铁论》等书篇，事实说明市场在经济联系上所起的作用是大的，但在发展上有一定的限度，这个限度就是敲剥到农民不能生活下去时，便激起农民战争，打击或推倒那些封建统治者。

"随着资本主义的出现、封建分割的消灭、民族市场的形成，于是部族就变成为民族。"[1] 部族变成民族的原因是资本主义的出现，其具体表现是封建割据的消灭和民族市场的形成。在汉族历史上，自秦汉确立郡县制，封建分割基本上消灭了，大小市场也实在形成了，但是资本主义根本不存在。这和欧洲历史确有不同之处。下面采取恩格斯《论封建制度的解体和资产阶级的兴起》的一些论点，与中国历史作比较，算作一种解释。当然，这种解释可能不是惬心贵当的。

---

[1] 斯大林：《马克思主义与语言学问题》，第10页。

恩格斯说:"十五世纪时,封建制度在西欧各处都呈现彻底土崩瓦解的状态;在封建统治的地域内处处都被劈刺似地插入了有其反封建利益、有其自己的法权并拥有武装市民的城市。"[①]这种情况在中国封建社会里完全不曾发现过。中国封建社会发展的道路,不是以"十五世纪城市市民"来破坏贵族领主阶级的统治,而是插入了一种独持的封建土地所有制,即以家族土地所有制的地主阶级来代替宗族土地所有制的贵族领主阶级。在地主阶级统治的封建社会里,土地可以自由买卖。这种自由买卖,在欧洲是封建制度已被破坏,资本主义已经得到自由的时候才有的,农民成为私有财产者,乃是"近代文明国家"里的事情。而在中国,对欧洲说来,却是一种独特的封建土地所有制。在自由买卖的形式下,土地一面在集中,一面在分散。从这里产生了一种情形,即有钱的农民小工商可上升为地主,破产的地主可下降为农民或小工商。两个阶级不变,阶级里的某些人却在升降线上来回上下,"十年财东轮流做"的想法,在平常时期,使农民小工商业者的斗争意识模糊起来。另有一种情形是很多地主兼做大工商,很多大工商也兼做地主。工商业多余的资金用来买土地,不会积累起更大的资金,无限制地去扩张工商业。自然,地主与民间工商业矛盾是有的,例如汉时皇帝就是最大的工商业者,一般地主也兼营工商业。官营工商业对私营工商业,无市籍商人(地主兼工商,有权做官吏)对有市籍商人(工商兼地主,本人连子孙不得做官吏)都有斗争,但并不是封建制度与资本主义工商业间的斗争。即使到了封建后期(明和清鸦片战争以前),民间带有资本主义性质的工商

---

① 《德国农民战争》,第 164 页。

业与封建制度的斗争也是很少见的。在西欧，"虽然行会手工业及其同时产生的市民手工业者都很幼小，且活动范围有限，但他们却有足够力量在封建社会内从事变革，并且至少他们还在前进，而贵族阶级则纯然是停滞不前的。"[1] 在中国，工商业与地主结不解缘，说迈进则是相应迈进，说停滞则是相应停滞，工商业很难发展到足以脱离封建的性质成为破坏封建制度的独立力量。某些农民小工商与地主的升降和地主与大工商的兼业，都是中国不同于西欧封建社会的特殊情形。在这种特殊情形下，封建性质的工商业得在全国范围内活动，起着联系的作用。不像欧洲那样，"每一个封建经济单位完全自给自足，甚至军事供应也由征集实物得来。那时没有贸易和交换，货币也是多余的。"[2] 这种割据状态，必须资本主义工商业才能破坏它。

如果上面那些比较，还不是完全错误的话，那么，自秦汉时起的中央集权的统一国家，它的基础之一就是为封建社会服务的经济联系，这种联系与坚强有力的同文（汉文字形体在语言的统一上有特殊作用）、同伦两条相结合，统一国家就成立起来。既然并没有资本主义的出现，"在某种程度上仍旧保留着封建割据的状态"，也就成为必然的状态了。这种状态的存在，只有到了新民主主义革命胜利的时代，才能彻底把它消灭，实现真正的完全的统一。

至于说到汉族自秦汉至新民主主义革命胜利以前，是部族还是民族的问题，根据汉族的具体历史，我认为应得出如下的结论：汉族自秦汉以下，既不是国家分裂时期的部族，也不是

---

[1] 《德国农民战争》，第162页。

[2] 《德国农民战争》，第163页。

资本主义时代的资产阶级民族，而是在独特的社会条件下形成的独特的民族。它不待资本主义上升而四个特征就已经脱离萌芽状态，在一定程度上变成了现实。它经历过2000余年的锻炼，具备着民族条件和民族精神，所以，当欧洲资本主义侵略者侵入以后，一方面，中国变成半殖民地半封建的国家，一方面，民族反抗运动蓬勃地开展起来。太平天国、义和团两次大规模的民族反抗运动，都是农民阶级发动的，根本没有资产阶级的领导。这个事实，说明了汉民族在资产阶级产生以前，早就是坚强的民族，也说明了以资产阶级为领导的资产阶级民族并不存在。辛亥革命是资产阶级领导的，但是，它没有领导起农民阶级，而这一点正是资产阶级民族不曾形成的确实证据。因为农民阶级是一个民族的最大构成部分，既然中国资产阶级没有领导它，那里还有资产阶级领导的民族呢？不论在殖民地国家，不论在半殖民地半封建国家，只要资产阶级对广大农民发生了影响，农民在政治上跟着它走，即使国家性质不变，资产阶级到底是领导的阶级了。反之，就不是民族的领导阶级。中国资产阶级恰恰就是不领导农民的阶级，而领导农民的任务，不能不落到中国无产阶级的肩上。在文化方面，资产阶级思想只能上阵打几个回合，就被外国帝国主义的奴化思想和中国封建主义的复古思想的反动同盟所打退了。资产阶级的文化思想只是在小资产阶级知识界起作用，对广大农民是没有什么影响的。这个事实说明了软弱的资产阶级实在没有力量领导农民作斗争，因之不可能形成资产阶级的民族，也说明了产生在帝国主义时代的中国资产阶级，不可能担当起领导民族运动的任务。它是这样一个阶级，就是："中国的民族资产阶级，即使在革命时，也不愿意同帝国主义完全分裂，并且他们同农村中的地租剥削有密切联系，因此，他们就不愿和不能彻底推翻帝国主义，更加不愿和更加不能彻底推翻封建势力。"①这样的阶级，要求它领导民族甚至要求它同欧洲资本主义上升时期的资产阶级一样起领导民族的作用，那就不免强人所难了。它只能在新民主主义革命时代，在中国无产阶级和中国共产党的领导下，作为被领导的一员，在一定时期和一定程度上表现出它的革命性。如果中国近百年真有资产阶级民族存在的话，中国近代史和现代史都将无法解释，特别是资产阶级既是民族的领导阶级，为什么会放弃领导的地位变成被工人阶级领导的一员。反之，如果认识到汉民族早就是一个民族而不是资产阶级民族，那么，太平天国运动、义和团运动为什么那样规模巨大，辛亥革命为什么那样无力，中国民族革命民主革命为什么一定要中国无产阶级来领导和完成，而中国资产阶级为什么只能是民族民主统一战线的一个部分，诸如此类，都可得到解释。

无产阶级代替资产阶级来进行民族民主革命，有两种情形。一种是在资产阶级民族里，无产阶级吸引乡村中非无产阶级的群众来没收地主的土地并将帝制推翻，这就是完成"民族资产阶级革命。"②资产阶级民族有些是完全的，有些是不完全的，在无产阶级领导下，使不完全的资产阶级民族变为社会主义民族。一种是资产阶级民族没有形成，在无产阶级领导下，越过资产阶级民族这个阶段，变为社会主义范畴的民族。这种情形，至少中国是这样的。

归根说来，汉族在秦汉时已经开始形成为民族，近百年来，

---

① 《毛泽东选集》，第 634 页。

② 《列宁全集》第 21 卷，第 398 页。

它在原来的基础上愈益加强了，但并不曾转化为资产阶级民族。它在中国无产阶级和中国共产党领导下，作为属于世界无产阶级社会主义革命的一部分而进行斗争，逐渐形成为社会主义的民族。革命胜利以后，经过一个过渡时期，它就成为完全的社会主义民族。中国近代史证明不曾形成过资产阶级民族，似不应以无为有；中国古代史证明汉族在独特的条件下早就形成为民族，似不应以有为无。历史的具体事实正是有和无的根据。

中国和欧洲不同处，在于使分裂的国家成为统一国家的经济联系，欧洲是由资产阶级实现的，而中国则是封建时代就实现了。这两种实现的性质和程度是不同的，而中国为什么有那样一种实现，也决不是偶然的。

这是因为汉族有高速度的经济发展和文化发展，即：早在西周时期，就已开始了封建制度社会，从而有可能变化出一种不同于其他封建制度的独特形态，又从而有可能很早就形成为民族。这种经济和文化发展的民族的很早形成，不仅使它本身因国家统一而得到继续的成长，也使它有可能得到长远的时间，去融合四周的许多落后部落或部族到本族里面来，并且依据"野蛮的征服者总是被那些他们所征服的民族的较高文明所征服"的"永恒的历史规律"①融合了鲜卑以至满族等许多征服者。公元2年，汉族人口已达6000万。现在，中国人民已超过6万万，其中汉民族占90%以上。这样的巨大的民族之所以存在并发展，当然不能是偶然的。主要原因之一就是因为它在独特的条件下很早就形成为民族，这是需要广泛讨论的问题，我提出这些意见，只是对问题作一种试探，希望因此得到史学界的教正。

---

① 《马克思恩格斯全集》第9卷，第247页。

（八）历史上的爱国主义

列宁《国家与革命》引恩格斯一段话："国家是社会陷入自身不可解决的矛盾中的表现，是社会分裂为不可调和的对立面而又无力摆脱这种对立状况的表现。为了使这些对立面——这些经济利益彼此冲突的阶级不致在无谓的斗争中互相消灭，使社会同归于尽，于是，一种似乎驾于社会之上的力量，似乎可以缓和冲突、使它不致破坏'秩序'的力量，就成为必要了。这个从社会中产生、驾于社会之上并日益同社会脱离的力量，就是国家"。列宁指出："这一段话已经十分清楚地表明了马克思主义关于国家的历史作用及其意义的基本思想。"①

一般的说，一个民族从氏族、部落、部族逐次发展下来，有它们世世相传的居住地区。这个地区为居民所有，居民自然是居地的主人。当社会经济发展到奴隶制度阶段的时候，一个阶级压迫别一阶级的机关——国家便建立起来了。依照各个机关势力的大小，在一个部族里可以成立许多奴隶主的或封建主的大小国家。到了部族变成民族的时候，封建分割的局面为统一国家所代替。这样说来，世世相传的居住地区就成为居民的祖国，在祖国地区上建立起来的国家就成为剥削阶级压迫劳动居民的机关。部族时期的祖国大于各个国家，统一时期，国家的疆域有时扩大些，有时缩小些，大体上与祖国的地区相符合。

中国这一名称，早在西周初年，已经用以称呼华夏族所居住的地区。从历史记载看来，秦以前，华夏族称它的祖国为中国（如《左传》成公七年季文子说"中国不振旅"，中国是华夏各国的总称）；秦以后，中国扩大为当时国境内各族所共称的祖

---

① 《列宁全集》第25卷，第374页。

国。所以中国这一名词的涵义就是祖国，朝代则是统治阶级在各个不同时期所建立的国家的称号。中国为各族统治阶级和被统治阶级所共有，但以大多数居民即劳动人民为主体，朝代则为某一族主要是汉族统治阶级所独有，以君主（王或皇帝）和他们的朝廷（政府）为首领。朝代有兴有亡，一个替代一个，中国本身则总是存在着并且发展着。

国家建立在祖国的土地和被压迫阶级上面。代表国家的君主和他的朝廷，在表面上似乎是站在社会之上，通常以公正的中间人姿态来缓和两大敌对阶级的冲突，因此也似乎代表了被压迫阶级。在这种情况下，祖国、国家、君主三者常混为同一的事物，被统治阶级区别不清楚，统治阶级也未必故意区别不清楚。不过，由于两大阶级性质的不同，在表现爱国思想的具体行动中，自然要显出它们的不同的爱国表现。

衰朽的朝代，残暴的君主，都是祖国社会发展道路上的障碍物。农民起义摧毁（不论成与不成）这些障碍物，实际上是爱祖国的一种重要表现。统治阶级为了保护那些障碍物，疯狂地镇压农民起义。他们也自以为爱国，显然他们爱的是他们的国家和君主，对祖国说来，他们是祖国的罪人。他们的忠君爱国与起义农民的爱祖国是丝毫没有共同点的。如果统治阶级中个别的人，同情农民起义或参加起义，而且始终其事并无中途叛卖的行为，那么，他们的动机虽然由于怀才不遇，仕宦失意，但也应该承认他们是祖国的爱护者。

在反抗外族侵略的情况下，统治阶级和被统治阶级的爱国行动，一般都表现为爱本族的朝代和君主。但其中也有区别。被统治阶级在阶级压迫以外又加上民族压迫，所以反抗是广泛而持久的。它常常以恢复前朝为号召，实际意义是借前朝象征来恢复祖国。统治阶级的利益在于剥削劳动人民，当旧朝代大势已去，不能保护阶级利益的时候，统治阶级中人便纷纷投降外族统治者，反过来攻击旧朝代，镇压人民的爱国行动，以求得外族统治者的信任和保护。当然，统治阶级中也有一部分人，坚决不投降，采取各种形式，对外族统治者作积极的或消极的反抗。这种反抗基本上是出于对旧朝旧君的忠爱，但和祖国的利益是一致的，因此，应该承认他们也是祖国的爱护者。

还有一种爱国的表现。例如夏朝的关龙逢（传说中有此人，通常和比干并称），商朝的比干，楚国的屈原，他们敢言直谏，不惜杀身，要求君主改善政治。又如蜀汉的诸葛亮，唐朝的魏征，他们或鞠躬尽瘁，或犯颜直谏，目的也在改善政治。这两类人所爱的当然是他们的国家，但对人民是有益的至少是无害的，所以他们也还是爱国者。列宁说："社会主义者并不放弃争取改良的斗争。比如，他们现在也应当在议会内投票赞成对群众处境的任何改善，哪怕是不大的改善；赞成增加被破坏地区居民的抚恤金；赞成减轻民族压迫等等。"① 应用这个原理到古代史上，凡是对人民多少有些益处的措施，多少对腐朽的现状有所否定，都应予以适当的评价，但不可为欺骗手段的改良所蒙蔽。

此外，凡法施于民（创造发明，有利于民），以死勤事（民事），以劳定国（治国安民），能御大灾，能捍大患的人，依据他们对祖国和人民的实际贡献，都可以称为爱国者。

国家是阶级压迫的机关，是一个阶级压迫别一阶级的机关。这个本质只是马克思主义的国家理论才能揭示出来。在这以前，人们是不可能认识到的。因此，被统治阶级爱祖国也爱及国家和

---

① 《列宁全集》第22卷，第164页。

君主，统治阶级中某些人爱国家和君主也爱及祖国，只要归根是有利于祖国和人民，他们的行动都值得尊崇。

这里再说一说各民族间的关系。在中国，汉族和当时国境内各少数族的共同祖国，就是中国。统治中国的国家，基本上是汉族地主阶级所组织的朝代。这种朝代对内是剥削各族被压迫阶级的工具，对外则是中国事实上的代表者。汉族统治阶级残酷地压迫国境内少数族（当然也残酷地压迫汉族人民），有时候（往往在强盛时）也残酷地压迫国境外少数族。形式上似乎是汉族压迫少数族，实际是汉族统治阶级为了满足它自己的私利，利用民族名义，挑动汉族人民与少数族人民间的不和，以达到从中取利的目的。与汉族统治阶级同样，国境外少数族的统治阶级，用武力侵入中国，也利用民族名义，挑动本族人民与汉族人民间的不和，以达到统治中国的目的。历史上所有民族压迫，本质只是一个民族的统治阶级压迫别一个民族，主要是压迫别一个民族的劳动人民，借以增加自己的剥削对象。因为政府在压迫别一国或别一族时，是一国或一族的代表者，所以被压迫的国或族反对这个代表者，同时也就反对它所代表的国或族的人民。这种误解的发生，是统治阶级有意或无意地造成的，而这种误解的后果，却常常是令人痛心的悲剧。

伟大的中华人民共和国成立以后，国内各民族都成了相互敬爱的兄弟民族，各族的祖先也就成了各族的共同祖先——伯祖和叔祖，因此，一族的成就，也是各族的成就；一族的灾祸，也是各族的灾祸。祖先中一部分是当时的统治阶级，他们做坏事，应该得到各族的共同指责；如果他们做出有益于历史发展的某些好事，那么，也应该得到各族的共同赞许。历史唯物主义是最公正的标准，历史上各族统治阶级的功过，是可以作出定论的。

至于祖先中最大部分的劳动群众，在当时，他们是爱护本国的爱国主义者，到了今天，他们的后裔，当然要继承传统的爱国主义，并且予以更高度的发扬。

（九）历史上战争的分类

毛泽东同志在《中国革命战争的战略问题》里教导我们说："战争——从有私有财产和有阶级以来就开始了的、用以解决阶级和阶级、民族和民族、国家和国家、政治集团和政治集团之间、在一定发展阶段上的矛盾的一种最高的斗争形式。"① 又说："历史上的战争，只有正义的和非正义的两类。我们是拥护正义战争反对非正义战争的。一切反革命战争都是非正义的，一切革命战争都是正义的。"② 依据这个原理，试论历史上的战争：（一）正义战争。凡农民起义和全民族反抗外国侵略的战争，都是正义战争。消灭地方割据，完成中国统一事业的战争也属于正义战争。（二）非正义战争。其中一部分是破坏性的战争。凡镇压农民起义（包括国内少数族起义）的战争，统治阶级内部分裂，争夺权利，割据土地的战争都属于这一部分。又一部分是侵略性的战争。凡落后国侵入中国，摧残中国的经济与文化，以及中国统治阶级侵入落后国，客观上对落后国社会只有摧残没有发生推进作用的战争都属于这一部分。正义和非正义两类战争，不可机械地看作单纯的事情。有些战争是正义的，但也可能带着破坏割据等消极成分；有些战争，一方面是破坏性的或侵略性的，但在另一方面却发生了有益的作用。列宁说："历

----

① 《毛泽东选集》，第 155 页。

② 《毛泽东选集》，第 158 页。

史上常常有这样的战争，它们虽然像一切战争一样不可避免地带来种种惨祸、暴行、灾难和痛苦，但是它们仍然是进步的战争，也就是说，它们促进了人类的发展……。"① 春秋战国时期的兼并战争，使多数小国合并成大国，最后合并成统一全国的秦朝。汉、唐、元、清等朝代，当它们强盛的时候，发动了许多次战争，其中有些战争起着巩固疆域、扫清割据的作用，都可以说在一定程度上是有益的战争。列宁说："不能认为凡是合并'别国'领土就是兼并，因为一般说来，社会主义者是同情铲除国界和同情建立更大的国家的；不能认为凡是破坏现状就是兼并，因为这是极其反动的行为，而且是对历史科学的基本概念的嘲笑；也不能认为凡是军事合并都是兼并，因为对大多数人民有利的暴力和战争，社会主义者是不能否认的。"② 列宁教导我们怎样来判断战争的性质，最根本的一点就在于对大多数居民是否有远大的利益。应用列宁的原理到中国历史上，古代中国的汉族和少数族为了合并土地而发动的战争，在客观上，一般是推动少数族脱离氏族社会奴隶社会或低级的封建社会进入到较高级的封建社会。从这一点说来，战争产生了有益于人类的进化的作用，所以是值得同情的。至于帝国主义列强侵入中国，那是对中国大多数居民完全有害的侵略行为。它们勾结中国封建势力压迫中国资本主义，决不允许它有任何发展。毛泽东同志指出："帝国主义列强侵入中国的目的，决不是要把封建的中国变成资本主义的中国。帝国主义列强的目的和这相反，它们是要把中国变成它们的半殖民地和殖民地。"③ 帝国主义侵入给中

---

① 《列宁全集》第 21 卷，第 279 页。
② 《列宁全集》第 22 卷，第 169 页。
③ 《毛泽东选集》，第 591 页。

国带来了这样的后果，有丝毫进步意义没有呢？丝毫也没有。有人说，帝国主义侵入以后，中国从而产生民族资本主义的工业，这应该是有益的罢。这完全是谬说。中国民族资本主义工业的产生，乃是民族反侵略斗争的后果。不然的话，为什么外国侵略者把它当作吞并、摧毁的对象呢？还有些人说，帝国主义在中国建工厂筑铁路，等等，是发展生产力，应有进步意义。试问帝国主义在中国发展它自己的生产力，其反面就是压迫摧毁中国的生产力，对中国人民有什么进步意义呢！脱离生产关系而孤立地看生产力，作如是观的人，至少是个书呆子呀！总而言之，帝国主义列强对中国以及一切落后国家的战争（包括一切其他侵略行为）一定是彻头彻尾的侵略战争。

上面提出：一、劳动人民是历史的主人；二、阶级斗争论是研究历史的基本线索；三、在生产斗争中的科学发明；四、汉族社会发展史的阶段划分；五、汉族封建社会的分期；六、初期封建社会开始于西周；七、自秦汉起中国成为统一国家的原因；八、历史上的爱国主义；九、历史上战争的分类等九个问题。这些都是贯穿在整部古代史里的重要问题，修订本就是根据我对这些问题的了解来编写的，如果了解有错误，那么，全书都要发生错误，不是什么小的、局部的错误了。因此，我愿意把还未成熟的意见发表出来，希望得到史学界的指正，帮助我少犯些错误。

我这样想：按照中国目前史学研究的已有成绩，要总结四五千年的全部历史，写出一本比较完好的通史来，无疑是困难的。这是因为通史所要完成的任务，第一要直通，第二要旁通，最后要会通。所谓直通，就是要精确地具体地划分出中国社会发展的各个阶段。列宁说过，几千年来，毫无例外，在一切国家中人类社会的发展，都显示出这种发展的一般规律性，正确性和连续性，就是，最初是没有阶级的初期氏族社会，原始社会。其次是建筑在奴隶制度上的社会。在绝大多数的国家中，奴隶制度都发展成为封建制度。继封建社会而起的是资本主义社会。列宁称这些发展阶段为"基本的事情"和"基本范围"。研究中国历史，不能描绘出这个范围，就无法掌握贯穿古今的一条基本线索。所谓旁通，就是社会生活中各个现象不是孤立的，它们互相有机联系着，互相依赖着，互相制约着。列宁说："马克思以前的'社会学'和历史学，至多是搜集了片断的未加分析的事实，描述了历史过程的个别方面。马克思主义则指出了对各种社会经济形态的产生、发展和衰落过程进行全面而周密研究的途径，它考察了一切矛盾趋向的总和，并把这些趋向归结为可以确切判明的社会各阶级的生活和生产条件。"① 这就是说，研究一定时期的历史，不要"选择某一'主导'思想或解释这个思想时所抱的主观态度和武断态度，"② 而要研究当时社会的一切思想和各种趋向。最后归因于物质生产力状况的根源。所谓会通，就是社会一直在向前运动，而运动在每一阶段上，都结合着许多矛盾。毛泽东同志在《矛盾论》里教导我们说："矛盾的普遍性或绝对性这个问题有两方面的意义。其一是说，矛盾存在于一切事物的发展过程中，其二是说，每一事物的发展过程中存在着自始至终的矛盾运动。"③ 是不是也可以这样来了解，社会自始至终的矛盾运动就是直通，社会在一定阶段内，当时一切事物的发展趋向，对直通说来，就是旁通。如果可以这样了解的话，那么，直通与旁通的意义只是社会发展所包含的两个方面，两个方面的

---

① 《列宁全集》第 21 卷，第 38 页。
② 同上。
③ 《毛泽东选集》，第 280 页。

综合就是会通。

通史的工作是这样艰难的，要认真做好通史，就必须全国史学工作者很好的组织起来，分工合作，或研究断代史，或研究专史，或研究少数民族史（没有少数民族史的研究，中国历史几乎无法避免地写成汉族史），或研究某一专题，局部性的研究愈益深入，综合性的通史也就愈有完好的可能。以局部性的深入来帮助综合性的提高，以综合性的提高来催促局部性的再深入，如此反复多次，庶几写出好的中国通史来。

中国人民需要好的中国通史，这是因为中国各民族人民千辛万苦，流血流汗，一直在创造着自己的祖国，创造着自己的历史。既然是自己创造的，产生热爱祖国，热爱历史的心情，也是很自然的。今天人民革命胜利了，劳动人民真正当了自己祖国的家，对自己祖先创造历史的劳动和伟大，特别感到亲切与尊敬，要求知道创造的全部过程，为的继承历史遗产，从那里吸收珍贵的经验，作更伟大更美好的新创造。几千年来，中国劳动人民对自然界作斗争的生产斗争史，对统治阶级及侵略民族作斗争的阶级的民族的斗争史，都有非常光辉的成就。统治阶级中一部分人，以各个不同的程度，参加这种斗争，全部或部分的符合人民的意志和利益。在政治经济上，在武力卫国上，在文化思想上也作出了许多大小事业，给历史以大大小小的贡献，这与劳动人民的成就，同样值得人民的永远纪念与学习。把上述丰富的史实综合起来，就会基本上构成中国人民的历史。当然，正因为中国人民充满着民族自尊心，所以特别愤恨自己的已往的奴隶生活与落后状态，对那些玷污民族名誉、出卖人民祖国、压迫劳苦群众、破坏经济文化、阻碍社会发展、毒害人民思想的暴君民贼及其所代表的反动地主阶级，表示无限仇恨，把他们的罪恶写在历史上，好让人民知道历史不是走的一帆风顺的胜利道路，历史走的是崎岖曲折，艰难困苦的道路。

古代留下来大量历史书籍，一般是汉族封建文士为拥护地主阶级利益而写的，中国人民需要的是人民自己的历史，而现在还没有，这就是为什么期望和鼓励人民史学工作者努力研究的缘故。我希望全国史学工作者，在全心全意为人民服务的决心下，同心协力，为写出一本好的中国通史而奋斗。

末了，我想说一说古代史与近代史的关系。毛泽东同志在《新民主主义论》里教导我们说："中国现时的新政治新经济是从古代的旧政治旧经济发展而来的，中国现时的新文化也是从古代的旧文化发展而来，因此，我们必须尊重自己的历史，决不能割断历史。但是这种尊重，是给历史以一定的科学的地位，是尊重历史的辩证法的发展，而不是颂古非今，不是赞扬任何封建的毒素。对于人民群众和青年学生，主要地不是引导他们向后看，而是要引导他们向前看。"[①] 这是从事近代史研究工作的人一时一刻也不可忘怀的教训。大抵对近代史作表皮上的或某些问题的研究，不会感到这个教训的深刻意义，但是，要作系统的、全面的、深入的、经得起盘问的研究，那就会特别感到这个教训的意义深长和亲切。举几个例来说。中国历史自鸦片战争至五四运动一段属于近代史范围。辛亥革命以前，统治中国的是清朝政府，这个统治开始于 1644 年，离鸦片战争约 200 年。不了解这 200 年的清朝政治史，要深入地了解近代史辛亥革命以前革命反革命两方面的政治活动是很困难的。中国长期封建社会到明朝已进入后期，资本主义的生产方式开始萌芽了，到清朝（鸦片战争

---

① 《毛泽东选集》，第 668 页。

以前）有进一步的发展。不了解明清两朝经济发展的实情，要了解中国一接触外国资本主义的侵略便有各种反应的原因是很困难的。因为以林则徐等为代表的改良主义倾向；太平天国农民战争之所以成为旧民主主义革命的序幕；曾国藩、李鸿章等军阀官僚为什么办洋务，广东上海绅商首先仿制外洋器物等事实，都有它们的经济原因，都不是偶然的。说到要了解洪秀全、康有为、严复和孙中山以及比他们较次的龚自珍、谭嗣同、梁启超、章炳麟等人的思想，困难更多，不先了解孔子以来的全部思想史，几乎将无从入手。当然，研究中国近代史，仅仅了解中国古代史还不够的，还必须了解近代世界史。中国史学工作者研究的任务甚为繁重，在本国史方面，有五六十万年有实物可证和4000年有文字可考的历史，有汉民族以及五十几个兄弟民族的历史、特别是19世纪40年代开始的反帝反封建斗争史，内容极为丰富，经验极为新颖，对当前正在进行解放斗争的广大被压迫民族和被压迫阶级，有极重要的参考价值。中国史学工作者有责任介绍中国史给全世界人民，同时也有责任介绍世界史给中国人民。只要认真学习马克思列宁主义的理论，广泛占有确实可信的资料，坚守晋董狐、齐太史直笔而书的传统史德，可以肯定，中国史学工作者能够完成这个艰巨的任务。

（原载 1954 年《中国科学院历史研究所第三所集刊》第 1 集）

保护历史文物的意义

近来古文化遗址和古文物的发现，其地区之广、规模之大、种类之繁、器物之富，用一句话来说，就是空前的多。这只有文化悠久而灿烂的祖国在进行伟大经济建设的时期，才会有这种奇迹式的大发现。古代文明和无限光辉的现代文明接连起来了！中国人民强烈地热爱祖国的今天和明天，因而很自然地也热爱祖国的昨天和前天。

保护历史文物，为的好让它为祖国的今天服务。

它可以为多方面服务，下面举出的几条，我认为是很重要的。

一　历史文物与历史资料

研究历史，首先要把远古以来社会发展的整个过程画出一个基本的轮廓来。这必须依靠足够的资料。要研究用文字记载的历史以前的历史，地下发掘出来的资料，更显得有头等重要的意义，没有它，几乎什么都无从说起。中国无文字记载的历史，上限可以溯到北京猿人时代，下限则在盘庚迁殷以前。经考古工作者迭次发掘，获得了许多有关远古历史的珍贵资料，但用来画当时社会发展比较仔细的轮廓，则非常不够。因此，任何一个古文化遗址以及一些零星器物的发现，都值得重视，因为很有可能从这些发现中取得极有价值的资料。

依据传记，夏是一个最早的朝代，意味着它是中国阶级社会的开始。《史记·夏本纪》只有一些简单的叙述，不能说明夏社会的具体情况。安阳后岗曾发现彩陶黑陶白陶三个文化层，现在郑州也有类似的发现。白陶文化之前有一个黑陶文化，是确然无疑的了。不过这个黑陶文化究竟与夏朝有什么关系呢？商朝已经有高度发展的青铜器和相当成熟的文字，它们的前身埋藏在什么遗址里呢？要解答这些问题，就必须依靠大规模的地下发掘。

地下发掘对历史研究至少有三种特殊的贡献。第一是创史。例如周口店发掘，使中国历史上推到四五十万年前。第二是补史。例如殷墟发掘，大大丰富了商史，以王国维为代表的商史研究，其成就远胜《史记·殷本纪》。第三是证史。例如古史有虞夏尚黑、商尚白的记载。白陶证明商尚白说是可信的。墨翟行夏道，衣服用黑色；韩非子所说夏祭器，有似于黑陶器的"亮黑红"。如果今后获得更多的物证，很可能证明虞夏尚黑说的真伪。

成为科学的历史，首先要求所用资料的明确性和具体性。在这样的基础上，正确的分析和正确的总结历史事件才有可能，也才有可能引导读者从历史的学习中走向马克思主义的认识。地下发掘正是最可靠的资料的提供者，因之所有接触古文化遗址古器物的文物工作者和广大劳动群众，都有责任爱护它们，使它们为马克思主义的中国历史服务。

二 历史文物与文化资料

马克思说过："工艺揭示出人类积极对待自然界的关系，揭示出人类生活，以及人类生活所处社会关系和由此发生的种种精神观念底直接生产过程"。在这个极其重要的启示下，我们懂得该当怎样来对待历史文物了。要研究古代文化的发展过程，首先要从古代工艺的发展过程中去探求，也就是必须从古代工艺品的逐步改进中去探求。但是，大量的古代工艺品，不在地上而埋藏在地下，所以每一古器物的出土，不管它们大小精粗，在专家鉴定以前，都该采取欢迎态度，予以应有的保护。

研究古代文化，必须十分重视出土的器物，但并不是说文字记载可以轻视。不过比较之下，一般的说，不少出土器物含有更重大的意义，能解决文字记载所不能解决的问题。举例来说：

研究劳动资料底遗骸的生产工具史，单靠文字记载，几乎是不可能的，或者说，总是不够具体的。历史科学要想成为真正的科学，首先应当研究物质资料生产者底历史，劳动群众底历史，也就是首先要研究他们到底能制造出怎样的生产工具和怎样去生产生活资料。这个最基本的工作必须依靠地下发掘。如果积累起古代各时期生产工具的实物，参以文字记载，那么，明确具体的叙述便有可能了。

建筑是文化的一种重要表现。地上的古建筑留存得不多，而地下却保存着很多的古建筑，即历代统治阶级的墓葬。剥削者为了地下安全，把当时最高级的建筑技术和材料使用在墓葬上，以求最大限度的坚固。选择若干典型的墓葬，配合宫室图、鲁灵光殿赋之类的文字记载，研究各种建筑的发展过程，对古代文化的了解是有很大益处的。

艺术当然也是文化的一种重要表现。不仅绘画雕刻等是艺术品，就是所有器物和建筑也都不能不是艺术品。马克思说：希腊艺术在某种意义上还保存着一种规范和一种不可企及的标本的意义。中国古代艺术也是一样。采取其中某些部分，很可能有助于现代艺术的愈益丰富。

"工艺揭示出人类积极对待自然界的关系"。这就是说，工艺是生产斗争知识的具体表现。生产斗争离不开自然科学的知识，既然中国古代有如此丰富的工艺品和建筑物，那就决不能说中国古代没有丰富的数学、物理、化学等科学知识。从地下的地上的文字记载的各种材料里，研究古代自然科学所达到的水准，是有重大意义的。毛主席教导我们说："中国的长期封建社会中，创造了灿烂的古代文化。清理古代文化的发展过程，剔除其封建性的糟粕，吸收其民主性的精华，是发展民族新文化提高民族自信心的必要条件"（《新民主主义论》）。现在，我们国家正在大规模建设，正在大力提倡科学研究特别是自然科学的研究，古代生产斗争知识无疑是必须吸收的民主性精华的一种。不幸！由于过去半殖民地半封建社会的余毒还影响着少数科学家，以致有些人错误地认为自然科学是西方"老师"发明的，中国从来就不曾有过。这种错误想法，大有害于民族自信心的提高。

苏联自然科学教科书，开端一章总是讲明本门科学的发展史，并且着重指出俄国科学家对本门科学的贡献。中国爱国科学家也正在编辑中国科学史，大量历史文物将供给他们以宝贵的资料。

三　历史文物与马克思主义教育

我们重视古代历史和古代文化的研究，不是为研究而研究，而是为祖国今天的大建设而研究，也就是要历史文物为祖国的今天服务而研究。

怎样才能使历史文物为祖国的今天服务呢？首先是保护它们，使它们有可能来服务。其次是使用它们，使它们适合于劳动人民的需要。

根据"剔除其封建性的糟粕，吸收其民主性的精华"的原则，凡含有生产斗争知识和阶级斗争知识可以有效地用来进行马克思主义教育的历史文物，不论在地上或地下，都必须保存和爱护。此外则可以剔除。保护的办法，或实物留在原地，或移置更适当的他处，或以拍照、画图、制模型等法代替毁去了的原物。该毁去而主张不毁去，那就不免思想上有以古妨今的倾向。

历史文物不可停留在单纯的保护状态中，必须考虑如何使用这些文物，向广大劳动人民宣传马克思主义——辩证唯物主义和历史唯物主义。历史文物本身在逐步变化，如果用实物、图画、模型、理论通俗化的文字说明等系统地简要地配合起来，大体上可以表现出中国社会的发展史。这是极生动的表现。观众用不多的时间，获得社会发展史的感性知识，由此再提高为理性知识，确认社会发展的基本规律，这就等于成千成万的观众从历史文物里初步学习了马克思主义的基本观点。

社会发展史本质上就是生产力与生产关系的矛盾史。在剥削阶级统治的社会里，这种矛盾就是阶级斗争。劳动人民创造财富和文化，推动社会前进。剥削阶级则浪费财富，独享文化，阻碍社会发展。没有劳动人民的阶级斗争，社会便有为剥削阶级所毁灭的危险。要说明历史上的阶级关系，除了取材于文字记载，实物的说明是强有力的。例如剥削者与被剥削者的墓葬，区别极大，这就是墓中人生前所属阶级的可靠说明。剥削者墓中有大批珍贵器物，而制造这些器物的却是衣牛马之衣食犬彘之食的劳动人民。从两个阶级的各种对比中，必然要得出一个结论，即：劳动人民创造并发展了古代中国的社会，而当时的剥削阶级伤害并阻碍了社会的发展。

今天，我们伟大的祖国是发展着的古代祖国的继承者，我们伟大的劳动人民是古代富于创造性的劳动人民的继承者，又是古代某些统治阶级中人所作有功于国有益于民的事业的继承者。中国劳动人民继承了古代中国的万里江山和一切优秀遗产，并且把久被剥削阶级统治的国家变成人民自己作主的国家，把生产斗争知识阶级斗争知识提高为自然科学和社会科学。中国劳动人民以继承古代中国历史的光明面而自豪，更为建设今天的祖国表现史无前例的创造力而自豪。人民的爱国主义是建立在这个基础上的。人民热爱的是人民祖国的今天和它的昨天与前天。剥削阶级以剥削为业，它的所作所为与人民事业毫不相干。它的昨天与前天，劳动人民连想也不愿意想起。如果想起它的话，那是带着憎恶、愤怒、仇恨来想起它的。历史文物往往和封建性糟粕有联系，需要指出这些糟粕，以免同文物一起受爱护，但这决不是说，憎恶那些糟粕就可以毁坏文物而无所顾惜，如果这样，将招致不可弥补的损失。

我中央人民政府对历史文物极为重视，政务院特于1953年颁布《关于在基本建设工程中保护历史及革命文物的指示》。指示里指出："我国文化悠久，历代人民所创造的文物建筑，遍布全国，其中并有很大部分埋藏地下，尚未发掘。这些文物与建筑，不但是研究我国历史与文化的最可靠的实物例证，也是对广大人民进行爱国主义教育的最具体的材料，一旦被毁，即为不可弥补的损失"。现在，地上的地下的文物与建筑，在全国规模上，被人们紧张地接触着，所有文化工作者特别是史学工作者对这种情况十分关心，深感有必要去仔细体会政务院指示的精神和实质，以期正确地对待接触到的一切历史文物。我把自己体会到的一点意见写出来，希望得到批评，帮助我提高认识。

（原载 1954 年《文物参考资料》第四期）

中国人民为反帝反封建而奋斗的一百多年

　　19世纪中叶以后，由于外国资本主义侵略势力的侵入，中国逐步沦为半殖民地半封建社会。中国人民为了反对帝国主义和封建主义，进行了不屈不挠，再接再厉的英勇斗争。诚如毛主席所指出："帝国主义和中国封建主义相结合，把中国变为半殖民地和殖民地的过程，也就是中国人民反抗帝国主义及其走狗的过程。"①中国人民反帝反封建的过程是迂回曲折的，是艰难困苦的。直到1949年，中国人民最后击败了他们的最凶恶的敌人美帝国主义和蒋介石反动派——帝国主义和封建买办资产阶级的集中的代表者——之后，百余年来的反帝反封建革命才取得了彻底的胜利。

　　中国是世界上文明发达最早的国家之一。伟大的中国人民不但刻苦耐劳、勇敢智慧、酷爱和平和自由，并且有团结一致、反抗暴政和外国侵略的革命传统。但是，由于封建统治延续了3000年之久，中国的经济、政治和文化长期地陷在发展迟缓的状态中。18世纪后，已经发展起来的欧洲资本主义积极向全世界寻找市场和殖民地，古老的中国便成为西方资本主义势力侵略的目标。

---

　　① 见《中国革命与中国共产党》第2章第1节。

18 世纪末叶，英国开始对中国输出鸦片，中国白银大量外流。1839 年，满清政府派遣林则徐到广东禁烟。英国政府不肯放弃利益优厚的鸦片贸易，派出军队来实行武装侵略。1840 年中英间爆发了第一次鸦片战争。以林则徐为代表的地主阶级开明派主张坚决抵抗，中国人民也自动起来进行武装斗争。但满清政府害怕人民武装强大起来，宁愿对侵略者屈服，把战争草草结束。1842 年，满清政府和英国订立《南京条约》，出卖国家主权并赔款割地。接着，美国、法国也援英国迫订《南京条约》之例，迫使清廷订约。这些不平等条约的订立，使中国在对外关系上开始丧失独立国的地位，而外国商品的输入也促使中国社会的经济结构加速发生变化。这样，中国走上半封建半殖民地的道路了。

鸦片战争以前，中国封建社会由于土地大量集中，广大农民与封建地主阶级之间的矛盾日益尖锐化。鸦片战争以后，满清政府又把战争、对外赔款和对外贸易上的巨大差额的负担全部压在人民的头上，人民不堪压迫和剥削，乃将反抗的矛头首先针对着满清政府。1840 年以后的 10 年中，全国各地的农民起义连绵不断。最后爆发了震撼全国的太平天国革命运动。

太平天国革命运动是坚强地反封建的农民革命。1851 年，以农民出身的知识分子洪秀全为领导的人民在广西省武装起义，建立了"太平天国"，并继续向长江流域进军。在人民的热烈支持下，太平军进展迅速，1853 年，在南京定都，并且继续分兵北伐和西征。革命运动一时声势浩大，满清政府有崩溃的趋势。以英国为首的外国侵略者是决不允许中国人民革命胜利的。他们在对满清政府进行了第二次鸦片战争，以武力威迫它出卖了更多主权之后，就和它勾结起来，合力镇压革命。1864 年，延续 14 年的太平天国被强大的中外反革命联合势力所击败，南京失陷。

人民的革命运动暂时转入低潮。

　　一方面,两次鸦片战争表示外国侵略势力勾结中国封建势力迫使中国走半殖民地、殖民地的道路;另一方面, 太平天国革命表示中国人民反帝、反封建, 坚决要走独立、民主的道路。此后的中国历史就是这两条道路斗争的继续和发展。

　　太平天国革命失败后, 外国资本主义愈益加紧对中国的侵略。1894 年日本对中国进行侵略战争, 中国失败, 割让台湾、澎湖群岛。在此后五年中, 各资本主义国家疯狂地强占中国沿海要地, 剥夺中国的主权, 划分势力范围, 准备实行瓜分中国。中国面对着严重的亡国危机。

　　早在 19 世纪的下半期, 中国一部分商人、地主和官僚投资于现代工业, 后来形成了中国的资产阶级。1894——1895 年中日战争之后, 以康有为等为代表的资产阶级改良派提倡变法保国, 展开了一个政治运动。他们主张实行君主立宪, 发展农、工、商业, 希望用从上到下的改良主义办法使中国不要根本改变封建制度而可以发展资本主义。他们的主张得到满清政府中一部分人的支持。

　　在当时的历史条件下, 变法运动是有其进步意义的。因此引起了以慈禧太后为首的顽固派的仇视。在它的严厉镇压下, 变法运动很快地就完全失败, 改良派或被杀或逃亡。这就是 1898 年的"戊戌政变"。

　　在变法运动期间, 中国广大农民群众中正酝酿着另一次反帝爱国运动, 这便是"义和团运动"。"义和团"是中国北部农民和手工业群众的一种秘密结社。1895 年以后, 外国侵略势力在中国的疯狂掠夺和帝国主义分子的横行霸道, 使人民直接感觉到外国侵略者对他们的威胁, 因此, "义和团"就团结群众对外国侵略者进行武装斗争。从 1899 年到 1900 年，这一群众自发的反帝爱国运动如火如荼地从山东发展到河北、山西，在东北、西北、长江流域也有义和团和其他人民武装的活动。这个继太平天国之后而起的大规模的农民革命运动，以英勇无比的斗争，给外国侵略者以严重的打击。1900 年秋，英、美、日、帝俄、德、法、奥、意八国组织联合干涉军以最残酷野蛮的手段对中国革命人民进行屠杀，并胁迫满清政府一同进行镇压。在中外反革命势力联合进攻下，中国人民的革命斗争再一次遭到失败。但中国人民的英勇反抗也使外国侵略者受到了教训，他们开始承认"瓜分一事，实为下策"（八国联军司令瓦德西语），于是继续采取扶植满清政府"以华治华"的方法来加紧侵略。满清政府为了自己的利益原来和外国侵略者在一定程度上存在着矛盾，但自 1901 年以后它就俯首贴耳地甘作帝国主义统治中国人民的工具。中国亡国的危机依然十分严重。

中国民族资本主义在 19 世纪末年和 20 世纪初年开始了初步的发展。在这个基础上，形成了以孙中山为首的资产阶级革命派，它在变法运动和义和团失败以后加紧进行反满革命运动。1905 年，革命派在孙中山领导下成立了全国性的政治团体——中国革命同盟会。应该指出，1905 年的俄国革命对同盟会的成立是有一定影响的。同盟会是当时资产阶级自由派、小资产阶级激进派和一部分反满的汉族士绅的联合阵线的组织。它抱着在中国建立资产阶级民主共和国的理想而进行推翻满清统治的革命斗争。

资产阶级革命派的主张当时代表了广大人民群众的要求，所以革命形势迅速发展。1911 年，在同盟会领导下，驻武昌的政府军队起义，各省纷纷响应。这就是有名的"辛亥革命"。1912

年2月，满清皇帝宣布退位。

同盟会的政治指导者是小资产阶级和资产阶级的知识分子，他们进行革命主要是依靠军事冒险和恐怖活动，而不是依靠广泛地发动和组织人民群众；他们提出推翻满清政府建立民国的口号，但对帝国主义和封建主义却采取妥协的态度。这都反映了产生在半封建半殖民地中国的资产阶级的软弱性。因此辛亥革命虽然推翻了满清皇朝，名义上成立了"中华民国"，提出了一个具有资产阶级民主共和国性质的宪法——"临时约法"，但它并不能进一步争取反对帝国主义和封建主义的彻底胜利。相反的，在混进革命阵营的君主立宪派和地主、官僚、买办、军阀的首领袁世凯内外夹攻之下，革命派不得不让出革命果实。1912年2月，临时大总统孙中山被迫辞职，由袁世凯继任。在帝国主义支持下，袁世凯建立起封建买办政权。1916年袁死后，这个"中华民国"的政权性质并无改变，而由北洋军阀继承下来。中国依然在帝国主义和封建主义的统治之下。

辛亥革命虽然失败，但它是具有伟大历史意义的。它在比较完全的意义上开始了中国的资产阶级民主革命——它推翻了封建帝制，使民主共和国观念深入人心。但是它的失败也证明了中国反帝反封建的资产阶级民主革命是不可能在中国资产阶级领导下取得胜利的。这个领导的责任便落到中国工人阶级的肩上。

1914——1918年的第一次世界大战中，由于中国民族工业的发展，中国工人阶级的队伍日益壮大。1917年俄国的伟大十月社会主义革命给中国工人阶级指出了自己的方向，使他们认识到把中国革命领导到胜利的目标只有"走俄国人的路"。1919年，中国发生了伟大的反帝反封建革命运动——五四运动。在这个运动中，中国工人阶级第一次表现了自己的巨大力量。

1921 年，中国共产党——马克思列宁主义的、中国工人阶级的政党——成立了，从此，中国革命开辟了新的局面。

1922 年，中国共产党在中国人民面前第一次明确地提出反帝反封建这两个基本任务。1923 年，党决定了建立革命统一战线的方针，帮助孙中山改组国民党。孙中山欢迎中国共产党的帮助，于 1924 年实行改组国民党。他又重新解释了他的革命学说"三民主义"，订出联俄、联共、扶助工农三大政策，确定了打倒帝国主义、打倒军阀、"耕者有其田"等革命政纲。由于统一战线的成立、国民党的改组、中国共产党的广泛发动群众，革命形势大大发展起来。

1925 年 3 月，伟大革命家孙中山怀着没有完成的理想而逝世了。孙中山曾竭力向西方国家寻找救中国的办法。但到辛亥革命失败之后，他的希望幻灭了。在失望里，他遇到了十月革命和中国共产党，他就毅然抛弃了学习西方资本主义国家的想法，号召"以俄为师"，承认"共产主义是三民主义的好朋友"。在遗嘱里，他总结了 40 年革命经验，得出"唤起民众"和"联合世界上以平等待我之民族共同奋斗"这两条重要的结论。由于孙中山这种不断前进的革命精神，所以他一直受到中国人民的高度尊敬。

孙中山逝世后，中国革命形势继续高涨。在中国共产党的推动和组织之下，革命力量扫荡了广东的反动势力，并于 1926 年开始了胜利的北伐战争，在人民群众支持下，革命军击败了北洋军阀的反革命武装，占领了长江流域和黄河流域的大部，全国工人运动和农民运动大大发展。

帝国主义看到它所支持的军阀政府在全国革命浪潮冲击下摇摇欲坠，就急忙寻找它的新的代理人，这就是暗藏在革命阵营中的以蒋介石（"国民革命军"总司令）为首的反革命分子。国内大资产阶级和地主阶级也因为工农群众运动的扩大而感到恐惧，积极支持蒋介石进行反革命阴谋。1927年4月，正当革命战争将要取得全部胜利的时候，蒋介石发动反革命政变，向中国共产党和革命人民进行突然的袭击。生气蓬勃的第一次国内革命战争就被葬送了。中国大地主大买办的总头子、帝国主义的忠实走狗蒋介石用血腥手段夺取革命果实后，建立起新的军阀政权——以南京为首都的"国民政府"，集中一切反革命力量，依靠帝国主义势力继续向革命力量进攻。

从1927年起，中国革命转入第二次国内革命战争时期，即土地革命时期，中国共产党在极端艰难的条件下领导人民举行武装的抵抗，创造了人民的军队——中国人民解放军的前身中国工农红军，在广大区域内建立了革命根据地，实行土地制度的改革。

日本帝国主义乘蒋介石进行反革命战争和国民党新军阀之间的战争的机会，于1931年武力侵占东北，并着着向华北进逼。亡国危机骤趋严重。全国人民，首先是工人、农民和学生的抗日运动步步高涨。中国共产党迭次提议停止内战，一致抗日，蒋介石一概拒绝，并且对主要革命根据地江西发动更大规模的围攻。

1934年7月，中国红军发表《北上抗日宣言》。10月，红军由江西出发，开始了二万五千里长征。在长征途中，1935年1月，在贵州遵义举行了中国共产党的中央政治局扩大会议。会议撤换了"左"倾机会主义分子的领导，确立了以毛泽东同志为首的中央的领导地位。从此，中国革命走上了胜利的途径。10月，红军到达长征的终点陕甘宁边区，随后又粉碎了蒋介石军队的围攻。以陕北延安为中心，中国共产党为组织抗日民族统一战线而加紧活动。

为了反对日本帝国主义向华北扩张，1935年12月9日北京学生举行抗日救国大示威。抗日运动很快在全国范围内达到新的高潮，参加这个运动的不但有工人、农民、学生，还有包括民族资产阶级在内的社会其他各阶层人民。在抗日救亡的力量推动之下，要求联共抗日的国民党将领张学良、杨虎城于1936年12月在西安扣留蒋介石。由于中国共产党的调解，蒋介石终于接受了停止内战一致抗日的条件。这样，国内政治状况就起了基本的变化，民主革命阵营的势力扩大，反革命阵营势力减弱。在反革命阵营里即大地主、大资产阶级内部，因为英美帝国主义和日本帝国主义之间的矛盾，也出现了分化的现象。

1937年7月7日日本帝国主义侵略军以卢沟桥为起点对中国猛烈进攻，抗日战争爆发了，全国人民在中国共产党领导下一致要求全面抵抗。为形势所迫，蒋介石只好暂时收起一贯奉行的卖国的不抵抗主义，参加抗战。但他在打了几仗之后，就实行"反共第一、抗日第二"的政策，调动主力军来包围和攻击中国共产党所领导的人民解放军和抗日根据地。因此，抗日战争的负担就主要落到人民解放军和抗日人民身上。在抗战最后一年，即1945年，他们抗击的在华日军占总数69%，伪军占总数95%。在极端艰苦的条件下，人民解放军在作战中不断取得胜利，壮大了自己的队伍，并使许多地区从日本侵略者手中解放出来。

1945年8月，苏联出兵东北，日本无条件投降。在抗战胜利之后，全国人民一致要求实现民族独立，废止国民党一党专政，成立民主的联合政府，实行民主改革，使中国从农业国变成工业国。但蒋介石在妄想独占中国的美帝国主义支持之下，一面抢占战略要点，一面以谈判为烟幕，积极部署内战。他妄想重演 1927 年的老把戏，篡夺人民的胜利果实，维持法西斯独裁统治，把中国变为美国的殖民地。1946 年 7 月，在准备妥当之后，蒋介石就对解放区发动全面的进攻。中国革命进入第三次国内革命战争时期。

但是，1946 年的中国已经不是 1927 年的中国了。中国人民已经在以往的革命斗争中取得了丰富的经验和教训，他们已经有了自己的武装（人民解放军）和革命根据地（解放区），作为革命领导力量的中国共产党已经更加壮大和坚强。从 1947 年 7 月起，人民解放军由防御转入进攻。中国人民革命战争到了转折点，也即是毛主席所指出的，"一百多年以来帝国主义在中国的统治由发展到消灭的转折点。"① 胜利形势迅速发展。1949 年 4 月，南京解放。中国历史上最后一个反动、卖国政府——蒋介石政府覆灭了。

1949 年 10 月 1 日，伟大的中国人民领袖毛主席庄严地宣告中华人民共和国成立。中华人民共和国的成立标志着中国人民反帝反封建革命的彻底胜利，并以此为起点，向繁荣幸福的社会主义过渡。"占人类总数四分之一的中国人从此站立起来了。"②

百余年来，中国人民在帝国主义和封建主义压迫之下经历了无比的苦难，也进行了无数次革命斗争。但从鸦片战争直到辛亥革命，这一系列的旧民主主义革命斗争每次都归于失败。历史证明：在帝国主义压迫下的半封建半殖民地的中国，农民阶级或资产阶级都不能领导革命取得胜利，建立资产阶级共和

---

① 见《目前形势和我们的任务》。

② 见毛主席政协开幕词。

国、走资本主义道路是不可能的。历史证明：中国人民只有按照马克思列宁主义的原则，在最先进的、最坚决的、最英勇的中国工人阶级及其先锋队——中国共产党领导之下才能最后推翻压在他们头上的帝国主义和封建主义这两座大山。因此，在革命胜利之后，在中国建立的就必然只能是一个工人阶级领导的、以工农联盟为基础的人民民主国家，中国要走的就必然是社会主义的道路。这是百余年来中国人民革命斗争的历史经验的总结。

（原载 1955 年《人民中国》第 2 期）

看看胡适的"历史的态度"和"科学的方法"

胡适自称，他治学的态度是"历史的态度"，治学的方法是"科学的方法"。这都是些什么东西呢？

资产阶级唯心主义哲学，在马克思列宁主义——辩证唯物主义和历史唯物主义的无情批判下，它的反动本质暴露无遗，实在是站不住脚了。它要作垂死的挣扎，不得不采取各种花样的卑劣手法来反对马克思主义。披马克思主义外衣的是一种，打自然科学旗帜的又是一种。被胡适改称为实验主义的那个实用主义，就是属于后一种的反动哲学。胡适说："这种新哲学（指实用主义）完全是近代科学发达的结果。"[①] 所谓"结果"，照胡适说，就是"历史的态度"和"科学的方法"两个"根本观念"。

马克思第一次用唯物主义态度研究人类历史，证明了迄今所有一切社会的历史（原始公社的历史除外），都是阶级斗争的历史；证明了社会发展的客观规律性，指出社会制度的性质，社会由这一制度发展到另一制度，根源都在于生产方式的变更和发展。自马克思起，历史才从迷乱混沌的状态中拯救出来成为科学的历史。

实用主义拿出叫做"历史的态度"的东西来和马克思主义

---

① 《实验主义》，见《胡适文存》，第1集，卷2。

对抗。胡适说："到了实验主义一派的哲学家，方才把达尔文一派的进化观念拿到哲学方面来应用；……进化观念在哲学上应用的结果，便发生了一种'历史的态度'。怎么叫做'历史的态度'呢？这就是要研究事物如何发生，怎样来的，怎样变到现在的样子：这就是'历史的态度'。……这种历史的态度便是实验主义的一个重要的元素。"① 胡适所说"达尔文一派的进化观念"，正是那种庸俗进化论。庸俗进化论把生物进化过程看作只有数变渐变，没有质变突变。实用主义者又把生物的数变渐变搬到社会学说里来，形式上也在讲发展变化，实际上是在否认根本的变——革命。应用庸俗进化论作为"一点一滴"的改良主义的理论根据，是"历史的态度"的一个内容。恩格斯在《自然辩证法》里指出，达尔文进化论是近代自然科学三大发现之一，但是，达尔文关于"生存斗争"和"自然选择或最适者生存"的学说是错误的。"达尔文的全部生存斗争学说，不过是把霍布斯一切人反对一切人的战争的学说和资产阶级经济学的竞争学说以及马尔萨斯的人口论从社会搬到生物界来而已。"② 实用主义又把它搬回到社会里来，说这是"达尔文的真精神"。胡适说："达尔文的主要观念是'物类起于自然的选择，起于生存竞争里最适宜的种族的保存'。他的几部书都只是用无数的证据与事例来证明这一个大原则。在哲学史上，这个概念是一个革命的观念。"③ 把历史看作单单归结为生存斗争的彼此之间极少差异的各个阶段，因而否认历史是一系列的阶级斗争。这种"生存

---

① 《实验主义》，见《胡适文存》，第1集，卷2。

② 《自然辩证法》，见《马克思恩格斯全集》第20卷，人民出版社1971年版，第651—652页。

③ 《五十年来之世界哲学》，见《胡适文存》，第1集，卷2。

竞争"说显然也是"历史的态度"的一个内容。这两个内容合起来，构成实用主义反对阶级斗争的"历史的态度"。

前面说的"历史的态度"以外，还有另一个"历史的态度"。胡适说："凡对于每一种事物制度，总想寻出它的前因与后果，不把它当作一种来无踪去无影的孤立东西，这种态度就是历史的态度。"①胡适所谓前因与后果，是怎样的一种因果呢？列宁在《唯物论与经验批判论》里指出："划分哲学派别的真正重要的认识论问题，并不是关于我们对因果联系的记述精确到什么程度，这些记述是否能用精确的数学公式来表达的问题，而是这样一个问题，我们对这些联系的认识的泉源是自然界的客观规律性，还是我们心的特性，即心所固有的认识某些先验真理等等的能力？"②实用主义所说的因果正是从心底特性里得出来的。实用主义的祖师马赫说过，"在自然界中，既没有原因，也没有结果"；又说"因果律的一切形式都是从主观意向（Trieben）中产生的。"③这样说来，客观存在的因果关系既然可以否认，那么，客观存在的一切真理也都可以否认了。主观冲动既然可以产生因果律的一切形态，那么，主观冲动也可以产生一切"真理"了。实用主义把这个谬说概括成一句话，叫做"一切真理都是应用的假设"。实用主义使用了这个法宝，就可以为所欲为。胡适说："一切学说理想，一切知识，都只是待证的假设。"④又说："真理原来是人造的……原不过是人的一种工具"，"这个实在

①　《问题与主义》，见《胡适文存》，第1集，卷2。

②　列宁:《唯物论与经验批判论》,《列宁选集》第2卷，人民出版社1972年版，第160页。

③　列宁：《唯物论与经验批判论》,《列宁选集》，第2卷第159页。

④　《杜威先生与中国》，见《胡适文存》，第1集，卷2。

里面含有无数人造的分子，实在是一个很服从的女孩子，他百依百顺的由我们替他涂抹起来，装扮起来。"[1] 如此等等。把客观实在的和从主观冲动产生的东西统称为人造的假设，藉以制造是非不明、真假不分的混乱状态，企图达到否认社会发展规律性的目的。胡适所谓"总想寻出前因与后果"的"历史的态度"，说穿了就是实用主义反对社会发展规律的"历史的态度"。这种"历史的态度"，胡适又称为"科学试验室的态度"。

胡适说："实验主义的两个根本观念：第一是科学试验室的态度；第二是历史的态度。这两个基本观念都是19世纪科学的影响。所以我们可以说：实验主义不过是科学方法在哲学上的应用。"[2] 胡适解释道："一切真理，都是应用的假设，假设的真不真，全靠他能不能发生他所应该发生的效果。这就是科学试验室的态度。"这种"科学试验室的态度"难道不就是那个反对社会发展规律的"历史的态度"么？为什么这里又改名为"科学试验室的态度"。事实很明显，所谓"第二是历史的态度"，指的是反对阶级斗争的"历史的态度"，它主要说明胡适的历史观点。所谓"科学试验室的态度"，指的是反对社会发展规律的"历史的态度"。它作为观点来说，就是认为历史是可以任意"人造"和"涂抹装扮"的；它作为方法来说，就是胡适的"科学的方法"，即"假设"的方法。所以胡适说"实验主义不过是科学方法在哲学上的应用"，因为没有这种"科学方法"，反对阶级斗争和反对社会发展规律的历史观点也就无法表达出来。

现在看看胡适的"科学的方法"。胡适说："科学的方法，

---

① 《实验主义》，见《胡适文存》，第1集，卷2。

② 同上。

说来其实很简单，只不过'尊重事实，尊重证据'，在应用上，科学的方法只不过'大胆的假设，小心的求证'。"①的确，这套把戏说来其实是很简单的。胡适早就说过，实在与真理都是人造的。这里所谓"尊重事实，尊重证据"，只不过是教人要"信仰"不要怀疑胡适自造的事实与证据。所谓"大胆的假设，小心的求证"，只不过是大胆的武断，小心的弥缝。胡适给他的"科学的方法"作注脚说："假设不大胆，不能有新发明。证据不充足，不能使人信仰。"②胡适最大的"新发明"，要首推"中国不亡，是无天理"的那一条（据他在《信心与反省》篇里自供，这个"新发明"确实是属于他的）。论起胆来，真是大到包天之大；他做了积稿等身的文篇，企图证明这个"新发明"。论起"求证"来，真是东拉西扯，左支右绌，使尽了九牛二虎之力。结果怎样呢？他那充足的证据，证来证去，丝毫也不能证明他那个"新发明"，却只证明胡适是个汉奸卖国贼。抱着"科学的方法"和一小撮蒋介石卖国集团中人椎心泣血苦块昏迷去吧！

胡适的"历史的态度"是"一点一滴进化"的、崇拜强者而为之奴的、否认客观真理与因果关系的、任意"涂抹""装扮"历史的态度，这是他的历史观点，也是他的政治观点，其目的则在于反对革命、卖国求荣。为这种见不得天日的目的而说话，当然很难取信于人，因之必须使用完全是骗术的所谓"科学的方法"。谁都知道，科学结论是从大量事实中总结出来的，凭空造出结论放到事实里去，或寻一些个别事实来作证据，都是反科学的。而胡适甚至连作为证据的事实也能捏造。所谓"大胆的假

---

① 《治学的方法与材料》。
② 《清代学者的治学方法》，见《胡适文存》，第1集，卷2。

设"，就是先作出主观的违反事实强加于事实的结论。所谓"小心的求证"，就是寻找一些个别事实或捏造一些事实来证成自己的假设。这种"科学的方法"是他的"历史的态度"的工具，整套连篇累牍的《胡适文集》是"历史的态度"通过"科学的方法"而表现出来的各种毒物，篇篇有毒，句句有毒，决不可等闲视之。下面的论证，第一部分指出他在特定问题上表现的毒物；第二部分指出他在历史学上散播的毒物，看看胡适的"历史的态度"和"科学的方法"到底都是些什么玩艺儿。

1935 年，胡适出版了一本叫做《论学近著》的书，书中所载都是所谓关于学术思想的得意文章。其中表示最得意的有两篇，一篇叫做《说儒》，一篇叫做《醒世姻缘传考证》。这里就拿这两篇作例，看看他在特定问题上表现的毒物。

《说儒》是一篇 5 万多字的长文，在胡适《论学近著》里，《说儒》考列第一名。胡适自诩说："《说儒》一篇提出中国古代学术文化史的一个新鲜的看法，我自信这个看法，将来大概可以渐渐得着史学家的承认，虽然眼前还有不少怀疑的评论。"[1] 胡适的"历史的态度"和"科学的方法"都集中表现在这篇长文里，他那个最大的"新发明"的典型说明和行动纲领在这篇长文里说得够清楚了。他肯定中国必亡，他"自信这个看法"，在亡国后可以渐渐为当亡国奴的史学家所承认。他的自信是完全建立在中国必亡的汉奸洋奴观点上的。《醒世姻缘传考证》，长约等于《说儒》的五分之四，据胡适说，积了六七年之久才做成这篇长文。他自鸣得意地说："这个难题的解答，经过了几许的波折，其中有大胆的假设，有耐心的搜求证据，终于得着我们认为

---

[1] 《胡适论学近著》自序。

满意的证实。这一段故事，我认为可以做思想方法的实例。……正是：鸳鸯绣取从君看，要把金针度与人。"夸下好大的口！真的是一支金针么？显然是一条朽木棒。

先看看《说儒》说些什么?《说儒》提出三个要点：（一）"殷民族"被"周民族""征服"，"殷文化"与"周文化""同化"。儒在"同化"中"很有重大的关系"。（二）"儒是殷民族的教士；他们的衣服是殷服，他们的宗教是殷礼，他们的人生观是亡国遗民的柔逊的人生观"。老子是"正宗儒学"、"殷商老派的儒"、"消极的儒"的代表人物。（三）"从一个亡国民族的教士阶级，变到调和三代文化的师儒；用'吾从周'的博大精神，担起了'仁以为己任'的绝大使命——这是孔子的新儒教"。

好吧！如果三个要点里存在着一丝一毫的理由的话，当然不能抹煞它，可是丝毫的理由都找不出来。

商甲骨文上的文法与周金文上的文法是一致的，甲骨文与金文字体是一致的，只有一些笔画繁简的不同。文法构造和基本词汇在《商书·盘庚》等篇与《周书·大诰》等篇也是完全一致的。殷墟器物的制作与周器物是出于一个源头的。《周书》召诰、多士、多方等篇，确认夏商是"中国"相继受天命的前朝。孔子说"殷因于夏礼"，"周因于殷礼"，三代文化是一脉相传的。古代史书和神话传说里，都说夏、商、周三代世系溯源于黄帝，商、周二代又同是帝喾的后裔，尽管细节上有分歧，同属黄帝族却绝无异说。殷周是不同"民族"（这里姑用"民族"一词）的说法是绝对没有根据的。胡适在《说儒》里"来无踪去无影"地提出"殷民族"、"周民族"两"民族"来，算是一个"大胆的假设"吧，然而并没有下半截的"小心的求证"，连一个字的"证"也没有。如果说傅斯年的《夷夏东西说》（载在《庆祝蔡元培先生六十五岁论文集》，下册）已经替胡适求了证的话，傅斯年说东说西，说得十分糊涂，根本不曾说出一些东西来。傅斯年说"商起于东北"，又说"持此以证商代来自东北，因为不足……"，自己否定了"商起于东北"。说"殷人本非夷族，而拥有夷之人民土地"；又说"殷人是不是东方土著，或是从东北来的，自是可以辩论的问题，却断乎不能是从西北来的，如太史公所说"。《史记·殷本纪》说契母简狄，有娀氏之女，为帝喾次妃，吞玄鸟卵因孕生契。傅斯年"断乎不能是从西北来的"理由是东方、东北方诸夷有卵生的神话，契即卵生，那么，殷人始终只能是东方或东北方人。傅斯年自己糊涂是可以的，他那一套"殷人是不是东方土著"、殷人是不是"起于东北"、"殷人本非夷族"、"殷人断乎不能从西北来的"等等一片糊涂话却把听的人闹糊涂了。事实上黄帝族经过长期的发展过程，黄帝族人"或在中国，或在夷狄"，事例至多，决不像草木那样，一生在那里就永远不能移动。秦祖先带着卵生神话自东迁西，殷祖先自西迁东以后也可以采取卵生神话。简狄不是帝喾次妻，但契无妨是帝喾的后裔，《史记》索隐引谯周说是可取的。契或契的先人迁居东方，商人要神圣化自己的始祖，采取诸夷卵生神话，说是"天命玄鸟，降而生商"，这和刘邦做了皇帝以后，西汉人说刘邦是蛟龙所生，同样是不足为奇。从契卵生的神话里，并不能得出"殷人断乎不能是从西北来的"结论。而夷在东方、夏在西方的一般情况，经过傅斯年的《夷夏东西说》，在某些人的头脑里，产生凡在东方的都是夷族，凡在西方的都是戎狄氐羌族的糊涂观念。胡适于是只要用半个"科学的方法"，从混水里摸出"殷民族"、"周民族"两条假设的鱼来，听的人也就以为真有两条鱼了。多么大胆的武断！周本来是殷的属国，周灭殷，是一个兴起的小国灭一个衰朽的大国，任何材料不能证明是一个"民族"征服别一个"民族"。胡适虚构"殷民族"被"周民族""征服"的概念，作为《说儒》篇的基础，在这个空中基础上，建立起楼阁来，当然，不能不都是空中的楼阁。

这里附带指出傅斯年的又一胡说，这种胡说恰给胡适以便利。傅斯年引《史记·秦本纪》一大段文字，作附注说："按周人惯呼殷人曰戎，'戎商必克'，'殪戎殷'皆其证。则称胥轩为戎者，当亦因其为东方族类也。嬴姓为商人置之西垂后，婚于西戎之姜姓，所生之子在殷周之末，以母系故，归顺周人，所谓'西垂和睦'者，此其义也。"这里有"戎殷"和"母系"两个问题。"戎商必克"见于伪《泰誓》，不能作为证据。《康诰》有"殪戎殷"语，周秦之际儒者作《中庸》篇，改为"壹戎衣"；魏晋人造伪古文《尚书》，在伪《武成》篇里改为"一戎衣"；《左传》宣公六年，中行桓子引《周书》曰"殪戎殷"，可信《康诰》原文确作"殪戎殷"。傅斯年是主张"殷人断乎不是从西北来的"，而西方非黄炎族文化的人统称为戎，又是无可否认的惯词（戎人迁居中原和南方东方，仍称戎人）。他硬把戎的名称加在"东方族类"身上，照他的说法，东方夷族又称戎族，毫无根据，岂非武断。是的，孟子说过这样的话："舜生于负夏，卒于鸣条，东夷之人也；文王生于岐周，卒于毕郢，西夷之人也。"习惯上非黄炎族的各族，可以统称为夷；非中原地区（当时称中原地区为中国）的各地，也可以统称为夷（四夷、四方）。孟子这里以舜、文王生卒地所在称他们为东夷之人、西夷之人，意谓舜、文王虽居在东方、西方，只要有圣德仁政，就可以王天下，断不可误解为舜是夷族，文王也是夷族；也不可误解为西方称夷，"东方族类"也可称戎。《尔雅·释诂篇》训戎为大，大殷犹

《周书》中许多篇里称殷为大邦、大国。郑玄注《中庸》篇，训戎为兵，读衣为殷，说"壹戎衣者，壹用兵伐殷也"。《康诰》说文王殪戎殷，郑注说是武王克商之事，显然与《康诰》不合。戎殷是一称呼，仅见于《康诰》一处，不能说是"周人惯呼殷人曰戎"。契母简狄有娀氏之女，娀或即戎。文王对殷王有杀父之仇，称殷为戎殷，可能是加殷以一种恶名而欲殪之，并不是说殷是戎族。大殷、戎殷含义美恶不同，都还可通，但傅斯年的说法总是错误的。母系之说同样是错误。恩格斯指出："……这样就废除了按照女系计算世系的办法和母系的继承权，而确立了按男系计算世系的办法和父系的继承权。这一革命在文化民族中是怎样和在何时发生的，我们毫无所知。它完全属于史前时代的事。"[①] 按照神话和传说（有文字可考的历史以前，只能从神话传说里得出氏族制解体时期的历史），黄帝时已经确立了父权制，母系只有某些形式上的残余。父权确立以后，一夫多妻，而多妻中可能有异族人。儿子们认父以外，又认己身之母，以区别于异母兄弟。商周都稀帝喾（契、弃不是帝喾的儿子，但同出帝喾系），又各尊简狄、姜嫄为先妣，不能因此说当时还是母权制氏族，也不能因此说秦是戎族或狄族，周是羌族。《左传》昭公十年，"有星出于婺女，郑裨灶言于子产曰，七月戊子，晋君将死……居其维首，而有妖星焉，告邑姜也。邑姜，晋之妣也。"晋人尊邑姜为先妣，以区别武王他妻所生之子。汉宫中称诸皇子，冠以母姓。殷、周尊简狄、姜嫄也就是这个意义。傅斯年"以母系故，归顺周人"的说法，暗示周也是戎或羌，是十分荒谬的。傅斯年一派胡言，但还不敢公然说出殷周是两个"民族"。胡适

---

① 《家庭、私有制和国家的起源》，人民出版社 1955 年版，第 53 页。

胆更大，公然把"殷民族""周民族"作为《说儒》的基础。

《说儒》从一个丝毫没有事实根据的武断出发，产生一系列的武断。首先是殷周文化问题。周文化是在殷文化基础上发展起来的文化，其中有损有益，正是发展而不是所谓"同化"。胡适硬把发展叫做"同化"，说"同化"有"不自觉的同化"和"自觉的同化"两种。照胡适说："那自觉的同化，依我们看来，与'儒'的一个阶级或职业很有重大的关系。"毕竟不知是个什么"重大的关系"，且看他在所谓老派的儒和新派的儒两回里如何分解。

胡适假设"殷人在亡国状态下养成柔顺以取容的人生观"，"正宗的儒是殷民族亡国遗民的宗教"。说得明白些，就是说，儒是亡国奴的"宗教"。有什么证据呢？胡适举出儒服和三年之丧两个证据。胡适以为三年之丧是"殷礼"，即殷的"祖先教"。《史记·殷本纪》说殷高宗"三年不言，政事决定于冢宰，以观国风"，这说明殷高宗只是三年不理政事，并不是守了三年丧制。战国时齐威王初即位，不理政事，委政卿大夫，多至九年，决不能因此说齐国有九年丧制。郭沫若《驳说儒》[①]据殷墟卜辞和殷金文证明殷"毫无三年丧制的痕迹"，有力的风把胡适的这部分空中楼阁一吹而散了。胡适以为代表亡国顺民的儒"独能继续保存殷商的古衣冠"，认为《礼记·儒行篇》记孔子对鲁哀公说："丘少居鲁，衣逢掖之衣；长居宋，冠章甫之冠。丘闻之也：君子之学也博，其服也乡，丘不知儒服。"就是"儒服只是殷服"的老大证据。孔子的冠服，《论语·乡党篇》所记比其他记载当较为可信，但其中并没有"章甫之冠""逢掖之衣"。如

---

① 见郭沫若：《青铜时代》，人民出版社版，第137页。

果孔子有不同于周制的冠服，不应缺而不载。"吉月，必朝服而朝"，这朝服无疑是周制的朝服。"乡人傩，朝服而立于阼阶。"如果像胡适所说"鲁之国民是殷人"，孔子是"自信""自任"为"复兴殷民族"的"救世圣人"，那么，孔子为什么不着殷服却着周朝服去见"殷遗民"呢！《卫灵公篇》"颜渊问为邦。子曰：行夏之时，乘殷之辂，服周之冕。"足见孔子认为周礼冠是可取的。《先进篇》载公西华说："宗庙之事，如会同，端章甫，愿为小相焉。"郑玄说，"衣玄端，冠章甫，诸侯日视朝之服。"这里所说诸侯当然是周时诸侯，不管《仪礼·士冠礼》和《礼记·郊特牲》"章甫，殷道也"是否可信，既然周诸侯用作视朝之服，孔子决不敢冠诸侯之冠。就以胡适作为老大证据的《儒行篇》来说，逢掖是鲁衣，章甫是宋冠，足见宋鲁衣冠不同，有什么证据证明宋冠鲁衣凑起来恰恰是"殷服"呢？《礼记》，汉儒所辑，其中很多是七十子后学的杂说，《荀子·儒效篇》所斥俗儒的冠服，正是《儒行篇》托名孔子的那种冠服（如果俗儒戴的高帽子等于章甫之冠的话），与《乡党篇》所记孔子的冠服，根本是两回事。胡适把俗儒的冠服，一搭搭到孔子的题上，再一搭搭到老子的题上，按照八股搭题法，可称虔修古方，如法炮制，不过问题并不能用搭题法解决的呵！胡适好容易搭出"儒服是殷服"的这条"线索"，不幸得很，孔子冠服不同于俗儒，老子冠服胡适无法证明同于俗儒，"线索"落空了。从这条"线索上""大胆推想"出来"最初的儒都是殷人，都是殷的遗民，他们穿戴殷的古衣冠，习行殷的古礼"等等空中楼阁，不幸得很，全部幻灭了。

老子被胡适硬派当"殷商老派的儒"的代表，并且"装扮"成"殷民族"的亡国奴，"涂抹"出一副"柔顺以取容"的丑嘴脸。莫须有冤狱加在老子身上，老子可谓闭门家中坐，祸从天外来也已。老子招来这个飞灾，不是为了别的，只是因为《礼记·曾子问》和《史记·孔子世家》都说孔子问礼于老子，孔子是老子的学生。既然学生是个儒，老师不能不也是个儒了；既然孔子被胡适封为"新儒教"的创始者，老子不能不也被封为"老儒""殷商老派的儒"了。当有人依据《史记》孔子世家、老子列传所载世系，提出孔子十三代孙与老子八代孙同时的问题时，胡适怎样来解答呢？他说："此一点任公自己对我说，他梁家便有此事，故他是大房，与最小房的人相差五六辈。我自己也是大房，我们族里的排行是'天德锡祯祥，洪恩育善良'十字，我是'洪'字辈，今日我的一支已有'善'字辈了，而别的一支还只到'祥'字辈。"看看胡适的"历史的态度"和"科学的方法"呀！大房代数多，辈份小，小房代数少，辈份大，所以一族的族长总是出在小房。这是一种最普通的常识，胡适却把常识颠倒了。孔子三十四岁或稍后见老子，当时老子已称老，年龄应比孔子大。即使算是同出一父，老子该是大房，孔子该是小房，传到太史公时，小房子孙却比大房子孙多了四五代，这正说明战国时著《道德经》的老子（李耳）与孔子问礼的老子不是一个人，而胡适举出梁家、胡家牛头不对马嘴的例证算是把问题解决了，多么可笑的"历史的态度"和"科学的方法"！

胡适假设"殷民族"被"周民族""征服"，从而又假设老子是"殷民族"亡国奴的"教士"，是"正宗儒学"、"老儒"、"殷商老派的儒"，这些假设都是为了以便引出主要的假设而假设的。主要的假设是什么？是要假设出一个合乎胡适需要的孔子。

胡适把孔子说成"儒的中兴领袖"。为什么是中兴？照胡适说，因为"孔子的新教义已经改变那传统的儒，形成一种弘毅的新儒"。为什么是领袖？照胡适说，因为孔子"对自己有绝大信心，对他领导的文化教育运动也有绝大信心。他提倡的新儒行只是那刚毅勇敢，担负得起天下重任的人格。"这个"儒的中兴领袖"据说有两大贡献："（1）把殷商民族的部落性的儒扩大到'仁以为己任'的儒；（2）把柔懦的儒改变到刚毅进取的儒。"两大贡献的内容是什么？胡适说孔子是个"有历史眼光的人"，是殷亡以后"历史趋势的最伟大的代表者"，他"认清了那六百年殷周民族杂居，文化逐渐混合的趋势，他知道那个富有部落性的殷遗民的'儒'是无法能拒绝那六百年来统治中国的周文化的了"，所以"他打破了殷周文化的藩篱，打通了殷周民族的畛域"，"大胆的冲破那民族的界限，大胆的宣言：'吾从周'！"所谓两大贡献实际是一个大贡献，即"吾从周"。如果还不很懂得胡适所谓"吾从周"的真意的话，那么，请看他在武汉大学讲的《中国历史的一个看法》（载在1932年12月6日至9日《大公报》）。胡适讲道："殷民族""正在建设文化的时候，西方的蛮族——周侵犯过来了"，把"文化较高的殷民族征服了。这一来，上面的——政治方面是属于周民族，下面的就是属于殷民族。二民族不断的奋斗，在上面的周民族很难征服下面的殷民族。孔子虽是殷人（宋国），至此很想建设一个现代文化，故曰'吾从周'。"所谓"现代文化"是什么？胡适在《说儒》里解答道："其实是接受那个因袭夏殷文化而演变出来的现代文化"，即"几千年的古文化逐渐集积聚演变的总成绩，这里面含有绝大的因袭夏殷古文化的成份的'周礼'。"照胡适说，孔子所以能"从一个亡国民族的教士阶级，变到调和三代文化的师儒"，只是因为他带去了"一份赔嫁妆奁"。这份妆奁是"殷商的古衣冠"、"三年丧服和许多宗教仪节"，"也许还继续保存了殷商的古文字言语",除此以外,都"从周"了。哈哈!胡适所谓"吾从周"的真意还不够明白么?那就是"周民族"经过六百年,还很难"征服下面的殷民族",孔子——"文化教育运动"的"领导"者,"殷宋正考父的嫡系","一般民众心目中已成了一个五百年应运而兴的圣人",凭着他的"历史的眼光",认清了"殷民族"大势已去,"刚毅"地、"勇敢"地、"进取"地、"大胆"地"冲破那民族的界限",放弃"那狭义的畛域观念","宣言"我孔丘实行"'犯而不校'的不抵抗主义",投降"周民族"的政治统治,服从"周民族"的"现代文化",好让"周民族"完成对"殷民族"的"征服"。胡适把孔子捧得高高的,"伟大""博大",赞不绝口,原来因为孔子是个"殷奸"!所谓担起了"仁以为己任的绝大使命",所谓"那自觉的同化,儒很有重大的关系",原来说的是"殷奸"的作用。

胡适涂抹装扮出一个"消极"的"忍辱"的亡国奴老子,为的好烘托出一个积极的无耻的死硬"殷奸"孔子。孔子说了"周监于二代,郁郁乎文哉!吾从周"一句话,被胡适抓住胡纠缠,硬派他充当"殷奸",真是无妄之灾,从那里说起!

《说儒》五万多字,可谓洋洋大篇,点睛却只在"吾从周"三字。胡适为什么要在这三个字上大做文章,且待下面再说。这里先看胡适自诩为"金针"的《醒世姻缘传考证》。

胡适自己说:"我因为不曾考出这书(指《醒世姻缘》)的作者'西周生'是谁,所以六七年不能动手做这篇序。我很高兴,这几年之中,材料渐渐增添,到今天我居然可以放胆解答'《醒世姻缘》的作者是谁'的一个难题了。"胡适把制造这篇考证的经过,"认为可以做思想方法的一个实例",一步一步地写了出来,现在看看他的"思想方法"又叫做"科学的方法"

的那个方法。

第一步，他什么材料也没有，只是看到《醒世姻缘》和《聊斋志异·江城篇》所讲故事有"相同之点"（共八点），认为"得着一个下手的地点"，便做出"凭空设想的一个推论"，"推测《醒世姻缘》的作者也许就是《聊斋》的作者蒲松龄，也许是他的朋友"。

第二步，胡适说："我有了这个大假设，到处寻求证据，但总寻不着有力的证据。民国十八年，我回到北京，买了一部《骨董琐记》，在第七卷里看见一条'蒲留仙'……高兴得直跳起来。"好呵！"一条'蒲留仙'"救了他一条"科学的方法"的命。那条"蒲留仙"是这样说的：《聊斋志异》，乾隆三十一年莱阳赵起杲守睦州，以稿本授鲍以文廷博刊行。……鲍以文云：留仙尚有《醒世姻缘》小说，实有所指。书为其家所讦，至褫其衿。易簀时自知后身即平阳徐昆，登乡榜，撰《柳崖外编》。"胡适在《后记》二里说，寻着了那条"蒲留仙"的"娘家"——杨复吉的《梦兰琐笔》。《梦兰琐笔》注明徐昆事"亦以文云"。鲍廷博在蒲松龄死后五六十年，说有关蒲松龄的两件事。第二件事完全荒唐，第一件中所谓实有所指。照胡适说，指的是王鹿瞻等人，并非势家豪绅；所谓书成为其家所讦云云全非事实，剩下蒲松龄尚有《醒世姻缘》一语，是否传闻失实，至少该怀疑一下吧！张元在蒲松龄死后十一年为蒲松龄撰墓表，列举蒲松龄一生著作。墓表所列有文集、诗集、《聊斋志异》三种，碑阴所列有杂著五种、戏三出、通俗俚曲十四种。可能还有一些不重要的著作或有目无书的书名不列于碑，但长达100万字，蒲松龄六十四五岁还在撰写（照胡适说）的巨著《醒世姻缘》，不容"遗漏"失记，是否蒲松龄实在不曾撰写《醒世姻缘》，至少该考虑一下吧！胡适把可靠性较大的墓表和碑阴，称为"显然有很大的遗漏"，而把展转传闻的鲍廷博所说，当作至宝，说"我凭空设想的一个推论，在几年之后，居然得着这样一条古传的证明"，凭"这样一条古传说"，就宣称："第一次证实"了。胡适所谓"小心的求证"，只是求有利于自己假设的"证"，排斥不利于己的证，这不是很明显的事么？

第三步，有了上面所谓"有力的证据"以后，他还配备些所谓证据，以资装点。什么"这部小说的作者必是淄川或章邱人，他的时代在崇祯与康熙之间。蒲松龄最合这些条件"；什么"蒲松龄是能做写实的土话文学的作家"；什么《聊斋》十几种曲本的特别土话与《醒世姻缘》的特别土话很多相同；都算作证据。好像与蒲松龄同乡同时或较后的人，决不会写《醒世姻缘》似的，蒲松龄以外，决没有人能写"土话文学"和使用"特别土话"似的，其实这都是胡适的凭空假设，并不能证明《醒世姻缘》一定是蒲松龄所作。浪费了写三四万字的笔墨，问题依然停留在原来的凭空假设上，不会有一丝一毫的前进，这就是胡适最得意的一篇考证文字。

我没有看见过《醒世姻缘》这部小说，照胡适说，可以用来研究当时的文学、社会风俗、教育、经济、政治等等。胡适不就这些方面写序文，却宁愿费六七年功夫，做西周生是谁那种其细已甚而且必无结果的考证。这叫做金针度人吧，那就是把人度进牛角尖最深处，一辈子不得见天日。如果被度的人，像胡适那样考西周生六七年，又考然藜子（《醒世姻缘》校定者）若干年，又考环碧主人（《醒世姻缘》弁语的作者）若干年，几个这一考那一考，把考证先生考得须眉皓然，一生差不多断送完了。可怜被金针度与的人们！

　　自明清之际起，考据学曾是一种很发达的学问。顾炎武启其先行，戴震为其中坚，王国维集其大成，其间卓然名家者无虑数十人，统称为乾嘉考据学派。这种考据学使用的是形式逻辑的方法，是形而上学的思维方法。恩格斯在《社会主义从空想到科学的发展》里指出："形而上学的思维方法，虽然在相当广泛的各依附对象的性质而大小不同的领域中是正当的，甚至必要的，可是它每一项都迟早要达到一个界限，一超过这个界限，它就要变成片面的、狭隘的、抽象的，并且陷入不可解决的矛盾。因为它看到一个一个的事物，忘了它们互相间的联系；看到它们的存在，忘了它们的产生和消失；看到它们的静止，忘了它们的运动；因为只见树木，不见森林"。[①] 乾嘉考据学正是这样的一种学问，它在训诂名物方面，确有丰富的成就，可是当涉及较大的典章制度需要作一些历史的说明时，便显得无能为力，更不必期待它能发现什么历史发展的规律了。例如王国维凭藉大量殷墟出土的新资料，在方法的运用上也较为精密，他的《殷周制度论》比起前人所作称为大题目的《井田考》《明堂论》之类的文章来，显然超过了他们。不过《殷周制度论》所使用的方法，正是"不是把它们看做运动的东西，而是看做静止的东西；不是看做本质上变化着的东西，而是看做永恒不变的东西；不是看做活的东西，而是看做死的东西"[②] 那种形而上学的思维方法。殷周两朝制度的不同，看作周公制礼作乐，大改殷制，不从损益演变方面着眼，当然更不会看到社会制度的变化。所以这种考据学只能考察"很小的关系或很短的时间"以内的事物，只能"对于科

────────

　　① 恩格斯：《社会主义从空想到科学的发展》，见《马克思恩格斯选集》第3卷，人民出版社1972年版，第418—419页。

　　② 恩格斯：《社会主义从空想到科学的发展》，第418页。

学的小买卖"有其效力，它的成就部分，只能作为一些可靠材料供历史研究采用。过此以往，那是唯物辩证法的任务了。

至于胡适的考据学，则是另外的一种东西，乾嘉考据学属于形而上学范畴，而胡适的考据学则属于诡辩论的范畴。列宁屡次指出资产阶级诡辩家的手法说："诡辩论者抓住'论据'之中的一个，但黑格尔就已说得很对，人们可以替宇宙万物去寻找'论据'。"[①] 又说："在社会现象方面，没有比胡乱抽出一些个别事实和玩弄实例更普遍更站不住脚的方法了。如果不是从全部总和，不是从联系中去掌握事实，而是被片断的和随便挑出来的，那么事实就只能是一种儿戏或者甚至连儿戏也不如。"[②] 胡适就是这伙诡辩家中的一个。胡适的哲学是专为反对马克思列宁主义反对中国无产阶级领导人民革命而贩运来的实用主义。胡适的治学态度是专为迷惑书呆子和一些幼稚学生而贩运来的"历史的态度"，即极端不老实的态度。胡适的治学方法是专为颠倒是非毁灭真理而贩运来的"科学的方法"，即主观唯心主义的思想方法。说到贡献么，胡适的学术对帝国主义封建主义官僚资本主义确有重大的贡献，而中国知识分子主要是资产阶级思想的知识分子却吃了他的大苦头。这些，都是和乾嘉考据学不同的。纵然胡适在考生卒（如蒲松龄年 76 岁）、世系（如曹雪芹是曹寅的孙子，曹頫的儿子）等琐碎问题上不无考对的地方，但丝毫也不能掩盖他的诡辩论的本质，也不能因为他推崇乾嘉考据学而认为他们做的是同样的考据学。胡适从美帝国主义御用哲学家杜威那里学来了诡辩论手法，得到美帝国主义

---

① 《列宁文集》第 4 册，第 60 页。

② 《列宁全集》第 23 卷，第 279 页。

金钱的支持和蒋介石匪帮屠刀的保护，开场卖艺，大显身手。可笑得很，他这副身手，不要说在鲁迅笔锋讨伐下，口称"不理"的那种缩头相，固然可笑，就是他本人派下的一些人，在老子年代问题上略略提点不关重要的相反材料，他的"科学的方法"便招架不住，窘态可掬。胡适自己用"思想系统""思想线索""义合"等"科学的方法"证明老子在孔子之前，他的派下人用同样的方法证明老子远在孔子之后，而且提出的所谓证据比胡适的多了好多倍。胡适强辩得舌敝唇焦，终于哀鸣道："这种方法可以说是我自己'始作俑'的，所以我自己应该负一部分的责任。我现在很诚恳的对我的朋友们说：这个方法是很有危险性的，是不能免除主观的成见的，是一把两面锋的剑可以两边割的。你的成见偏向东，这个方法可以帮助你向东，你的成见偏向西，这个方法可以帮助你向西。如果没有严格的自觉的批评，这个方法的使用决不会有证据的价值。"[①] 好呵！这个方法是可以两边割的，不作别用，只作帮助成见之用的，这一点所供是实。但是其余供辞并不够老实，所谓"如果没有严格的自觉的批评，这个方法的使用绝不会有证据的价值"是什么意思？替他说个明白，就是胡适既然向了东，派下人就该严格的自觉的不再说向西，否则眩眼法败露，确实决不会有证据的价值，因为这种证据只是些举例游戏。变戏法的人，当着观众哼哼哈哈，煞有介事，再加上助手们从旁喝采助势，观众愈多，戏法变得愈起劲，最怕的是有人在后面戳穿他的秘密。胡适在老子问题上秘密被派下人不自觉的戳穿了，怎么不哀鸣呢！

　　胡适这个哀鸣，就是宣告他的"科学的方法"彻底破产。

---

　　① 《评论近人考据老子年代的方法》，见《胡适论学近著》，第1集，卷1。

胡适有了自供，现在可以考案胡适写《说儒》的成见是什么？"吾从周"为什么成为《说儒》篇的点睛处？

"中国不亡，是无天理"是胡适的最大成见之一。"吾从周"（写《说儒》时周字是日本帝国主义的代替字）是胡适政治行动的公式。日本帝国主义来了很好，美帝国主义来了更好，这个公式总是适用的。胡适要证明自己这个成见并宣布行动公式，用力写出这一篇以考据为形式的政治论文《说儒》。《说儒》与傅斯年《周东封与殷遗民》有密切关系。傅斯年在《周东封与殷遗民》篇前写了几句话，摘录如下："日本侵辽东，心乱如焚。……此章（指《周东封与殷遗民》）大约写于十九年冬或二十年春，与其他数章于二十年十二月持以求正于胡适之先生。……今春（指民国二十三年春）适之先生已于同一道路上作成丰伟之论文……而适之先生勉以同时刊行，俾读者有所参考。今从其命，并志同声之欣悦焉。"傅斯年以《周东封与殷遗民》为题，借孔子来表示自己对日寇侵入，中国灭亡后的态度。他引了一些《论语》、《檀弓》所记孔子的话，作出论断说："这些话都看出孔子对于殷周一视同仁，殷为胜国，周为王朝，却毫无宗周之意。所谓从周，正以其'后王灿然'之故，不曾有他意。"把这些话翻成老实话，就是傅斯年说，中国灭亡后，我对中日一视同仁，但并不算真心投降日本。我的从日，只是因为日本"后王灿然"地统治了中国，我并不会有其他的意图（！？）。从傅斯年说的话看来，如果真的不曾有他意的话，他采取的态度是亡国奴顺民的态度。胡适认为这种"消极""柔逊"的态度应改为积极进取的态度，有"于同一道路上作成丰伟之论文"的必要，《说儒》就这样作成了。胡适把自比孔子的傅斯年改比老子，自己装扮成称为"儒的中兴领袖"的孔子，准备担起"绝大使命"，"刚毅勇敢"（死硬）地打破中日文化的藩篱，打通中日民族的畛域，在"自觉的同化"（全盘日化、全盘西化都可以）上发生"很大的关系"（作用）。这不是态度十分死硬的汉奸卖国贼是什么！胡适不是"发明"过"周民族"经 600 年之久还是"征服"不了"殷民族"么，他便毛遂自荐向日本帝国主义献策："日本只有一个法子可以征服中国，那就是……征服中国民族的心。"① 日寇要"征服中国民族的心"，当然非借重"领导文化教育运动"的当今孔子胡适不可，胡适的身价当然可以涨价万倍。也许是日本帝国主义比美帝国主义愚蠢，没有出价来购买这个奴才；也许是日本帝国主义比美帝国主义聪明，看透这个奴才的不中用。不管两个帝国主义谁愚蠢谁聪明，反正胡适是一个装扮成当今孔子待价而沽的汉奸卖国贼。凡是《说儒》篇里描写颂赞孔子的辞句，都是胡适自道也。胡适描写孔子"从周"的情形是穿戴着"殷服"，"带着许多宗教仪节"（风俗习惯），"也许还保存殷商的古文字言语"，接受周的"现代文化"（"周礼"）。这是一张活现的胡适照片。胡适在《充分世界化与全盘西化》里说，他"穿着长袍"（等于孔子的殷衣），"踏着中国缎鞋子"（相当于孔子的殷冠），"用的是钢笔"（等于孔子用周人所制毛笔），"写的是中国字"（即孔子的"也许保存殷商古文字言语"），"谈的是西化"（洋奴文化、"全盘西化"、"充分世界化"、"全力现代化"都是一样，等于孔子的"周礼""现代文化"），胡适用自己的假设证明自己真的是当今孔子。"沽之哉！沽之哉！我待贾（善价）者也。"这一条胡适算是学会了，可是严夷夏之辨的孔子并不曾教人待汉奸卖国贼的卖身价。胡适硬要窃比于孔

---

① 《日本人应该醒醒了》，见《独立评论》，第 42 号。

子，到底是什么原因。说他想用孔子作遮羞布吧！胡适根本不知道羞耻，用不着这条布。说他用孔子作挡箭牌吧！胡适决心要当"刚毅勇敢"的死硬汉奸，根本不怕唾骂，用不着这块牌。那么，惟一的原因只是借孔子来抬高自己的身价，以便在卖身契上多写几文钱。如此而已，岂有他哉。这里可以得出一个公正的判决来了，即胡适是卖国求荣的文汉奸头子。

胡适想当一名汉奸卖国贼，早在留学美国的时候，思想上已经有了充分的准备（见胡适民国4年3月1日、5月9日日记）。回国以后开始了他的待价时期，他为帝国主义特别是为美帝国主义大卖力气，进行一系列的反革命活动。这些活动是：（一）装扮成学者面目，以提倡学术为名，把持文化教育部门，形成相当广泛的胡适派。蒋廷黻、傅斯年一流的文化买办，是胡适派的核心，他们的任务是协同胡适作反革命的政治活动；另一部分则多是迷信所谓"纯学术"的老少书生，他们因慕胡适之名，向其学习，被胡适拉入派内或发生多少不等的关系，客观上成为胡适派的参加者或同情者。这两部分人在胡适看来，各有用处，都是"吾从周"的政治资本。（二）竭尽全力为帝国主义主要是为美帝国主义服务，颂德歌功，色色俱全。他公然传播亡国论，替主子们培养汉奸和顺民。他善于看帝国主义颜色行事，有时对封建主义官僚资本主义也表示某些不满，以讨好主子并用以迷惑一般人的视听。（三）竭尽全力反对马克思列宁主义，反对中国共产党和中国人民革命，明枪暗箭，应有尽有。凡是属于历史上社会上一切积极因素，胡适无不对之咬牙切齿，必欲加以破坏而后快意。虽然在鲁迅率领下的文化新军阵前，这个自称"领导文化教育运动"的胡适被打得一败涂地，但他的反革命野心仍然是死不甘休。郭沫若在《三点建议》里指出："他和蒋介石两人一文一武，难兄难弟，倒真是有点像'两峰对峙，双水分流。'"事实正是这样，一个文的胡适，一个武的蒋介石，半斤对八两，是一双孪生的卖国贼。胡适组织派系，奉承帝国主义，一力反对中国人民革命，总的目的只有一个，就是卖国求荣。

　　胡适卖国求荣的行动和他的"历史的态度"是分不开的。上面说过，他的"历史的态度"之一是"达尔文主义"的"历史的态度"。恩格斯指出达尔文关于"自然选择或最适者生存"的学说是错误的。恩格斯说，最强者能留存下来，但同时最弱者的在某些方面也能如此。达尔文本来说的是动植物界的生存斗争，恩格斯指出，这种斗争事实上是在植物界的一定发展阶段上和动物界的低级发展阶段上发生的。达尔文用来说明一切动植物的生存斗争，当然是错误了。实用主义者硬把它搬到人类社会里来应用，藉以反对阶级斗争，因而成为最反动的哲学。胡适生在半殖民地的中国，他深信弱者的肉必然是强者之食，帝国主义是强者，它们食中国是"天理"。"中国不亡，是无天理"，就是这样发明出来的。胡适想生存，想做一个"最适者"，除了积极地为帝国主义服务，争取当一名汉奸卖国贼头子，再也无法符合于"最适者生存"的"天理"，他的死硬态度，就是这样产生出来的，胡适是个文人，因之在文化学术部门里大肆活动。他全力破坏毒害中国的文化学术，历史学当然也不能例外。他在历史学上散播了许多毒物，这里予以初步的揭露，虽然只是初步的，但已足够骇人的了。

　　胡适自己说有"历史癖"，我看，他癖是有的，但不是普通历史学者爱好历史的所谓癖，而是胡适所特有的破坏历史癖。他这个癖和他的洋奴身份分不开，像他这样的洋奴对中国历史应该有这样的癖。帝国主义统治殖民地，一定要消灭和歪曲殖民地国家的历史，以便殖民地国家的人民遗弃其祖国，安心当帝国主义的奴隶。中国是半殖民地国家，帝国主义还不便自己出面太畅所欲为的来破坏（虽然他们也已经大肆破坏）中国历史，挂着学者招牌的胡适替它来干这件事，显得很合适。胡适破坏中国历史的癖就是这样产生的。他说："胡适自己常说他的历史癖太深，故不配作革命的事业。"① 这句话不是十分难懂么？如果把所谓"历史癖太深"读作破坏历史癖太深，那就十分好懂了。

胡适散播毒物破坏中国历史是采取这样的办法的：

第一，去头空足脔割其身。

何谓去头？恩格斯指出："这是太古时代，无论如何总是历史的时代。它对于一切将来的世代，都将有巨大的兴趣，因为它建立了全部以后更高发展的基础。"② 中国是世界文明发达最早的一个国家，根据地下发掘的材料，中国历史可以上溯到四五十万年以前。从旧石器时代到新石器时代，虽然中间还有不少空白处，但比较上说来，中国历史的太古部分是记载人类社会从猿人逐步发展的一部最完整的历史。地下材料配合古史以及神话传说中的真实部分，说明氏族社会末期奴隶社会初期的历史也是形迹显然的。胡适挥动武断的刀，断言"中国有历史的时期自商周始，"③ 商周以前的历史一下子都被砍掉了。一部分考古工作被规定为孤立的与历史无关的技术性工作，客观上有助于胡适的主张。照胡适的说法，龟甲文字是"原始象形的文字，这文字是很笨的图画，全不能达抽象的意思，只能勉

---

① 《文学革命运动》。
② 《反杜林论》，三联书店 1954 年版，第 139 页。
③ 《中国历史的一个看法》，载 1932 年 12 月 6—9 日《大公报》。

强记几个事物的名词而已。"①事实上甲骨文字是经历了长期发展过程的产物,谁也不能否认,甲骨文以前,文字早就发明了。《尚书·多士篇》,周公对殷士说:"惟尔知惟殷先人,有册有典,殷革夏命。"这能说是"只能勉强记几个事物的名词"么?照胡适说,"周是西方的蛮族",文化比"殷民族"还要低。如果真是这样,西周初《尚书》所载文诰和《周颂》诗篇也是假的么?胡适砍掉中国历史的头,还要在断脖子上再加一刀,劈成两半,凭空捏造出殷周两个"民族"两种文化,割断并搅乱一脉相传的种族和文化,暗示人们周是侵入的"蛮族",殷是来历不明的"民族",殷周先例具在,现在也何妨让外族侵入。当然,作为学术上的一个问题,不妨提出殷周不同族的意见以供讨论,至于胡适所说,乃是一种政治阴谋,这就必须予以斥责,以免谬说继续流传。胡适用心之恶毒如此,然而他尤其恶毒的用心还在下面。

何谓空足?中国自鸦片战争失败以后,帝国主义结合中国封建地主阶级买办资产阶级一步深入一步地侵略中国,一心想变半殖民地的中国为完全殖民地的中国。蒋介石匪帮篡夺政权建立起亚种法西斯统治以后,中国形势愈益危急。这个匪帮与帝国主义主要是与美帝国主义更加沆瀣一气,仰赖帝国主义的支持,全力进攻中国共产党领导的人民革命,誓必灭亡中国而后快意。但是,中国人民对反革命斗争从来是英勇顽强的,特别是在获得中国共产党的领导以后,革命形势蓬勃地向前发展。经过30年的艰苦奋斗,终于驱逐了帝国主义,消灭了封建主义官僚资本主义,中国从亡国危境中屹然站立起来,成为伟大的

---

① 《中国历史的一个看法》,载1932年12月6—9日《大公报》。

国家。这部革命的中国人民和中外一切反革命生死搏斗的近百年史，不仅是中国全部历史中的精华所在，而且和俄国伟大十月社会主义革命的胜利史同为全人类历史中的精华所在。光荣的中国古代史有这一部更光荣的近100多年来的历史继续着，所以中国的人民历史是光荣的。胡适，这个中国历史的破坏者，他可以割掉中国历史的头，说"中国有历史的时期自商周始"；但无法割掉中国历史的足，说中国无历史的时期自鸦片战争始，因为活生生的事实摆在人们的眼前，怎么也是骗不过去的。他要达到破坏的目的，玩了一套无耻抵赖的办法，硬把近100多年的历史内容全部抽空，宣称中国没有封建势力，也没有帝国主义的侵害。他又否认中国有资本主义和资产阶级。他这样说，不只是替资本主义资产阶级打掩护，主要还是为官僚资本主义买办资产阶级打掩护。他要使人觉得没有资本主义资产阶级，自然也没有官僚资本主义买办资产阶级。他既然认为中国革命的对象根本不存在，那么，革命当然也根本不存在，100多年来中国人民的英勇斗争，特别是中国共产党领导的新民主主义革命不能不是"五大敌"里最大的一敌"扰乱"了[①]。所谓"扰乱"，胡适在《答梁漱溟先生》里自供说："近年各地的共产党暴动，又何一非长衫同志所煽动组织的？"照胡适的说法说来，中国旧民主主义革命史是洪秀全、孙中山等"文人所造成的""扰乱"史，新民主主义革命史是中国共产党"长衫同志所煽动组织的""扰乱"史。胡适只承认不"侵害"而且有"恩惠"于中国的帝国主义是存在的，但他们是被"扰乱"者，而100多年来中国人民不屈不挠、再接再厉的革命斗争则是"扰乱"者，

---

① 《我们走那条路》，见《胡适论学近著》，第1集，卷4。

他和他的徒党讲中国近一百多年的历史就是这样讲的，这不是汉奸卖国贼的口吻是什么呢！

何谓脔割其身？胡适既割去中国历史的头，又抽空中国历史的足，对周秦以至鸦片战争以前的一段，自然也不能放过他的毒手，使它得保存本段的完整性，那怕是封建主义历史学家所能做的纪传体、编年体、纪事本末体的那种"完整性"。胡适的毒手，一种是按照他的需要，把历史任意"装扮涂抹"，连时间地点都可以随手摆布，当然更反对历史本身存在着的发展规律。例如《说儒》是他"吾从日"的卖身白契。他需要一个"殷民族"亡国奴和一个"殷奸"替自己作先例，就把战国时候楚国苦县历乡曲仁里隐君子号称老子的李耳割下来，黏贴在春秋时候周国史官、孔子之师老子的地位上，把"因阴阳之大顺，采儒墨之善，撮名法之要"①的道家学派割下来，黏贴在儒家学派之前，作为孔子学说之所自出。这样，饰亡国奴的老子和饰"殷奸"的孔子一个接一个的登场了。这与历史事实有什么相似处呢？一丝一毫也没有。另一种也是最通行的一种是把胡适式考据文当作历史研究，他教人专找些秋毫大的题目来钻研，例如《醒世姻缘传考证》是胡适用以示范的得意文字。它考一个西周生是谁的问题，不要说考得毫无结果，即使考出结果来，有什么意义呢？一丝一毫也没有。大骗子胡适一人倡之，受骗者千百人和之，各拿一把刀，在中国历史的身上东割下一小块肉来钻钻，西割下一小片皮来研研。胡适早就说过，一个字义的发明，等于发见一颗恒星，何况一小块一小片比一个字总要大一些，怎能不令人抱着希望，

---

① 司马迁：《史记·自序》。

在"一点一滴都是进步，一步一步都可以踌躇满志"①的欺骗下甘愿付出毕生精力而不悔。

胡适对中国历史下了去头空足脔割其身的毒手，其目的何在呢？目的在于闭塞学历史的人的耳目，使他们没有可能去认识历史发展的规律性，也就没有可能去接受马克思列宁主义的革命真理。反之，使他们接受主观唯心主义的反动历史观，作胡适的助手，至少可以安眠在唯心史观里，不会开眼看见胡适和一切反革命所最骇怕的历史规律性。

第二，仇视祖国，反对爱国主义。

中国人民自遥远的古代起，各族祖先就在中国广大的领土上创造财富和文化，创造自己的历史。即使中国国土真是贫瘠的，也不能因其贫瘠而不爱，何况中国是自然条件非常优越的国度。中国历史确有很大的一部分是黑暗史，那是历来剥削阶级所造的罪孽，人民自己的历史则是英勇奋斗文物灿烂的光明史，人民自然要热爱自己的历史。胡适站在完全反人民的立场上，对祖国的土地和历史采取仇视态度，自己证明不是中国人而是帝国主义主要是美帝国主义的走狗。他把中国看作"一座破碎的舞台"，生在中国的人从古以来都是活该倒灶。他说："剧中的主人是姓中名华——老中华。舞台是'中国'，是一座破碎的舞台——穷中国。老天给我们祖宗的，实在不是地大物博，而是一块很穷的地方。金银矿是没有的，除东北黑龙江和西南的云贵一部分外，都是要用丝茶到外国去换的。煤铁古代是不需要的。土地虽称广阔，然可耕之地不过20%，而丝毫无用的地却有三分之一。所

---

① 《我们对于西洋近代文明的态度》，见《胡适文存》，第3集，卷1。

以我们的祖宗生下来，就是在困难中。"① 照胡适的说法，耕地不过 20% 不算地大，没有金银矿不算物博，这"一座破碎的舞台"是不值得爱护的，帝国主义要它，奉送就是了。试问帝国主义为什么千方百计要夺取这"一座破碎的舞台"？试问胡适当作天国的美国，是否每州都有金银矿？胡适崇拜金银丧心病狂到如此地步，不是汉奸卖国贼还能是什么！

中国有悠久丰富的历史遗产，这种遗产必须经过历史唯物主义的批判，才能吸取它的有价值的成果，盲目颂古是错误的。胡适却把历史遗产一笔勾销，奴颜婢膝地歌颂帝国主义的历史，特别是歌颂美帝国主义历史。他说中国从"周秦时代"以来就是"百事不如人，不但物质上不如人，不但机械上不如人，并且政治社会道德都不如人。"② 又说，从"二千多年前"以来，"我们所有的，欧洲也都有；我们所没有的，人家所独有的（一派胡说，连文字也是不通的！），人家都比我们强。"③ 胡适宣扬十足反动的世界主义，力图贬黜中国历史为西欧历史的附庸。他以为西欧有过的，中国才能有或未必有，西欧没有的，中国也不可能有或虽有而不值得一提，反正"人家都比我们强"。他奉西欧历史为模型，拿中国历史照样来比附，胡比附一番以后，算是有了根据。他替资本主义发送"早已在二千年前崩坏"④ 的讣告，就是比附欧洲封建社会的形式为根据的。马克思列宁主义的研究方法完全不是这样。马克思列宁主义确认任何民族的历史一般的都遵循着社会发展的共同规律，但是，同一性在

① 《中国历史的一个看法》，载 1932 年 12 月 6—9 日《大公报》。

② 《请大家来照照镜子》，见《胡适文存》，第 3 集，卷 1。

③ 《信心与反省》，见《胡适论学近著》，第 1 集，卷 4。

④ 《我们走那条路》，见《胡适论学近著），第 1 集，卷 4。

自身中包含着差别性，即使一个细胞，在其生存的每一瞬间，既和自己同一而又和自己相区别，何况是不同民族的历史，怎么能若合符节呢？所以，各民族历史发展的规律性，一定是要通过各民族的特点以不同的形式表现出来，决不能削一个民族历史之足去适别个民族历史之履。当然，胡适是否认这些道理的，他把历史看作可以任意涂抹装扮的女孩子，按照世界主义的需要，硬造"百事不如人"的谬论。他举出这样的例来作证明：他说，中国有孔子、孟子，同时欧洲有亚里士多德、欧几里德。亚里士多德研究植物学，欧几里得研究几何学，所以孔子、孟子比不上他们。孔孟既然比不上，"周秦时代"以后的"百事"也都比不上了。多么出奇的比附！

胡适用比附法贬黜祖国的土地和历史，意图是很显然的，就是，在这"一座破碎的舞台"上演"悲剧"的那个"姓中名华"的"剧中主人"，从古到今都不曾演过好戏，快下台吧，应该连舞台连演员一起让帝国主义来管理。胡适歌颂帝国主义主要是美帝国主义如天如神，确是衷心的欢迎它来管理。他说："中国这个国家是最野蛮的国家"，"我们深深感谢帝国主义者，把我们从这种黑暗的迷梦里惊醒起来。我们焚香顶礼感谢基督教的传教士带来了一点点西方新文明和新人道主义，叫我们知道我们这样待小孩子是残忍的、惨酷的、不人道的、野蛮的，我们十分感谢那班所谓'文化侵略者'提倡天足会、不缠足会，开设新学堂，开设医院，开设妇婴医院。"[①] 帝国主义"带来了一点点新文明和新人道主义"，胡适感谢得"焚香顶礼"，如果帝国主义灭亡了中国，实行"全盘西化"，并且实行把胡适、

---

① 《慈幼问题》，见《胡适文存》，第3集，卷9。

蒋介石全伙汉奸卖国贼从中国人民革命的火焰里救出来的"新人道主义",胡适能不感谢天神,磕头如捣蒜,岂仅"焚香顶礼"而已。

祖国的土地被胡适装扮成为"一座破碎的舞台",祖国的历史被胡适涂抹成为一团黑漆,"老祖宗造孽太深,祸延到我们今日。"① "青年一辈人全不明白祖宗造的罪孽如何深重,所以他们不能明白国家民族何以堕落到今日的地步。"② 胡适企图把"青年一辈人"对帝国主义、封建主义、官僚资本主义的仇恨转移到自然环境和"老祖宗"身上。而"老祖宗"是谁呢?胡适既然替秦桧辩护,捧曾国藩、李鸿章之类为"社会重心",显然造孽的不是他们,也不是他们的子孙蒋介石。那么,"造孽太深"的"老祖宗",只能是历史上的民族英雄、革命领袖和创造历史的劳动群众了。"老祖宗""祸延到我们今日",照胡适说来,"我们"只好在"种瓜得瓜,种豆得豆的因果铁律"③ 下,低首认罪的去接受帝国主义及其走狗的统治,祖国是不值得爱的,爱国主义是反"因果铁律"的。胡适如此明目张胆,仇视祖国,不是汉奸卖国贼还能是什么!

第三,一切为了反对阶级斗争。

胡适的"历史的态度"是以"一点一滴的进化"来反对革命的,以"生存竞争"来反对阶级斗争的,以弱肉强食为"天理"的,以"一切都是假设"来否认客观真理的,一言以蔽之,是以反对阶级斗争为中心思想的反革命主义——实用主义。

中华民族是富于革命传统的民族,历史上汉族和各族的农

---

① 《惨痛的回忆与反省》,见《胡适论学近著》,第1集,卷4。

② 《三论信心与反省》,见《胡适论学近著》,第1集,卷4。

③ 《信心与反省》,见《胡适论学近著》,第1集,卷4。

民起义，大小不下数百次之多。中国劳动人民是进行阶级斗争的老手，任何一个反动统治都被他们推翻了，因之产生了很多的民族英雄和革命领袖。这个光荣的革命传统，到旧民主主义革命时代，有很大的发展；到了新民主主义革命时代，在中国共产党领导下的阶级斗争，已经发展到足以消灭帝国主义及其走狗在中国的统治，推动中国社会进入新的历史阶段。胡适像土拨鼠怕见太阳那样，不敢睁开它那双无光之眼去正视这个事实，他只好使用一些卑劣手法来颠倒黑白混淆视听。他称太平天国起义为"太平天国之乱毁坏了南方的精华区域，六七十年不能恢复"，那么，历史上所有农民战争都是"破坏""精华区域"的"乱"了。他不敢公开斥责岳飞，却替秦桧辩护，那么，狡诈的把历史上所有民族斗争（本质上是阶级斗争）都看作不明大势的妄动了。否认历史上的阶级斗争借以否认当前的阶级斗争，这是胡适的第一种手法。他说，中国封建主义在两千年前已经崩坏，西汉是"资本主义初发达时代，"[1]"王莽一班人确是社会主义者"，王莽的"魄力和手腕还在王安石之上。"[2] 他拿几个名词随口胡诌，企图使人觉得中国早没有"封建社会"，"资本主义"也早"发达"过，"社会主义"行不通，"社会主义者"王莽因此头被"商人砍去"，尸首被"军人脔分"。"王莽受了一千九百年的冤枉"，幸亏我胡适替他做了"公平的论定"。既然自己毫无成见，对"社会主义者王莽"做了一千九百年以来惟一的"公平论定"，那么，我胡适的"公平"是无可置疑的了；那么，我胡适反对中国共产党领导反帝反封建的革命，也是"公

---

① 《司马迁为商人辩护》，见《胡适论学近著》，第1集，卷5。

② 《王莽——一千九百年前的一个社会主义者》，见《胡适文存》，第2集，卷1。

平"无可置疑的了。伪造历史，借以否认当前阶级斗争的革命理论，这是胡适的第二种手法。他说："我们离开封建时代太远了"，意思是在否认还有地主阶级存在；"科举盛行以后社会的阶级已太平等化了，"[①] 意思是在否认还有被压迫阶级存在。照他的说法，中国并没有阶级，所以不能有阶级斗争。革命只是"我们要打倒五个大仇敌"中之一的"扰乱。"[②] 否认阶级的存在借以否认阶级斗争，这是胡适的第三种手法。胡适这个土拨鼠总算是想尽办法了，可是客观存在着的阶级和阶级斗争，丝毫不曾因为被否认而不存在不发展，相反，恰恰证明胡适反革命的阶级立场十分坚顽。

在阶级社会里，阶级斗争是社会发展的动力，一切反革命阶级最怕的也就是这个阶级斗争，看胡适想尽各种卑劣手法来否认阶级斗争，就可以看到一切反革命阶级在阶级斗争论面前发抖的丑恶相。

自称有"历史癖"的胡适，就是这样来破坏中国历史的。胡适在《论学近著自序》里说："第四卷是我近年对国内几个重要的思想问题发表的文字。青年读者若嫌这一集的考据文字太沉闷了，他们最好是先读这一卷。这一卷的文字最容易读；并且这里提出的一些思想问题，也都是值得大家平心静气的想想的。"所谓"都是值得大家平心静气的想想的"第四卷都是些什么文字？都是亡国论的毒物。胡适有步骤地先教人接受亡国论毒物，然后，中毒深的可以接受他的以《说儒》为代表的"考据文字"，中毒浅的可以接受他的以《醒世姻缘传考证》为代表的"考据文

---

① 《惨痛的回忆与反省》，见《胡适论学近著》，第 1 集，卷 4。

② 《我们走那条路》，见《胡适论学近著》，第 1 集，卷 4。

字"。是否读过《论学近著》，先读的是那一卷，接受的是那一种，接受是自觉的还是不自觉的，都无须在这些事情上考究。

胡适在文化教育界活动了30多年，一贯地散播他的毒物，他的"历史的态度"和"科学的方法"对旧史学界发生影响是势所必然的。胡适如此露骨的破坏中国历史，很少听说有人出而反对，足以说明他的影响之大。不过这并不是奇怪的事。胡适的大肆活动，并不是一种偶然的现象，而是整个历史时代的社会产物。中国正当革命与反革命各自决定命运的紧急关头，反革命方面自然要产生文的胡适武的蒋介石两个反革命头子，而他们也必然要影响一批人。但是，史学界虽然受了胡适的影响，在思想上却是和胡适有根本的区别，那就是胡适是个汉奸卖国贼，而史学界除了极其少数的文化买办不算，一般都具有爱国主义思想，即使那些一时跟着胡适跑走的人，其中怀念祖国，盼望早日脱离罗网的还是占绝大多数。这是被证明和将被证明的事实，丝毫不容怀疑的。过去史学界之所以接受胡适的影响，也是整个历史时代的社会产物。史学界和其他文化界一样接受胡适影响有其复杂的原因：总的原因是在中国半殖民地半封建社会里，开办学校，目的在传播反动文化。因之知识分子特别是上层知识分子思想上含有很大成份的资产阶级思想，同时又和封建思想买办思想有多少的联系。社会条件促使这些思想发展起来：第一，中国自鸦片战争失败以后，帝国主义侵略愈来愈急，亡国大祸逼在眼前，知识分子看不出国家还有什么转机，因而产生严重的民族自卑感。第二，清末政府以至蒋介石政府，一个比一个更黑暗更丑恶，知识分子看不出国家还有什么希望，因而产生不满现状，索性闭眼不看的怯懦心理。第三，中国希望是有的，那就是中国共产党领导的人民革命。可是知识分子，一般是害怕革命的，有些是憎恶革命的，再加上蒋介石匪帮在文化思想上的摧残压迫，远过于清朝的文字狱，更使得知识分子不敢接近革命运动，因而宁愿在蒋介石统治下苟安度日。胡适利用第一个弱点，公然为帝国主义主要是美帝国主义高唱赞美歌，听的人也就觉得颇有道理了。胡适利用第二个弱点，装出"愤慨"的样子，公然叫出"中国不亡，是无天理"的吠声，听的人也就觉得不甚刺耳了。胡适利用第三个弱点，提倡"一点一滴"的改良主义，听的人也就觉得可以同意了。胡适利用这三个弱点，这才有可能顺利地引导不少的知识分子进入"纯学术"之门。

所谓"纯学术"，含义就是做考据工夫，它的前身是乾嘉考据学。清朝士人慑于文字狱之暴力，一部分人逃往故纸堆里，专心做考据，久而成为风气。他们躲避现实惟恐隔离得不够遥远，民族大义惟恐抛弃得不够干净，头脑的空虚不亚于八股先生。这些人中间，虽然有的在考证训诂名物上曾经做出了一些成绩，但就乾嘉考据学本身来说，和理学、八股、桐城古文之类同是协助清朝统治的工具。乾嘉考据学与胡适的考据学都是提倡为考据而考据，或者说为学术而学术。不过，乾嘉考据学必须先读若干部必要的书，然后在许郑束缚下做他们的考据工夫；而胡适的考据学，只要领会"大胆假设，小心求证"的诀窍，什么东西都可以随心所欲的考出来。胡适的考据学给乾嘉考据学开出新局面，实际上也是恢复并发展八股学的老局面。胡适继承旧文化的最坏部分，再加上贩运来的"科学的方法"，这就出现了胡适派的"纯学术"。

醉心于"纯学术"的人，头脑一般是空虚的，胡适乘机给他们灌"历史的态度"的毒汁。一切反动的东西，如亡国论、历史多元论、"生存竞争"说、世界主义、社会的不朽论以及托匪的邪说等等，胡适全拿来作实用主义的历史观点，以"纯学术"的形式浸润或输进"纯学术"者的心脑。即使这样，胡适对"纯学术"者还是不放心，怕偶尔有人考到像太平天国运动那种问题时，难免从考据接近革命。他给考据者划地为牢，规定考据的范围，例如考证《红楼梦》"只须根据可靠的版本与可靠的材料，考定这书的著者究竟是谁，著者的事迹家世，著书的时代，这书曾有何种不同的本子，这些本子的来历如何。这些问题乃是《红楼梦》考证的正当范围。"[1] 仅仅在考证方面，就限制出这样的一个"正当范围"，越出一点就不算正当。确有不少人恪守范围，可称出于诚意。而胡适怎样对待他们呢？蓄意让他们当亡国奴。胡适教他们学"德国大文豪葛德"和"德国大哲学家费希特"，据说，这两个人都是在外国兵打进德国的时候，关着门做学问的[2]。但是，当中国人民解放军包围北平的时候，胡适便插翅飞走了。这倒不必去说他，最可恨的是他恨不得把所有史学家都插上翅膀飞走。外国侵略军来了可以关门不管，中国人民解放军来了，便要人飞走，这不是安心教人要当亡国奴不要当中国人民么？胡适提倡"纯学术"，原来是准备出卖"纯学术"者当亡国奴的，"纯学术"原来是服务于反革命政治的，这不是很明显的事么？

中国解放以后，特别是经过几次思想改造运动以后，胡适的反革命政治面目，在史学界里一般是认识出来了。但在学术问题上，还有一些人守住"纯学术"的堡垒，以为考据是学术、是史学，运用马克思主义来研究历史，只是一种政治论文或宣传文字，不能算是学术。这是完全谬误的想法。作如是想的人，无疑是中胡适毒甚深，至少是保存余毒很多。这当然不是说他们对胡

---

① 《红楼梦考证》，见《胡适文存》，第1集，卷3。

② 《爱国主义与求学》。

适还有什么留恋，胡适这条腐鼠，早就人皆掩鼻的了。他们之所以还作如是想，主要是因为资产阶级唯心主义的那一套用惯了舍不得放弃，从而也无法去学习辩证唯物主义和历史唯物主义，结果不得不在胡适"纯学术"那个废墟上充当一名守兵。事情很明白，尽管自己与胡适学派上不同、来源上各别的宣告是出于诚意的，但不从切实批判资产阶级唯心主义思想着手，想和胡适思想真正分家是不可能的。

也有些人是真心诚意学习马克思主义的，但是，或者是因为还保存着唯心主义思想的老根，或者是因为用考据的方法（乾嘉的胡适的都一样）来学习马克思列宁主义，把活的马克思列宁主义变成死的马克思列宁主义。形变质不变，或变得不多，依然逃不脱唯心主义的范围。他们虽然主观上站在马克思列宁主义方面，实际上仍不免不自觉地与胡适思想阴沟暗通，这种病症，是我们必须十分警惕的。

我们史学工作者，在中国建设社会主义社会的伟大事业中，应该而且必须担负起自己应有的一部分责任。而这首先要彻底批判胡适实用主义思想和一切其他资产阶级唯心主义思想，同时建立起辩证唯物主义的世界观才有可能。一般学习历史的人，特别是做"纯学术"的人，往往以为学历史无须学哲学。他们没有从过去不曾学实用主义哲学而终究参加（当然有些是不自觉的）了胡适派的痛苦教训中取得经验，怎么能指望今后的进步呢！这里必须深切体会恩格斯在《自然辩证法》里给我们的教训。恩格斯说道："自然科学家相信：他们只有忽视哲学或侮辱哲学，才能从哲学的束缚中解放出来。但是，因为他们离开了思维便不能前进一步，而且要思维就必须有逻辑范畴，而这些范畴是他们盲从地从那些被早已过时的哲学的残余所统治着的所谓有教养者的一般意识中取来的，或是从大学必修课中所听到的一点儿哲学（这种哲学不仅是片断的东西，而且还是属于各种不同的和多半是最坏的学派的人们的观点的混合物）中取来的，或是从无批判地和杂乱地读到的各种各样的哲学著作中取来的，所以他们完全作了哲学的奴隶，遗憾的是大多数都作了最坏的哲学的奴隶，而那些侮辱哲学最厉害的恰好是最坏哲学的最坏、最庸俗的残余的奴隶。"①恩格斯这段话，对我们历史工作者来说，是多么深切的教训。我们如果不能认真学习辩证唯物主义和历史唯物主义，那么，必然解脱不了实用主义和一切其他资产阶级哲学的枷锁，也就是永远不能不做它们的奴隶。我深深地感觉自己多年来没有认真地系统地学习辩证唯物主义义和历史唯物主义，一知半解，似懂非懂，因之研究问题不能深入，工作上错误也就很多。自从参加这次批判胡适、胡风反动思想运动，我获得深刻的教育，深感转而成痛感，愿意再引恩格斯的一段话，和史学工作者共勉。恩格斯说："不管自然科学家们采取什么样的态度，他们还是得受哲学的支配。问题只在于：他们是愿意受某种坏的时髦哲学的支配，还是愿意受一种建立在通晓思维的历史和成就的基础上的理论思维的支配。"②两条哲学道路摆在我们面前，我们不仅要消除前一个愿意，坚定后一个愿意，而且必须在后一个愿意的基础上，认真地系统地进行学习，这样，我们的工作才能对伟大的社会主义建设多少有些贡献。

（原载1955年《历史研究》第3期）

---

① 《自然辩证法》，见人民出版社1971年版《马克思恩格斯全集》，第20卷551—552页。

② 《自然辩证法》，见人民出版社1971年版《马克思恩格斯全集》，第552页。

中国近代史的分期问题

鸦片战前的中国

远在秦汉时代，汉族在中国已经建立了专制主义的中央集权的封建国家。到了明清两朝，高度发展的中央集权制度，更加强了政治上的统一。在这个历史久远的政治统一的封建社会里，存在着好的因素，也存在着坏的因素。这两种因素在近百年史上都起着很大的作用。好因素主要是广大人民（主要是农民）的爱国主义和反抗精神，由此发展起来，终于取得新民主主义革命的彻底胜利。坏因素主要是封建地主阶级的腐朽性和反动性，由此发展起来，成为帝国主义统治中国的一个支柱（又一个是买办阶级），几乎把中国推进完全殖民地的深渊里。下面分经济、政治、文化和中国人民的优秀传统等方面，简单地讲一讲一般的情况。

经济方面

马克思说中国是世界上最古老最坚固的帝国。最古老是不用解释的，最坚固的意思首先是指经济状况说的。小农业与家庭手工业相结合，或者说，自给自足的自然经济占主要地位，就是这里所说最坚固的主要意思。因为广大劳苦人民遭受封建地主阶级的残酷剥削，没有什么购买力，市场上商品交换有限，交换在整个经济中不起决定的作用。社会处在这样的停滞状态中，反映在政治上是封建主义的统治和闭关自守的政策。这种统治和政策，在中央集权的统一国家里行施着，外国资本主义普通的商品很不容易找到空隙进入中国，所以比起其他东方国家来，成为最坚固的帝国。

在上述基本情况以外，还必须指出中国经济的不平衡性。明清两朝，中国封建社会已进入后期，在某些地区，如广东、广西、云南、福建、江苏、浙江等省，矿业纺织业等部门里产生了资本主义的萌芽。特别是广东，有全国惟一对外贸易口岸的广州，又有被西方人当作立脚地的澳门，与西方资本主义接触较多，所受影响也较大，在经济上是当时最先进的地方。毛主席指出"中国封建社会内的商品经济的发展，已经孕育着资本主义的萌芽，如果没有外国资本主义的影响，中国也将缓慢地发展到资本主义社会"[①]。这一指示在中国近代史上有重大意义，必须注意。

政治方面

明末以李自成为首的农民起义军，被汉族地主官僚勾结满洲统治者合力打败了。1644年，满洲贵族在中国建立起清朝。从那时候起，汉族人民和某些中小地主以及少数民族一直反抗清朝的统治；满洲贵族结合汉族地主官僚也一直残酷地压迫着广大人民，这样，就构成在阶级斗争上带着民族斗争的一个根本矛盾。

满族开始时不过是几十万人的小民族，满洲统治者不仅对汉族人民非常疑忌，就是对那些充当臣仆的汉族地主官僚，也有所

---

① 《毛泽东选集》，4卷合订本，第589页。

疑忌，不敢给予军政大权，怕他们压倒满人。因为满汉权利不平等，统治阶级内部存在着并且发展着满汉间的矛盾。这种矛盾虽然是次要的，但在一定情况下，也会表现出它的尖锐性。

汉族人民发动反清斗争的团体，北方主要是白莲教，南方主要是天地会。它们都以反清复明为号召，在广大民众中有深厚的基础。清朝经过康、雍、乾三朝，兴盛时期消逝了，嘉庆朝开始走下坡路。1796 年至 1804 年（嘉庆元年至九年）白莲教起义，给清朝的打击是严重的。1813 年（十八年）天理教起义，太监准备在宫内响应，虽然很快被消灭，但对清朝统治者不能不是一个可怕的威胁。其他起义事件，各地经常发生。加以政治愈益腐败，剥削愈益残酷，鸦片输入逐年增加，人民生活逐年恶化，到了鸦片战争前夜，根本矛盾的激化和清朝统治的动摇不稳，形势已经很显著了。当时统治阶级与被统治阶级各自准备着决定命运的斗争，清朝把注意力集中在对付农民起义的防备上，同时也增加了对汉臣的疑忌心。英国发动鸦片战争，对清朝说来，确是一件突如其来的意外事。

学术思想方面

与八股文相结合的程朱派理学，在清朝大力提倡下，成为统治阶级的代表思想。这是最反动最顽固最愚昧的思想，而清朝的政治是在这种思想指导下进行的。

明末清初顾亭林一派的学者，提倡考据学，目的在于经世致用。由于文字狱的压力，考据学变成专讲训诂名物的古文经学派。乾嘉时候达到极盛的境界。这个学派反对程朱派理学是有意义的，但埋头在书籍堆里，以高谈周孔、服膺许郑、知古不知今为学术，实际是提倡愚昧，逃避现世。这个学派几乎统治了当时知识界的很大部分。

正在古文经学派极盛的时候,今文经学派从古文经学派分化出来。今文经学派注意世事,不拘泥于考据,如龚自珍魏源等人,都是当时带有维新倾向的先进思想家。林则徐在北京成立宣南诗社,与龚自珍魏源黄爵滋等人交游,后来林则徐成为禁烟派的首领和维新倾向的代表。今文经学派人数虽少,但在思想上的影响是值得重视的。

程朱派在政治上是顽固派,古文经学派毫无政治思想,是顽固派的附属品。只有今文经学派代表维新倾向,在当时是进步的学派。

当作正宗的文学是桐城派古文。它是以程朱派理学为内容,以所谓神味格律为外形缺乏生气的一种反动性文学。它只是在文句上不像八股文那样拘束,而思想与格律,与八股文基本上是相通的。龚魏文章打破桐城派的空调子,在当时是进步性的文学。

以上是鸦片战争前,经济、政治、文化的一般情形。

鸦片战争本身,规模并不大。但是,发动侵略战争的是西方资本主义的英国,被侵略的是在腐朽反动的清朝统治下的中国,这就使得战争的性质完全不同于中国历史上任何一次的战争,而在战争失败后中国社会必然要发生巨大的变化。

对抗这种性质的侵略战争,当然不能指望封建地主阶级,可以指望的只能是中国人民。中国人民有悠久的革命传统和优秀的文化遗产,所以一开始便表现出强烈的民族反抗精神。恩格斯在《英人对华的新侵略》里说,"在一切实际事务中——须知战争多半也是一种实际事务——华人远胜于一切东方民族"。恩格斯在《波斯与中国》里指出中国人民的"民族狂热情绪",并断言各种反抗行为"终究是真正的人民战争"。当然,这种"人民战争"不能不遭受许多次的失败，但是它是继续在发展进步的。侵略者始终不能压迫中国人民因失败而失去自信心，相反，中国人民在失败中更加强了寻找救国真理的热情。到后来，终于找到了并实践了马克思列宁主义这个惟一的真理。

在讲中国近代史以前，先讲一些上述的情况是有用的。因为近代史就是上述各种情况里加进一个外国资本主义侵略势力以后所发生的各种变化，换句话说，就是在这个社会里，突然侵入了一个外国资本主义，"对于中国的社会经济起了很大的分解作用，一方面，破坏了中国自给自足的自然经济的基础，破坏了城市的手工业和农民的家庭手工业；又一方面，则促进了中国城乡商品经济的发展"①。这个"破坏"、"促进"的作用和影响使中国近代史上发生各式各样的现象。

自1840年鸦片战争开始，中国历史进入近代史范围了。在鸦片战争前，中国社会存在一个根本矛盾，上面已经说过。在鸦片战争后，中国社会有两个根本矛盾，一个是原有的，一个新添的。这个新添的根本矛盾，就是中华民族反对外国资本主义后来变成帝国主义的经济政治压迫的矛盾。中国封建势力和外国侵略势力结合成一个反动势力，从某种意义上说来，两个根本矛盾也就合并成一个根本矛盾。以帝国主义为主，以封建势力为辅的反动势力成为这个矛盾的一面，因之中国人民的革命矛头，直接对着封建势力时，实际也对着帝国主义；反过来，也是一样。它们利害相关，互相勾结，这就使得中国人民革命不得不同时负担起反帝反封建的双重任务，而这个任务中国农民阶级和资产阶级是不可能担当的。旧民主主义革命时代所有

---

① 《毛泽东选集》，4卷合订本，第589页。

的反抗，都以失败而告结束，原因就在这里。

在根本矛盾之外，反动势力方面也存在着不少的矛盾，在国外，有帝国主义间的矛盾，这对中国的侵略是有影响的。在国内，有（1）中国封建势力与帝国主义间的矛盾；（2）汉族封建势力的各个集团与清朝廷间的矛盾；（3）封建势力的各个集团依其外国背景与其他外国间的矛盾；（4）封建势力的各个集团相互间的矛盾；（5）资产阶级立宪派与封建主义的矛盾。这些矛盾包含在根本矛盾的反动面，当压迫人民时，它们是一致的。

1840 年鸦片战争到 1919 年五四运动前夕，依据"被根本矛盾所规定或影响的许多大小矛盾中，有些激化了，有些是暂时地或局部地解决了，或者缓和了，又有些是发生了"[1] 的原理，来看这 80 年历史的各个发展阶段，我想可以分为四个时期，每一时期又可分为若干段。这是需要仔细讨论的问题，这里我只是把自己的意见提出来，希望得到同志们的批评和帮助。

第一时期——1840 年至 1864 年

这个时期总的形势是外国资本主义侵入，经济上中国封建经济的基础发生急剧的分解，政治上清朝封建统治遭受严重的打击，国家主权开始被破坏，全部腐朽性反动性在人民眼前暴露出来。另一方面，中国人民在反抗外国侵略的斗争中获得经验，知道必须转化为反清朝的斗争，太平天国运动符合广大人民的意志，因而得到蓬勃的发展。由于农民阶级本身弱点的爆发，又由于外国侵略势力与封建势力的实行勾结，双方力量发生变化，

---

[1] 《毛泽东选集》，4 卷合订本，第 289 页。

大规模的太平天国农民战争终于被绞杀而结束了人民革命第一个回合。

在这个时期内，鸦片战争开始了中国半殖民地的历史，太平天国运动（地方性的三元里和升平社学抗英是这个运动的先声）开始了中国人民反帝反封建的历史。

第一分段——1840 年至 1851 年

中国劳动人民不需要也买不起英国布匹，极度腐朽的统治阶级中的人却需要外国的奢侈品和消遣品，鸦片恰恰适合他们的需要。他们吸食上瘾，成了鸦片的俘虏，同时，许多达官豪绅取得贿赂贩卖等利益，成了鸦片的保护者。

对外贸易中国是出超国，外国主要是英国必须输入鸦片来抵补。英国一定要用侵略战争来保证鸦片畅销并打开中国的大门，归并到资本主义世界市场里去。它要实现这个方针，不止是有足够的野心，而且是有足够的决心。

清朝廷的态度却非常动摇不定，这是因为（1）从白银外流，社会骚动等祸害来看，需要禁烟甚至不惜开战；（2）从对外战争可能引起国内战争来看，就宁愿对外屈辱，专力对内；（3）从统治阶级内部满汉矛盾来看，它不敢信任汉臣，更不敢放任汉臣在反侵略中接近汉族人民。这些矛盾贯穿着整个鸦片战争的过程里，而疑忌汉臣也表现得十分露骨。

1839 年，道光帝在银荒兵弱的威胁下，决定禁烟，派遣积极主张禁烟的林则徐前往广东。6 月 3 日，林则徐焚毁鸦片。从 1839 年至 1840 年 8 月，林则徐击退英国的几次进攻，道光帝想乘胜停止中外贸易，实行完全闭关。这是封建主义最渴望的梦想，但形势阻止了他的梦想。林则徐主张仅限于禁止鸦片，不停止一般贸易，这是合理的主张，结果，道光帝下令停止中英贸易。英国侵略者当作借口，进行战争。当然，英国决心派遣军队来实行武装掠夺，有借口与否是无关重要的，这里不过说明清朝统治者的愚昧无知，而林则徐的见解，在当时确是比一般封建主义者高出一等。

1840年6月至8月，林则徐督率水陆将士，与英国正式侵略军接战，取得一些胜利。7月，英侵略军一部北上攻厦门，被邓廷桢击退。又北上攻陷浙江定海县。林则徐是地主官僚，是清朝廷的忠实拥护者，但在反对英国侵略这一点上，放松了对人民群众的矛盾，实行依靠民众。他对战争胜利有把握，因为他相信"民心可用"，而这一点恰恰触犯了清朝廷的大忌。以穆彰阿为首的投降派强调英国"船坚炮利"，定海失陷为理由，影响道光帝决心对英国屈服。当时战争形势，中国至少不是战败者，定海失陷也并不危害整个战局，而且失陷也不是林邓的罪过。道光帝硬派林邓以罪名，显然是疑忌汉臣，怕他们和汉族人民结合起来。

11月，道光帝派琦善到广州向英国侵略军讲和。琦善的一切做法，与林则徐完全相反，主要是把反英的人民叫作"汉奸"，这是值得寻味的。和讲成了，和的代价却出于道光帝的意外。

琦善讲和的代价是赔军费割香港。这对道光帝倒不是什么重要事，但因此大大伤害了"天朝"的尊严，影响对汉族臣民的统治，这就不能容忍了，封建统治势力与英国侵略者间的矛盾在这一点上又激化起来。道光帝顾不得敌人"船坚炮利"，于1841年1月宣布开战。和战大权决不能让汉臣插手，他用满人讲和，当然也用满人作战。他派奕山往广东，奕经往浙江，以为战争获胜，可以巩固清朝的统治，不料奕山奕经两个废物，充分暴露了清朝统治的彻底腐朽性，与愿望相反，大不利于清朝的统治。于是不再计损失，一心求和。

求和当然还是用满人，1842年订《南京条约》，后来又陆续订《中美望厦条约》，《中法黄埔条约》，中国开始走上半殖民地的道路。清朝企图保持完全的统治权，统治权受损，当然不愿意，但和当时各地农民纷纷起义所表现的根本矛盾相比较，觉得对外屈辱不算是不值得。这个清朝统治者的观点，与林则徐一派汉官的观点有距离，因而在一个时期内，即在太平天国起义以前，统治阶级内部满汉矛盾很紧张。这个观点，与广大人民的观点距离更远，因而加速了农民大起义的爆发。

鸦片战争，英国是侵略者，中国是自卫者，正义当然在中国方面。中国如果实行林则徐等人"以守为战，以逸待劳"的抵抗方法，战争未必失败，但统治中国的是腐朽已极的清朝，这就不能不招致必然的失败。

《南京条约》订立后，中国的经济政治都发生了大变化。这些变化是（1）上海逐渐代替广州成为最重要的通商口岸，外国势力侵入物产最富饶的长江下游地区，侵略者开始有支配中国经济命脉的可能。（2）鸦片贸易日益扩大，加速了中国社会经济的萎缩。（3）外国商品破坏中国的手工业。（4）由湖北湖南至广州的一条主要商路和由江西至广州的一条次要商路，逐渐萧条下去，大批劳动人民因此失业。（5）清朝威势大减，对汉人愈益疑忌，汉族人民对它也愈益憎恨。（6）捐税大增，人民遭受更残酷的敲剥。在这短短的10年里，中国社会呈现空前的动荡状态，再加上1846年至1850年连年发生水旱灾，人民无法再生活下去，小规模的为数众多的骚动和起义终于发展成大规模的太平天国革命运动。

第二分段——1851 年至 1856 年

这是太平天国运动的发展阶段。

两广农民起义，从来不曾发生过大的影响，为什么太平天国运动恰恰从两广地方爆发起来，这当然不是偶然的。原因是（1）两广在鸦片战争前是中国资本主义萌芽较为发育的先进地区。（2）上海开埠后，广州商业衰落，对两广人民的生活有深刻影响。（3）离北京遥远，特别是广西，清朝统治力比较薄弱。（4）广东是鸦片战争的最前线，广东人民从三元里和升平社学的反英斗争中，逐渐觉悟到必须先打倒清朝的统治。（5）两广有天地会反满的传统。这些原因合起来，使得两广成为革命运动的爆发地。

为什么这次大起义的领导者不是落后的天地会，也不是更落后的白莲教，而是比较先进的拜上帝会，这当然也不是偶然的。原因是（1）鸦片战前，耶稣教已在广州传教；战后，洪秀全从美教士罗孝全学教义。耶稣教是外国侵略者的一个工具，但教义里也包含着一些资本主义的道理，这些道理对中国萌芽状态的资本主义发展趋向有相合之处。（2）为封建统治者所使用的儒学和农民起义所使用的佛道教都不能作太平天国式起义的工具，所以儒生出身并且与天地会有关系的洪秀全，抛弃那些陈腐工具，创造拜上帝会的新工具。（3）太平天国革命是农民阶级发动的农民战争，可是多少不同于历史上所有的农民战争。这些战争从不触及封建土地所有制只是要求均赋税（所谓均田）和打倒旧地主产生新地主。太平革命则有反封建的纲领《天朝田亩制度》，有接受资本主义生产方式的倾向（《资政新编》），有高出一般农民起义军的组织力和纪律性。从后果看，后来中国资本主义的发展，它曾起着推动的作用。拜上帝会领导的太平天国运动，当然是农民战争，但在当时的历史条件下，是否多少不自觉地反映出一些资本主义的趋向，这一点似可仔细研究并讨论。

为什么太平天国运动在中国长江地区得到发展，这也不是偶然的。原因是（1）广东有英国势力，太平军不能向广东发展（洪秀全到南京后，也避免向上海进攻），只能向湖南进军。（2）太平军沿着旧商路进军，沿江一带有天地会的响应。（3）太平军对北方捻党和白莲教系统的起义团体，向来生疏。（4）长江一带受外国侵略的影响比北方大些，因之革命的条件也更成熟些。这样，太平军到达湖北后，选择前进道路，不向河南而向南京是可以理解的了。太平天国运动在长江地区蓬勃发展起来，说明向南京是对的，但对清朝廷说来，革命力量进入河南，所受威胁会更大得多。

太平天国运动是农民阶级发动的，伴随着它的胜利，弱点也逐渐在发展。当时（1）清朝来不及作较充分的准备，（2）清朝与外国还没有实行勾结，（3）北方民众反清，捻军已零星起义。太平军既避免进攻上海与外国侵略者接触，自当筹备最大限度的兵力进攻清朝的京城——北京，如果派主将率大军北征，推翻清朝不是一定不可能，可是它却派偏将率孤军北上，这就失去了推倒清朝的机会。它这样做，固然由于实力不足，但在内部发展着矛盾也是重要的原因。内部矛盾发展到1856年的杨韦内讧，革命转向失败方面去了。

第三分段——1856年至1864年

正当太平天国内讧，革命开始走下坡路的时候，英国、法国发动第二次鸦片战争。其目的在于：一方面扩大鸦片战争中所得的权益，一方面结合封建势力来镇压太平天国运动，实行进一步的侵略。

英国的所谓亚罗船事件，法国的所谓法教士被杀事件，都无非是发动战争的一些借口。1856 年英军攻入广州，1858 年英法联军攻入天津，逼迫清朝廷订天津条约，到了 1860 年，攻入北京，订《北京条约》，侵略目的才完全达到。就是说，中外反动势力实行勾结，有力量可以绞杀太平革命。

封建势力和外国侵略势力相勾结，其中还有些区别。清朝廷对外国侵略者，在共同镇压革命方面是一致的，但在破坏"天朝"尊严方面则反感很大。汉族地主武装曾、左、李等封建集团对外国侵略者，在镇压革命方面，固然需要外力，在保护本集团，使清朝廷有所顾忌，不敢轻易压制方面，也必须依靠外力，因此，它们勾结外国侵略者，比清朝廷更积极，而外国侵略者扶植它们，也比对清朝廷为积极。外国侵略者与汉族封建集团勾结的媒介是买办，封建集团加上了买办，这就成为洋务派。这种封建割据性的反动势力的出现和继续增长，标志着清朝廷与汉族地主官僚间力量的对比，发生了变化。中央集权的清帝国，开始有分裂的趋势，外国侵略者则在努力加强这种分裂的趋势。

在太平天国方面，因杨韦内讧，石达开出走，革命力量是大大削弱了。洪秀全已经成为革命的落伍者，太平天国运动只靠李秀成陈玉成所率领的两部分革命力量来支持。它们都是极其优秀的革命力量。李秀成在江浙一带用兵，自然着重在反对外国侵略，陈玉成在南京上游用兵，自然着重在反对封建压迫，分散的革命力量对抗结合了的中外反革命力量，失败是不可免的。

太平天国在中外反革命合力进攻的形势之下，自发地进行了反封建反外国侵略的战争。这对人民革命是一个极重要的启示,也给中国人民留下极宝贵的经验,太平天国运动虽然失败了,但清朝统治的崩溃也加速了。

太平天国运动与反革命势力间的斗争,在文化上也表现出斗争的尖锐性。即就文章体制来说,太平天国主张用白话体,"使人一目了然",这显然是人民的立场。反革命头子曾国藩在"卫道"名义下纠合各反动派别,主张合义理(程朱派理学)、考据(古文经学派)、词章(桐城派古文等文派)为一,企图加强文化上的反动力量。今文经学派不在纠合之列,这说明地主阶级内部的界线也是分明的。

第二时期——1864 年至 1895 年

这一时期总的形势是封建势力依靠外国的援助,消灭了太平天国运动的余波,清朝统治在国内得到暂时的稳定。同时,洋务派创办了新式军事工业,形式上也有助于这个统治。可是外国侵略势力公然掠夺中国的藩属国,破坏了这个稳定。法国进攻越南,严重地威胁着清朝统治,封建势力与外国侵略者间的矛盾激化了。洋务派对侵略者的态度与清朝廷有区别,洋务派各个集团间态度又有区别,这使得统治阶级内部矛盾也相当剧烈化。清朝内部是分裂的,对外战争必然要失败,1884 年开始的中法战争,清朝失败了。日本进攻朝鲜,更严重地威胁着清朝的统治,1894 年开始的中日战争,清朝又失败了。两次战争失败的结果,帝国主义更深刻地侵入中国,表现为第三时期瓜分中国的狂妄企图。

第一分段——1864 年至 1973 年

南京失陷，太平天国灭亡后，革命的余波，依然是轩然的大波。清朝廷调动所有反革命力量，于 1865 年消灭太平军残部，于 1868 年消灭东西捻军，于 1872 年消灭苗族起义军，于 1873 年消灭云南回族起义军，同年又消灭西北回族起义军。自 1851 年起，延续 20 余年的人民起义，终于被清朝逐个消灭。反革命自称为"同治中兴"，表示着它的自鸣得意。

但是，"同治中兴"，并不是清朝廷增加了什么力量，而是洋务派的各个集团，力量确实增加了。就在 1864 年至 1873 年的用兵过程中，洋务派各集团都开办新式军事工业，都有了它们的"命脉"。

1865 年，曾国藩、李鸿章在上海设江南制造局。

1866 年，左宗棠在福州设马尾船政局。

1870 年，李鸿章接收（1867 年崇厚创办的）天津机器制造局。

这些，就是李鸿章所说"命脉关系，诚不敢轻以付托"的洋务派命根子（参阅《历史研究》第四期邵循正论文）。这种工业的特点是（1）用国家的钱，办实际上属于某一集团的工业，生产出来的军需品主要归这一集团使用。（2）为外国人所操纵。（3）管理制度仍是腐朽的官僚制度。凡是这种叫做官办的工业，都充分表现出封建的半殖民地的性质，根本不能说是资本主义的工业。不过，新式机器经过这种工业到底进入中国了。有了机器，不能不招募工匠，也就不能不产生一部分无产阶级，仅仅从这一点来说，官办的军事工业算是也还有一些作用。官办军事工业以外，官办和官督商办的非军事性的工业，其中是多少含有资本主义成分的。

　　中国原来早就有资本主义的萌芽，只是远不曾发展到工业资本主义的阶段。在外国资本主义刺激之下，民间工商业者采用机器来生产，是很自然的，而这应该是中国资本主义发展的正常道路。因为它符合于民间工商业者要求上升的趋向。举例来说：1861 年，福州商人购入机器，制造砖茶。产量最大时达 1 亿 3700 万磅。1875 年，又添设三个制茶厂，第二年便停办了两个。1882 年以后，由于俄商在九江汉口设厂制茶，福州茶厂逐渐衰落，1891 年以后，各厂相继停办。1863 年，上海洪盛米号用机器碾米。1879 年，汕头商人用机器制豆饼，制品供给本地，也运到台湾去。据第一次农商统计表，广东顺德一地，自 1883 年至 1894，先后成立机器缫丝厂 30 余个，每厂有蒸汽机一具，资金最高 6 万元，最低 1 万 8000 元。这种规模较小的企业，按其本身来说，当然有发展的前途。可是，中国已经是半殖民地的国家，外国资本主义不能允许它发展；同时，中国是封建统治的国家，封建统治者也不能允许它发展。上述各个工业，没有大的发展，有些在压力下停办了。这种小企业的成立停滞和失败，是很普遍的情况。它们在中外反动势力压迫下，虽有发展的要求，却缺少发展的条件，所以它的发展是艰难而很缓慢的。

　　在中国这样半殖民地半封建的国家里，资本主义发展的正常道路受到阻碍，别一条道路却成为重要的道路，这就是官办（意即国家办的或省办的工业）、官商合办（意即公私合办）、商办（私人办）三个阶段的道路。最早官办的军事工业并不是资本主义的工业，但开始使用了机器。有些官办的和官督商办（介在官办与官商合办之间的一种形式）的，目的在求富的工业，是封建主义支配下的资本主义工业。官商合办是封建主义和资本主义混合的工业。商办工业是正规的资本主义工业，虽然不可免地要带着封建和买办的成分,但终究是民族资本主义。19 世纪的下半期,开始有地主、官僚和一部分商人投资于新式工业,成为中国资产阶级的前身,到了商办工业数量较多的时候,民族资产阶级也就形成了。

如上所说,中国民族资产阶级有两个来源:一个是从民间普通工商业者上升的,因条件困难,前进缓慢,成为资产阶级的下层,在表现新社会发展的趋向上比后一个较为强烈些;一个是从地主官僚和一部分商人转化的,因政治条件较好,资金较大,得较快的前进,成为资产阶级的上层或实力派,在表现新社会发展的趋向上比前一个更软弱些。

第二分段——1873 年至 1885 年

从官办到官商合办,可以说是一个发展。如果说,非军事性或军事性较少的官办、官督商办工业,已经含有资本主义成分的话,那么,官商合办的工业,资本主义成分就更多了。虽然所谓商,原身无非是地主官僚,但既以商的身分出面,不是代表官的利益而是为了自身的利益,这种人应该算是从地主官僚转化过来的资本家。

这时候官督商办或官商合办的企业有:

1872 年,李鸿章成立轮船招商局。

1878 年,李鸿章开办开平矿务局。

1882 年,李鸿章筹办上海机器织布局。

在这些有商股的企业里,普通商人是被排斥压迫的,但地主官僚作为商人来投资,不能不说是前进了一步。

1883 年,商人祝大椿在上海设源昌机器五金厂。

在这一分段里,中国资本主义有了一些进步,但是,看到外国资本主义在中国的发展，就知道境遇是何等困难了。单就轮船银行来说，英国在1865年设立省港澳轮船公司，1872年设太古公司，1881年设怡和公司，把持外海内河的交通运输。1857年，英国在上海设麦加利银行分行，1865年设汇丰银行分行，操纵中国的金融。中国资本主义被压制不得顺利发展，事情是很显然的。

外国资本主义在经济上的积极侵略，必然伴随着政治上军事上的积极侵略。越南与云南广西接境，法国企图用武力吞并越南，清朝廷为形势所迫，不得不用武力对抗。这是符合越南人民愿望的，因之用兵是正义的。可是清朝廷的武力依靠洋务派，湘系淮系都想保存本系的势力，别系的损失在所不顾，清朝廷对这些系，只想使用它，损失也在所不顾，内部疑忌不和，中法战争，中国在不败而败的形势下放弃了对越南的责任。

第三分段——1885年至1895年

法国侵占越南，对清朝说来，还算是遥远地方的威胁。日本得到美国的积极支援，侵略朝鲜，进一步就要侵入清朝所谓发祥地的东三省。清朝廷感到更大的威胁而主张用兵是必要的。中法战后，湘系受损，淮系实力反而扩大，各方面对淮系不满，朝廷里帝党后党又有主战主和之争。李鸿章被迫出战，求败不求胜，企图保存本系实力。终于在不一定败而结果大败的形势下放弃了对朝鲜的责任。《马关条约》的订立，表示外国资本主义的侵略转化为帝国主义的侵略。承认外国在中国设厂为合法，中国资本主义陷入更深的困境。

在这一分段里，中国资本主义还是有些进展，主要的工业有：

1888年，贵州青溪县官商合办贵州制铁厂。

1890年，李鸿章在上海设官商合办的纺织新局。

1891 年，官僚唐松岩在上海设官商合办的机器纺织局。

1893 年，张之洞在武昌设织布、纺纱、制麻、缫丝四局。

1894 年，盛宣怀在上海设商办的华盛纱厂。

同年宁波成立通久源纱厂。

同年上海成立裕源纱厂。

同年，湖北设官商合办的聚昌、盛昌火柴公司。

与工业有关系的开矿铁路电报都在开始或有些发展。从 1887 年机器进口值银 39 万 8000 余两起，逐年增加，到 1894 年，增至 111 万 9000 余两，数目虽然不大，却表现进展的趋势。不少工业，已经从第一步的官办，进入第二步的官商合办，有些已经转入第三步的商办。

第三时期——1895 年至 1905 年

这一时期总的形势是《马关条约》订立以后，外国资本在中国公开设厂，英商于 1895 年设怡和纱厂，1896 年设老公茂纱厂，又设增裕面粉公司，日商于 1896 年设上海第一纺绩工厂，三井制面工厂。美商于 1896 年设鸿源纱厂。德商于 1896 年设瑞记纱厂。英美商于 1902 年设英美烟公司。这些外国工厂既享有各种特权，又取得廉价的人工和原料的便宜，对中国资本主义的压力比前一时期更大了。尤其严重的是铁路投资。外国资本在中国建筑铁路，疯狂地强占沿海要害地作军港，划分所谓势力范围，准备瓜分中国野心暴露得十分明显。

就在这个危急的期间，中国资本主义仍在进展：

1895 年，上海成立大纯纱厂，裕晋纱厂。

1897 年，上海成立商务印书馆。

同年，苏州成立官商合办的苏纶纺织厂，无锡成立官商合办的业勤纱厂，杭州成立通益公纺织厂。

同年，北京清河镇成立传益呢革公司。

1898 年，上海成立阜丰机器面粉公司。

同年上海成立裕通纱厂。

1899 年，江苏通州成立大生纱厂。

同年，天津成立北洋硝皮厂。

同年，浙江萧山成立通惠公纱厂。

1900 年，通州成立大兴面粉厂。

这些工业，大体属于商办一类，民族资产阶级在这个时期里比较有了些力量。由于民族资产阶级本身的利益，政治上出现以康有为为首的维新运动。他们反对官办工业，主张商办，要求改良政治。他们是从地主官僚转化过来的，与封建主义关系甚密，但在政治主张上已经是明显的资产阶级立场。这种改良主义思想是资产阶级的代表思想，对小资产阶级影响也很大。从此中国社会里出现了一个新的阶级，政治上也出现了一个新的主张。

帝国主义经济政治压迫和军事掠夺，以《马关条约》为标志，以强占军港为信号，中国被瓜分的危机十分严重。中国人民在这个紧急关头，激起了爱国救亡运动，在长城以南资产阶级有戊戌变法的维新运动，农民阶级有义和团运动。这两个运动并进，只是运动的表现有先后。在长城以外，东三省人民抵抗日本沙俄两个帝国主义，最后日本沙俄在中国国土上爆发了日俄战争，而随着 1905 年的俄国革命运动，民主革命席卷了整个亚洲（列宁：《亚洲的觉醒》），中国在日俄战争的刺激和俄国革命运动的影响下，推动了中国资产阶级民主革命的前进。

第一分段——1895 年至 1900 年

这里先说 1898 年的维新运动。

维新运动也是资产阶级的爱国主义运动。早在第一时期，林则徐、龚自珍、魏源等人，已经有维新的倾向。到了第二时期，以上海为中心，主张维新的言论继续在发展。随着民族资产阶级的形成，要求变法维新成为政治运动，其代表则是康有为。

康有为是今文经学派的大师。他把孔子描绘成维新运动的祖师，面貌与古文经学派的孔子截然不同。就是说，古文经学派的孔子是述而不作的保守主义者，而康有为的孔子是托古改制的维新主义者。他利用孔子来进行政治斗争，正像马克思在《拿破仑第三政变记》里所说"在那些革命中，唤起已死的人物，其目的是在于赞美新的斗争，而不在于仿效旧的斗争"。维新变法虽然远不是革命，但康有为用今文经学为资本主义找前途，是有进步意义的。这里附带说一下，我不是说今文经学比古文经学进步，它们都是早已僵化了的废物，谁也没有什么进步性可言，我只是指出康有为等维新派借用今文经学的词句来介绍资本主义思想，在当时是一种必要的方法。

戊戌变法，从光绪帝的命令里显示，对某些旧制度的改革相当勇猛，对新制度的全盘推行相当激进。光绪帝允许"有能独立创建学堂，开辟地利，兴办枪炮各厂，有裨于兴国殖民之计者，并照军功之例给予特赏"。向来悬为厉禁的枪炮厂机器厂，竟得"纵民为之，并加保护"，对不要根本改变封建制度而发展资本主义的资产阶级说来，确实如愿以偿，再没有什么可要求的了。这种措施符合于中国资本主义发展的趋向，在当时的条件下，维新运动无疑是进步的运动。

资产阶级的维新派和封建反动派的力量对比，大小悬殊，百日维新不可能侥幸成功是势所必然的。

戊戌变法失败，康有为等人逃避海外，他们和国内资产阶级的代表张謇等人，不再是维新派而是堕落为反动的立宪派了。维新派要求改良，是希望推行资本主义，左翼谭嗣同甚至为推行资本主义，思想上接近于革命。立宪派在经济上也还是要求推行资本主义，但在政治上，是要保护清朝统治和封建势力合力来反对革命。它只希望清朝廷给一些酬劳，让它参与政治。维新派是和清朝廷妥协，立宪派则是投降于清朝廷。当然，立宪派与清朝廷也有矛盾，在迭次要求立宪的行动里，多少起些削弱清朝封建专制统治的作用，在革命派不能在国内活动的情况下，立宪派的报纸刊物向青年学生也多少介绍了一些资本主义思想。不过，这都是不重要的，因为立宪派在政治上是反动的。

戊戌变法失败，资产阶级的爱国运动瓦解了。帝国主义的侵略继续深入和扩大，亡国的危险，看来迫在目前。各种矛盾不只是非常紧张而且还变得非常复杂。一般说来，清朝廷内部，后党帝党的矛盾十分尖锐；原来清朝廷是勾结帝国主义的，现在清朝廷与帝国主义间的矛盾有一时激化的趋势；原来清朝廷是坚决镇压人民起义的，原来中国人民同样反对清朝廷和帝国主义的，现在清朝廷与起义人民间的矛盾有暂时缓和的趋势。在这种变化复杂的形势下，1900 年爆发了中国人民反抗帝国主义的义和团运动。

义和团运动是农民阶级的爱国主义运动，这是中国人民革命运动的正统，是继太平天国运动而起的一次大规模反帝运动。

北方经济比南方落后，农民受封建主义的影响比南方农民更浓厚，迷信团体白莲教因此在农村中广泛流传。义和团这个自发的大规模的反帝运动，在形式上比太平天国运动落后得多，但爱国主义的本质是一样的旺盛。

太平天国在当时的形势下，主要表现为反封建势力，义和团在当时的形势下，主要表现为反帝国主义。两个运动证明农民阶级是反帝反封建的巨大力量，所缺少的就是先进阶级的领导，而中国资产阶级是和封建势力帝国主义有联系的，因此不论革命派或立宪派都不要农民阶级，都不敢领导农民阶级。农民阶级的领导，不能不等待中国无产阶级。

义和团运动完全是正义的行动，并且严重地打击了帝国主义瓜分中国的野心。把《辛丑条约》的责任硬加在义和团身上，完全是诬蔑。那是帝国主义侵略和封建统治阶级极度腐朽的结果，义和团运动是坚决反对这种结果的。

不平等条约是帝国主义侵略中国的进度表。第一时期的《南京条约》等条约，标志着中国开始走上半殖民地的道路，天津北京条约标志着侵略更深入了一步。第二时期的《马关条约》，标志着外国资本主义的侵略转化为帝国主义的侵略，本时期的《辛丑条约》，标志着帝国主义侵略的愈益深入。总的说来，这些条约迫使中国一步步接近于完全殖民地。

《北京条约》是中国封建势力与外国侵略者实行勾结的第一步，《辛丑条约》是第二步，从此清朝廷成为帝国主义驯服的代理人。

义和团运动本身带着很大的落后性，但这个运动直接地打击了帝国主义，同时也间接地推动了中国社会的前进。封建顽固派首领西太后为形势所迫，不得不下诏"变法"，口头上承认"维新"，对人民的要求实行让些步。前些时严厉禁止的办学堂，改法律，订商法，废八股，停科举等等新政，在义和团运动之后，她都被迫认为合法了。有了这些新政，资产阶级立宪派得到很多的活动机会。

第二分段——1901 年至 1905 年

本时期的特征是帝国主义企图实现瓜分中国的野心，在中国人民通过义和团运动所表现出来的伟大力量的反抗，它们不得不暂时收起瓜分的野心，转而迫使清朝廷订《辛丑条约》，各得巨额的赃物而暂时维持帝国主义相互间矛盾的现状，即各保持自己的势力范围，不过，这只是限于长城以南的所谓势力范围，长城以北的关外东三省地方，所谓势力范围还没有划定，瓜分野心还在实行中。沙俄企图用武力侵占东三省，成立所谓"黄色俄罗斯"，东三省人民是积极反抗的，可是清朝廷出卖了东三省，压制反抗力量的发展，沙俄野心很有可能成为现实。这样，帝国主义间的矛盾在关外紧张起来。日本侵略朝鲜，第二步就想侵入东三省，美国帝国主义想通过日本在东三省取得权益，英国帝国主义不愿沙俄势力的更加扩大，和日本订立同盟，支持日本去反对沙俄。日本在英美援助下，1904 年，日俄开战，沙俄被打败。1905 年，日俄订和约，沙俄势力退到东三省北部，日本势力进入南部。东三省也被划定了所谓势力范围。帝国主义在关内关外，各以获得所谓势力范围而暂时维持现状。

帝国主义把全中国划分所谓势力范围，瓜分的危机仍然严重。日俄在中国国土上打起帝国主义第一次战争，这给中国人民的刺激是非常深刻的，中国革命同盟会在这个时候成立了。

第四时期——1905 年至 1919 年

这一时期总的形势是中国的前途非常险恶，中国人民的革命方式却有了改进，同盟会成立以后，旧式的革命改成了新式的革命，并且获得中国资产阶级革命所能做到的一些成就，虽然很小，但比起旧式革命来是一个大进步。

帝国主义的经济压迫非常沉重，但还不能完全阻止中国资本主义的发展。虽然这种发展是微弱的，但是，终究是在发展。

下列全国注册工厂分类设立年别表，显示发展的趋势。

注册工厂类别＼年别	1901	1902	1903	1904	1905	1906	1907	1908	1909	1910	1911	计
棉纺织染	3			2	6	7	10	1	5	4	2	40
丝纺织			1		1	4	2		1	3	2	14
面　粉	3		1	1	2	2	3	2	4	2		20
榨　油		1			1	2	3		1		1	9
火　柴	2				1		1	2	2	4	4	16
皮　革	1						2		1			4
蜡烛肥皂		1	1		1	2	3	4	2	1		15
砂　糖									1			1
造　纸						2	1				1	4
瓷　器				4					1	1		7
砖　瓦						1	1	4				6
水　泥						1	1					3
铁　工	1	1					1			1	1	5
玻　璃					1							1
樟　脑								1				1
精　盐			1									1
烟　草		1			2	5	1					10
蛋　粉										1		1
酿　造	1								1	1		3
杂　业	4		1	2	3	8	7	8	6	9	6	54
合　计	15	4	5	9	18	35	36	23	26	26	18	215

（据杨铨：《五十年来中国之工业》）

上表说明 1905 年至 1907 年，中国工业有显著的进步，这是因为日俄开战，帝国主义忙于战争，对中国的经济压迫多少放松了一些，中国民族资本主义便开始了初步的发展。1908 年以后，压迫又在加紧，但中国资本主义比日俄战前还是提高了。早在 1894 年，中国输入机器，开始从以前每年值银几十万两进到 110 万两。此后 10 年中，最多不过二百几十万两。从 1905 年起，机器输入大有增加，数如下表（单位千两）

1905 年	5,467
1906 年	5,973
1907 年	6,304
1908 年	6,741
1909 年	5,954
1910 年	7,054
1911 年	7,149
1912 年	5,895

机器输入，其中包括一部分外资工厂的机器，但中国民族工业在发展，也是无疑的。中国资产阶级在这个基础上，展开了争路矿收回利权和抵制美货的活动。

上面说过，民族资产阶级有上下两层。上层主要是从地主官僚大商人转化过来的。他们在政治上反对革命，希望清朝廷有些改革，使自己得参加政权。随着 1905 年以后资本主义初步的发展，争路矿运动和要求立宪运动也蓬勃地开展起来。争路矿运动影响了广大人民群众，要求立宪运动影响了广大知识分子。在国内以张謇、汤寿潜等人为首的立宪派，清朝末年已经造成了一个大的社会力量。它主观上要保护清朝的统治，客观上却和清朝廷发生矛盾。这个矛盾的逐渐激化，有利于革命运动的开展。

资产阶级下层，主要是从民间普通工商业者和已经上升起来的小企业家。一部分资产阶级思想的和小资产阶级的知识分子也属于这个下层（大部分知识分子则属于上层的立宪派）。他们的经济条件比上层资产阶级困难得多，社会关系也比较少，改良主义的方法看来对自己没有什么前途，因而主张革命，目标是推翻清朝的封建统治。在第三时期里，孙中山组织成革命的兴中会。由于孙中山活动地区的关系，兴中会会员 279 人中，侨居外国经商和从事其他职业的有 219 人，占全数的 78% 强。华侨出身一般不是地主和官僚。他们流寓海外，经营工商业，受所在地政府的压迫，希望祖国强盛；积累一些资金和经验，希望回祖国投资，因而赞成革命，（在康有为欺骗的影响下，也有一部分人赞成立宪）。这和国内民间普通工商业者和小企业家有类似之处，所以兴中会"驱逐鞑虏，恢复中华，创立合众政府"的政治纲领，足以代表资产阶级下层的共同要求，比起其他革命团体来，它是有更大的前途。1903 年，黄兴等在湖南组织华兴会，1904年，蔡元培、陶成章等在江浙组织光复会。1905 年，在日俄帝国主义战争的刺激之下，在俄国革命运动的影响之下，这些地方性的革命小团体和全国在日本留学的一部分先进知识分子，汇合成以兴中会为骨干，以孙中山为首领的全国性革命组织——中国革命同盟会。同盟会的成立，表示资产阶级革命酝酿成熟了，虽然这种成熟不能不是发育欠良先天虚弱的成熟。

第一分段——1905 年至 1912 年 4 月

同盟会的组织和纲领，不同于以前一切旧式革命。它领导的辛亥革命，明显表示出资产阶级民主革命的性质。毛主席指出

"而辛亥革命，则是在比较更完全的意义上开始了这个革命"①。
同盟会从义和团事件、自立军事件里取得经验，专力推翻清朝统
治，避免和帝国主义接触。毛主席指出"中国反帝反封建的资产
阶级民主革命，正规地说起来，是从孙中山先生开始的"②这是
因为当时革命者对帝国主义的认识虽然还模糊，但帝国主义是革
命的敌人这一点，却是比以前的革命者认识得明确些了。

同盟会看不见人民群众的力量，它的反清革命，主要依靠军
事活动，甚至采取暗杀手段。军事活动实际是军事冒险。特别是
1911 年的黄花岗起义，遭受极惨重的损失，同盟会几乎有溃散
的危险。但革命的影响却愈益扩大，同盟会的声望却愈益提高。
所以起义虽然无成，而革命声势却震动了全国。

当革命在声势上发展的时候，却正是清朝反动阵营大破裂
的时候。（1）清朝廷一向依靠沙俄的支援，1905 年沙俄战败后，
在中国的势力大大削弱，清朝廷失去了依靠。（2）清朝一向依
靠汉族地主官僚的拥戴。1908 年，驱逐袁世凯出朝。他是汉族
里地主官僚军阀买办的首领，这一分裂，使清朝廷陷于孤立。
（3）1905 年以来，中国资本主义有较大的发展，资产阶级积累
了一些力量，因而经济上发动争路矿运动，政治上加紧要求实行
立宪，形成戊戌以后的改良主义运动的高潮。1911 年，立宪派与
清朝廷的关系终于破裂，立宪派转而拥护袁世凯，反对清朝廷，
清朝廷陷于完全孤立。（4）清朝廷尽量出卖权利，以求帝国主义
的支持，可是以英国为首的帝国主义，嫌清朝廷这个工具已不合
用，决心把它抛弃，另找新工具，袁世凯便被选中作这个新工具。

---

① 《毛泽东选集》，4 卷合订本，第 627 页。

② 《毛泽东选集》，4 卷合订本，第 527 页。

这样,清朝只剩下一些满洲纨绔子弟组成的所谓皇族内阁。

这些情况都是清政权倒塌的症候,但是,它的致命症候还在于为人民群众所共弃。义和团运动以后,全国各地自发的规模不大的各种形式的人民起义到处发生。1905 年以后,同盟会领导的起义以外,自发性的农民工人起义,次数愈来愈多了,清朝廷对起义的镇压愈来愈残酷,如果说,它过去对人民的欺骗,多少还有一些影响的话,到这时候,最小的一点影响也消失了,根本上没有继续存在的可能。清朝已是一触即倒的政权,只等待革命的一触。

1911 年武昌起义,是文学社共进会两个地方性的受同盟会影响的革命小团体发动的。有了这个发动,人民的力量和同盟会的力量以及立宪派的力量一起发动起来,再加上袁世凯的投机,统治中国 260 余年的清朝便瓦解土崩地消灭了。

资产阶级立宪派从来是反对革命的,但是,它的争路运动客观上有助于革命。它和清朝廷决裂以后,君主立宪的想望也幻灭了。武昌起义,各省响应,立宪派加入了革命阵营。革命派声势大,立宪派实力大,因而形成这样的局面,即革命派打先锋,立宪派接收政权,从湖北湖南开始这样做,其他很多省份也照样做。有些省份甚至不需要革命派打先锋,立宪派直接接收政权,结果只剩下一个革命派领导的以孙中山为首的南京中央政府。在这个革命的中央政府里,以张謇为首的立宪派虽然没有领导权,却有拆台的力量。它早和袁世凯勾结着,只等时机到来,立即拆革命政府的台。辛亥革命,是资产阶级革命派立宪派共同的行动。形式上是革命派获得胜利,实际上是立宪派获得胜利。立宪派参加革命同时又破坏革命,而革命果实,立宪派所得比革命派多得多。它需要袁世凯式的大总统代替清朝式的皇帝,全国政权终于落在袁世凯手里，立宪派是出了力的。

1905 年同盟会成立，标志着革命派领导的资产阶级民主革命走向了高潮。1911 年辛亥革命，标志着革命派领导的革命达到最高点，1912 年 4 月孙中山正式解除临时大总统职务，标志着革命派失败，革命果实归于资产阶级立宪派和军阀袁世凯。

辛亥革命只解决了根本矛盾里和统治阶级内部矛盾里关于满汉的部分，本质并无变化。这就是说，革命不曾改变中国半殖民地半封建的社会性质，根本矛盾依然是中国人民反对帝国主义封建势力的那个矛盾。但是，革命废除了相沿 2000 年的封建帝制，"民主共和"代替了君主专制，政治上终究是大进了一步。

同盟会的政治指导者是小资产阶级和资产阶级的知识分子。在革命过程中知识分子的各种弱点暴露得应有尽有。辛亥革命一爆发，知识分子便急剧分化，很大的一部分投到反动方面做官发财去了。只有少数真心寻找真理的人，还继续前进，孙中山就是这少数人的代表。

第二分段——1912 年至 1914 年

这是资产阶级革命派失败，立宪派得意活跃，袁世凯加紧准备恢复帝制的阶段。

1912 年 3 月，袁世凯就中华民国大总统职。这是符合立宪派愿望的。拥护袁世凯统率下的民主共和，立宪派是出于诚意的，因为这符合于上层资产阶级的利益。袁世凯当时还戴着民主共和的假面具，还不敢公然恢复封建帝制。还需要利用立宪派装门面，立宪派以为时机大妙，梁启超张謇等人组织所谓进步党，参加所谓第一流内阁，帮着袁世凯驱逐孙中山系统的国民党政客，幻想成立进步党内阁。立宪派的前身维新派在戊戌变法时得不到、清末立宪运动时求不到的政治要求，这时候似乎得到了。资产阶级立宪派继革命派而起，政治活动算是达到最高点。

临时约法是革命派立宪派共同制订的，孙中山在正式解职前，公布了这个约法，立宪派是同意的。临时约法是有资产阶级共和国宪法的性质。辛亥革命使民主共和国的观念从此深入人心。辛亥革命，资产阶级革命派立宪派都在一个时候内得到好处，而辛亥革命的基本力量——人民群众却并无所得。如果说，也有所得的话，那就是得到了民主共和国的观念，并在政府、国会、选举议员等事情上看到了地主官僚军阀政党种种丑恶行为，对资产阶级的革命和改良都完全失望。资产阶级在广大人民眼前自己证明是要不得的，这样，历史指示人民除了接受无产阶级新民主主义革命的领导不可能有其他出路。

第三分段——1914年至1919年五四前夕

这是袁世凯恢复封建帝制，资产阶级立宪派政治上受挫折后反对帝制的阶段，同时又是旧民主主义革命结束，中国革命向新民主主义革命过渡的阶段。

阶级利益使得立宪派诚意拥护袁世凯，而袁世凯并无诚意对待立宪派。在立宪派帮助袁世凯打击孙中山系统的政客以后，1914年，袁世凯便废除临时约法，第二年袁世凯宣布自己做皇帝。当时以梁启超为首的反帝制运动，立宪派人立在最前线，革命派反而落后了。反帝制运动的结果是袁世凯毙命，帝制取消，而北京中央政权的实际，正是袁世凯所要实行的一套，即建立军阀为首的地主买办政权，资产阶级被排除在政权之外。

革命派自辛亥革命失败以后，势力大大削弱，1914年以后，经过几次活动，革命陷于绝望的境地，最后逼得孙中山只好闭门著书，看不出还有什么前途。立宪派所代表的资产阶级自辛亥革命失败以后，经济上政治上势力都在发展，1914 年以后，政治上虽然失势，经济上却因第一次世界大战而得到大的发展。它主观上反对革命，但在一些行动上却起着有助于革命的作用，如1915 年，因反对"二十一条"，掀起全国性的抵制日货运动，就是资产阶级发动的有助于革命的运动。

中国资本主义在 1905 年，因日俄战争露出一些空隙，得到初步的发展，第一次世界大战，帝国主义经济压迫的空隙露出得较大，因而中国资本主义也得到较大的发展。从下面机器输入总额（单位千两。其中有外商的机器）来看，工业在辛亥革命前的基础上每年加添值银几百万两的机器。

1912 年	5,895
1913 年	8,086
1914 年	8,640
1915 年	4,766
1916 年	6,470
1917 年	5,907
1918 年	7,861
1919 年	15,336
1920 年	24,158
1921 年	57,327
1922 年	51,066
1923 年	28,036
1924 年	23,702

辛亥革命以后，工业大体上年有增加。1915 年至 1924 年大战中和战后数年，新设立的工业如下表：

棉纺织	77	制纸	8	曹达	4
丝纺织	4	陶瓷	1	烟草	8
面粉	56	炼瓦	3	蛋粉	4
榨油	10	水泥	3	酿造	4
火柴	33	铁工	14	化学药品	13
皮革	4	玻璃	4	杂业	26
蜡烛石碱	15	樟脑	3	制糖	2
精盐	2				

合计 298　电气业在外

第一次世界大战期间，中国民族工业发展起来了。日本帝国主义在大战中乘机向中国积极扩大它的经济侵略和政治侵略，1916 年袁世凯死后，日本走狗段祺瑞当权，大量出卖国家权利，对资产阶级说来，也是致命的威胁。中国人民反帝反封建的革命运动在"五四"前后，主要表现为反日本帝国主义反段祺瑞卖国政府，这和资产阶级利害有共同处，因而它同情了后来参加了五四运动。

这个时候，中国无产阶级也壮大起来了。在半殖民地半封建的国家里，无产阶级所受的压迫和剥削特别沉重，因而革命性也特别坚强。不过，无产阶级还没有灌输进马克思主义以前，它只能进行自发的分散的经济斗争，停留在自在的状态上。它参加政治运动，只是小资产阶级和资产阶级的追随者。由于自己的长成和俄国革命的影响，五四运动以后，它以一个觉悟了的独立的阶级力量登上政治舞台,并且不断地吸收那些具有共产主义思想的知识分子来参加本阶级,从此成为革命惟一的领导阶级。

各个阶级有它本阶级的知识分子。毛主席指出:"自从1840年鸦片战争失败那时起,先进的中国人,经过千辛万苦,向西方国家寻找真理。洪秀全、康有为、严复和孙中山,代表了在中国共产党出世以前向西方寻找真理的一派人物。"① 这一派人是旧民主主义革命时代的先进知识分子,辛亥革命失败以后,俄国十月社会主义革命胜利以前,这一派人都继续做着学西方的迷梦,只是受到了十月革命的影响以后,才出现了一些最先进的知识分子。毛主席指出"中国人找到马克思主义,是经过俄国人介绍的。在十月革命以前,中国人不但不知道列宁斯大林,也不知道马克思恩格斯。十月革命一声炮响,给我们送来了马克思列宁主义。十月革命帮助了全世界的也帮助了中国的先进分子,用无产阶级的宇宙观作为观察国家命运的工具,重新考虑自己的问题。走俄国人的路——这就是结论。"② 这里说的中国先进分子就是具有初步共产主义思想的知识分子。这种知识分子由于学习了马克思列宁主义,才会抛弃原来的阶级,转到无产阶级方面来。同时由于中国无产阶级确实已经壮大到足以领导革命的程度,使得这种知识分子在阶级斗争的实践中不断提高其认识和才能。十月革命给中国送来了马克思列宁主义,十月社会主义革命的伟大意义,在中国革命史上是可以看得很清楚的。

有了这一部分共产主义思想的知识分子,五四运动便不同于过去任何一次爱国主义运动(例如反对"二十一条"时学生

---

① 《毛泽东选集》,4卷合订本,第1358页。

② 《毛泽东选集》,4卷合订本,第1359—1360页。

的表现）。

在五四运动前夕，除了封建顽固的知识分子不算，先进的知识分子大体有三种：（1）以李大钊、陈独秀为代表的初步马克思主义思想的知识分子；（2）以鲁迅、周作人为代表的小资产阶级知识分子；（3）以蔡元培、胡适为代表的资产阶级的知识分子。每一种里各分左右，上列六人可作这种左右的代表。在五四运动里，第一种是运动的左翼，是真正领导者，第二种人数最多，是运动的基本队伍，第三种是运动的右翼。以胡适为代表的右翼里的右翼，和立宪派相似，参加革命同时又破坏革命。五四运动以后，中间的基本队伍陆续向左右翼分化。左翼知识分子在六三运动中开始与无产阶级结合，成为无产阶级的知识分子。在新民主主义革命运动里，他们作出了重大的贡献，而上述三种知识分子的右翼，即以陈独秀周作人胡适为代表的那些人，随着中国革命的逐步尖锐化都先后堕落到反革命的泥潭里。

毛主席在《中国革命和中国共产党》里指出"帝国主义和中国封建主义相结合，把中国变为半殖民地和殖民地的过程，也就是中国人民反抗帝国主义及其走狗的过程。"[1] 根据这个指示来看中国近代史发展的四个时期，第一时期的《南京条约》和天津、北京条约，第二时期的《中法新约》和《马关条约》，第三时期的《辛丑条约》，第四时期的"二十一条"，都表现着帝国主义和中国封建主义一步深入一步地相结合，把中国变为半殖民地和殖民地的过程。另方面，第一时期以洪秀全为代表的太平天国运动，第二时期的清政府被迫反抗，在反抗这一点上符合于人民意志的中法战争、中日战争，第三时期的戊戌变

---

① 《毛泽东选集》，4卷合订本，第595页。

法和义和团运动，第四时期的辛亥革命，都表现着中国人民在不同的形式上反抗帝国主义及其走狗的过程。这两个过程综合起来，就是中国近代史。

毛主席在《新民主主义论》里指出"帝国主义侵略中国，反对中国独立，反对中国发展资本主义的历史，就是中国的近代史。"[①]根据这个指示来看在帝国主义政治的经济的重重压迫下的中国资本主义，表现为如下的发展过程。早在鸦片战争以前，中国已经有资本主义的萌芽。鸦片战争给中国萌芽状态中的资本主义以一个强烈的刺激。从未见过的外国资本主义生产方式的传来，对中国社会的各个阶级都发生了影响。地主阶级中以林则徐为代表的一派人有一种反应，地主阶级中以曾国藩李鸿章为代表的一派人有一种反应，农民阶级和民间普通工商业者以洪秀全为代表的一派人又有一种反应。林则徐派主张在封建社会里应采用西法，到了第二时期，在言论上有冯桂芬等人的地主开明派，在经济上有一部分商人、地主和官僚投资于新式工业，成为资产阶级的前身。到了第三时期或稍前，形成了所谓实业家的民族资产阶级，在政治上也出现了改良主义的维新派和后来的立宪派。这个阶级在经济上政治上都非常软弱，只有当情况对它有利无害的时候，可以表现出一定的反帝国主义和反官僚军阀的积极性，有时也可以参加革命，成为革命的一种辅助力量，但同时又在伺机破坏革命。成长在半殖民地半封建社会的资产阶级，有利无害的情况很难得，因而它经常向帝国主义封建主义妥协甚至投降，跟随它们来反对革命。这个阶级自戊戌变法以后，仅仅在第四时期辛亥革命后的几年里参

---

① 《毛泽东选集》，4卷合订本，第640页。

加过政权，独自掌握政权向来没有过。曾国藩李鸿章派是地主官僚军阀买办的洋务派。他们企图利用机器为封建主义服务，借机器来巩固封建统治。洋务派办的工业都失败了，到后来，一部分以借外债、中外合办等形式加入买办资产阶级，一部分与实业家合流，作为民族资产阶级的一部分。洪秀全派反映中国早就存在着的资本主义萌芽的趋向，主张比较彻底的采用新法，就是说，经济改革要和政治改革同时并行。太平天国失败，这种趋向受到严重的阻遏，始终缺少顺利发展的条件。到了第三时期才有兴中会、华兴会、光复会等革命团体继洪秀全派而兴起，到了第四时期，才发展成以孙中山为首的同盟会。就同盟会的组成者来看，绝对多数是资产阶级小资产阶级的知识分子。资产阶级民主革命的政治指导者也就是这些知识分子。他们代表着小企业家要求发展和小资产阶级要求上升为资产阶级的趋向而主张革命，但实际在办实业的上层资产阶级不愿也不敢接受他们的这种主张，敢于接受这种主张而实行革命的农民和民间小企业主、普通工商业者，他们又不愿也不敢去领导，这样，革命派的活动，不能不是知识分子带动一些会党、新军和先进青年学生所进行的少数人活动，而清末人民群众性的争路矿运动，民国初年五四运动前的抵制洋货运动，领导权不能不落在立宪派和上层资产阶级的手上。辛亥革命是革命派的收获，这种收获显然是微小的。

革命派立宪派都是代表资产阶级的政党，都反映资产阶级的两重性——积极性与妥协性，区别在于革命派所表现的积极性比较强烈些，因而主张革命，立宪派所表现的妥协性比较更多些，因而主张改良。归根说来，它是一个软弱的阶级。它在半殖民地半封建的社会里成长起来，不能不赋有这种非常软弱的性格。帝国主义封建主义主要是帝国主义反对中国资本主义的发展，弱小的中国资本主义在重重压迫下用革命的和改良的方法要求发展，这两个过程综合起来，就是中国近代史。

毛主席教导我们说："从鸦片战争、太平天国运动、中法战争、中日战争、戊戌政变、义和团运动、辛亥革命、五四运动、五卅运动、北伐战争、土地革命战争，直至现在的抗日战争，都表现了中国人民不甘屈服于帝国主义及其走狗的顽强的反抗精神。"[①] 是的，中国人民顽强的反抗精神是始终一贯的，并且继续在加强。但是，为什么从鸦片战争到辛亥革命都遭受失败甚至失败到陷入绝望之境，而五四运动以后，革命虽然遭受帝国主义封建主义官僚资本主义的空前压迫，但革命总是取得胜利，终于取得 1949 年的彻底胜利。这是什么原因呢？不用说，关键在于哪个阶级在领导运动。"五四"以前，中国有两个老的阶级，即封建地主阶级和农民阶级，有两个新的阶级，即资产阶级和无产阶级。封建地主阶级是腐朽反动的阶级，鸦片战争、中法战争、中日战争是它领导的，当然要失败。太平天国运动、义和团运动是农民阶级领导的。农民阶级是落后的阶级，它不可能战胜帝国主义和封建主义，反抗虽然是英勇顽强，到底不免于失败。资产阶级维新派领导了戊戌变法，革命派领导了辛亥革命，因为它是软弱的阶级，在帝国主义统治的时代，无论改良或革命，都没有胜利的可能。历史证明这些阶级都不能负担反帝反封建的责任。而能够领导革命的阶级只有一个中国无产阶级。五四运动以后，它勇敢地担当起领导广大人民推翻帝国主义和封建势力的责任，中国历史从此转上了新民主主义革命的阶段。

---

① 《毛泽东选集》，4 卷合订本，第 595 页。

中国近 100 多年来的历史，证明了一个绝对真理，就是中国无产阶级是领导中国革命的阶级，中国共产党和毛主席是中国人民的救星。

附记：这是去年十一月我在本所某次学术讨论会上解答一些问题的一篇讲稿，因为目的在于就题作答，不免缺乏全面的系统的叙述，通篇显得散漫不集中。经同志们的指正，多少修改了一些，但还不能改正根本的缺点。现在把这篇讲稿发表，希望得到史学界的更多指教，以便在多次修改中逐渐减少缺点和错误。

（原载 1955 年《中国科学院历史研究所第三所集刊》第 2 集）

纪念太平天国起义 105 周年

1851 年 1 月 11 日太平天国起义，到今天正是 105 周年。太平天国革命，前后坚持了十多年，势力扩展到 17 省。革命的英雄们建立了自己的国家，组织了强大的军队，实行了多种革命的政策，发动了广大农民为推翻封建的土地制度而斗争，并且担负起反抗外国资本主义侵略势力的任务。这些英雄行动在中国历史上写下了光辉的一页。太平天国革命仍旧是没有工人阶级领导的单纯农民战争，不能不在中外反革命联合进攻之下归于失败，但是太平天国革命的英雄们所表现的伟大的革命精神，中国人民是永远引以自豪的。

太平天国革命比起过去一切农民战争来，有着更加显著的革命的纲领、制度，例如土地纲领、婚姻制度和军事制度，等等。其中，著名的土地纲领——《天朝田亩制度》，表现了农民的农业社会主义思想，即以小农经济为基础的平均主义思想。这种思想在一定的历史条件下，一方面有巨大的革命性，另一方面在实质上又带有反动性。

《天朝田亩制度》宣布："凡分田照人口，不论男妇，算其家口多寡，人多则分多，人寡则分寡……有田同耕，有饭同食，有衣同穿，有钱同使，无处不均匀，无人不饱暖"。分田的办法，是把土地分为九等，一亩早晚二季产粮 1200 斤者为上上田，产量减 100 斤降低一等，年产 400 斤者为下下田。上上田一亩折合上中田一亩一分，折合其他各等田若干。"如一家六人，分三人好田，分三人丑田，好丑各一半。凡天下田天下人同耕，此处不足则迁彼处，彼处不足则迁此处。"这种主张渗透了千千万万农民的心，在争取土地的斗争中成为无限力量的源泉。凡是太平军到达的地方，地主抱头鼠窜，农民热烈响应，革命高潮猛烈地冲击封建制度的基础，加速清朝政权的崩溃。太平天国的土地纲领要求根据新的原则，重新平分土地财产。纲领提出消灭地主所有制，建立农民土地所有制，从而使得农民获得土地，解除封建压迫，这是完全合乎当时农民的要求的。因此，这种主张是革命的。

但是，由于时代条件的限制，他们企图把小农的土地所有制巩固起来，这在实质上是带有反动性的。比如，按照《天朝田亩制度》的规定，农民分得土地就要保持每家有几亩地，几棵桑，五只母鸡，两口猪的小农经济的生活。并且，农民每年的收获所得，除必需者外，一律归公，缴入国库。如有婚娶弥月之事，概由国库开支。《天朝田亩制度》规定："凡当收成时，两司马督伍长，除足其二十五家每人所食可接新谷外，余则归国库。凡麦豆苎麻布帛鸡犬各物及银钱亦然。……凡二十五家中所有娶婚弥月喜事俱用国库，但有限式，不得多用一钱。如一家有婚娶弥月事给钱一千，谷一百斤，通天下皆一式"。他们幻想每个农民都在分散的小农经济基础上永远保持一份平均的财产。这种平均主义的做法，即使实现了，也不可能使农民改进生产工具和耕作技术，不可能使农业生产大量发展。农民的前途还很黯淡。这种违反社会发展规律的空想，它的反动性质是显然可见的。

虽然如此，列宁在《两种乌托邦》一文里指出，俄国民粹派的乌托邦在历史上曾经有过进步作用。列宁说："土地重分底'平均性'是乌托邦，但是为了重分土地而必须实行与一切旧的，地主的，份地的，'官家的'等等土地所有制完全断绝关系，却是在资产阶级民主主义方向上最需要的，经济上进步的，对于俄国这样的国家最为迫切的办法。"太平天国的土地纲领，正是这种比较彻底的土地纲领。在中国资本主义还未发展的年代里，不管太平天国革命领导者的主观愿望如何，太平天国革命在客观上却为资本主义的发展开辟了前途。所以，按照太平天国所处的历史条件，农业社会主义的主张，进步的一面还是主要的。

在半殖民地半封建的中国社会里，帝国主义和封建势力决不允许资本主义发展起来；农民阶级自发的太平天国革命，以至资产阶级小资产阶级领导的辛亥革命，都不得不在中外反革命联合压迫下宣告失败。但是，广大农民群众为了实现革命的要求，并不因为遭受失败而停止斗争。

列宁教导说："马克思主义者自然应当从民粹派乌托邦外壳中间，把农民群众健全宝贵的诚恳坚决战斗民主主义内核细心分辨出来"。在中国，细心地把这种宝贵民主主义内核分辨出来，自然是中国共产党的重要任务。

1927 年，毛泽东同志发表《湖南农民运动考察报告》，就是马克思列宁主义极其辉煌极其深刻的分辨。毛泽东同志指出："乡村中一向苦战奋斗的主要力量是贫农。从秘密时期到公开时期，贫农都在那里积极奋斗。他们最听共产党的领导。他们和土豪劣绅是死对头，他们毫不迟疑地向土豪劣绅营垒进攻。"又指出："这个贫农大群众，合共占乡村人口百分之七十，乃是农民协会的中坚，打倒封建势力的先锋，成就那多年未曾成就的革命大业的元勋。没有贫农阶级（照绅士的话说，没有'痞子'），决不能造成现时乡村的革命状态，决不能打倒土豪劣绅，完成民主革命。"中国共产党找到了农民群众这个民主主义的内核，从而产生出无穷无尽的力量。有了这个力量，中国的革命事业一切都好办了。

太平天国革命是农民自发的革命，没有工人阶级的领导。固然起义的主力是贫农，各地响应的群众首先是贫农，为保卫太平天国而向地主恶霸和外国侵略者斗争的主力还是贫农，可是太平天国的土地纲领只说到了忠和奸，说到了"为贤为良，或举或赏"，"为恶为顽，或诛或罚"，却不能从阶级关系上明确划分革命和反革命。因此，太平天国一方面打击地主，一方面又给地主留下了活动的空隙。特别是太平天国晚期，一些地区竟选拔"殷实之家"为乡官，使地主混入革命政权；个别地区甚至给地主颁发护凭，保护地主的利益。这就破坏了革命的土地纲领和其他政策。从太平天国革命同中国共产党所领导的新民主主义革命和社会主义革命对比看来，我们就可清楚了解，贫农固然是中国革命的主要动力，但是他们如无工人阶级领导，还是不能取得革命的胜利的，只有在工人阶级领导下走向社会主义，农民才能得到彻底解放。

在太平天国革命运动里，中国农民曾经表现了高度的革命气魄和爱国主义精神。现在，五亿以上的中国农民队伍，在伟大的中国共产党领导下，发扬优秀的革命传统，浩浩荡荡地通过半社会主义的农业合作化走向全社会主义的农业合作化。这一事件，不仅对中国革命的历史，而且对全人类革命的历史，都将起着非常重要的作用。

（原载 1956 年 1 月 11 日《人民日报》）

"百家争鸣"和史学

我完全拥护党所提出的文艺上"百花齐放"、学术上"百家争鸣"的方针。这两个方针的贯彻实行，将使我国文艺和学术绚烂多彩地发展起来。

单就中国历史这门科学来说，前途是无限光辉的。

好比农夫，必须有足够的土地，然后工具和技术有所展布而大有收获。史学工作也一样，必须掌握大量史料，然后用马克思主义的科学方法予以全面的深入的钻研，依各人钻研的程度，得出切实的或比较切实的结果来。谁能对大的或较小的问题长期不倦地下刻苦工夫，谁就有可能经过数年而一鸣，或毕一生而一鸣，或师徒相传而一鸣，或集体合力而一鸣。这就是说，想在学术上一鸣，并不是什么容易事。我国历史方面的科学研究展开以后，利用难以数计的地下发掘资料、书籍、档案和外国有关中国的史料，一定会涌现出许多大小问题的专家。他们各以专长鸣于世，是个好景象。他们各以所长相互竞赛而"争鸣"，更是一个好景象。他们各以不同的看法相互批评而"争鸣"，推动研究水平不断提高，尤其是好景象。一个研究工作者竭毕生精力不一定能鸣出几次好声，可是，整个史学界积累起许多人切实的鸣声，也就赫赫有生气了。

这种各以学有专长而"争鸣"是好的。另一种则是以长于教条而"争鸣",那就很不好。教条主义者的特征之一就是不肯多看看多想想,却急于一鸣惊人。他抓住一些条文作为自卫的甲胄,又搬出一些条文作为攻坚的大炮,临时招募一些合适的史料作为摇旗呐喊的小兵,摆开阵势,大将军向空旷处俨然一马当先,连声猛喝谁敢和我大战三百回合。如果有许多这样的大将军连声猛喝起来,鸣则鸣矣,争则争矣,不过这只能叫做"潦岁蛙鸣""百家争鸣"完全是两回事。

要推动史学工作者按照"百家争鸣"的方针向前走,而不走"潦岁蛙鸣"的绝路,必须展开批评和自我批评。对待批评和自我批评有两种不同的态度,因而有两种不同的后果。一种是实事求是的态度,一种是条文神圣的态度。前者得到进步,后者拒绝进步。

抱实事求是态度的人,或者限于看到的史料不够,或者片面地观察史料,或者不善于运用科学方法作分析,或者理解经典著作的原理原则有偏差,因而作出来的判断不符合事实。经过批评,使自己发觉病原,这时对批评者将感谢之不暇,有什么不可以改正?改正了就有进步。他们当然也免不了犯教条主义的错误,但比较容易改正。

抱条文神圣态度的人,本来就不重视作为客观事实的史料,不管批评者指出的是什么事实,反正我的条文明明白白写在经典著作上,我既不伪造条文,那我就不能理睬你那些事实。所以,他对正确的批评也是不能接受的,任何反教条主义运动,对他说来都是不相干的,因为条文神圣不可侵犯。

归根到底,要实行"百家争鸣"的方针,必须加强领导,鼓励人们树立实事求是的良好作风,耐心启发陷于教条主义重围的人,逐渐觉悟,改变态度。这样,史学界的团结巩固了,力量增加了，大家一致努力，实行"百家争鸣"的方针也就有可靠的保证了。

中国历史的发展过程，含有极为丰富的特点，只要摆脱教条主义的束缚，这些特点就会被发掘出来，成为中国史学工作者对人类历史的重大贡献。中国史学工作者奋发独立精神负担起这个责任来呵！

（原载 1956 年《学习》第 7 期）

女革命家秋瑾

　　《中国妇女》要我写一篇中国历史上著名妇女的记事，我接受这个要求时，脑子里立即出现1907年（清光绪三十三年）秋瑾被捕的景象。那时候我才十三四岁，幼年经历过的事情差不多都忘光了，只有秋瑾被捕的景象，到今天还能够清楚地写出来。

　　秋瑾是浙江绍兴府山阴县（即现在的浙江绍兴县）人。她主持的大通学堂，离我家不到半里路。大通学堂实际是一个军事学校，操场就在我家对面，中间仅隔丈把宽的小河。我和一群小孩很喜欢看他们背着洋枪上操，听到洋号响，就不约而同地跑到河岸上去看。有几次看到一位矮小的戴眼镜的人在操场里看操，有些人指点说，这是徐锡麟。

　　我所看到的秋瑾总是男子装束，穿长衫、皮鞋，常常骑着马在街上走。她骑着马来了，我们跑到马左马右瞪着眼看她。她也看我们。现在想来，她这双慈善的眼睛，可能是在看马是否会伤害我们，也可能是在看我们这些无知小孩，长大了是否也会跟着她去革命。我们这些小孩的心是单纯的，我们没有像顽固派那样用腐朽的观点去反对她，也没有意会到她是反对腐朽社会的女豪杰，我们只是为好奇所驱使，她来了我们就要看她。

　　我哥哥范文济是大通学堂的学生，他上操上得好，被提升为一个学生队的队长。1907年暑假，大通学堂放学了，我哥哥还

305

住在学堂里。有一天午饭后（阴历六月初四），我母亲煮熟了两只螃蟹，叫我去找他回家吃蟹。我走到学校大门口，正好，不需要请门房进去通知，他摇着芭蕉扇已经走出大门来。他说蚊子咬得慌，睡不着午觉，想回家来息息。我们到家不过几分钟，听到外面有枪声，他把螃蟹放下，叫我出去看看有什么事。

我出去一看，满操场都是兵，也有一些衙门里人打扮的，簇拥着一个披袍褂的人立在操场的河岸上。那边又响了几声枪，操场上的人都显得非常紧张，披袍褂的人慌忙钻进一只小乌篷船里，看的人都笑了，说这是会稽县知县。一忽儿，看见秋瑾穿着白汗衫，双手反缚，被一个兵推着走，前面有几个兵开路，又有几个兵紧跟在后面，他们都端着上刺刀的枪，冲锋似地奔过我家门旁的锦鳞桥，向绍兴知府衙门的路上奔去。秋瑾严肃镇静的神情和那群狗子们疯狂凶恶的可憎相，我虽然是个小孩，不知道什么是革命，什么是反革命，但是看得很分明，自然要同情秋瑾，厌恶那群狗子们。

我回家告诉母亲和哥哥。我母亲怕搜查，叫我哥哥藏到一间小屋里。大通学堂的门房（忘了他的姓名），是我家的邻居，他夜间偷偷来见我母亲，说："兵到学堂大门口时，学生从后门逃走了，有两个学生不知何故，向大门口跑出来，被兵开枪打死。官兵要我说出这两个人的姓名，我指其中一个叫做范文济。"他又说："学生名册搜走了，范文济赶快下乡去躲一躲，如果被查出来，对我也不好。"我母亲对他千谢万谢，送他一些喝酒钱。他临走时还切嘱赶快下乡。我和哥哥当夜坐小船出城，到龙尾山许家姑母家。隔了两三天，城里传来消息，说秋瑾被杀死了（阴历六月初六日就义）。过了些时，报上登载浙江巡抚的奏折，说"悍匪范文济、×××（姓名忘了）胆敢拒捕，当即当场格毙。"

老年人告诉我母亲，范文济已经上了奏章，不会再来搜查，可以放心了。我母亲才叫我先回家。

清政府杀害秋瑾，引起社会舆论的不满。当时我能接触到的人当然很少，这些人又都是守旧派不同情革命的，可是他们也不同情清政府的凶暴行为。他们纷纷议论，我从旁听取，大致是：秋瑾没有口供，按律例不应该杀没有口供的人；轩亭口是杀强盗的地方，秋瑾不是强盗，不应该到那里去杀；妇女只是剐刑和绞刑，秋瑾不应该用斩刑。不管他们议论的是什么，反正并不同情清政府。不多久浙江巡抚、绍兴知府都调走了，显然是由于社会上各种舆论的压力，清政府不得不调走这些"有功"的走狗。

上面说的是我个人回忆幼年时所知道的一些情节，读者并不能因此了解秋瑾的历史。现在我看到的有关秋瑾的史料还很少，但是依据这些史料，已经可以断言，秋瑾是中国历史上妇女的伟大代表人物。她生长在地主官僚家庭，生活是比较优裕的。她鄙弃这种生活，离开他的丈夫和子女，1904年只身去日本留学。第二年孙中山创立中国革命同盟会，秋瑾首先加入，并被推为浙江省主盟人。清政府勾结日本政府，压迫革命学生，秋瑾被迫回国，在上海发刊《中国女报》。1906年冬季回绍兴，主持徐锡麟所创办的大通学堂。徐锡麟和秋瑾组织光复军，徐任首领，秋任协领。徐锡麟到安徽进行军事活动，秋瑾在绍兴部署浙江方面军事，有众数千人准备接应徐锡麟。徐锡麟举事不成，被清政府惨杀（阴历五月二十六日），当然，清政府也一定要杀害秋瑾。

秋瑾是伟大的爱国主义者。1900年，她住在北京，亲眼看到帝国主义侵略中国的无数暴行，决心拼一死来挽救中国。她在

"致某君书"里说"吾自庚子（指 1900 年八国联军侵入北京事件）以来，已置吾生命于不顾，即不获成功，而死亦吾所不悔也。"又说"且光复之事，不可一日缓，而男子之死于光复者，则自唐才常以后，若沈荩、史坚如、吴樾诸君子，不乏其人，而女子则无闻焉，亦吾女界之羞也。愿与诸君交勉之。"她认定革命是救国的惟一道路。她热爱祖国也热爱妇女同胞。她在《中国女报》发刊词里表明了这种热爱，她说"吾今欲结二万万大团体于一致，通全国女界声息于朝夕，为女界之总机关。使我女子生机活泼，精神奋飞，绝尘而奔，以速进于大光明世界，为醒狮之前驱，为文明之先导，……使我中国女界中放一光明灿烂之异彩。"她是这样热爱祖国热爱全国妇女同胞的，所以决心献出自己的生命，并且愿意代表全国妇女为祖国首先献出生命。1897年，维新运动失败后，烈士谭嗣同拒绝友人的劝告，不肯逃走，等待清政府来捕杀。他说"各国改革制度，都是从流血中得来，今天，中国也要改革制度，还不曾听说有人流过血，请从我谭嗣同开端吧！"谭嗣同忠实于自己的维新事业，决心很可敬，可是他所走的改良主义道路却是错误了。后来走这条道路的人，谁也没有勇气肯跟着他流血。秋瑾坚决走革命的道路，识见比谭嗣同高得多。她得到徐锡麟举事失败的消息。暂时走避是完全可能的。但是她拒绝走避，大概也是这样想：中国妇女还没有为革命流过血，请从我秋瑾开端吧！她在轩亭口从容就义，用纯洁的血为中国妇女画出一条鲜明的路线来，后来千千万万的爱国妇女，在新民主主义革命时期，参加了革命队伍，正像秋瑾所希望的那样，为"我中国女界中放一光明灿烂之异彩"。谁说秋瑾死了呢？秋瑾永远不会死。

秋瑾 28 岁出国求学，31 岁牺牲生命，时间是很短促的，但是，就在这三四年里，她成为千古不朽的伟人。这里可以得出一个宝贵的教训：谁的行动能够符合于当时社会的发展规律，谁就能够成为人民敬爱的英雄豪杰，秋瑾正是这样的一个英雄豪杰。

（原载 1956 年《中国妇女》第 8 期）

贯彻"百家争鸣"方针的关键

最近几年来，在国家经济文化建设的推动下，我国学术界呈现欣欣向荣的气象，不同见解的争论，在社会科学各个领域里逐渐开展起来。已经提出的学术问题中有一些是和国家现实生活有直接联系的。例如关于现代汉语和某些少数民族语言研究中的重要问题，就需要尽快地作出科学判断，来帮助进行汉文字改革和少数民族的文字创制工作。另外一些学术争论，例如历史研究中的中国古史的分期，中国资本主义萌芽等问题，则不妨长期讨论，不急于作出结论。但是解决这些问题仍有实际意义，它可以推进本门科学的研究，充实向群众进行历史唯物主义教育的内容。贯彻百家争鸣的方针，毫无疑问，会最有效地促进现有学术争论的解决，为新的研究开辟广阔道路，把社会科学研究推进到一个新的阶段。

以前我们的学术批评，不是常常进行得很好的。学术批评本来是研究工作中的互相砥砺、互相帮助。研究者和批评者不论知识多少广博，要做到自己在每一点上都十分正确那是很困难的。经过批评讨论，才有可能取长补短、精益求精。我们有些学术问题的批评和讨论，离开这种积极意义，变成了门户之见，意气之争。有些学术批评缺少具体分析。批评者拿大帽子作武器，把对方一笔抹煞，受到批评的人失去自信，不敢坚持自己的意见，看批评的人也以为被批评的作品是百无一是，不值一顾。在学术权威问题上，我们有时也缺少正确的态度。一门科学在一个时期中，有少数人造诣较深，受到别人的推崇，以至尊为某门科学的权威，这是可以理解的。但是，有的人有时把对尊重科学上的成就和对个人崇拜没有加以正确区分清楚，存在有盲目崇拜权威，排斥新的见解，或者自己另有见解，也瞻前顾后，不敢提出来的顾虑。我们对有深厚造诣的科学家，应该是尊重其科学成就，而不是个人崇拜，更不是盲目崇拜。近来上述这些情况，正在发生变化，但是还需要学术界的继续努力，来树立自由讨论，实事求是的良好的学术风气。

要实现百家争鸣，仅仅是学术界拥护这个正确的方针和树立了好的学术风气，还是不够的。我们还要采取一些具体措施，加以推动和帮助。首先要增设必要的专业研究机构，来加强薄弱的学科，发展新的学科。中国是一个多民族的国家，还没有专门的机构来研究民族学，中国是东方和世界大国，与四邻各国和世界各国都有密切的联系，有关的专业研究机构还没有成立，法学是一门重要的科学，我们也还没有专业的研究机构，这些都需要逐渐建立起来。有了机构，还必须充实人力，加强专业研究的队伍。目前中国科学院哲学社会科学的研究机构中的人力仍是很薄弱的。人数最少的研究所长期地存在着所谓"四一制"，就是一个所长、一个副所长、一个研究员、一个副研究员。有研究所而不充实人力，很难开展工作。同时也要改进目前党和国家机关中许多资料的使用办法。有些资料应当是机密的，绝大部分的资料是可以供给科学工作者进行研究的。可是由于不适当的保密制度，致使研究工作者看不到现实资料。这就使他们对社会主义改造和社会主义建设中的许多现实问题很难发表意见，趑趄不前，"争鸣"更是谈不到。还有更重要的，是研究人员要能够有时间坐下来真正进行研究工作。研究社会科学和研究自然科学各有特点，但是需要不疲倦的劳动，需要支付大量的时间，这一点是共同的。只有大家真正进行了深入的研究，才能鸣得起来，争出个结果。研究工作者自己要善于利用时间，党和国家的有关部门及科学领导机关均需不断地从各方面来注意这个问题。有些部门为了加强事业的领导，想把某些优秀的专门从事科学研究工作的科学家安置在部门行政领导岗位上，我认为这是值得考虑的。因为专业研究人员本来太少，正需补充，若再将有素养的少数人也调开，势必削弱研究工作，而这对党和国家科学事业发展的长远利益是不利的。因为没有长期的科学研究的储备是很难想象到科学的飞跃的发展的。

（原载 1956 年 10 月 6 日《人民日报》）

历史研究中的几个问题 ①

　　北京大学历史系同学写过两次信，要我来谈谈。我自知太空虚，没有学问，讲不出什么东西。我的普通话又讲得太差，很不容易让人听懂。即使听懂了，其中也没有什么东西，因此，我只给第一次来信写了回信。今天向同学们表示抱歉！

　　翦老督促得非常紧，一定要我来试试，并且给我出了题目，要我谈谈若干个问题。我只好遵命。请原谅我耽误大家的时间。

　　今天想讲四个问题。

第一个问题，关于学习理论的问题

　　现在历史学界同仁对于学习马克思主义理论很重视，大家都愿意学习好理论，在史学研究上作出新的贡献。学习理论的重要性不需要再讲，问题是如何来学习理论。

　　学习马克思主义要求神似，最要不得的是貌似。学习理论是要学习马克思主义处理问题的立场、观点和方法。学了之后，要作为自己行动的指南，把马克思主义理论和实践联系起来，也就

---

　　① 本文是 1957 年初作者在北京大学所作讲演。

是把普遍真理和当前的具体问题密切结合，获得正确的解决。问题的发生新变无穷，解决它们的办法也新变无穷，这才是活生生的富有生命力的马克思主义，这才是学习马克思主义得其神似。貌似是不管具体实践，把书本上的马克思主义词句当作灵丹圣药，把自己限制在某些抽象的公式里面，把某些抽象的公式不问时间、地点和条件，千篇一律地加以应用。这是伪马克思主义，是教条主义。

如果不注意如何学习马克思主义，翻开马克思主义的书就读，这是很危险的，很可能读出个教条主义来。所以我们要懂得学习理论的诀窍，掌握进入理论宝库的钥匙，才能学得好。诀窍和钥匙在什么地方呢？就在下面几篇文章里：①《实践论》；②《矛盾论》；③《〈农村调查〉的序言和跋》；④《改造我们的学习》；⑤《整顿党的作风》；⑥《反对党八股》；⑦《再论无产阶级专政的历史经验》。这几篇文章就是学习理论的诀窍和钥匙。

我们知识分子，读书往往求快，恨不得一目十行地把要读的书一下子都读完。其实，读书还是慢些好，特别是这几篇文章读得愈慢愈好。如果认为这几篇文章不多，容易读，或者认为过去已经读过，现在读起来花一两天就行。这种想法是给教条主义开方便之门，教条主义正是从读书不求甚解这个门里钻进来的。马克思列宁主义是科学，学习科学一定先得学习科学的方法。只有掌握了这种方法（当然，掌握的程度，各人深浅不同），才能得到读经典著作的益处，才能逐步地深入了解。我们必须抛弃一切虚骄习气，老老实实坐下来，把几篇文章摆在我们面前，仔仔细细逐句逐段地读下去。这还不够，还要一遍又一遍地经常去读，反反复复地前后贯串起来读。孔子学《易》，简册的皮带断了三次。《易经》只有二三万字，他读了多少年，我们不知道，但皮带都断了三次，可见他是反复地在左看右看，前看后看，一遍两遍无数遍看。他用过这样的苦功，然后作出十翼来，成为《易经》的一部分（十翼作者这里姑袭旧说）。孔"圣人"还用这种读书法，为什么我们能够读得很快，比孔"圣人"更聪明呢！

学习这几篇文章，固然要逐句逐段反反复复地去读，同时还必须把学到的东西，作为绳尺来检查自己原有的读书方法，自己处理问题的方法，认真地推敲自己为什么不对头，为什么有错误的原因。这种原因的发现是很困难的。找出了这个原因，就要痛下决心，下苦功夫来改正，马马虎虎是不行的。这样地学而思，思而学，反复深入，体会文章的精神和实质，直到领会它的精神和实质，这才叫做有心得。一读就有心得，是不可能的。由体会到领会，还要费一番苦功夫。

学好这几篇文章，可以保证学好理论，可以保证不会掉到教条主义的泥坑中去。假使已经掉进教条主义泥坑中去了，如果对这几篇文章下功夫，就可以得到拯救，从泥坑中爬出来。就会找到学习马克思主义的正门。

其次，我想讲讲矛盾的问题。

研究历史就是研究矛盾。我们作史学工作不光是要记得许多事情，记事情当然是必要的，但只是记得许多事情还不够，历史科学是研究历史上的问题，问题是什么呢？问题就是事物的矛盾，事物能存在和发展，就是因为它有矛盾，有矛盾才能存在和发展。研究历史上的各种事件，就是要研究历史上的各种矛盾，从这些矛盾中找出历史发展的规律来。

凡是矛盾，一定包含着普遍性，同时也一定包含着特殊性。普遍性就寄寓在特殊性里面。任何一个矛盾，都是在一定的时间、地点、条件下产生的，这就赋予矛盾以特殊性。时间、地点、条件变化了，矛盾也就变化了，这就又赋予它以特殊性。脱离时间、地点、条件的矛盾是根本不存在的，因之，任何一个矛盾，都是含有特殊性的。

矛盾既然含有特殊性，就一定有特殊形式表现出来，而普遍性就跟着特殊性表现出来。矛盾的普遍性寄寓在矛盾的特殊性之中。单有普遍性或单有特殊性的矛盾，在物质世界里是没有的。

历史事件的表现形式千差万别，这种表现有时隐蔽，有时显著，有时存在着，有时消失了。历史资料就是一大堆的矛盾记录。历史科学的任务，就是要：从大量矛盾的普遍性方面总结出一般的规律。一般的规律就是普遍规律、普遍真理。这种普遍规律看来是抽象的、广泛的、简括的，放之四海而皆准的真理，就是这种一般的规律。从大量矛盾的特殊性方面总结出局部的规律，局部的规律就是特殊规律。它们产生在特定的时间、地点、条件下，因之，这一国不同于别一国，这一民族不同于别一民族，这一社会不同于别一社会，这一历史阶段不同于别一历史阶段。《矛盾论》里，深入地研究了矛盾的普遍性和特殊性的相互联系，而且特别着重于研究矛盾的特殊性。研究矛盾的特殊性，就是具体地分析具体情况，而这正是马克思主义底活的灵魂。

普遍规律是一般性的，特殊规律是局部性的，但不可以用绝对的态度看待它们。普遍可以转化成特殊，特殊也可以转化成普遍。例如阶级斗争是普遍规律，在阶级社会里，各民族都没有例外；可是，从整个社会发展过程来看，原始社会和共产主义社会内部，就没有阶级斗争，阶级社会的普遍规律，对整个社会发展过程说来，却成为特殊规律了。又如我国对资产阶级实行社会主义改造，这是在我国条件下产生的特殊规律，可是，如果别的国家具备着相似的条件，也能采用时，这就变成普遍规律了。《辩证唯物主义和历史唯物主义》告诉我们，"一切都依条件、地点和时间为转移"，这句话，实在是辩证法的精髓。

不掌握普遍规律，就不可能系统地来解决问题。同时，不掌握特殊规律，什么问题也不能解决。只有普遍规律与特殊规律灵活地结合起来，才能具体的解决具体问题。中国30多年来的革命，总结起来只有一条最大的经验，就是中国共产党在自己的活动中坚持马克思列宁主义的普遍真理同中国革命斗争的具体实践密切结合的原则，反对任何教条主义的或者经验主义的偏向。

马克思列宁主义的经典著作很多，这都是解决具体问题的记录，都是运用普遍规律和特殊规律密切结合起来解决问题的方法。学习经典著作，就一定要区别哪些是普遍规律，哪些是特殊规律。把它们的特殊规律放在一边，用来作参考。把普遍规律结合自己的特殊规律，来解决自己所要解决的那个具体问题。所以读书要慢，一边读一边想，仔仔细细区别普遍规律和特殊规律，学它们怎样结合的方法。

例如恩格斯的《家庭、私有制和国家的起源》一书，是我们研究古代社会的指南。列宁说过，这本书，"其中每一句话都是可以相信的，每一句话都不是凭空说出，而都是根据大量的历史和政治材料写成的。"既然如此，是否可以原封不动地搬来讲中国古代史呢？不行。恩格斯在书中固然把普遍规律指出了，但这些普遍规律是同印地安人的原始社会，希腊、罗马的奴隶社会，西欧的封建社会的特殊规律结合着的，它们有各自的特殊规律，和中国相比，就有很多很大的不同。列宁接着说，"我所以提及这部著作，是因为它在这方面提供了正确观察问题的方法。"①列宁明明告诉我们从这部著作中学习观察问题的方法，并没有说可以搬来搬去套别国的历史。

我们学习马克思列宁主义，是要从它那里找立场、观点和方法。教条主义却完全相反，它满足于书本上的一些普遍规律，不知道此外还有特殊规律；它把书本上的特殊规律也当作普遍规律，不知道特殊规律只是局部性质的东西。归根说来，只承认矛盾的普遍性，否认矛盾的特殊性，这就是教条主义的特征，而教条主义是什么问题都不能解决的。

斯大林说过一个故事，说有一次军舰起义，派代表去请教教条主义，教条主义者赶紧翻开经典著作，寻找办法，找了几天也没有找到一条，结果只好敬告不敏，说经典著作中没有说过军舰起义。②这个故事是值得我们深思的。

我自己学习马克思主义还是个初小的学生，讲不出多少道理来，而且免不了要讲错。但我有决心好好学习。我愿意反对沾染在自己身上的教条主义，也愿意反对沾染在别人身上的教条主义。因此，希望大家抱定与人为善、治病救人的精神，互相帮助，共同努力，来反对教条主义。只有反对教条主义，才能学会马克思列宁主义。不破不立，只有破，才能立。

---

① 列宁《论国家》，《列宁选集》，第 4 卷，第 43、44 页。

② 斯大林《论反对派》，人民出版社 1973 年版，第 373—374 页。

第二个问题，关于掌握资料的问题

理论联系实际是马克思主义的定理，理论与材料二者缺一不可。作史学工作必须掌握大量的历史资料，没有大量资料，理论怎样来联系实际呢？

现在对历史资料确有望洋兴叹之感，资料太多太散太乱，搜集、整理和考证资料，实在是一件十分重大迫切的事情。我们必须特别重视资料工作，才能动员大批人力投入这个工作里去。有人认为做资料工作是为他人作嫁衣裳，也有人认为做资料工作，比做研究工作低一头。这样想法是不对的。资料工作与研究工作并没有高低，也没有人说过不让资料工作者写研究论文。翦老就做了不少的资料搜集整理工作，他发起编辑《中国近代史资料丛刊》，他还编辑了《戊戌变法》和《义和团》史料，他又和几位先生编辑《世界大事年表》。有谁能说翦老因为做了资料工作，应该比别人低一头呢。希望今后有很多资料书、工具书陆续出版，这是一种功德无量的工作！

如何使用资料，是个很大的问题。使用资料要忠实、准确，这是起码的原则。对写文章的人说来，就要：

（一）常用资料的文字解释，如未作过切实的校勘、考据工夫，切勿随便改动原来的文字和词句。

（二）常用资料固然不少，到底还不算太多，如果要用这些资料来写文章，总得大体上先读一读，知道那些事情是大量的、普遍的、主要的，那些事情是少量的、个别的、次要的。搜集资料，应从大量的、普遍存在的事实下功夫，不要作寻章摘句、玩弄举例游戏的手法。谁都知道，用举例游戏的手法，明清可以用很多材料"证明"是个奴隶社会，也可以"证明"是个资本主义社会，所以列宁告诉我们说："没有再比那种抽取个别事实，玩弄举例游戏的手法更为流行更为不中用的了。"

这是写文章的人应该注意的两点。对读者来说，也要把文章中所用材料校对一下，看使用得是否忠实、准确。这样，作者读者互相帮助，彼此都有很大的好处。好处在于：事实是理论的立脚点，事实错了，就可使作者重新考虑他的理论，也不至于使读者误信他的理论。

史学界曾经刮过一阵风，就是谈所谓市民运动和人工吹胖的资本主义萌芽。听说，中国科学院经济研究所有一位同志，把这些文章引用的材料对照原书后，发现40%以上的材料有问题。这种轻率使用材料的学风是不良的学风，要坚决反对。

教条主义者写文章为什么也能骗一些人呢？就是因为他们也以"理论联系实际"的面貌出现的。我们怎样对待这些文章呢？最好的办法之一，就是检查文章中所用史料是否可靠。

前些时，看到北大历史系讨论尚钺教授主编的《中国历史纲要》座谈会的纪录。讨论的重点是在校对书中引用的材料。这是一件辛苦的工作，但对作者和读者都有很大的好处。我向北大历史系和史学界同仁们提出一个请求：我正在写书，我希望我的书出版后，给我也开些座谈会，铁面无私地指出我的错误，帮助我改正。

顺便谈谈我对尚钺教授《中国历史纲要》一书的看法。

我看这本书是用西欧历史作蓝本的。他们那里是奴隶社会了，中国也就开始是奴隶社会；他们那里是封建社会开始了，中国也跟着开始封建社会；西欧封建社会发达起来了，中国封建社会也跟着发达起来。整本书里大致都是这一类的比附。记得座谈会的记录中有一条，说《中国历史纲要》把唐朝的庄园比拟西欧的庄园，描写得差不多一模一样。西欧有资本主义了，中国也来个市民运动和过分夸大的资本主义萌芽，甚至说，中国封建制度"崩解""瓦解"了。他们怎么样，中国也就跟着怎么样，时间先后凑得颇为整齐划一，这真是一件怪事！（《纲要》有它的主张，但又往往隐蔽这些主张，其"微言大义"必须看王介平等六人《评〈中国历史纲要〉》一文才能知道。王文在《新建设》1954年12号上说：明清是"封建制崩解的时期"，王文在《教学与研究》1954年11号上说：明清是"封建制瓦解的时期"。王文既断定明清时期封建制"崩解"、"瓦解"了，文中却说得似乎没有"崩解""瓦解"，究竟"崩解""瓦解"了没有呢？这其中是否又含有什么"微言大义"。）

是否写这本书时，有意无意地依西欧历史的样来画中国历史的葫芦？或者说，是否在削中国历史之足，以适西欧历史之履？如果承认各国历史发展各有其特殊性，那么，有什么切实的理由能够说明它们应该这样巧合？我不能不表示怀疑，我不能表示赞同。

如果《纲要》这部书继续写下去，写到鸦片战争以后的话，不知道该怎样画才好。俗话说，"三尺郎君七尺妻，凑得头齐脚不齐。"《纲要》把中国和西欧历史的头算是凑齐了，脚怎么办呢？历史是前后贯串联系着的，可以置脚于不顾么！？

中国和西欧到底是两个地方，各有自己很大的特殊性。把西欧历史的特殊性当作普遍性，把中国历史的特殊性一概报废，只剩下抽象的普遍性，这样，中国历史固然遗留着大量的材料，拿中国历史去凑西欧历史，事情却容易办了。说起办法来，我看，不外乎下列四种：（一）摘引一些马克思主义书本上的词句作为"理论"的根据；（二）录取一些合用的材料来证明自己的根据，不合用的材料罢免不用；（三）给材料以片面的凭空的解释；（四）改造材料。三、四两种，在座谈会记录里，提出了不少的例子。记得其中有一条是西汉武帝时，中等以上的商人破了产，《纲要》改为中等以下的商人破了产，来适合自己的观点。当然这还不能肯定说《纲要》是有意"上下其手"，可是一字之差，关系也确实不小。我想尚钺教授一定会作出必要的修改。

还有一点我想提一提。史学工作者不要自己跑到"禁闭室"里去坐"禁闭"。研究古代史的人，说我只读有关古代史的东西就可以，不必读近代史，研究近代史的人，也说我只读有关近代史的东西就可以，不必读古代史。这样想，就是自己坐"禁闭"。我们研究某一部分历史，着重地读有关这一部分的理论书和资料书，是非常必要的，但不读前前后后的历史，这就不对了。学古代史的读了近代史，学近代史的读了古代史，如果不读今天的历史，那还是坐在"禁闭室"里。今天的历史，主要就是《人民日报》。在《人民日报》上，党中央的文件和重要的社论，自然是解决中国当前具体问题的马克思列宁主义，就是其他文章，也有很多是含有马克思列宁主义的。我们要从经典著作里学习研究历史的立场、观点和方法，更要从今天的历史里学习研究历史的立场、观点和方法。只有从学习今天的历史入手，我们才能免"禁闭"之苦，享自由之乐。

历史是一条线，谁也不能割断这条线。好古轻今，脱离现实，关在"禁闭室"里写文章，怕写不出什么好文章来吧！

第三个问题，关于文字表达的问题

这是写文章的问题。我们史学工作者，用口讲是必要的，但写的用途更广，这就要用文字来表达。我们中国史学家有优良的传统，这就是"文史兼通"。过去文史是不分家的，文学家往往是史学家，如孔子、左丘明、司马迁等，都是这样，这个优良传统应该保持和发扬。

近代文史分家是应该的，因为文史各有广泛的领域，二者不可得兼，只好舍一而取一，但也不可分得太截然。这对史学工作者来说，就是写出文章来，应该切实些、清楚些、简要些、生动些，一方面能够适当地表达自己所要说的话，另方面使人看了不讨厌。

现在有一些史学方面的文章，往往不能引人入胜，反而能让人败兴，不愿卒读。我这里说的是那种空洞的长文章（空洞的短文章也一样）。元人杂剧里常常用写万言书来形容士人的大才，现在我们翻翻史学刊物，似乎大才并不少，摇起笔来，就摇出一篇万言书，甚至万言还不过瘾，要摇出加倍三倍四倍的万言书才觉得痛快。事实上，这种文章，无非是马曰列云，东抄抄，西扯扯，终日言，如不言，自以为证明了自己抽象观点的正确而已。我愿意和史学界同仁们互勉，大家自己不做这种文章，并且反对别人做这种文章。

写文章就得学文章，学文章就得读文章。清朝的戴震是个大考据家。考据家写文章难免写得罗罗嗦嗦干燥乏味，桐城派的方东澍，嘲笑考据家的文章是豆腐白菜账，不是没有理由。戴震这位大考据家，却与众不同。在他的年谱里，说他选出《史记·项羽本纪》等十篇，圈圈点点，读得十分认真。我们也应该这样做。北大历史系同学可不可以挑选古今名篇读读。我们比不上戴震，就得多选二三十篇来读，从名篇里面学习作文法，揣摩揣摩，练习练习，实行学而时习之的办法，来加强我们的表达的能力。这样做可能觉得麻烦，但以后却可以一辈子受用。韩愈所说的文以载道，是经验之谈。一辆破烂车子载着大道理，人家会拒绝它走进自己的眼睛里。自己写的文章别人是否愿意看，完全在于自己。写了一辈子文章，看的人只有几个，那又何苦呢？如果一个人写的文章大家都喜欢看，岂不很好。我这个建议，不知道同学们能否同意。

第四个问题，关于言行一致的问题

理论联系实际，学习马克思列宁主义来做史学工作，这当然是对的。但这并不是说，只要史学工作上有马克思主义就可以，史学工作以外不需要马克思主义。理论联系实际，必须把理论和自己整个的实践联系起来。我们整个的人叫做实际，我们做的史学工作是我们整个实际中的一部分。理论和我们自己的整个思想意识、思想方法、生活行动全面地联系起来，这样，才叫做马克思主义者在做史学工作。如果不是这样，光在史学工作上讲马克思主义，那么他只是在史学工作上唱马克思主义的调子。说得不好听一点，他是在史学工作上做马克思主义的八股。八股的特点是代圣贤立言。过去的八股先生口中讲孔子曰、孟子曰，而自己的思想行动却另有一套。我们在史学工作上是马克思主义，其他方面不是，这不是代马克思列宁主义立言么？这不是教条主义么？当然，全面联系，要经过长期的艰苦的锻炼过程，不可能一下子就全面联系起来，但我们要有这种志愿和决心，才会逐步达到全面联系的境界。

我自己算是个知识分子，我也犯一般知识分子的通病，这里我想就我自己的体验说几句。要全面联系，必须从毛主席经常教导我们的"谦虚谨慎，戒骄戒躁"八个字入手。我们如果能在这八个字上用工夫，马克思列宁主义的大门才会向我们开放，让我们走进去。

谦虚；为什么要谦虚？因为一个人的知识和能力实在是有限得很，要增加我们的知识和能力，那就要依靠群众，向他们学习。尽管别人的所见是片面的，集合许多片面，也就差不多成了全面。兼听才能聪，兼视才能明，这个道理，谁都懂得，但能够实行的却只有谦虚的人。古人说，大智若愚，我觉得这句话很有道理。一个人肯承认自己是愚，虚心向别人学习，这样的愚不是真愚而是若愚，是大智。和这相反，如果自以为智，不再考虑别人的意见，这样的智，正是真愚，是大愚。智和愚的区别点，在于谦虚不谦虚，谦虚是智，不谦虚是愚。

谨慎：为什么要谨慎？要做事情，一定要主观和客观相符合才能有所成功。但这是很不容易的。主观和客观不能一下子就符合，往往有些地方符合了，有些地方却是疏忽了。如果疏忽处是重要的，那就会产生一着错满盘输的局面。因之，做事情一定要小心谨慎，慢慢地稳步前进，随时发现错误，随时改正错误，使主观和客观完全符合起来。我们谁都犯过许多错误，而且继续在犯错误，如果仔细检查犯错误的原因，90% 以上，就是因为自己粗心大意。

谦虚谨慎所以能做成事情，因为只有这样做，才能使主观和客观相符合。谦虚谨慎是为了加强主观能动性，是为了加强独立思考的能力，是为了加强批判的精神，归根是为了克服客观、改造客观。决不可误解为削弱主观，俯首帖耳，给客观作俘虏。

我们知识界有这样的一种情形，你说他是教条主义么，实在有点冤枉，你说他不是教条主义么，他也确实像个教条主义。比如说，我们教历史课，明明自己有心得，有见解，却不敢讲出来，宁愿拿一本心以为非的书，按照它那种说法去讲。教条主义者一般是骄傲自满自以为是的，而这一种"教条主义"（如果也叫做教条主义的话）者心情恰恰相反，他们是谦虚谨慎过了度，过度到否认自己的存在，只有别人（所谓"权威"的人）没有"我"了。这样的"谦虚谨慎"是不需要的，是有害的。我们应该把"我"大大恢复起来，对经典著作也好，对所谓"权威"的说话也好，用"我"来批判它们，以客观存在为准绳，合理的接受，不合理的放弃，尽管批判错了，毫无关系，错误是可以改正的。我们向外国学习也是一样，社会主义国家的好经验固然要学，资本主义国家有好经验我们也要学。我们要谦虚，但决不是依草附木；我们要谨慎，但决不是吓得动也不敢动。我们要的是有批判精神的、能独立思考的谦虚和谨慎。

谦虚的反面是骄傲，谨慎的反面是急躁，既然要谦虚，就必得戒骄，既然要谨慎，就必得戒躁。

戒骄：为什么人要骄傲呢？这是由于无知。我们如果到知识海边上去瞧瞧，那就可以知道知识海是多么大，大到无边无涯。骄傲的人苦于没有瞧一瞧，只看到自己这一点点，就以为大得很。庄子井中之蛙那个寓言，做戒骄药是很对症的。

做研究工作，做了一辈子，也只能在知识海中取到一小杯水，这和大海是不能作比较的，从这个意义来说，有什么值得骄傲呢！但是，这一小杯水，必须经过辛勤的工作才能取得，永远不会有不劳而获的知识。从这个意义来说，任何一点知识，都是值得尊重的。自己不要骄傲自满，别人不要文人相轻，这就对头了。

戒躁：躁的来源是冒进、是急于求成，不肯下苦工夫，不肯下慢工夫，想一鸣惊人，名利双收。做学问不是简单的事情，要下苦功，慢慢地来。我经常勉励研究所的同志们下"二冷"的决心。一冷是坐冷板凳，二冷是吃冷猪肉（从前封建社会某人道德高，死后可以入孔庙，坐于两庑之下，分些冷猪肉吃）。意思就是劝同志们要苦苦干、慢慢来。一个做学问的人，有这样的决心，下这样的工夫，如果真有成绩的话，总会有人来承认你，请你去吃冷猪肉，何必汲汲于当前的名利呢！我这样说，可能不合时宜。但是，我愿意提出我的建议。

骄躁是文人通病，是可以改正的。我们不要笑"浅人"，"浅人"还有他的好处，他把骄躁都表现出来了，病症就比较容易医。不好医的是那么一种人，表面上谦虚、谨慎，骨子里又骄又躁，这就很不好办。用谦虚的外表掩蔽他的骄；用谨慎的外表掩蔽他的躁。说他骄躁吧，他有"谦虚谨慎"的态度作盾牌。别人没法帮助的时候，就只好等待他自己去医。这种人就称为"深人"吧！"浅人"好治，"深人"不好治。

谦虚谨慎，戒骄戒躁，是理论与实际全面联系的关键。归根是要谦虚。毛主席告诉我们："虚心使人进步，骄傲使人落后。"这是从无数经验中总结出来的格言，是普遍的规律。

只有虚心才能进行批评和自我批评。只有使用批评和自我批评的武器，才能治好百病，求得进步。只有善于使用批评和自我批评的武器，才能真正展开百家争鸣的繁荣局面。要繁荣中国学术，必须贯彻百家争鸣，这个方针的正确，是丝毫不容置疑的。我们史学界是中国学术界的一部分，也是学术战场的一部分。上战场作战，一定要兵法正确，弹药粮食充足，兵精将健有训练，这才能打个好仗；老弱残兵拿些破枪缺口刀，是上不得战场的。我在上面提出四条来，供同仁们同学们作参考，我们是不是可以就这样在操场上操练起来，在战场上作起战来，百家争鸣的方针鼓励着我们，我们应该奋勇前进，实现这个方针。

（原载 1957 年《北京大学学报》第 2 期）

生产关系一定要适合生产力性质

　　各个社会形态不仅以自己特有的规律彼此分开着，而且以一切社会形态所共有的经济规律彼此联系着。生产关系一定要适合生产力性质这一规律，就是一切社会形态所共有的经济规律。对历史学说来，认真地讨论这个规律，是有重要意义的。

　　生产力是由劳动群众和生产工具两个因素构成的整体，其中最重要的因素是劳动群众。劳动群众是人类社会一切发展阶段上的基本生产力。当然，基本生产力与它当时所能制造和使用的生产工具总是联结在一起，不管是什么形式的联结，决没有徒手的基本生产力。

　　在阶级社会里,生产力中的基本生产力就是生产关系中的被剥削被压迫阶级。生产力与生产关系的矛盾，具体说来，就是阶级斗争。进行阶级斗争的生产力有两种。一种是原来的生产力——旧的生产力。它和旧生产关系无论怎样不适合（起初自然有过适合），只能在斗争中削弱旧的生产关系，却不能消灭旧的生产关系。奴隶起义不能推翻奴隶制度，农奴、农民起义不能推翻封建制度。中国封建时代曾经发生过大小几百次的农民战争，并不影响封建制度的存在，就是这个缘故。不过，旧的生产关系的削弱，终究有助于新的生产力的发生和发展，所以它仍是推动社会发展的动力。一种是新的生产力。它从旧生产力里分化和发生出来，由于各种条件的配合，在斗争中逐渐壮大，最后成为推翻旧生产关系的主要力量。马克思说，"在一切生产底诸要素中间，最大的生产力就是革命的阶级本身"。这里说的最大的生产力，是指这种新的生产力。因为只有它能够用革命手段推翻旧生产关系。

新的生产力是在下列四种情况下发生和发展的。（一）劳动群众与生产工具的关系，好比兵士与武器的关系。兵士使用石斧木棍，是一种战斗力，改用弓箭钢刀，又是一种战斗力，再改用枪炮，又是一种战斗力。劳动群众使用新的效力高的生产工具，比起使用旧的效力低的生产工具来，可以产生强弱悬殊的生产力，强的生产力也就成为新的生产力。显著的事例是使用机器比使用手工工具，生产力有极大的提高，使用机器的近代产业工人——无产阶级是新的生产力，这种新的生产力，在西欧最早使用机器的资本主义国家里，虽然资本主义生产关系的性质不变，手工工场的生产关系却被它推翻了。（二）基本生产力不是机械而是有生命的人，人在进行生产时具有或不具有劳动积极性、自动性、热情、兴趣，可以产生强弱悬殊的生产力，强的生产力也就成为新的生产力。显著的事例是奴隶和农奴使用同样的生产工具，或者农奴使用的生产工具比奴隶使用的还差些，但农奴有劳动积极性等等，比起奴隶来是一种新的生产力，因此，封建主就把奴隶抛弃而宁愿利用农奴。（三）劳动组织的守旧或革新，可以产生强弱悬殊的生产力，强的生产力也就成为新的生产力。显著的事例是手工工场的工人和个体的小手工业者使用同样碎小的、粗陋的生产工具，因为聚集许多工人和许多手工业在同一个地方上，在同一个房间里在一个资本底命令下面，手工工场可以进行较大规模的劳动并节省许多不必要的浪费等等，生产力便远远超过封建性的手工业，在西欧，手工工场的工人成为消灭封建主义生产关系的新的生产力。（四）无产阶级不论使用什么机器，高度发展的也好，不很发展甚至陈旧落后的也好，只要它接受马克思列宁主义的理论，有高度的政治觉悟、强烈的革命要求，它比起缺乏政治觉悟和革命要求的无产阶级来，就成为新的生产力。理论一掌握了群众，便立刻成为物质的力量，用马克思列宁主义理论武装自己的无产阶级，能够消灭资本主义生产关系或其他旧生产关系。显著的事例是：在近代工业落后的俄国，由于俄国无产阶级的政治觉悟高，因此取得了十月社会主义革命的胜利；在中国，近代工业更是落后，由于中国无产阶级的政治觉悟高，因此取得了新民主主义革命的胜利。反之，在美英那些工业很强大的资本主义国家里，要推翻它们的旧生产关系，尚有待于那些国家的无产阶级是否产生出足够数量的新的生产力。

依据上述，代表社会诸生产力的是新的生产力。新的生产力所提出的新生产方式就是生产力性质。生产关系一定要适合生产力性质，就是旧的生产关系迟早要被推翻而为适合于新的生产力的新生产关系所代替。新的生产力孕育在旧的生产力里面，受到旧生产关系的阻碍，新的生产力为排除阻碍而惹起了运动，运动酝酿了斗争，最后战胜了旧的生产关系。生产力新旧代谢，继续前进，因而创造了人类的历史。

一种新的生产力，当它还在萌芽状态时，就已经有和它相适合的一种新的生产关系（自然也处于萌芽状态）同时并存着，构成一种新的萌芽状态的生产方式。新的生产力对旧生产关系进行斗争，代表和领导这种斗争的总是新生产关系的体现者的新剥削阶级。至于无产阶级要建立起社会主义的生产关系，情形与过去那些剥削制度的生产关系完全不同。剥削制度的生产关系都是在旧社会内部生长起来的，社会主义的生产关系，在资本主义社会内，却缺乏任何现成的萌芽，因此，必须经过特别残酷艰苦的阶级斗争，才能推翻资本主义的生产关系。才能在"空地上"建立起社会主义的生产关系。这样，新的生产力虽然都是革命的，但仍有区别。奴隶阶级、农奴、农民阶级、手工工场的工人本身都不能领导革命，必须接受剥削阶级的领导，替剥削阶级去完成推翻旧生产关系的任务。无产阶级（用马克思列宁主义武装起来的）本身能够领导革命，能够在革命胜利后创立新的生产关系，所以无产阶级是消灭一切剥削制度的阶级，是消灭阶级（包括本阶级）的阶级，是最革命的阶级。

必须重视基本生产力——劳动群众具有强大的主观能动性（斗争、革命），但也必须重视生产水准首先是生产工具对基本生产力的客观限制性。主观能动性所起的作用是，催促总是走在旧生产关系前面的新的生产力能够提早完成革命的任务，建立起适合新生产力的、处于统治地位的生产关系，使生产力得以顺利地发展起来，旧社会遗留的落后状态迅速地被克服下去（只有社会主义社会有可能去彻底克服旧社会遗留的落后状态）。客观限制性所起的作用是，约束任何革命，使它老老实实地遵循客观存在的社会发展规律逐步前进，绝不允许有些微空想获得实现。革命不能自由选定这种或那种生产方式。革命又常使主观能动性发生各种空想，这时候生产工具会通过人来说话，那就是使革命者遭受各种挫折，如果还是不听它的说话，它就会冷酷地使革命归于失败。主观能动性只能在客观限制性的范围内充分发挥自己的作用，超出范围便是一步也行不通。反之，在客观限制性的范围内不积极发挥主观能动性，也是一步不能前进。中国革命必须分两个阶段来进行，决不能用第二阶段的社会主义革命代替第一阶段的新民主主义革命，原因就在于受着客观的限制。有些国家具备着革命条件，但革命并未到来，就是因为没有积极发挥主观能动性。如果过分夸大了基本生产力的主观能动性，同样也就过分缩小了生产工具的客观限制性，那就根本不知道什么是生产力。

劳动群众在生产实践中，积累起一定程度的劳动技能和生产经验，这就是当时所已经达到的生产力的发展水准。依据这个水准，劳动群众才能变更和发展与之相适应的生产工具。随着生产工具的变更和发展，劳动群众也变更和发展了。他们的生产经验，他们的劳动技能，他们运用生产工具的本领，也变更和发展了。人推进生产工具，生产工具又推进人，如此循环不息，生产力就逐步由低级向高级前进。

生产工具的逐步改善，意味着人对自然界的战斗力逐步加强，也意味着剩余劳动的从无到有，从有到愈来愈多。剩余劳动的从无到有，从少到多，这就很自然地产生与之相适应的五种基本生产关系。

原始公社使用石器，不能有什么剩余劳动，生产关系的基础只能是生产资料的公有制。可是，到后来，由于石器的精制，由于金属工具的发明，由于技能、经验的提高，产生了剩余劳动。因此，胜利的部落贵人强迫战败的部落充当奴隶或农奴。奴隶制的特征是生产工作者的奴隶没有自己的生产工具，本身同牲畜一样为奴隶主所完全占有。因为虽然有了较原始社会进步的金属工具，但剩余劳动还是很少，不是这样压榨奴隶，就不能发展奴隶制经济。奴隶是人，不是牲畜，在怠工、逃亡、破坏生产工具、起义反抗等各种形式的阶级斗争下，奴隶主终于无法维持现状，就是说，得到的剩余劳动远远少于可能得到的剩余劳动，即实际生产品远远低于实际生产力，这样，奴隶主最后只好释放奴隶，使变成农奴，奴隶主自身也就不自觉地逐渐转化成封建主。当然，封建主不会全部抛弃奴隶，封建社会里总要残存着或多或少的奴隶。奴隶制与封建制的交替点在于实际生产力与实际生产品不相称，实际生产力迫使奴隶制非让位给封建制不可（这自然只是一种形式）。这里不必引马克思列宁主义经典著作的文字来论证，我看，读一读1956年5月24日《光明日报》"史学"登载的《高祖刘公讳楷老大人之墓》的碑文和《诫谕诸儿侄》两个文件，就足以说明奴隶制为什么一定要改变为封建制。封建制的特征是生产工作者的农奴、农民，有自己的生产工具（不管怎样粗陋），有自己的经济（不管怎样微小），身体不完全为封建主所有（不管不完全的程度有多大差别）。因为农奴、农民得到了一些人身自由，生产力比奴隶显然提高了，封建社会也就比奴隶社会有较高的发展。到后来，出现手工工场的资本主义生产方式。资本主义的特征是大规模地实行雇佣劳动制，生产资料为资本家所有，工人本身完全为工人自己所有，即工人身体有完全自由。在西欧，资本主义取得统治地位以后，手工工场愈益发达，分工愈益细密，每个特殊的劳作被简单化到使用一个简单的器具，在这个基础上，18世纪末期才出现真正的机器。机器的发明，使得生产力得到空前未有的大发展。生产力因素之一机器无限制地发展着，而生产力另一因素的基本生产力却变得愈来愈穷困，愈来愈丧失自由，成为机器的奴隶。资产阶级尽量发展生产力，实际是尽量发展生产工具来扩大剩余劳动，对无产阶级的穷困是毫不在意的。无产阶级只有坚决进行阶级斗争，推翻资本主义的生产关系，夺回生产工具和一切生产资料，才是惟一的前途，即社会主义的前途。在社会主义制度下，生产资料的公有制是生产关系的基础。社会主义制度使得生产力合理地无比迅速地发展起来。生产力发展到更高的水平，这就进入共产主义社会。

历史上已有的五种基本生产关系，规律地前后出现，显然其中贯穿着生产关系一定要适合生产力性质这一经济规律。但是，必须注意：第一，各个民族都有自己的特殊条件（差别性），因之这个共有的经济规律，在表现形式上必然是复杂的曲折的，决不可当作一个简单的公式。马克思早就说过，"历史不是用几个公式来造成的"，何况想用一个公式来造历史。第二，政治是经济的集中表现，要断定某一社会为某种基本生产关系的社会，不是看这个社会有些什么阶级，也不是看这些阶级的人数有多少，而是要看某个阶级是否已经建立起本阶级的政权（政权可有各种形式），统治着这个社会。举例来说，西欧国家早期资产阶级的经历，应该分为两个阶段，一个是构成阶级的阶段，一个是推翻封建统治，把社会造成资产者社会的阶段。只有根据后一阶段，才能断定这个社会是资本主义社会。断定其他各种社会的性质，都得按这个例类推。第三，任何一个旧生产关系——旧统治阶级，一定由于它本身已经腐朽不堪，无法再统治下去，才会被新的生产关系所代替。因之新的生产力只要壮大到足以推翻那个腐朽物的程度就可以，至于生产力的进一步发展，是新生产关系取得统治地位以后的事情。历史上四种（原始社会没有政权除外）基本生产关系的社会，开始的时候，生产力都是有待于后来的发展。所以，生产关系走在生产力前面的说法，是没有根据的。

基本生产关系以外，还有一种局部性的生产关系。这种生产关系因生产力的变动而发生变动，并不影响基本生产关系的基础，或者是有利于基本生产关系的发展。举例来说，西欧在18世纪终末和19世纪初起那个时期，当时纺纱机已经统治了棉纺工业而织布机还没有完成，不能驱逐手工织布人。这一情形继续到30年代，这时机械的织布机出来代替手工织布人的劳动，生产关系因而发生变动。这种情形，每个社会里都存在着，在使用机器的社会里，更为明显而频繁。社会主义社会和共产主义社会没有阶级斗争，但生产力与生产关系的矛盾（先进与保守的矛盾）依然存在，依然受生产关系一定要适合生产力性质这一规律的支配。不过，任何变革都不会触动基本生产关系，而是变革局部性的生产关系，使适合生产力，使基本生产关系愈益发展。

生产工具武装了劳动群众，劳动群众依靠武装的逐步发展而逐步加强了社会生产力。社会生产力的逐步加强，出现了和它相适应的基本的和局部的生产关系。所以，马克思说，"劳动手段不仅是人类劳动力发展程度的测量器，而且是劳动所在的社会关系的指示物"。

但是，如果过分夸大了生产工具的作用，同样也就过分缩小了劳动群众的主观能动性，那就会得出这样的一个公式：生产力等于生产工具。按照这个公式，可以认为有某种生产工具就自然会产生某种基本生产关系的社会，也可以认为生产力与生产关系间的矛盾，只能坐待生产力（即生产工具）的发展来解决而不是依靠阶级斗争。用绝对的态度来看生产工具，思想上有可能不自觉地接近"生产力论"，似乎一个新社会代替一个旧社会是社会生产力发展的机械的结果，不必经过阶级斗争和革命（当然，谁也不是有意否认阶级斗争）。这种看法，不能使人知道什么是生产力,也就不能知道或者歪曲了生产关系一定要适合生产力性质这一规律的意义。

马克思说过,"劳动资料之遗骸,对于研究已经消亡的诸社会经济形态,也正如动物骨骼之遗骸结构,对于研究已消亡的诸种动物之身体组织一样,有同样重要的意义"。又说"手力的磨坊,就产生以封建主为首的社会;蒸汽力的磨坊,就产生以工业资本家为首的社会"。这两条当然都是对的,但用绝对的态度来看它们,那就会产生不对的了解。原始社会与奴隶社会,奴隶社会与封建社会,(资本主义社会与社会主义社会也一样),从各个社会的整体看来,毫无疑问,后一社会的生产工具一定比前一社会要发展得多,这是无待举例作证的事实。马克思说的就是这种事实。不过,马克思并不使人用来判断各个社会的交替点所在(划分古代社会发展阶段起讫于何时)。就依据后一条来说吧。西欧资本主义在机器出现以前,早就推翻封建主为首的社会而成为资本主义统治的社会,那时候手力的磨坊依然存在着。马克思指出机器是工业资本家为首的社会的开始,并不是指资本主义社会的开始。单凭手力的磨坊,是不能判断封建社会资本主义社会的交替点所在的。同样,不能单凭某种生产工具来判断原始社会、奴隶社会和封建社会的交替点所在。因为五种基本生产关系交替点所在的那个时期里,生产工具不能有什么显著的区别,例如最初的铁,比青铜还柔软,欧洲至少在1066年,铁器还不能完全代替石器,但封建社会早就代替了奴隶社会。甚至后一社会开始时,生产工具有时还不及前一社会的发展,例如欧洲封建社会开始后约二百年,铁器反不及奴隶社会时期的普遍使用。古人说,"善言古者必验之于今",今天,如果想用机器来寻找资本主义社会与社会主义社会的交替点所在,是完全不可能的。

斯大林在《辩证唯物主义和历史唯物主义》一书里说生产的第二特点时说，"生产之变更和发展，无论何时都是从生产力之变更和发展，首先就是从生产工具之变更和发展而开始。所以，生产力乃生产底最活动的最革命的因素"。这段话同样不可用绝对的态度来了解。本书叙述五种基本生产关系的社会的开始，情形就不完全一样。原始社会由于摸索出铁制工具（欧洲的情形），因而引起社会大变革，出现奴隶社会。这是首先从生产工具之变更和发展而开始的明证。至于封建社会，是由封建主需要新的生产力，即要求生产工作者具有某种在生产中的自动性等等而开始的，资本主义社会是由建造巨大（对细小行业作坊而言）工场手工企业而开始的，生产力确是提高了，但生产工具并没有什么显著的变更和发展。社会主义社会必然产生在巨大机器化工业的国家里，这也是首先从生产工具之变更和发展而开始的明证，但社会主义社会为什么在工业比较落后的俄国最先建立起来呢？足见还有其他更重要的原因。抓住"首先就是从生产工具之变更和发展而开始"这句话，当作简单的公式来判断各个社会交替点所在，事实上是困难的。

判断各个社会（无论已消亡的和现存的）的交替点所在，还得从阶级斗争的成果来着眼。恩格斯说，"随着君士坦丁堡的兴起和罗马的陷落，古代便完结了。中世纪的终结是和君士坦丁堡的陷落不可分离地联系着的"。如果体会恩格斯这段话的精神，心知其意，具体地分析具体历史事实，不拘泥于某些公式和历史类比，应该可以求得各个社会的交替点所在。

生产关系一定要适合生产力性质这一规律最根本的精神，在于劳动群众所进行的斗争。劳动群众一方面不断改进生产工具来和自然界作斗争，另方面不断和不相适合的生产关系（基本的和局部的）作斗争。只要人类社会存在，斗争是永远不会停止的，因之人类社会永远向前发展。

应该牢记生产工具的极大重要性，因为生产工具不发展，根本不可能有生产力的发展。但是，更应该牢记"自原始公社土地占有制瓦解之时起，全部历史，都是阶级斗争的历史。"

附记：一部分史学界似乎爱刮长风，拿起笔来绵绵不能自休，使得某些刊物长风成灾。我看，大有刮起短风的必要。"史学"因为篇幅小，是容纳短风的刊物，我愿意在"史学"上写稿来锻炼自己。不幸，这篇稿子写出来，大大超过了半篇万言书，恰好证明我身上长风病未曾消除。如果以后再向"史学"投长稿，希望编辑部给我一剂闭门汤喝，提醒我加紧消除我的长风病。

（原载 1957 年 2 月 28 日《光明日报》）

文要对题

在百家争鸣的方针鼓励下,中国学术界呈现了活跃的气象。虽然还只是开始，前途的发皇，是可以预见的。

争鸣含义之一，是展开各种不同见解的斗争。斗争一定要针锋相对，在要害处决胜败。击中要害者胜，要害被击中者败。

史学界有人唱两汉奴隶制论。五年前，郭沫若院长在《奴隶制时代》里曾对那些持论者提出这样一个质问:

> 西汉奴隶制说者在这里不自觉地碰着了一个无法解决的矛盾，他们承认孔子和儒家学说是封建理论，而却主张西汉的生产关系还在奴隶制的阶段，这岂不等于说:在奴隶制的社会基础之上树立了封建制的上层建筑吗?

这个质问，正是对准两汉奴隶制论的要害处，射出了一枝致命的利箭。两汉奴隶制论如果多少还有些道理可讲的话，应该认真地答复这个质问，因为这是两汉奴隶制能不能成立的关键所在。

可是，两汉奴隶制论者，缄口不谈这个问题，似乎这是个和本身痛痒无关的问题，可以置若罔闻。另方面，却依然唱其所欲唱，论文不少，著作也有，言必称马列，使人相信马列在兹，有意无意地顺便把上层建筑为基础服务这一条马克思列宁主义隐藏起来了。

郭沫若院长等待了将近五年之久，不得不再射出一枝催命箭。1956 年 12 月 6 日，他在《人民日报》上发表《汉代政权严重打击奴隶主》一文，就是提着那些置若罔闻者的耳朵追问一声，你到底听到我那个质问没有？你总得答复一下吧！本来这种关键性的问题，怎能五年不答，不答的原因，显然由于无话可答。有什么为证呢？有日知先生的答质问为证。

1957 年 2 月 25 日，在《人民日报》上看到日知先生《试答郭沫若先生的质问之一》的"从重农抑商的传统谈到汉代政权的本质"。既然称为答质问之一，首先就得答郭沫若院长提出的第一个质问，即在奴隶制的社会基础之上，为什么树立封建制的上层建筑这个质问。日知先生根本不答这个质问，依然采取置若罔闻的老办法。这不是很明白了么？两汉奴隶制论无话可答，找不出任何理由来保护被击中的要害。结果陷入这样的矛盾中，越证明西汉奴隶制，越无法自圆其说，越不能答复那个质问。

除非是两汉奴隶制论拿出针锋相对的答复，否则，只能断定它确实处于无话可答的绝境中了。

从两汉奴隶制论的争论里，应该取得这样一条经验教训。就是，写文章一定要对准题目，文不对题的文章，写一百篇等于一篇也不曾写。两汉实际社会是题目，把它说成奴隶制社会是文不对题；西汉奴隶制社会为什么树立封建制上层建筑是题目，日知先生讨论汉代政权的本质，也是文不对题。文不对题的文章，是什么问题不能说明的。

我们正在展开百家争鸣的伟大场面，史学上任何见解都有权摆出来，但是，我们必须注意，尽可能写对准题目的文章。

（原载 1957 年 7 月 29 日《光明日报》）

十月革命对中国革命的影响 [①]

今天，我们以无限喜悦的心情来纪念伟大十月社会主义革命的 40 周年。十月社会主义革命为整个人类社会开辟了新道路。苏联人民走着这条道路，建成了辉煌的社会主义社会，并且正向共产主义社会迈进。中国人民也走着这条道路，彻底完成了资产阶级民主革命，并且基本上完成了社会主义革命。其他人民民主国家也都走着这条道路，也都取得了卓越的成就。这是确然无疑的，资本主义世界的广大人民也一定先后走这条道路。社会主义的阳光终究要照遍全世界，人类将永远纪念旭日初升的那一刻——伟大十月社会主义革命！

纪念十月革命的 40 周年，是有特别重大意义的。这是因为以苏联为首的社会主义阵营，团结得像金刚那样坚固了；这是因为苏联的政治威望和科学成就，已经远远超过任何资本主义国家了；这是因为中国和其他人民民主国家，无论在政治、经济、文化等方面，都在飞跃前进了；这是因为世界上被压迫阶级和被压迫民族，都希望得到社会主义国家和平政策的援手而心向往之了。一句话，社会主义制度无比的优越性，已经被铁一般的事实证明了。全世界人民为 40 年来已得的成就而欢欣鼓舞，

[①] 本文是 1957 年作者在首都科学界庆祝十月革命 40 周年大会上的报告。

为取得未来的更大成就而信心百倍,所以,纪念十月革命的 40 周年,是有特别重大意义的。

中国在解放以前,是拥有将近 6 亿人口的大国,同时又是被帝国主义勾结国内反动势力积极进行侵略的落后国。中国人民之所以能够摆脱半殖民地半封建的枷锁,获得革命的彻底胜利,从落后国变成先进国,就是因为"十月革命一声炮响,给我们送来了马克思列宁主义"。我们在热烈地纪念十月革命 40 周年的今天,回忆一下十月革命前后中国所处十分危急的境地,我们将从切身体验中特别感到十月革命对中国革命的伟大意义。

辛亥革命失败后,以袁世凯为代表的买办封建势力夺得了政权,向革命势力猛烈进攻,具有资产阶级共和国宪法性质的临时约法被废除了。1915 年,袁世凯恢复帝制。次年,袁世凯在全国军民反对下毙命。他的继承人军阀首领段祺瑞又夺得了政权。在袁世凯、段祺瑞的统治期间,帝国主义的侵略一步紧似一步,像蜘蛛网那样把中国缠得无法脱身。五国银行团借款给袁世凯,借以侵凌中国主权,并以承认民国政府为要挟,侵入中国广大的边疆地区。1914 年,日本取得德国所强占的胶州湾,据为己有。1915 年,日本又提出所谓"二十一条",按照二十一条的规定,中国将实际上沦为日本的附属国。1916 年,日本又利用欧战的时机和沙俄政府订立密约,商定日俄两国协同用武力排斥第三国对中国问题的干预。1917 年,日本借款给段祺瑞,使他发动内战。整个中国被帝国主义封建势力搅得漆黑一团,半殖民地半封建的中国眼看就要沦为完全的殖民地。中国人民谁也不能不惊心动魄,感到亡国之祸迫在眉睫了。中国的民族资产阶级、工人阶级、农民阶级都在寻找救中国的道路,但是,他们都找不到一条真正的道路。

　　这时候，以梁启超为代表的资产阶级改良派，对中国的前途表示了悲观和失望。以孙中山为代表的资产阶级激进派，在广州提出拥护民元临时约法的口号、反对北京军阀政府。这个斗争是正义的，但它并不能给人民指出中国的前途。农民阶级遭受着苛捐杂税、失业破产和军阀混战的重重灾难，纷纷起来反抗。仅据天津《大公报》和上海《民国日报》所刊载的农民暴动，1916年有18次，1917年就有36次。这些自发的农民斗争，当然不可能改变当时中国的危险局面。工人阶级从1911年以来，正在迅速地发展壮大起来。

　　他们身受三重压迫，革命的精神，表现在斗争中，比任何别的阶级都来得坚决，规模大小不等的罢工事件年年都有发生。不过这些罢工还大都是经济斗争的性质。而且由于孤立无援，都先后被镇压下去。到了1916年11月，天津法租界工人为反对法帝国主义扩张租界，举行了规模巨大的政治性罢工，这才把斗争大大推进了一步。这次罢工，自法国工厂的工人、法租界行政机关的员工、法国商店的雇员以至法租界的华籍巡捕、男女仆人等，全部参加了。法租界电灯房愿出每月二百元的高薪招请司机，但始终没有一个工人前去应招。罢工工人得到天津社会各界的支持，也得到全国各界的同情和声援，斗争坚持了五六个月之久，法帝国主义者终于被迫放弃扩大租界的侵略野心，向中国多少让些步。经过这个反帝斗争，中国工人阶级显示出不为强暴所屈、不为厚利所诱、同心协力、热爱祖国的高贵品质；也向全国人民表明：工人阶级英勇地站在斗争的最前线，是全国各阶级中最坚决最彻底的革命阶级，具备着担当起救国大任的重要条件。但是，这时候的中国工人阶级还缺少一个决定性的条件，那就是他们还没有自己的政党——中国共产党的领导，也就是还没有得到马克思列宁主义来指导自己的行动。处于自在状态中的工人阶级，革命精神固然是充沛的，要行施救中国的领导权却还是不可能的。

当时中国各阶级的基本情况就是如此。那么，中国的出路究竟在哪里呢？这不能不是全国人民苦心焦虑、无法解答的疑难问题。

正在这个危急存亡的严重关头，忽然，远处出现了指引光明之路的灯塔。这个灯塔就是伟大的十月社会主义革命。尽管帝国主义和封建势力用尽各种卑劣的手段封锁消息、歪曲报导，以图蒙蔽中国人民的耳目，十月革命胜利的喜讯还是很快地在中国人民当中传播开来。处在深沉苦难中的中国人民为兄弟般的俄国人民的获得解放而感到极大的鼓舞，满怀热情地欢呼这个伟大的胜利。1918 年，孙中山突破重重障碍打电报给列宁，祝贺俄国革命的胜利。先进知识分子的代表李大钊发表《法俄革命之比较观》，肯定十月革命一定成功，并指出："俄罗斯之革命非独俄罗斯人心理变动之显兆，实二十世纪全世界心理变动之显兆。"十月革命胜利的炮声，震动了中国人民，特别是中国的工人阶级。

中国工人阶级这时以极大的热情注视着俄国工人的斗争。十月革命消息传来后，上海海员工人聚在暗舱里兴奋地谈起来，工人们说："他们干的真好，我们也得这样来一下！"这句话表达了中国工人阶级的共同意志。中国工人不仅为十月革命的胜利而欢呼，而且得到了最大的鼓舞力量，想着学习俄国工人的榜样，也这样来一下了。

"山穷水尽疑无路，柳暗花明又一村"，这正好用来形容当时中国人民的心情。"中国的出路在哪里？"这个恼人的问题现在有办法解决了。中国人民从十月社会主义革命取得胜利的事实中找到了明确的答案，这个答案就是"走俄国人的路"。

伟大的十月社会主义革命为全世界人民、也为中国人民带来了新希望。中国的内部本已存在着爆发社会革命的条件。在十月革命的号召下，在伟大列宁的号召下，中国人民以一些具有初步共产主义思想的知识分子为主体，展开了反帝反封建的五四运动。毛泽东同志曾经指出："五四运动的杰出历史意义在于它带着为辛亥革命还不曾有的姿态。"五四运动之所以具有这种新姿态，正是由于有了十月社会主义革命的胜利，从而使这个运动成为世界无产阶级革命的一部分。从"五四"发展到"六三"，形成为有广大工人阶级、小资产阶级、资产阶级参加的全国范围的革命运动。在"五四"和"六三"运动中，中国工人阶级已经不再是作为追随者而是作为指导者登上了政治舞台。有了俄国的榜样，有了马克思列宁主义的传入和以工人阶级为主体的革命运动的兴起，建立中国共产党的条件成熟了。1921年，中国工人阶级的马克思列宁主义的政党——中国共产党宣告成立。本来是一片黑暗的中国，从此出现了普照大地的万丈光芒；本来是灾难深重找不到出路的中国人民，从此有了革命的旗手。从此之后，中国人民在中国共产党的领导下，遵循着十月革命的方向，走上了新民主主义革命的光辉大道。

"中国人找到马克思主义，是经过俄国人介绍的"，饮水思源，中国人民将怎样感谢伟大的苏联人民！将怎样感谢伟大的十月社会主义革命！

马克思列宁主义传入中国，在工人阶级里扎下了深根，但是，它是首先通过先进的知识分子而得到传播的。这里，我想简单地谈谈当时知识界的情况。

在十月革命以前，中国人民并不知道马克思列宁主义。从十月革命到五四运动，中间只有两年，到中国共产党的成立也仅仅四年，在如此短促的时间里，马克思列宁主义一传到中国就为先进的知识分子所接受，并且迅速地传播开来，这当然不是偶然的。这除了前面说过的当时中国的社会条件外，还有知识分子本身的一些思想条件。

中国社会从鸦片战争时起，逐渐变成半殖民地半封建的社会。这种社会的政治和经济反映在观念形态上，出现了替帝国主义服务的买办文化思想，替半封建服务的半封建文化思想，它们结成买办封建文化思想的反动同盟，反对新文化思想的产生和发展。与此同时，先进的中国人，向西方资本主义国家寻找真理，介绍西方资产阶级民主主义的文化思想到中国来，并且与中国儒家的一个学说——大同学说相结合。洪秀全颁布《天朝田亩制度》，康有为著作《大同书》，孙中山揭橥"天下为公"，都代表先进的中国人的文化思想。这在五四运动以前是中国的新文化思想，是和买办封建的反动文化思想对立的。他们没有也不可能找到一条达到大同的路，大同的理想却是十分可贵。辛亥革命失败后，一些资产阶级、小资产阶级的爱国知识分子思想很苦闷，总想找出一条出路来。他们逐渐认识到西方资产阶级的文明，资产阶级的民主主义，资产阶级共和国的方案，实际上都是行不通的，经过千辛万苦寻找来的真理，一齐破了产，剩下的只有一条大同的空想。恰恰在这个时候，十月社会主义革命的胜利，把马克思列宁主义送到了中国。中国的先进知识分子有传统的大同理想，有救国的高度热情，有吸取世界新的科学理论、新的政治观点的愿望，马克思列宁主义正好符合了他们的这些要求，因而如饥如渴地予以接受。这也可以说是中国式的社会主义从空想到科学的发展吧，中国从此有了为数不多的然而极可宝贵的那些具有初步共产主义思想的知识分子。马克思列宁主义通过他们与中国工人阶级的革命运动相结合，这就产生了极其强大的物质力量。他们在实际的革命斗争中也就逐渐放弃资产阶级的立场转变成为工人阶级的知识分子。当时的许多报纸杂志上，刊登了他们大量的宣传马克思列宁主义思想的文章。这些文章表明，他们对马克思列宁主义还只有初步的认识。但这在当时的历史条件下，他们所起的这种先锋的与桥梁作用，无疑是巨大的。

十月革命以至五四运动以后，中国产生了完全崭新的、领导人民大众反帝反封建的文化思想，那就是共产主义的文化思想。原来对买办封建的文化思想说来是新的那个资产阶级文化思想，现在成为旧民主主义性质的文化思想了。随着以共产主义思想为领导的新文化运动的扩大和深入，一部分旧民主主义思想的知识分子，还能够在革命时期，在一定程度上充当新文化运动的一个盟员，另一部分则陆续跑到买办封建方面，参加它们的同盟，变成非常亲热的三兄弟，合力来反抗新文化运动。到后来，三兄弟融化成一体，融化成一个难解难分的反动文化阵营。

共产主义的文化思想是从斗争中壮大起来的。当时它虽然还在幼年阶段，但已经表现出冲锋陷阵，追击劲敌的勇敢精神，马克思列宁主义这一武器，无敌于天下，在初步运用中得到证明了。

十月革命以后，中国文化思想战线上，马克思列宁主义和各种反动思想展开了斗争，取得了战果。

反动的胡适从美国搬运来实验主义，大肆宣传，公然反抗马克思列宁主义。1919年，胡适发表《多谈些问题，少谈些主义》一文。所谓"少谈些主义"，意思就是不要谈马克思列宁主义。胡适自己就曾经说过，他这篇文章是专为反对青年学习社会主义而写的。这篇文章发表后，立即遭到马克思主义者的迎头痛击。李大钊写了《再论问题与主义》一文，指出："依马克思主义的唯物史观，经济问题一旦解决，什么政治问题、法律问题、家族制度问题、女子解放问题、工人解放问题都可以解决。可是专取唯物史观的第一说，只信这经济变动是必然的，是不可免的，而于他的第二说，就是阶级斗争说，可不注意，丝毫不去用这个学理作工具，为工人联合的实际运动，那经济革命，恐怕永远不能实现"。李大钊这篇文章指出阶级斗争的基本原理，不仅有力地驳斥了胡适及其追随者的谬论，同时也教育了当时的广大进步青年。

中国资产阶级的知识分子在文化思想战线上本来就缺乏战斗力，他们害怕马克思列宁主义的迅速流传，竟向帝国主义讨救兵，请来了两个反动学说的大师。

胡适的美国老师杜威，在五四运动前夕，被邀请来到了中国。师徒二人，一唱一和，到处散布实验主义的毒素。胡适一派人对杜威大加吹捧，杜威所擅长的诡辩术也确实在一些知识分子中起了迷惑作用。这时，革命知识分子还没有能力对杜威的反动哲学进行充分的批判，但是他们已经看出并指出了它的无用和无聊。1920年10月，报刊上开始出现"我们对于杜威博士失望了"的言论。资产阶级右翼的先生们大伤脑筋，埋怨"吾国人士对于学者的尊敬殊失其道"。这个被捧为"世界第一流学者"的杜威终于弄得"名誉堕落"，于1921年无精打采地跑走了。

英国的罗素这时也被邀请来中国"讲学"。罗素最近赞助和平运动，这是很好的，但当时他宣讲的内容是反对苏维埃俄国、反对共产主义，提倡"基尔特社会主义"。罗素的言论很快地为革命知识分子所唾弃，但是，跟着他走的一伙反动文人却乘机掀起了对马克思主义的进攻。他们硬说中国没有真正的工人阶级，不可能走社会主义的道路，而只能用发展实业、振兴教育的办法发展资本主义，进而达到基尔特社会主义。这伙反动文人的谬论，是经不起马克思列宁主义的一击的，经过辩论后，他们被驳斥得张口结舌，不知所对。

此外，还有一些披着社会主义外衣的反社会主义的反动思潮。其中在青年中曾经有过一定影响的是无政府主义。无政府主义和马克思列宁主义坚决为敌。一个革命知识分子在一篇文章里说："我起初本一心一意地想和无政府主义者携手，几次努力皆归无效。我细细研究这里面的根本原因，知道在于立场问题这一点。我是狂信唯物史观的人。他们大概都不信（或者不懂）唯物史观，所以对于一件事情的观察、见解都因之而不同。"这里说得很清楚，无政府主义者是站在反动立场坚决反对马克思主义的，因之绝对没有携手的可能。当时马克思主义者指出无政府主义、国家社会主义、工团主义等都是企图混珠的鱼目，陆续写了许多文章与无政府主义作战，无政府主义和其他的一些反动思想，终于烟消云散，在思想战线上再也找不到它们的立足点。

从上面极简单的叙述里，可以看到，中国自俄国十月革命以后，中国共产党成立以前的一段时间里，虽然马克思列宁主义还只是初步的传入，虽然还没有得到中国共产党的正确领导，但是，在文化思想战线上马克思列宁主义已经表现了何等巨大的威力！不论外国大师也好，中国大师也好，尽管举起反动的螳臂，休想挡住革命的大车。前事不忘，后事之师，知识分子如果回顾一下当时思想斗争的情况，那么，良师就在眼前。

十月革命经过了 40 周年的今天，中国已经进行了社会主义革命，并且已经基本上完成了这个革命。属于资产阶级右派的一些知识分子，还妄举螳臂来挡革命大车，这无非是"其为虫也，知进而不知退，不量力而轻就敌"想做车轮下的一点泥浆罢了。右派分子应该幡然悔改，重新作人，认真想一想，历史的车轮是无情的。

列宁说过："把注意力集中到还没有解决的革命任务上，这是庆祝伟大革命纪念日的最好办法"。中国人民目前的革命任务是加速进行社会主义建设，在政治战线上和思想战线上彻底完成社会主义革命。我们知识分子必须为彻底完成这个任务而百倍努力，首先要加强思想改造，切实学习马克思列宁主义，在中国共产党的领导下，建立起强大的工人阶级知识分子的大军。毫无疑问，这个任务是一定能够完成的。让我们把完成任务的决心作为庆祝伟大革命纪念日的献礼吧！

最后，请允许我引毛泽东同志的话来结束这个发言："谢谢马克思、恩格斯、列宁和斯大林，他们给了我们以武器。这个武器不是机关枪，而是马克思列宁主义"。

（原载 1957 年 11 月 3 日《光明日报》）

历史研究必须厚今薄古 [①]

面临着工农业生产大跃进的形势，科学工作也必须大跃进，历史研究也不例外。历史科学工作者谁都想跃进，谁都想大大的跃进，干劲是足够的，问题在于如何跃进。

讲历史，厚今薄古，本来是很自然的道理。现代近代的事情，最容易理解，也最有现实意义。可是，现在史学界的情况恰恰是薄今厚古，越是今的越不讲，越是古的越讲，这实在是一种反常的现象，是一种衰暮的现象。

持厚古薄今论的人也有他们的想法，以为学术是独立的东西，牵涉到政治就失去独立性，就不成其为学术。讲古，不牵涉政治，所以是学术。讲今，总要牵涉到政治，所以不是学术。这种想法有道理么？我想举出极简单的事例和厚古薄今论者商量商量。

厚今薄古是中国史学的传统

因为你们厚古，我不免从古说起。

我国封建时代有三部最大的历史著作：第一，《春秋》。是孔

---

① 本文是 1958 年作者在北京史学界一次集会上的讲话。

子的政治学，是整个封建时代的基本政治学。孔子作《春秋》，从鲁隐公元年写到哀公十四年。隔了一年，哀公十六年，孔子就死了。《春秋》记载240年的事情，按照公羊家的说法，《春秋》分三世：所见世相当于孔子和他父亲的年代，可以说是当时的现代史。所闻世相当于孔子祖父的年代，所传闻世相当于孔子曾祖高祖父的年代，可以说是当时的近代史。再往上就不写了。孔子是好古主义者，但在写《春秋》这一点上，倒像是个"厚今薄古"的史学家。《春秋》是脱离政治专谈学术的么？为什么"乱臣贼子惧"，还不是怕它在政治上的诛伐？第二，《史记》。司马迁作《史记》，从五帝一直写到汉武帝，能说他薄今么？《史记》的《今上本纪》固然是早已失传，但在《平准书》《封禅书》中对汉武帝提出批评，这是不是谈政治呢？第三，司马光的《资治通鉴》。这部书虽然比《春秋》《史记》差一点，没有写宋朝的历史，但也写到五代。看书名就知道他写书的目的是为朝廷讲封建政治学，书中的"臣光曰"，那一条不是谈政治的？这三部最著名的史书以外，不论正史或野史，总是为一定的政治目的而写成的。正史叙述一个朝代或若干朝代的政治活动，在叙述中就含有写作者的政治观点，更不用说，赞、评、论、史臣曰等等的专为褒贬而作。野史的写作，多在两朝交替特别是在外族侵入统治中国的时候，当然有强烈的政治性。清朝因禁止野史，大兴文字狱。如果历史著作与政治无关，清朝统治者何苦杀许多人呢。由于文字狱十分残酷，清朝学者才被迫放弃写历史，把精力转到脱离政治的经学——考据学上去，这完全是在野蛮压力下发生的变态病态，与顾亭林倡导学以致用的经学——考据学不是一回事了。到了清季中国产生资产阶级，它提出自己的政治主张，学术和政治又结合起来。举例来看，康有为作《新学伪经考》《孔子改制考》，以变法维新为宗旨。这些讲经学、史学的学术著作，同时也是资产阶级改良派的政治著作。江浙学人章太炎、刘师培等人创办的《国粹学报》，以排满复汉为宗旨。在学报里，讲史学主要是宣传排满，讲经学主要是提倡复汉，这些谈经学史学的学术刊物，同时也是资产阶级革命派的政治刊物。由此可见，中国资产阶级的早期代表人物并无学术应该和政治脱离的说法。

史书有多种体裁，自然有各种不同的写法。有些表现出明显的政治性，有些表现得不那么明显或完全与政治无关，不论表现的形式如何，归根都是当时政治生活的一种反映。但是，明显地反映出当时政治生活的历史著作。究竟是史学的正常形态，是史学的主流，自《春秋》以至《国粹学报史篇》都应是代表各个时期的历史著作。此外，不反映当时政治生活的史书，只能作为变态支流而存在。

厚古薄今是资产阶级的学风

五四运动以后，中国历史学获得了马克思主义的指导，开始表现划时代的大发展，成为服务于人民革命的一个力量。反动统治阶级的学者们，为了对抗革命，提倡学术与政治脱离，企图使学术脱离革命的政治，变成没有灵魂的死东西。事实上，他们自己也是想把反动的政治和学术结合起来的。蒋廷黻等人曾写《中国近代史》，把政治与学术结合了，可是对他们说来，结果坏得很，卖国贼的口供，不打自招了。记得有一个人在他的一本书里替秦桧说好话，闹得报纸上"舆论哗然"，这不是想替蒋介石辩护反而明明白白告诉人们说蒋介石就是秦桧么。在这一点上，胡适比那些笨伯们狡猾得多。他是反动政客兼反动学者，学术和政治在他身上紧紧结合在一起，但在表现形式上却一般是采取政治和学术分开的手法，写出许多琐琐碎碎一字一句所谓点滴功夫的考据文。其中考一些无关紧要的人和事的考据文，就当作研究历史，认为考据等于历史，他们既然把历史说成"垃圾堆"，那么，捡些片言只字考一考，也就可以自称为做史学工作了。胡适这样做，教他的追随者也这样做。这样做的好处何在呢？掉进烦琐主义泥坑里的人，（一）不关心革命的政治，因而可能倾向于反动的政治；（二）不关心反动的政治，因而有利于蒋介石的横行无阻。无论是（一）或（二）都对蒋介石有好处，所以，脱离政治的学术正是为反动政治服务的政治性学术，多么巧妙啊！

胡适，经过我们近几年来大规模的批判，一般地说，我们史学界已经看清楚了。但还有两种人：一种是自觉的胡适门徒，直到今天还坚持学术独立的看法，拒绝学术为政治服务，也就是拒绝为社会主义服务，为六亿人民服务；也就是拒绝学习马克思主义的立场、观点和方法来运用到自己的学术研究上去。这种人是极少数，但是必须对他开战。还有一种人是不自觉的受影响者。他们在蒋介石统治时期，不了解马克思主义，也不满意蒋介石的反动政治，觉得胡适那套说法可以安身立命，因此，学习做一些琐琐碎碎点点滴滴的考据文章。挑选题目，总要离开现实愈远愈好，寂寞的三代于是变成了热闹的市场。因为厚古薄今的习惯已经养成，要改到厚今薄古的方面来，不免感到困难。但是，他们是愿意学习马克思主义的，而且已经取得或多或少的成绩。这种人为数较多，经过自我改造的努力，把旧影响抛掉，是我们史学界的重要力量。

自觉的胡适门徒和不自觉的受影响者两种人情况不同，但他们厚古薄今、逃避现实、脱离政治的学风是一样的。这确实是资产阶级遗留下来的坏风气，不是无产阶级的风气，不是马克思主义的风气。我们应该反对那种坏学风，从"象牙之塔"跳出来。

上面所说的话，总起来就是说，在社会主义大建设的今天，还保持学术脱离政治的想法是错误的。学术一定要为政治服务。不扫清从这个错误想法产生出来的厚古薄今的学风，历史学根本谈不到有什么跃进的可能。

厚今薄古与厚古薄今是两条路线的斗争

厚今薄古与厚古薄今是史学界存在着两条路线的表现，这里面也必然存在着兴无灭资和兴资灭无两条路线的斗争。不是无灭资，就是资灭无，想妥协并存是不可能的。我们马克思主义的史学工作者必须认清这一点，担当起兴无灭资的责任。不管我们学到马克思主义有多少，现在少不要紧，只要学就会多起来，史学工作者在思想上明确地站在马克思主义阵线这一边，确定自己是马克思主义者，只要这种气势壮，力量也就来了。那些自称为有学术的资产阶级学者，如果敢于在人民面前翘尾巴，拒绝改造，我们应该毫不留情的藐视他们。要知道，凡是装腔作势的人，一定是庸妄浅薄的人，他所自恃的一点所谓学术，既然装在小器里，其不多不大，可以想见。我们马克思主义史学工作者，在较短的期间内，消除资产阶级学术在史学上的影响，是完全有把握的。

厚今薄古第一必须扩大和加强研究今史的力量，主要是研究无产阶级领导革命的中国史，其次是资产阶级领导旧民主革命的中国史。认真地下功夫，用成绩来证明厚今的意义远胜于厚古。第二必须确实用马克思主义的立场观点和方法来进行研究，只有这样，才能在今史研究上取得真正的成绩。否则，资产阶级的所谓学术也会窜进今史里面来，例如考证洪秀全有没有胡子，这就是烦琐主义窜进今史的表现。更危险的而且已经发生一些影响的是用马克思主义的词句，用资产阶级研究学术所常用的诡辩方法，来歪曲今史，牵涉的问题相当大，危害马克思主义学术也相当严重，及早予以防阻是必要的。充实今史研究的力量，并且保持今史研究的健全发展，厚今薄古的学风自然会在坚固的基础上建立起来，因为今厚了，古也就相对地变薄了。

厚今薄古，在扩大和加强今史的研究以外，马克思主义史学工作者还必须分出一部分力量去占领古史的阵地。古史是资产阶级学者进行顽抗的据点，他们在古史上占了些点或片段，就在这些小角落里称王称霸，目空一切。其实，他们所占据的地盘，不过是若干个夜郎国而已。马克思主义史学工作者应该写出几部质量比较好的通史来，从现代开始通到古代，从经济基础通到全部上层建筑，这样整个历史阵地，基本上都占领下来了。同时逐个占领夜郎国，使那些国王们失去依据，不得不接受改造。郭老曾用不多的功夫，研究甲骨文、金文，把这个阵地占领过来，不然的话，资产阶级搞这一部分的学者，不知道要表现多大的骄气。这个经验是值得学习的。我们只要花点功夫，任何一个学术部门都可以压倒他们。我们在大力提倡厚今薄古的同时，也应该注意到这一点，免得资产阶级学者拿厚古薄今来和我们对立。

开展百家争鸣，史学界领导干部要种试验田

厚今薄古、兴无灭资是思想战线、学术战线上的问题，这里丝毫不能用其他办法，惟一可用的办法是思想斗争，学术争论。马克思主义者为要达到这个目的，第一，必须全力开辟百家争鸣的园地。在这个园地里广泛展开批评和自我批评，依靠边干边学的方法，我们的马克思主义水平逐步可以得到提高，所讨论的学术问题也逐步可以得到深入。第二，我们担负领导工作的马克思主义史学工作者，必须种"试验田"，在业务上做出些成绩来。种"试验田"的好处很多：（一）资产阶级学者狂妄自大的借口之一，是说你们只会说不会做。如果我们做出些自己本行的业务来，他们还能拿这个做借口么？是不是可以说，我领导工作太忙，没有功夫作业务，这当然也是一个理由。但是，我们科学院任何一个工作者，能够说比郭老还忙么？郭老有十足的理由免种"试验田"，可是他种的是阡陌相连的大田，出产品特别丰收。我们种"试验田"来个歉收，一亩收五升一斗可不可以呢？如果我们颗粒无收，怎么不让他们有所借口呢！（二）种"试验田"就会知道种田的甘苦所在，这样，就可以同一般工作者同甘共苦，对领导工作的改进有很大的好处。（三）可能有些学术工作者懒惰不想跃进，或者想跃进不得其法，领导者起示范作用，可以使懒者变勤，不得法者得法。（四）上级领导者种"试验田"，对下级领导者的错误可以纠正得更准确些，更具体些，更有说服力些。还有一点，也是更重要的一点，经过全民整风运

动，6 万万人都跃进了。农民向四、五、八跃进，工人更是了不起，15 年在钢铁和主要工业产品产量方面要超过和赶上英国，每天看报，使人每天兴奋。在这种情况下，社会科学部门有不跃进的人，甚至有些还是领导工作者，那就很不好了。

（原载 1958 年 4 月 28 日《人民日报》）

风气与条件 [①]

　　目前我们史学界一般的情况是，厚古薄今的风气弥漫。厚今薄古的风气，自中华人民共和国成立以来，虽然也逐渐在培养，但比起前一种风气，不免相形见绌，显得比例很不称。我们看见这种情况，以为各厚其所厚，并行而不相悖，是没有什么关系的，不曾想到其中含有严重的问题。现在我们的认识有所提高。对史学界来说，为了准备大跃进，我们有决心也有信心改变现在的情况，把厚今薄古的风气迅速发皇起来，变下风的地位为上风的地位，并且取得绝对优势的地位。

　　我们相信史学界能够尽快地改变风气，理由有如下列：（一）一般史学工作者都在努力学习马克思主义，学习到一定的水平，就会发觉自己从旧社会沿袭下来的那种烦琐主义的陈腐学风必须加以否定。这几年来，有不少史学工作者已经否定或正在否定自己的旧学风。（二）高等学校和研究机构拥有大批年轻的现代近代史教师和研究人员，七八年来，在学业上逐渐有所表现。（三）除去极少数的顽固分子，所有史学工作者都愿意为改变风气而努力。当然，单凭这三条是不够的，我们还得在已经明确了的方针下，大力培养厚今薄古的新风气，使

---

　　① 本文是1958年《历史研究》杂志第5期刊发的《历史研究应当厚今薄古》的笔谈。

中国的历史学得到健康的发展。

如何培养厚今薄古的新风气，我想提出一些意见来。

（一）首先，史学工作者必须认清理论联系实际的严重意义。史学工作是马克思主义理论工作的一个组成部分。马克思主义的基本原则之一是：理论联系实际。同我们关系密切的实际是什么呢？五四运动以来，中国无产阶级在其先锋队——中国共产党领导下进行新民主主义革命、社会主义革命和建设新的中国社会，就是最密切的实际。因为中华人民共和国成立以前的中国社会是半殖民地半封建性质的社会，它开始于中英鸦片战争，所以，自五四运动上溯到鸦片战争这一时期里进行着旧民主主义革命的中国社会，也是比较密切的实际。生活在这个前后不过一百多年里的中国人民，遭受到空前残酷的阶级压迫和民族压迫，灾难极其沉重，同时又从英勇斗争中取得翻天覆地的伟大胜利，屹然在世界上站立起来，这是多么惊心动魄兴亡攸关的实际呵！作为一个史学工作者，试图用马克思主义的立场、观点和方法来研究中国历史，首先要和我们最密切以及较密切的实际联系起来，也就是首先要研究中国现代史以及近代史，是完全出于自然的。在研究中特别是在现代史的研究中，可以发见异常复杂的社会发展规律，可以积累极端丰富的阶级斗争经验，可以获得经济文化建设中富于创造性的各种理论和方法，并且可以帮助广大群众对社会发展前途的无限光辉看得更加清楚。写出这样的历史著作，就是理论与实际最好的联系，也就是对中国人民作出了有现实意义的贡献。一个史学工作者总是想在工作中取得一些成就，如果了解到取得成就的关键在于理论联系实际，主要还在于联系关系密切的实际，那么，谁都愿意走可靠的路，研究现代史以及近代史。古代史固然也是一种实际，不过，它是关系疏远（愈古愈疏远）的实际，只能放在次要的地位。史学界绝大部分的力量应该集中到现代近代史的研究上，古代史用少数人去研究就可以。

（二）史学工作者必须养成向困难进攻的无畏精神。研究古代史容易，越往上越容易。研究现代近代史，那就困难得多，这里说一些困难处。第一，近代史特别是现代史，由于构成社会的阶级在原有的封建地主阶级农民阶级以外，增加了大中小资产阶级和无产阶级，另外又跑来了许多外国的资产阶级，俄国十月社会主义革命以后，中国无产阶级和世界无产阶级也发生了联系，这样复杂的阶级关系，必然要表现出极其复杂的阶级斗争和民族斗争。史学工作者必须具有马克思主义一定水平的修养，才能系统地深刻地加以分析，但是，我们史学工作者正在学习马克思主义，一般还缺乏这样的修养。第二，现代近代史的资料，包括报章刊物著作档案等等，数量十分巨大，要使用它，先得下一番选择、考订功夫，这已经是够艰难的了，另方面，足以说明问题的资料却未必够用，或者根本找不到。第三，中国方面的事件，多与外国有关系，必须参考外国方面的资料，才能说明问题，这种资料数量大，使用难，非付出较大人力不能见效。第四，国内许多少数民族在民主革命时期，对革命有贡献，在社会主义革命和建设时期，各少数民族各按自己所处的社会阶段以不同的步骤逐个向社会主义社会前进，这是近代史特别是现代史里极可注目的历史事件，必须予以足够的叙述，可是，我们史学工作者对少数民族的历史，一般缺乏深入的研究。在以上所举四条困难面前，应该采取什么态度呢？有些人畏难而退，甚至躲到三代史的象牙之塔里面去了，这叫做懦夫的态度。马克思主义史学工作者，当然要采取向困难进攻的态度。克服困难是取得成绩的保证。马克思告诉我们："在科学上面是没有平坦的大路可走的，只有那在崎岖小路的攀登上不畏劳的人，有希望到达光辉的顶点。"我们不敢妄想一下子攀到顶点，我们按照登高必自卑的道理，一步又一步地、一方面又一方面地不断前进和扩大，克服大大小小的困难，就可以取得多多少少的成绩，全部困难终究要被我们完全克服的，成绩一定属于克服困难者。

（三）要各方面给史学工作者必要的支持。认清理论联系实际的严重意义和养成向困难进攻的无畏精神，主要是史学工作者自己努力的事情，不过，外面的支持，也十分要紧。在高等学校里担任现代近代史课程的教师数量很大，他们一般忙于教学工作，无暇顾及研究，学校领导上是否可以更多地鼓励他们，在课外不放松研究。中央和地方的历史研究机构，一般感到人力薄弱，是否可以抽调一些具备一定条件的革命工作干部来充实这些机构。近代史特别是现代史的大小著作和论文，出版社杂志社是否可以放宽审稿尺度（当然要保持一定的水平），优先予以发表。我们有许多革命老前辈，他们本身的经历和多年的闻见，都是极可宝贵的史实，是否可以勉强抽出些时间，给我们写回忆录、闻见记一类的文章。若干机关（保密机关当然除外）的档案保管处，除保密文件外，普通文件是否可以供少数研究专题得到承认的人员阅读，并准许引用文件。以上所举各条，不知是否可行，我的意思是说，提倡厚今薄古的风气，史学界内部和外部各个方面互相配合，共同努力，收效一定能够更快些更好些。

附带说薄古。留少数人去做古史研究工作，这叫做薄古。人数少，只要研究的方法对头，就可以取得成绩。反之，用烦琐主义、公式主义以及烦琐公式混合的那些研究方法，永远不会有成绩，人数虽多亦奚以为。所以，古史研究的成败，关键在于方法，不在于人数。

下面说一说从事现代近代史研究工作的条件。

（一）认真学习马克思主义。研究近代史特别是现代史，必须学习马克思主义经典著作主要是毛主席的著作，这个道理是不言自明的。只有认真学习，才能得到正确的门径，在研究工作进行中，应用边干边学的方法，才能逐渐获得进境。学习与工作密切结合，不懈地练习马克思主义这一武器的运用，以期逐渐取得这个最根本的条件。

（二）红与专结合。求红与求专都要经过长时期的锻炼。求红时不可忘专，求专时不可忘红，力求结合成为一体。政治的高度与业务的深度必须配合得当，单从时间方面来说，应该各占一定的学习时间，以免红而欠专或专而欠红。

（三）擅长一门。对现代近代史先要有一般的了解，然后在一个部门里下功夫，继续深入，逐个解决问题，成为这一部门的专家。例如资料方面，要有整理、考订资料的专家，要有翻译外国资料的专家；研究方面，要有钻研经济、政治、军事、文化等部门的专家。工作能够分得细些，收效可以更快些。以分门研究为基础，与综合研究互相推动，研究水平也就会逐步提高。

（四）学会外国文。能使用外国文，对研究工作有很大的帮助。

总起来说，提倡和培养厚今薄古的风气是当前史学界首要的任务，大家必须为完成这个任务而努力。同时，也必须注意若干条件的养成，使风气有可靠的凭藉，能够持久并发展。厚今薄古与厚古薄今是史学上两条路线的斗争，斗争的胜败，决定于双方的实在力量，也就是双方都得拿出研究的成品来评比个高低，否则很难解决问题。我觉得风气与条件相结合是必要的，因此把不成熟的意见提出来，请同志们批评。

（原载 1958 年《历史研究》第 5 期）

戊戌变法的历史意义

我们史学界在9月28日开学术讨论会来纪念戊戌变法60周年。为什么要选择在这一天，因为以谭嗣同为首的"六君子"是在60年前的这一天流血的。他们为反对反动封建势力而贡献出自己的鲜血，整个运动的日子里，这是最值得重视的一天。

旧民主主义革命时期，中国资产阶级在政治上做了两件大事，一件是1898年的戊戌变法运动，即改良主义运动。更大的一件是1911年的辛亥革命运动。今天我们开这个会是讨论戊戌变法运动在历史上的作用和意义。

一般说来，改良主义运动是反动性质的运动，但在戊戌那个时候，变法运动代表着中国社会发展的趋势，赋有进步的意义，因此，我们要纪念的仅仅是那个戊戌年的变法运动，要表扬的人物，也仅仅是按照他们在这个运动里所起作用而给以适当的历史评价。这同戊戌以后的改良主义运动和改良主义者，政治上有严格的区别，决不可以混为一谈，这一点必须说清楚。

早在19世纪下半期，中国开始有一部分商人、地主和官僚投资于新式工业。这些人还只算是中国资产阶级的前身，还不可能提出资产阶级的政治主张。到了同世纪的末年，中国民族资本主义得到初步的发展，形成了新的社会阶级——民族资产阶级。这个阶级同封建地主阶级保持着极为密切的关系，同时又有提出政治主张的要求，它企图走日本明治维新的道路，在不触犯地主阶级根本权利的基础上求得一些发展资本主义的条件。以康有为、梁启超为代表的改良主义派，就是为适应这样的阶级要求而出现在历史舞台上。所以说，变法运动是符合于当时社会发展的趋势的。

已经沦为半殖民地半封建的中国，决没有改良主义派可能幸获的前途。帝国主义不允许中国发展资本主义，某些帝国主义表示相助的姿态，当然是别有用心；封建顽固势力是资本主义的死敌，它表示暂时的容忍，只是待机而动。一群孤立无援缺乏实力的改良主义者，拥戴一个无权无勇的光绪帝，发号施令，以为大有可为的时机已到，希望凭借光绪帝的谕旨条令来改变社会的面貌。正好说明中国资产阶级的软弱性，使得运动也那样软弱无力。固然，运动曾是反对最顽固的封建势力，进行了斗争；感到帝国主义侵略的危急，表示了爱国的热情，但这都是徒然的，封建顽固派一动手，运动便消散失败，一蹶不复振。

中国人民要在革命运动的历史里吸取教训，也可以在改良主义运动中吸取教训。戊戌变法运动给我们最大的教训就是：即使是含有进步意义的改良主义运动，也是要不得的。

那么，可不可以把戊戌变法运动的进步意义，因为它在政治上的无前途而予以抹煞呢？不可以。

戊戌变法运动的进步意义，主要表现在知识分子得到一次思想上的解放。中国的封建制度，相沿几千年，流毒无限。清朝统治者，选择一整套封建毒品来麻痹知识分子，务使失去头脑的作用，驯服在腐朽统治之下。这些毒品是程朱理学、科举制度、八股文章、古文经学（训诂考据）等等，所有保护封建制度的东西，一概挂上孔圣人的招牌，不许有人摇一摇头，其为害之广之深，与象征帝国主义的鸦片（当然不只是鸦片），可称中外二竖，里应外合，要中国的命。以康有为为首的思想家们，公然对清朝用惯了的毒品大摇其头，拿陆王来对抗程朱，拿今文来对抗古文，拿学校和策论来对抗科举和八股，所有资产阶级所需要的措施，也一概挂上孔圣人的招牌，把述而不作改变成托古改制，拿孔子来对抗孔子，因此，减轻了"非圣无法"的压力。当时一整套毒品，受到了巨大的冲荡，知识分子从此在封建思想里添加一些资本主义思想，比起完全封建思想来，应该说，前进了一步。其中有些比较激进的人，跳出改良主义圈子，加入资产阶级革命派，思想又前进了一步。

这是中国知识分子的一次思想解放，虽然仅仅走了第一步，却是很值得重视的一步。

康有为还写了一部"秘不以示人"的《大同书》，大意是说封建社会是据乱世，资本主义社会是升平（小康）世，公产主义社会是太平（大同）世。他描述"大同之世，天下为公，无有阶级，一切平等"的"极乐世界"，表现出丰富的政治想象力。他向往的极乐世界是"公农"、"公工"、"公商"，消除私有财产的和平世界。他看到"今欲致大同，必去人之私产而后可，凡农工商之业皆归之公"，去私产必须从"去人之家始"（改变家的性质）。这种大同思想，当然只是停留在头脑中的空想，他没有也不能找到一条到达大同的路。但康有为所以高出当时的一切思想家，在政治思想史上占有卓越的地位，就是因为他能够说出这种高尚的空想。中国社会在中国共产党领导下，将来从社会主义向共产主义过渡，很快就要实现科学的大同之世。凡是真心服膺康有为大同思想的人们，亲眼看见经过短短的 60 年，大同之世将变成现实，将是多么兴奋，为当前中国的大跃进而欢呼而有所协助。

上述变法思想、大同思想，都是依附着儒家学说来表现的，这正是当时资产阶级还不能自立，还得依附封建地主阶级而行动而言论的证明，到了资产阶级已能自立，而思想还不肯同封建主义分家，那就成为反动顽固的思想了。

戊戌变法运动是思想的第一次解放，此后，按照社会发展程度的逐步提高，出现了一次比一次广泛和深刻的思想解放运动，这里简单地叙述如下：

1905 年成立以孙中山为首的革命同盟会，揭橥着建立资产阶级民主共和国的理想，对封建主义的清朝进行了革命斗争，这是资产阶级已经自立的表现。1911 年辛亥革命，推翻了清朝政府，结束了中国两千多年来的封建帝制，产生了中华民国和革命的南京临时政府，并产生了一个临时约法。辛亥革命通过具有资产阶级共和国宪法性质的临时约法，建立起旧民主主义的观念来，知识分子受到影响，广大人民群众也受到影响，在思想解放过程中，这是较广泛较深刻的一次解放，拥护君主立宪的改良派思想，自然为人民所抛弃。

自 1919 年五四运动开始，中国开始进入了伟大的新民主主义革命阶段。1921 年中国共产党成立，便依据共产主义的文化思想，即共产主义的宇宙观和社会革命论，领导起新文化革命。以鲁迅为主将的文化生力军，在党的领导下，针对帝国主义封建主义的文化思想进行着坚决的锐利的反帝反封建的斗争。毛主席在《新民主主义论》里指出："这支生力军在社会科学领域和文学艺术领域中……都有了极大的发展。二十年来，这个文化新军的锋芒所向，从思想到形式（文字等），无不起了极大的革命。其声势之浩大，威力之猛烈，简直是所向无敌的。其动员之广大，超过中国任何历史时代"。这个新文化革命，伴随着整个革命的继续发展而发展，经过多次的政治运动和学习运动，中国人民群众的思想得到根本性的划时代的大解放。半殖民地半封建社会残留的腐朽文化思想，将彻底地被扫除。旧民主主义的文化思想，也为人民所抛弃。

现在，中国社会主义革命已经取得了伟大的胜利，在思想战线上的社会主义革命，也取得了决定性的胜利。不过，一切剥削阶级虽然消灭了，剥削阶级思想主要是资产阶级思想，将会在某些顽固分子的头脑里残留一个时期，还有待于彻底的消灭。事情如此明白，在马克思主义的照耀下，全国人民以共产主义的风格鼓足干劲，力争上游，多快好省地建设社会主义，如果还有人对资产阶级思想有所留恋，甚至还妄想一逞，那么，时代的巨轮同过去一样，对落后将是无情的。

我们为今天社会主义革命的伟大胜利和全民思想得到彻底解放而欣欢鼓舞。我们以愉快的心情回顾到从五四运动开始的新民主主义文化革命对思想解放的成就，又从而回顾到旧民主主义革命时期辛亥革命对思想解放的影响，再从而回顾到戊戌维新思想对抗完全封建思想的意义。我们可以得这样的结论，思想是随着社会的发展而发展的，低级思想必然为高级思想所代替，停留在原位上的思想必然为时代所抛弃。历史多么无情而又有情，不遗忘每一个对历史的贡献，也不宽容每一个对历史的障碍。

从 19 世纪下半期出现资产阶级前身时开始，到资产阶级消灭的今天为止，它享寿 100 岁。在它的一生中，新民主主义革命时期，它衰老了，不能领导革命了。旧民主主义革命时期，它领导过两次政治运动，严格说来，它只领导过一次辛亥革命。戊戌变法是改良主义运动，虽然是含有进步性，但不属于革命的范畴。我们在资产阶级已经寿终的时候纪念它第一次对完全封建主义所作的斗争，为的要作为一个例阐明历史发展规律的不可抗拒性。资本主义思想必须反对封建主义思想，犹之社会主义思想必须反对资本主义思想。顺而行之是进步，逆而行之是反动。我们既然因资产阶级反对完全封建主义而纪念 60 年前的戊戌变法运动，那么，在社会主义革命时期，毫无疑问，一切进步力量必须为彻底消灭障碍社会发展的资产阶级思想而共同努力。单纯地纪念过去，那是没有意义的。

马克思主义的历史学，是用历史唯物主义的观点来看全部历史的。这就是说，以社会发展规律为准绳，按照一定的时间、地点和条件，观察事件和人物在那种情况下所表现的行为，对社会起了什么作用。是非功过是事件和人物自身作出的结论，爱而欲其扬，恶而欲其抑，都不免徒劳而无益。所以，同一的事件和人物，在某种情况下是进步的有功的，如果情况改换，就会变成反动的有过的。其次，进步与反动也不可一概而论。说是进步，不等于所含某些反动的成分可以免除，说是反动，也不等于所含某些有益的成分（如果有的话）可以抹煞，这只有认真作分析才能求得其平。再其次，一个进步的人，到后来反动了，这是从好变坏；反之，一个反动的人，后来进步了，这是从坏变好，历史将以他们最后的表现作出最后的论定。一切在于本身的行动，历史只是公正的记录。

（原载 1958 年 9 月 29 日《人民日报》）

反对放空炮①

　　3月17日，我们开了一次巴黎公社90周年纪念会，有许多同志写好了论文，因为受时间限制，不能一一宣读，也不能逐篇讨论。所以我们今天继续开这个学术讨论会，把时间放宽，希望各位同志在扼要地介绍自己的论文要旨完毕以后，利用宽裕时间，进行讨论。今天我们这个会原定在福建厅召开，后来改在山东厅，这两个厅对我们开会都很有意思。山东出过一位孔夫子，是封建时代公认的圣人，他遇到新鲜事物，一定要"每事问"。他又提倡"不耻下问"，"以能问于不能"。孔子这样重视调查，是值得我们学习的。

　　福建是我们军事前线，每隔一天要对金门马祖放大炮。前些时，美国有一个坚决反共的商人写了一本"金门的故事"的书，他说，他们已经挨了82万7000发炮弹。显然，他写这本书，是想用文字大炮回击我们一下。不过，这当然是徒劳的事。我们的大炮，每一个弹是针对美帝国主义及其走狗蒋匪帮发出的，我们的大炮迟早要轰走美帝国主义的侵略势力并消灭它的走狗蒋匪帮，因为我们的炮弹是完全正义的。正义必然战胜非正义，这是

　　①　本文是1961年4月7日作者在中国历史学会和北京历史学会联合举行的"纪念巴黎公社九十周年学术讨论会"上的发言稿。

谁也不能否认的真理。我们史学界今天讨论巴黎公社，目的也是要用巴黎公社的原则作为学术大炮，这些原则都是马克思、恩格斯、列宁给研究出来的，是最有效的炮弹，我们用这许多炮弹，装进学术大炮里，对准以美帝为首的资本主义阵营成排的放去，加速无产阶级和他们的同盟军——殖民地半殖民地的劳苦群众，在全世界范围内实现巴黎公社的伟大原则。事情已经很明显，巴黎公社虽然被法国资产阶级勾结普鲁士军阀残酷地镇压下去了，革命烈士的骸骨可能不存在了，但是他们的革命精神已经在社会主义阵营里取得伟大胜利，而且将来还会要在全世界取得最后胜利，这是无可怀疑的。

各位同志的论文，都经过认真调查研究，放出来的会是对准目标的实弹射击，我准备洗耳恭听。我没有研究，只能说些感想。列宁在20世纪初年，撰写《帝国主义是资本主义的最高阶段》这一本经典著作，给帝国主义作了诊断，说"帝国主义是垂死的资本主义"，这个诊断是最科学的，历史事实证明了这个诊断的绝对正确性。垂死的病症经过60年，垂死的程度应该大大增加了吧。去年12月初在莫斯科发表的各国共产党和工人党代表会议声明，继列宁的诊断又作了科学的诊断。声明中说："在现时代，决定人类社会历史发展的主要内容、主要方向和主要特点的，是世界社会主义体系，是反对帝国主义、争取对社会进行社会主义改造的力量。帝国主义任何挣扎都不能阻止历史向前发展。社会主义取得进一步决定性胜利的巩固前提，已经奠定了。社会主义的完全胜利是必不可免的。"

读过这段科学论断，确是觉得神旺气壮，革命的信心和勇气为之百倍增加。事实也说明在我们时代里，社会主义的完全胜利是必不可免的。只要看社会主义阵营的强大，尽管帝国主义像虎狼一般，满心想镇压殖民地、半殖民地的民族解放运动，但不得不缩手缩脚，有所顾虑，不敢肆无忌惮地放手使用暴力。目前如古巴、刚果、老挝都有这种情况，证明社会主义阵营是保障正义、和平的坚强堡垒，敌人不得不在堡垒前踌躇。正在进行解放运动和将要发动解放运动的民族，取得社会主义阵营的声援和支持，获益将是不可估计的。中国近代史就是证明，什么鸦片战争、英法联军、八国联军之类，帝国主义动不动就出兵打上门来，中国像个单身行路人，在旷野中被一群恶棍围攻，叫天不灵，呼地不应，挨一顿痛打以后，不得不忍气吞声，哑巴吃黄连，接受各种野蛮无理的条件。现在时代就不同了，老挝那样的小国，美帝国主义虽然其欲逐逐，手伸出来又缩回去，原因就是要看看社会主义阵营的脸色。

总起来说，正如莫斯科声明所说的那样："世界社会主义体系的威力和它的国际影响的急剧增加，殖民主义体系在民族解放运动的打击下迅速瓦解，资本主义世界中的阶级搏斗日益加剧，世界资本主义体系更加衰落和腐朽。在世界舞台上，社会主义力量日益明显地超过帝国主义，和平力量日益明显地超过战争力量。"

资本主义世界死亡为期不是很远的了。但是，决不能等待它自己寿终，自己寿终是不可能的，必须用各种口径的大炮一齐向它轰击，迫使它死亡。我们历史学界同仁，也应该当仁不让，架起历史学大炮对准美帝国主义为首的资本主义世界放去，在反对帝国主义的伟大事业上，我们出一臂之力，是很光荣的。先生们其有意于斯乎？

我们习惯上听到大炮这个名词，就意味为放空炮，说大而无当的空话。其实大炮等于空炮的时代已经早过去了。我说的历史学大炮是指实弹射击，空炮是打不倒任何靶子的。

真正打得倒敌人的历史学大炮是经过切切实实研究的历史著作（论文或书籍）。要造出这种大炮，必须对所要研究的历史事件做认真的调查工作，阅读有关的各种书籍，系统地从头到底读下去，详细了解这件事情的经过始末，然后用马克思列宁主义、毛泽东思想的观点方法来分析事情发生的原因和发展过程中发生的好的因素和坏的因素，判断这件事情的趋向是什么。写文章不是因为手痒了，嫌纸太多了，而是要解决某个问题，所以必须坚持"有实事求是之意，无哗众取宠之心"的老实态度。切忌临时抓夫式的搜集材料，杂七杂八一大堆，好像一篇狗肉账，使读者摸不着底里。至于有意用晦涩的文句摆布迷魂阵，使读者震其繁博，甘拜下风而愿奉之以为师，就更加要不得。这种文章，加以八字考语，那就是"装腔作势，借以吓人"。当巴黎公社运动正在进行的时候，表面上可能是乱糟糟的一团，马克思根据已经发生的事实，给以科学分析，得出许多无产阶级革命不可磨灭的原则，也指出巴黎公社的一些缺点，断定巴黎公社的革命原则一定要在全世界实现。马克思研究巴黎公社事件，就是我们研究历史的最好榜样。马克思写的《法兰西内战》一书，写时间、地点、人物都非常具体，非常扼要，许多放之四海而皆准的革命原则，就是从这些事实中抽象出来的。我们有些史学工作者，不能说他不想认真学习马克思列宁主义、毛泽东思想，但动起笔来，却把历史事件忽略到无以复加的地步。毛主席不断教导我们要调查研究，还在20年前就在《〈农村调查〉的序言和跋》《改造我们的学习》等经典性论文中强调调查研究的重要性。不久前《人民日报》又根据毛主席的教导发表过《大兴调查研究之风》的社论。然而我们的这些同志总是听之藐藐，懒得作调查工作，把自己杜撰的一些公式和规律，演成篇幅，说这就是论文，或者说这就是著作。这样的大炮放出去，对敌人是丝毫无伤的。我们这次以巴黎公社为主题的学术讨论，宣读的文章大概都是经过一番调查研究，读过若干有关的书籍以后才写成的。研究问题深入的程度如何我不敢说得太死，不过里边总也有比空大炮较高一等的吧！

我们中国是社会主义大国，我们中国的学术界也应该是大国的学术界，就是要多而精，多是指方面广，例如亚洲、非洲、拉丁美洲各国史，我们史学界必须有专人研究。资本主义世界各国史，都是经过资产阶级御用史学家精心装扮过的。我们应当以独立的怀疑的精神去研究，切不可研究者变成被研究者的奴婢。要研究全世界各国的历史，首先要研究好中国史特别是近代、现代史。精是指放弃开空炮的恶习，切切实实、老老实实地做调查工作（其中包括系统地读书），开动脑筋，想想问题的性质，付出仔细研究的劳动，然后再写文章。毛主席在《整顿党的作风》里教导说："现在我们党的中央做了决定，号召我们的同志学会应用马克思列宁主义的立场、观点和方法，认真地研究中国的历史，研究中国的经济、政治、军事和文化，对每一问题要根据详细的材料加以具体的分析，然后引出理论性的结论来。这个责任是担在我们的身上。"我在结束我的发言时，引毛主席这个指示，意思是要求我和各位同志在工作中不可忽略担在自己身上的责任，认真地把马克思、恩格斯、列宁所创造和毛主席所提倡的严肃的学风在我国历史学界发扬起来。

（原载 1961 年《历史研究》第 3 期）

在纪念郑成功收复台湾
300 周年大会上的讲话

各位先生，各位同志：

今年是我国历史上的杰出的民族英雄郑成功收复台湾 300 周年。

在 300 年前的今天，即 1662 年 2 月 1 日，郑成功和他所率领的将士战胜了侵占台湾 38 年的荷兰殖民者，接受荷兰台湾总督科业特的投降，收复了台湾。这是中国人民反侵略斗争史上一个光辉的事件。我们今天在这里举行纪念会，首先应当向郑成功和他所领导的反侵略的英雄们，表示敬意。

外国资本主义侵入中国，把中国变为半殖民地半封建的社会，是从 1840 年的鸦片战争开始的，但是，从 16 世纪以来，葡萄牙、西班牙、荷兰等西方殖民者，已相继东来，武装侵占中国沿海的一些地区，作为它们扩大侵略的据点。中国人民不断地展开了反抗外来侵略者的斗争。在这些斗争中，郑成功驱逐荷兰殖民者的胜利，是最值得重视的一次。现在，当美帝国主义继续霸占台湾，我国人民积极为解放台湾而斗争的时候，我们纪念郑成功的胜利，具有特别重要的意义。

台湾是中国领土不可分割的一部分。秦汉以后，台湾和大陆已有交通。在隋朝和唐朝，大陆上的汉族人民陆续来到台湾。宋元两代，正式设官建治。明代，在荷兰侵入以前，台湾属于澎湖巡检司管辖。万历、天启年间，颜思齐、郑芝龙先后在台湾进行了大规模的开发。正在这个时候，荷兰殖民者来到了东方，侵占中国的澎湖，并在沿海各地进行搔扰。从1624年起，他们又逐步侵占了台湾地区，对台湾人民实行横暴的统治和掠夺。

荷兰殖民者在台湾把全部耕地据为己有，以所谓"王田"制之名，强迫开发这些耕地的农民向他们缴纳巨额的地租。他们还向台湾人民强制征收名目繁多的苛捐杂税。台湾出产的稻米、蔗糖、鹿皮等土产，被大量搜刮去，贩运到南洋、日本和欧洲。殖民者通过榨取台湾人民的膏血，攫取了大量的利润。

台湾当地的少数民族，和大陆上迁来的汉族人民一样，遭受着荷兰殖民者的残暴掠夺。荷兰殖民者用了许多办法来分化汉族和少数民族的关系，指望借此来巩固自己的统治。他们还对汉族人民实行所谓"首结制"，居民若干户编为一小结，若干小结为一大结，指定"结首"管理。台湾人民遭受荷兰侵略者蹂躏达38年之久。直到郑成功大军到来，才被解除。

郑成功的活动是在明清王朝更迭的时期展开的。为了维护明朝的统治，他在东南沿海一带进行了长期的斗争，不断地打击前来骚扰的荷兰殖民者。1661年4月，郑成功发动了驱逐荷兰殖民者收复台湾的战争。荷兰殖民者曾经企图以年年进贡和缴纳巨款为条件，诱使郑成功放弃中国在台湾的主权。但是郑成功采取坚决维护中国领土主权的立场，拒绝了这种引诱。他在给荷兰台湾总督科业特的招降信里说："台湾者，早为中国人所经营，中国之土地也。久为贵国所踞，今余来索，则地当归我。"中国的土地应当归还中国，外国无权占踞，郑成功所持的理由是完全正当的。他所领导的收复台湾的战争是完全正义的。这个战争前后经过十个月的时间，终于迫使荷兰殖民者在台湾城签订投降条约，结束了他们的罪恶统治，恢复了中国在台湾的主权。

郑成功取得胜利的最根本的原因是，他的立场符合于祖国的利益，符合于台湾人民的愿望。台湾人民厌恶外国殖民者的统治。在荷兰统治时期，台湾人民不断地进行反抗。在郑成功收复台湾以前十年，就爆发过郭怀一领导的一次大规模的武装起义。郑成功的进军，得到台湾人民的热烈支持。台湾人民在大军出发前，向郑成功提供关于荷兰殖民者的情报，并献台湾地图。大军登陆以后，各地人民纷纷响应。备受荷兰压迫的当地少数民族，也坚决地站在郑成功一边。当时人的记载说："南北路土社，闻风归附者接踵而至"，"土民男妇，壶浆迎者塞道"。这说明，台湾人民是向往祖国的。在台湾人民心目中，台湾是中国领土，任何人要想把台湾同伟大的祖国分割开来，都是不能容忍的！

从明末以来，台湾曾经三次为外国侵略者所霸占。郑成功收复台湾是中国人民反抗资本主义外国侵略的第一次胜利，荷兰殖民者是资本主义外国侵占台湾的第一个失败者。在荷兰人以后统治台湾遭到失败的是日本。在中日甲午战争以后，日本在台湾进行了 50 年的残暴统治。但是，随着中国人民抗日战争的胜利，日本人也终于像荷兰人一样，俯首投降了。回顾这一段历史，就可以看到目前第三个霸占台湾的美帝国主义者的命运。尽管美帝国主义者至今还在那里耀武扬威，并且正在积极策划所谓"两个中国"的阴谋，但是，他们的遭遇决不会比荷兰侵略者和日本侵略者更好一些。中国人民一定要解放台湾，也一定能够解放台湾！美帝国主义霸占台湾和制造"两个中国"的阴谋一定要遭到可耻的失败！

今天的中国早已不是郑成功时代的中国。经过最近几十年来的反对内外敌人的斗争，中国人民已经站立起来了。中国人民已经有了以毛泽东同志为首的中国共产党中央委员会的领导，这个领导加强了中国的反抗外国侵略的力量。祖国的繁荣和强盛吸引着台湾的千百万同胞，使他们迫切地希望回到祖国的怀抱中来。蒋介石集团违反台湾同胞的意志，走了同郑成功完全相反的道路，压迫台湾同胞，使台湾同胞过着殖民地的水深火热的日子。十多年来的事实表明，蒋介石集团的道路是走不通的，真正的出路只有一条，就是顺应全中国人民的愿望，驱逐美帝国主义，使台湾复归一统。我国政府所采取的解放台湾的政策，是深得人心的。凡是真正服膺郑成功的人，首先就应当把反对美帝国主义者作为自己的爱国主义的责任。尽到这个责任，就是为中国人民立下了功劳。反之，站在美帝国主义方面，甘心充当外国侵略者的奴仆，那便是中国人民的罪人。他们究竟是做民族败类，遗臭万年，还是爱护祖国，走上光明大道，这要他们自己来选择。历史是无情的。

（原载 1962 年 2 月 2 日《人民日报》）

《唐代佛教》引言

这是我同张遵骝同志合写的一本小册子。遵骝同志帮助我研究唐代佛教，穷年累月地看佛藏和有关佛教的群书，分类选辑资料百余万言。我凭借这些资料，写了《中国通史简编》第三编中关于唐朝佛教的两节。遵骝同志在编辑资料的同时，随手录取有关佛教的重要事件，起自隋朝，迄于五代，编成《隋唐五代佛教大事年表》。现在，从《中国通史简编》中抽出有关唐朝佛教的那两节，和年表一并印行，题为《唐代佛教》。佛教在唐朝是社会的大祸害，出版这本小册子，就是要揭露它在当时说的、干的都是些什么，史学工作者该给它一个怎样的评价。有人说，凡事总得一分为二，佛教难道没有一点好处么？它在文化领域内曾作出不少成绩，例如艺术方面就有许多值得保护的不朽作品。我说，佛教利用艺术作贩毒广告，艺术性愈高，流毒也愈大。作为艺术品，保护是必要的，但指出其毒害性，尤其有必要。艺术以外，门类尚多，统称为"外学"，佛书认为"应与毒药等而视之"，"外学"与"内学"（佛学）完全是两回事，"外学"即使有某些成绩，决不能挂在佛教的账上。比如，释田著《宁坤宝笈》、竹林寺僧著《妇科秘方》，二书如果真有什么好处，那只能说妇科学上添了些新治疗法，与佛学毫无关系。和尚研究妇女病，佛经里有根据么？因此，我在这本小册子里，只论

"内学"，不论"外学"。显然，评价唐代佛教，不是一次、几次所能评定的，也不是像我这样做通史工作的人所能胜任的。这需要马克思主义的哲学家和宗教学家付出大量劳动，写成有力的专门论著，真正从理论上摧陷而廓清之。相信在我们的伟大时代里，这种论著是一定会出来的。这本小册子只是我在编写《中国通史》时附带作出一次尝试性的评价，如果因这一次评价而引起多次评价，因评佛教而扩大为评各种宗教，那么，在反对唯心主义的工作上，总算是起了些有益的作用。

天竺上古历史，渺茫难知，大约距今 2500 年前，即佛教教主释迦活着的时候，天竺社会（有人考证，当时是奴隶制度正在瓦解的社会）里普遍地、尖锐地、极其严重地进行着阶级斗争。统治阶级中某些人（其中也可能有少数被统治阶级中企图逃避现实斗争的人）看到前途的险恶，纷纷进入森林，专心探索解脱险境的方法，所谓"九十六道，并欲超生"，就是都想逃脱阶级斗争之谓也。不过"九十六道"并未想出什么解脱的好办法来，一个小国王的嗣子释迦却想出来了。因此，"九十六道"被宣称为"外道"，而释迦所说的"道"则被认为无上正等正觉。他的"道"演化为广泛流传的佛教。有人说，佛教的"众生平等"说，有反对婆罗门独占社会最高地位的进步意义。又说，释迦本人曾劝导一个掏粪人（社会地位最低的人）出家，与其他人同为佛弟子，这也是进步的。不过，我们还得看另一面，佛教所谓众生，包括所有禽兽和昆虫，食肉动物与各种害虫都与人平等，人杀死它们就得受恶报。人与害兽、害虫平等，实际是保护害兽、害虫，任其伤害人，这里有什么进步意义！

佛教把人的一生看作只是一个生、老、病、死的过程，而这个过程，始终贯穿着一个"苦"字。诚然，生、老、病、死在人的一生中是免不了的，也是不足为奇的自然现象，但剥削者和被剥削者在一生的境遇上，苦乐悬殊，何止千里、万里，怎能说是一样的苦呢！这样，阶级间的不平等，轻轻地被抹煞了。佛教抓住一个"苦"字扩大为一切（包括过去、现在、未来三世）皆苦，说人间世界是苦海、是火宅、是秽土，所有人都按照前世自业（自己原有的，不是外来的）的高、下、胜、劣，在苦海中无止境地六道轮回着。剥削阶级当前制造灾难、苦痛的罪行，又轻轻地被抹煞了。照所谓"自业"的说法，美帝国主义者到处杀人，被屠杀的人都是"自业"；又如，在长崎、广岛投原子弹，一时死者数以万计，难道可以说美帝无责任，责任在死者的"自业"么？自业的说法，漫无标准，流弊不可胜言，例如，杀数百千万人的现行犯，也可以说成因死者的"自业"而无任何责任，佛教是什么人的工具不是很明白了么。佛教依然还是抓着这个"苦"字，指出脱离苦海的道路，那就是苦、集、灭、道的所谓"四圣谛"。其中最重要的一谛叫做"灭谛"。"灭谛"又化名为"涅槃"，意义是无苦地、安宁地、对来世大有希望地死去。作恶多端、在斗争中束手无计的统治阶级，眼看斗争的敌手信佛教后，斗志消沉，自愿走涅槃之路，那有不喜欢之理。可是接受欺骗，放弃斗争，忍现世一切苦，望来世大安养的被统治阶级，却上了一个莫大的当。这一大当，使统治阶级踊跃赞叹，欢喜无量，吹捧这种教义的发明者，救苦救难，至高至大，高大到无以复加，一向被天竺人尊为造物主的大梵天，大自在天，都拜倒在佛的脚下了。人们写出成万卷的书来歌颂佛教如此不思议的法力和功德，其实只要刺破它的一点，就会全部泄气，垮下台来。距今一千五六百年前的东晋朝，有个佛教徒王谧，为保护佛教，无意中说出从那一点上刺破佛教这个大牛皮。他说"夫神道设教，诚难以言辩（无法辩护），意以为大设灵奇，示以报应，此最影响之实理，佛教之根要。今若谓三世为虚诞，罪福为畏惧，则释迦之所明，殆将无寄（失去依据）矣。"三世即因果，罪福即报应，扫除因果报应之说，便扫除佛教的实理和根要。统治阶级用因果报应来推广佛教，是理所当然的。被统治阶级随声附和，信以为真，岂不是被骗充当了可怜虫、冤大头！

佛教在西汉末年传入中国，正当农民大起义的前夕，此后，东汉三国两晋南北朝以至隋朝，阶级斗争和民族斗争（阶级斗争的另一种形式），进行得非常尖锐、剧烈，统治阶级（汉族地主和非汉族地主）迫切需要维护统治的有效工具，佛教就在这种需要下，受到提倡和大力提倡，佛教因而继续发达和大大发达。南朝士大夫有谈玄（玄学也是一种麻醉剂）的习惯，谈起佛教来，也以义门（谈义理）为重，不同于北朝佛徒的偏重禅定（静坐念佛）。至于搜括百姓卖儿贴妇钱来立寺建塔，以求大功德，则南北佛徒同一个样。北朝士大夫不长于义门，在求功德方面尤其浪费财物，也就是百姓更得拿出卖儿贴妇钱来满足求功德者的敲剥。隋文帝统一中国，大兴佛教，南北两朝不同风气的佛教，合并发展起来，到唐朝才发展到了最高峰。唐朝佛教不仅作注疏、作法论超越南朝，而且习禅定、修功德也远超北朝，佛教的祸害，全部暴露无遗。唐名僧吉藏在所著《法华经游意》里，说佛教是"逼引之教"。"逼"是逼使人厌患现世的一切（包括本人的身体），"引"是引导人欣慕灵魂不灭，永享极乐。唐朝佛教极盛，五花八门，尽逼引之能事，受祸害的，归根总是广大劳动人民。这里只把显而易见的大祸害，列举三条如下：

第一，多立寺庙，宣扬迷信。寺庙是封建社会里地主统治的一种特殊组织。每个寺有寺主，又有少数执事僧，这些人是一寺的君长和官员，俨然居于统治者地位。普通僧众则是被统治者，忍受虐待，无权利可言。例如他们生病，照义净《南海寄归内法传》说："病发即服大便小便，病起便用猪粪猫粪，或坯盛瓮贮，号曰龙汤，虽加美名，秽恶斯极。"义净替普通僧众鸣不平，说："呜呼！不肯施佳药，逐省（省钱）用龙汤，虽复小利在心，宁知大亏圣教。"统治僧生病决不会吃龙汤，被统治僧要治病就得不避秽恶，硬咽下去，这不是借"圣教"为名，实行阶级压迫么！又如禅宗六祖慧能，出家为行者，被指派在寺中当舂米工，碓重身轻，他只好腰间缚上大石，借以运碓，腰脚都受损伤（见《曹溪大师别传》），干力不胜任的重活。如果他不是传授衣钵，离寺回乡，定将伤重死去。寺内同寺外社会一样，总是一个阶级压迫别一个阶级，所谓"众生平等"，无非是一句欺人之谈。释迦在世时，他和僧徒可能经济上区别不太悬殊，因为住处同是大富人施舍的精舍，吃饭同是沿门托钵乞食，释迦对徒众是教师，不是拥有财产的统治者。有人说，佛教戒律甚严，僧人生活从各方面都管得死死的，虽然释迦不赞成像某些"外道"那种苦行，但僧人生活比起俗人来，还是属于苦行一类。事实却并不如此，谁能保证僧人（主要是统治僧）真的不吃酒肉（《高僧传》里，不乏酒肉和尚），不入房室。即使他们持戒是真的，也无非为了起更大的欺骗使用。僧人（持戒者）对穷苦人说教：你们没吃酒肉，没成家室，五戒中你们实行三戒，这就造了善因，来世必有善报。我们僧人出家力持五戒，也是为了来世呵！这样受骗者，将是多么舒舒服服。随着佛教的盛行，许多近乎苦行的戒条逐渐废弛，粪扫衣（捡取破布块缝缀成衣服）进化为袈裟，打狗棒（乞食时用）变形为锡杖，寺主也就可以关起门来称王称霸，符合封建地主割据称雄的惯性。寺产的来源一种是老和尚师徒相传；一种是富人自带一部分田产设置兰若，招集普通僧徒，用来耕种田地（城市中寺庙多用僧人经营工商等杂业）。这是无偿劳动，当然收益很大，再加上佞佛人的施舍，一个私立的小兰若，可能变为朝廷赐名的大寺庙。劳苦群众迫于苛政，投身佛寺或兰若，虽然同样受压迫和剥削，比起俗官要钱要命的赋税徭役（包括兵役）来，终究有些轻重的区别。所以国政愈苛暴，佛寺随之愈发达，越是民不聊生，佛寺越有充足的劳动力；名为出世离俗，实际是富人花本钱立兰若，新创一种发财致富兼并财产的巧方法。公元845年，唐武宗废佛，凡废赐名的寺四千六百余区，废私立的兰若四万余区，兰若比寺几乎多十倍，足见大利所在，有几万富人在做这个发财买卖。尤其可憎的是一人出家为僧，便放弃本姓，自以为姓释，是释迦的儿子（所谓释父、释子），又是天、人师，好像自己成了个半中国半天竺的特殊人物，应该享受特殊的物质生活。在寺庙中，他们上自意识形态，下至细微的生活方式，总要奉天竺佛寺（主要是那烂陀寺）为模楷，即使小事如大小二便，也必须模仿天竺佛寺的烦琐仪式。依式才能"奉律福生"，否则"违教招罪"（见义净《南海寄归内法传》：第十八便利之事）。僧徒的思想和行为基本上天竺化了（有些毫无中国人气味的佛徒，还嫌它化得不够），一个佛寺相当于一个在中国土地上的天竺佛寺。它有自己的法律（戒律），有些寺（多数在北方边境上）甚至有自己的武装（僧兵）。佛寺经济是相当富裕或大富的，组织又是相当坚固的，自通都大邑到穷乡僻壤，全国设立几万个大大小小这样的宣传据点，日夜不停地对民众宣扬因果报应、忍受压迫的教义。这能说是好事么？当然不能。佛教传入中国以前，土产的宗教迷信早就有了，但远不及佛教所宣扬的那样浓厚和完整，唐朝则是达到了顶点。迷信有各式各样的品种，不论什么品种，都必须反对。其中之一的宗教迷信，性质最顽固、最险恶也最腐朽，经过严肃地细致地反复斗争，这些旧社会残留物，彻底扫除是完全可能的。

第二，宗派林立，广播毒素。唐太宗亲身经历隋末农民起义的大风暴，他在当时虽然是战胜者，但农民的威力，使唐太宗为首的统治阶级，不得不有所畏惧。用什么方法来统治民众，当然是朝廷首先要探索的问题。唐太宗宣称"所好唯尧舜周孔之道"。其实，儒学只是他所好的一种，也就是各种有用工具中的一种。他知道宗教都是有用的工具，无论土产的或外来的宗教，他一概欢迎，特别是传播已久的佛教，他认为"玄妙可师"。隋朝大加提倡的佛教，唐朝全部保存下来。唐是南北统一的大国，又是长达300年的大朝，前期（初、盛唐）经济繁荣、武功震铄，经济上足以容纳寺院经济的扩张，国势上足以吸引外国大僧的东来并保护中国僧徒去西方求学，这些都是促使佛教发达的重要条件。更重要的是某些士人有"选官不如选佛"（做官不如当和尚）的经验。佛教大师既是大地主又是大官僚，取富贵的途径比士人的仕途快捷得多。抱有取富贵野心的士人，有学问又有文才，学佛条件比普通僧众优越。他们出家以后，无衣食家室之累，专心求名，或倡立新说，或译出新经，只要培养起大声名，富贵便自然而至。许多大僧生为帝师，死赠美谥，遗产巨大，名公大官披麻带孝，扶杖送葬，以做大僧的孝子为荣耀。有人说，既然出家为了求富贵，那么，有些贵族人家的子弟，出家为僧，难道还是借佛教取富贵么？不错，贵族子弟确有出家为僧的，这种人多是中宗教毒极深，迷信思想迷塞了心窍，希望以出家的善因，换取来世更大的富贵。而且现世的富贵生活可以移到寺庙内去享受，现实生活不降级，来世福报大有希望，贵族子弟与佛寺成交这笔买卖，就不足为奇了。凡是大僧大都著书立说，因而获得声名，有资格创立新宗派。例如，东晋释慧远以后，有几个大僧提倡念佛求往生，至唐太宗时僧人善导写出《念佛镜》等书，以此为本钱，亲到长安去宣扬，很多士女接受他的教化。净土宗（西方弥陀净土）大大发达起来。念佛是最简易的修功德法，但也有人不喜欢这种修行法，偏要寻找烦难修行法。玄奘创唯识宗，弟子窥基著书40余部，阐发极端烦琐细碎的唯识学。玄奘、窥基也是求往生，不过不是西方净土而是弥勒净土。烦琐哲学终究要被人厌弃，唯识宗数传之后，宗派衰落，弥陀净土又有很大的吸引力，弥勒净土终于成了冷门，少有人问津。唐朝提倡佛学近似汉朝提倡经学。汉儒讲经，用十多万字解释"尧典"两个字，用三万多字解释"曰若稽古"四个字，当时经生认为这是大学问，其实都是些不值一看的废话。唐朝大僧讲经，也像汉儒那样烦琐，义净所讥学佛的人，"上流之伍，苍髭（胡须花白）乃成；中下之徒，白首宁就（到老无成）"。能够写出一大堆著作的人，自然比"上流之伍"还要上流。人们读了这许多书，头晕目眩，对著书人发生钦敬心，更多的人见了这许多书，或听了这许多书名，不读不见先自惊服，随众赞叹，成为宗派的拥护者。佛教各个宗派不管它说得如何自相矛盾、对不上口径，只要不违背宣扬因果报应、忍受压迫的教义，都是符合统治阶级利益的。汉朝经学立十四博士，即朝廷批准的十四个宗派，派下经师只许墨守家法，不许别立新说。你要学儒做官，就在这十四派范围内去学。其他有关儒经的说法（例如古文学派），都不算正牌经学。佛教宗派也是一样，宗派愈多，吸引嗜好不同的人也愈多，对统治阶级只有好处，所以能创立宗派的大僧，都会得到朝廷的优待。

统治阶级政治昏乱苛暴，引起人心忿激，这时候特别需要引诱心怀不平的人主要是劳动民众吸食精神鸦片，希望他们一枪在口，万事全休。谁能翻出新花样，吸引信徒，把虚头把戏变成似乎真实不虚的东西，这个人当然是值得尊敬的大师了。宗派就是各种翻新的花样，好比鸦片之外，有白面、金丹，又有吗啡、海洛英。你不喜欢躺着吸鸦片，那么，请立着吸白面；你不喜欢立着吸白面，那么，请坐着打吗啡针；反正你得有一种嗜好，才能满足毒品商人的心意。佛教也一样，你喜欢简易，那么，请念"南无阿弥陀佛"；你喜欢钻牛角尖，那么，请学《唯识论》；你喜欢作法念咒，那么，请皈依密宗；你喜欢所谓圆融无碍，那么，请研读《华严经疏》。你要什么，就给什么，货色齐全，供应不误，反正你至少得信仰一个宗派，才能使统治者放心。禅宗南宗骂佛呵祖，不立文字，打击了佛和法二宝。能不能说是无毒的宗派呢？不能。它把佛、法二宝统一于僧宝，我心即佛，也就是我即佛，我说的，就是佛法，语录公案，别开生面，说不著书而其书汗牛充栋，数量不比其他宗派的书少。而且它骂佛呵祖，反对读经坐禅，很像和尚造反，但是，着实卖弄一番以后，一部分人成为披着僧衣的骚人墨客，其余的禅和子们，悄悄地与律宗、净土宗先后融合起来，干他们的迷信职业。它对统治阶级丝毫不曾失去使用价值。禅宗北宗的首领神秀与南宗首领慧能是死对头，武则天请神秀到长安行道，亲行跪拜礼。神秀所到之处，王公士庶望尘拜伏，每天受上万人的礼拜。南方的慧能，依然得到武则天的尊敬，聚徒说法，并无阻碍。可见统治阶级清楚地看出南宗打击佛法，三宝剩了一宝，于事是无碍的。它是贩毒商店出售的林文忠公戒烟丸，表面反对吸食鸦片，里面却含着足够过瘾的毒物，戒烟不碍吸烟，这就是南宗骂佛呵祖的妙用。不过，南宗兴起发达以后，天竺传来的各宗派（包括达摩至弘忍的禅宗）次第衰落，在这一点上，应该承认南宗起了有益的作用。

自有阶级社会以来，凡是宗教，包括佛教在内，都适应着剥削阶级的需要而制造或加工出来，凭外力（统治阶级的提倡）和自力（宗教本身的欺骗作用），尽量在社会里扎下根柢。只要存在着剥削制度，宗教是不会消灭的，人工禁止也决不会生效。如果剥削制度消灭了，宗教失去依附，会不会自动消灭呢？那只能说有被消灭的可能，自动消灭是不会的。因为宗教有一条根深深地生长在苦难深重的被剥削被压迫阶级的土壤里，尽管阶级翻身了，习惯势力还要起一定的作用，宗教就依靠习惯势力苟延残喘，甚至找机会图谋复辟。将死的蝮蛇，咬人一口，还是可以咬伤或咬死人的。所以，宗教余毒不论残存多少，必须从各方面进行认真的斗争，务期干净地拔掉这条含毒的根。

第三，麻痹农民，阻碍起义。推动封建社会前进的动力是农民战争。佛教恰恰为阻止农民反抗压迫而说教。照佛经说，农民耕地必然杀死虫蚁，犯了杀生之罪，死后一定入地狱受恶报。没有不杀虫蚁的农民，也就没有不入地狱的农民。富贵人即使杀死人像农民杀死虫蚁那样多，只要拿出钱来做功德，来世受福报，当然不会入地狱。说得明白些，地狱是专为农民而设的。这正反映地主统治阶级对农民的敌视，通过佛教对农民说，你们活着该受奴役，死后该进地狱。有些替佛教辩护的大律师，指出历史上有称弥勒出世下凡，发动起义的事例，这不是佛教也有积极作用么？对不起，你所举事例是有的，但唐初已有大僧昙选严斥弥勒下凡是妖妄，深怕佛教与农民起义有丝毫关系。我看，昙选倒颇有道理，因为佛教教义里根本不存在赞成起义的因素，不先驳倒县选的那些话，厚着脸皮替佛教拉农民起义的关系是无用的。当心律师变成讼棍。

地主统治阶级残酷地压迫农民，不许农民有怨恨心，更不许起而反抗。无可否认的事实是佛教对农民说教：你们前生造恶因，所以现世受苦报；如果你们不肯驯伏，又造恶因，那么，地狱等着你们，来世连农民也当不成了，人身是多么难得啊！唐名僧道世就是"人身难得"论等方面的大力宣扬者。唐朝佛教空前盛行，佛徒著书浩如烟海，但没有一个人肯说出佛教在政治上的作用到底是什么。只有唐宣宗时，湖南有个名叫李节的小官僚说了老实话，他把佛教这架庞大的西洋镜一下子戳穿了。因此，我觉得有抄录一段的必要。李节在《送潭州道林疏言禅师太原取经诗序》里说："论者徒知释氏因衰代（世）而生，不知衰代须释氏之救也。何以言之耶？夫俗既病矣，人既愁矣，不有释氏使安其分，勇者将奋而思斗，智者将静而思谋，则阡陌之人（农民）将纷纷而群起矣。今释氏一归之分（因果）而不责于人（眼前的压迫者、剥削者），故贤智俊朗之士（即信佛的勇者智者）皆息心焉。其不能达此者愚人也（农民不受佛教的欺骗，便被看作愚人），唯上所役焉（可任意压迫剥削）。故虽变乱之俗可得而安，赖此也，若之何而翦去之哉。论者不思释氏扶世（欺世）助化（助恶）之大益，而疾其雕镂彩绘之小费。吾故曰，知其然而不知其所以然者也。"李节看到佛教有"一归之分而不责于人"的欺骗作用，又看到佛教能使勇者、智者离开农民，农民只好俯首受奴役的好处。这些看法都有点对又都不对。李节以为统治阶级中所谓"贤智俊朗之士"不帮助农民，农民就失去倡导，其实农民群众中勇者、智者多得很，何在乎那些所谓"贤智俊朗之士"。李节又以为欺骗有极大作用，不知欺骗有一定的限度，统治阶级只看"大益"，不惜"小费"，穷凶极恶地做坏事，把眼前社会变成活地狱，农民受不了眼前地狱之苦，谁还顾得死后的地狱。黄巢率领的农民起义军就是农民要冲破眼前的地狱而发动起来的。那时候，任何被崇拜的绝对神圣物，大雄（佛）也好，大慈大悲（菩萨）也好，都化为死狗、死猫，所谓大益，从那里说起？义净到天竺游学，见寺僧租地给农民，收取菜蔬作租税。义净问寺僧何故不自种，答称种地必伤虫蚁，死后要入地狱，不如让农民去种有益。我只管要菜吃，你入地狱，不干我事。这与李节所说"大益"、"小费"同样是佛教极端自私自利的思想表现。

以上列举佛教三条祸害，那一条都是不能容忍的，特别是第三条，阻止社会发展，尤其有辞而辟之的必要。佛教在唐朝的盛况，看看唐人佛学著作的丰富，以及龙门、敦煌等等遗迹，可以推知其百一以至万一。唐以后各个朝代又都利用过佛教，虽盛况不必如唐朝，但在局部地区，为害可能比唐朝更大。中国劳苦民众受佛教的祸害，前后将近2000年。够了！够了！自从人民革命胜利以来，工农两大阶级彻底地翻了身，凡有利于工农大众的事物，都在飞速发展，凡不利或有害的事物，都在萎缩以至消灭无余。佛教所欣慕的那个无余涅槃，是指修行人获得的个人最高圣果而言，现在佛教将获得无余涅槃的结果，"一切皆空"，不是很好。还有什么可留恋的呢！中国解放了，每一个中国人都应该从旧的束缚里得到解放，例如，从宗教迷信里，从唯心主义的思想牢囚里脱身而出，这对宗教徒说来，确是一件大好事。事实也正是这样，许多宗教徒，包括佛教僧众，很多人归家生产，通过劳动、学习和改造，很有成绩，相信一定能够改造不劳而食的人，成为劳动人民。但是也还有少数人，依然为佛教赞叹，为佛教辩护，用穿凿附会的方法，把无神论、唯物论、辩证法等等，都拉到佛教方面来，用意可能是想刷新门面，挽救佛教于弥留之境，不过这是徒劳的。宗教徒如果改造成为真正有觉悟的劳动者，宗教迷信的头脑还原为正常的头脑，使五花大绑的心灵释放成自由活动的心灵，这是多么大的幸福啊！用劝人信教那样的热情来劝人不信教，这是多么勇于补过啊！这样的宗教徒，证明他们思想确实改造有效了。中国是多民族的大国，有的地方流行着这种宗教，有的地方流行着那种宗教，各地方宗教盛衰的情形也各有不同，如果思想已经改造了的宗教徒，以自己的体会和经验支援别人摆脱宗教的斗争，将会收到很好的效果。作为一个爱国的宗教徒，谁不愿意对祖国作出贡献。自己摆脱宗教，又帮助别人摆脱宗教，这无疑是对祖国作出了贡献。

（原载 1965 年《新建设》第 10 期）

经学史讲演录 ①

一　经学的开始

经学与中国文化的关系很密切。经学虽然为封建统治阶级服务，但也起了一些好的作用。例如，宗教是无产阶级革命的顽固敌人，许多民族的宗教信仰很深，汉民族的情况就不同些。汉民族的宗教——道教和自印度传入中国的佛教，在隋唐时期盛行，但无论如何总有儒家与他们对抗。唐太宗时，道教的地位最高，佛其次，儒排在最后。武则天时，佛的地位最高，道其次，儒仍旧排在最后。尽管儒的地位不及佛、道，做官的人很多都信佛、道，但唐代仍以明经取士，他们总觉得自己是儒者。以诗赋应试的进士，也很多以儒自命。宋学是由韩愈创始的，韩愈反佛很积极，宋学产生的原因很多，原因之一就是儒与佛的对抗。儒经为封建统治阶级服务，这是没有问题的，但它起了反对宗教的作用。宗教不能在汉民族中扎根，儒有贡献。这一估计可能高了，请大家批评。

经学是什么？什么叫经？章学诚有"六经皆史"之说，这个说法有对的地方，也有不对的地方。古代所谓的史，就是记

① 本文是1963年作者为《红旗》杂志社等单位的理论工作者所作讲演的记录。

事和记统治者重要的话，所谓左史记言，右史记事。六经中的《书经》是重要的政治文件选集。《春秋》是大事年表，其他四经——《周易》《诗经》《仪礼》《乐》（《乐》已遗失），即不记言，也不记事，只有史料价值，讲究哲学、文学、制度、音乐这些独立性的专业，都得研究讲这四经。所以说六经皆史，其实只有《春秋》《尚书》是史，其它四经不能称为史。但是章学诚的话有他的道理。清儒讲汉学，也讲宋学，都把经看作神圣的书，章学诚却说经都是史，把经从神圣的地位上拉下来与史平列，这是有意义的。另外，章学诚反对"离事而言理"，就是反对宋学的空谈。章学诚偏重古文经，主张实际的考察和治史，所以有六经皆史的说法。

什么叫经？恐怕谁也讲不通。班固的《白虎通》解释经为常，即常道，也就是正常不可改变的道理。《说文》释经为直线，六经讲的都是直言，故称为经，这是很牵强附会的。为什么叫经，是无法说清楚的。

经有多少？

先说经的来源。

周朝的技术官是世袭的。例如史官，掌管典册，世代相传。史官记言记事都有一定的书法。《左传》中有五十凡，即是史官记事的条例（其他各官也都有其条例，世代传习，供贵族咨询和使用）。一些史官是忠于世袭条例的。例如齐大夫崔杼杀齐君，史官依书法写"崔杼弑其君"。崔杼杀史官，史官的三个弟弟继续坚持史官的书法，写道："崔杼弑其君"。崔杼连杀了两个，最小的一个，崔杼不敢再杀了，终于按照史官的书法写成了。

春秋时鲁国文化最发达，官守也最完备，与周天子相同。孔子时，鲁国衰微，百官流散，《论语》说："太师挚适齐，亚饭干适楚，三饭缭适蔡，四饭缺适秦，鼓方叔入于河……"鲁国君养不起这些乐官，他们就四散谋食，各奔前程。

孔子是贵族出身，又作过鲁司寇，有条件收集各种文献材料。他又是第一个创设私立学校的人。他的弟子前后共有3000人，通经者72人。孔子教学生的课本，就是从他收集的各种文献材料中整理出来的。从卜官那里的材料中整理出《易经》，从史官那里的材料中整理出《春秋》《乐》《诗》《仪礼》等书，也都是从既有的材料中整理出来的。所以说孔子"述而不作"。从六经的形式上说，都是叙述各官保存的旧文。对此，今文经学有不同的看法，它认为六经都是孔子所作，说孔子是作者之谓圣。我看还是"述而不作"的说法比较正确。

六经就是孔子整理旧文写在竹简上教授学生的课本。但实际上是五经，诗与乐是合而为一的，诗是词，乐是谱，后来乐完全亡失了。

西汉时有五经博士，博士就是国家任命的教授。东汉时，五经之外加《孝经》《论语》成为七经。到唐时，礼分为《周礼》《仪礼》《礼记》，《春秋》分为《左传》《公羊》《榖梁》，加上《易》《书》《诗》成为九经。宋朝又加《论语》《孝经》《尔雅》《孟子》合成十三经。除十三经外，宋朝的程颢、程颐、朱熹把《大学》《中庸》《论语》《孟子》称为四书。四书在宋朝地位很重要，考进士出题皆出自四书。

诸经内容：

《周易》。本是占卜书。有六十四卦，每卦有卦辞，说明本卦的性质。例如乾卦，卦辞是"乾、元、亨、利、贞"。每卦有六爻，每爻有爻辞。例如乾卦中的初九，爻辞是"潜龙勿用"。卦辞爻辞是谁作的不清楚，有说周公，有说文王。卦、爻辞合起来即是《易经》的经文。此外还有彖辞、象辞（有大象小象，但分篇按上下分，称上象下象）、系辞（分上系下系）及文言（独乾坤二卦有文言）、序卦、说卦、杂卦合称为"十翼"，是为《易传》，是解释《易经》的。其中有一部分可能是孔子讲易时的笔记。

卜官积累了丰富的人事经验，假借鬼神来表达意思。《易经》语意隐晦，文又极简，可以作各种不同的解释，能够使人听来似乎有道理。例如《左传》襄公九年，穆姜（国君夫人）行为不规，得罪季孙氏，被关进东宫，穆姜将往东宫请卜官算卦，卜官看卦象说她很快会出来。穆姜说，不！看卦象我是出不去的，我必死在这里面。后来穆姜果然死在东宫了。穆姜根据她的具体情况作出不吉利的解释，似乎很灵验，卜官先作的判断，似乎是错了，其实任何一类，都可以作或吉或凶的判断，灵验与否，取决于卜官的经验和骗术。

孔子对于《周易》很有研究，他经常读《易经》，以致系在竹简上的皮带断了三次。《论语》也说，"加我数年，五十以学易，可以无大过矣。"可见孔子对《易》的重视。

《易》在六经中是最重要的，汉代以《易》为六经之首。《汉书·艺文志》称《易》为"六艺之原"。封建时代学经首先学《易》。《易》是哲学，是一切道理的根本。汉人讲《易经》不外象数，目的在于卜筮，讲灾异。三国时王弼注《易经》，讲义理，推掉汉人的象数，应该说是一个进步。

《尚书》，这是最古的一部书。一说是孔子取自史官，删订成百篇。秦始皇焚书，此书被焚，后来山东伏生自壁中取出 29 篇。一说伏生没有书，只是口传，朝廷派晁错去学，伏生年老牙缺，口音难懂，由女儿代传，故记录下来错误甚多。

伏生传的《尚书》，用隶书写成，称今文《尚书》。汉武帝时，鲁恭王拆孔子旧宅，于壁中得蝌蚪文《尚书》，称古文《尚书》，多十六篇。孔安国并作了注。司马迁是孔安国的学生，《史记》中还保存一些孔安国的古文《尚书》的材料。《史记》讲古史也大都根据古文《尚书》的材料。古文《尚书》于西晋时亡失。东晋梅颐（又作梅赜）造伪孔传古文《尚书》，直到清代阎若璩作《古文尚书疏证》，才完全揭穿梅颐的伪造。我们采用《尚书》的材料，必须注意它的真伪，这可参考清孙星衍的《尚书今古文注疏》一书。

《诗经》。太史公说，孔子自3000篇诗中删成305篇，去其十分之九。这一说法不可靠。春秋时，外交人员必须会说《诗》，所以孔子对他的儿子孔鲤说："不学《诗》无以言"。春秋时应用的诗不过300多篇，从《左传》所引的诗看来，超出300篇以外的诗极少。

古文里诗共311篇，其中六篇逸诗"有目无文"（有目录，没有文字）。

《诗》至汉分成三家：齐、鲁、韩。另有古文诗称《毛诗》。三家诗全亡失，今存的是《毛诗》。

《礼》，包括《仪礼》、《周礼》、《礼记》。

《仪礼》。周时，诗、礼最重要。孔子对孔鲤说："不学《诗》无以言，不学《礼》无以立。"人的行动都要根据礼。礼有天子之礼，诸侯之礼，卿大夫之礼，士礼等等。庶人是没有礼的，统治阶级对庶人只用刑，即所谓"礼不下庶人，刑不上大夫。"孔子所传的礼是士礼。因为孔子和他的学生都属于士阶层，必须懂得士礼。孔子及其弟子对礼很有研究，以致当时的国君、大夫都要向他问礼。墨子骂儒者靠办丧事混饭吃，是有道理的。当时贵族人家有了丧事，儒者去替丧家主持丧礼，可以带一大批人去吃酒饭。还有前往观礼的儒者，他们不曾被邀请，但可以指点批评，分些酒饭吃。

礼和仪是有区别的。礼是规则，必须共同遵守。仪是态度姿势，各人修养不同。有一次子贡和曾子前往季孙氏家吊丧，看门的人不许他们进去。二人在马房中修容，摆好姿态再去，看门人看见曾子就吓得逃走了，这就是仪。

《周礼》。周公制礼作乐，此礼即周礼。《周礼》是周公的旧典，《左传》中常提及。但它不一定是今日的《周礼》。今日的《周礼》，大约在战国时出现。战国时，儒家将商、周、春秋各时期官制汇编在一起，加上儒家的政治理想，形成《周礼》一书。这些官制在很多甲骨文上都能见到，可见并不是儒家凭空捏造的。但说它是周公所作是不可信的。例如孟子、荀子都不讲《周礼》，孟子的井田与《周札》上讲的沟洫制度不同。可见造作《周礼》者在孟、荀之后。

《周礼》不是周公所作，它的作用却很大。后来的人想要解决土地问题，都从《周礼》找根据。王莽是这样，直到太平天国还是这样。封建社会的政治家、思想家，有的根据《周礼》去行动（如王莽），有的以《周礼》为理想（如张载）。康有为《新学伪经考》说《周礼》是刘歆所伪造，其实刘歆没有这么大的本领。王莽想要利用《周礼》作为解决政治问题的根据，刘歆便提倡《周礼》，并不是他所伪造。

《礼记》。这是孔子以后的儒者研究礼，选取讲礼的文篇作参考材料。汉时有131篇。后来刘向增至214篇。戴德从中选了85篇教学生，即《大戴记》。他的侄子戴圣，选了49篇，比较简要，即《小戴记》。《小戴记》后来上升为经，《大戴记》地位反而较低。《礼记》有《曲礼篇》，都是记日常行动的规则，其中有些很有些道理。例如"登城不指，城上不呼"；"并坐不横肱"等，在春秋时，诸侯经常互相攻袭，有人在城上指点大叫，可能引起城中人的惊扰；两人并坐，一人横肱，另一人活动就受妨碍。这些虽然是小事，但也要注意，记这些小事的礼，叫做曲（小）礼。

《春秋》。周代除了周天子有史官纪事外，诸侯也都有国史。鲁国的史书就叫作《春秋》。春秋是按四季编年的意思。孔子根据旧有的鲁国史编为《春秋》。《春秋》的文字很简单，用字根据孔子的观点，有褒有贬。孔子修《春秋》一直到他死前二年止。被写在《春秋》上的都是鲁国有权势的人物，所以"定、哀之间多微词"。还有些事不敢明写，就用"大义微言"口授弟子。由于各个弟子领会不同，所以说法也就不同。《左氏春秋》把春秋的事实写出，《公羊》和《穀梁》根据师传的"大义微言"写下来，不讲事实。因此，《春秋》就分成了三传。《公羊》传讲大一统，复九世之仇，最能适合汉武帝的需要，故西汉时《公羊》最盛行。

孔子死后，他的学生各立门户。韩非子说，孔子死后，儒分为八，即子张氏、子思氏、颜氏、孟氏、漆雕氏、仲良氏、公孙氏、乐正氏。八派之中，孟、荀是明显对立的两派。孟子学问出自《诗》《书》，荀子学问出自《礼》《乐》。孟子的后学与阴阳五行家合流。孟子的思想本来有近乎五行推运的说法，例如说："五百年必有王者兴"，所以与阴阳五行家合流是很自然的。荀子说子思、孟子是五行学说的创始者，有根据。荀子与名法合流。礼，就是规矩，再推广就是刑。荀子讲礼，他的学生必讲名法，如韩非即是。孟子讲仁义，荀子讲刑名，这两派对立是很清楚的。但是，儒家不论那一派，都为封建地主阶级服务，只是各派政见不同，这反映封建地主阶级内部的矛盾，故派系斗争一直存在。

战国时，封建领主制崩溃，地主阶级兴起，失去土地的人一天天多起来。如何治理天下，对当前的政治问题如何解决，荀、孟二派意见很不同。一个主张法后王，一个主张法先王。孟子说要行仁政，行仁政必自经界始。经界就是将地划分开，每人有百亩之地，大夫有禄田。孟子认为经界不正，井地不均，谷禄不平，就不能行仁政。暴君污吏必去其经界，而行仁政必使经界正，分田制禄；天下可坐而定也。孟子的政治思想即如此。井田制是孟子想出来的，他以西周的授田制作为根据。所以说要法先王。荀子正相反，要法后王，即当代的王（战国时期的王）。荀子赞成秦国的作法，承认地主占领既有的土地，实行以刑名为主的新法。孟子要农民不失土地，他的理想是行不通的，他反对土地的自由兼并，要改变现有的土地占有情况，但如何去作，他自己也不知道，所以滕文公问他怎么办，他说不出来。

孟子学派与阴阳五行结合后，势力大起来。秦始皇时的博士儒生，大都是孟派。荀派李斯在朝廷作大官，有权力。孟派喜欢是古非今，否认现状，自然引起秦始皇和李斯等人的厌恶，结果被秦始皇坑杀四百多人，孟派的重要人物大都死光了。但孟派潜在势力仍很大。汉初荀派失势，孟派与阴阳五行结合，很受统治者欢迎。汉文帝时，《孟子》曾立博士（不久又取消）。传授五经的儒生，一般出于荀子之门，学风比较朴素，不讲阴阳五行去迎合朝廷的好尚，始终与孟子学派对立。

西汉阴阳五行大盛，孟派与阴阳五行合流的代表人物是董仲舒。董仲舒在汉代地位崇高，汉人把他看成是汉朝的孔子。孔子以周公的继承人自居，所以自称常常梦见周公。据说董仲舒也常常梦见孔子，他的学问是孔子在梦中亲授给他的。这当然是胡说，但也可见他的学问的正统性为汉儒所公认，连积极提倡古文的刘歆，也承认董仲舒是群儒之首的地位。董仲舒是今文家，一生专治《春秋》，把春秋阴阳五行化了，其他各经也跟着阴阳五行化。他在政治上主张用限田的办法来解决西汉的土地问题和奴隶问题，但是都解决不了。后来王莽主张将土地收归国有，改成王田，重新分配给百姓。王莽是以《周礼》作为改革的根据的，于是古文经就被提倡起来。

战国至秦的荀、孟之争，也可以说是原始儒学中保守（法先王）、适时（法后王）两个学派的斗争。从西汉后期开始就变成今、古文之争，这一斗争直到唐朝才告一结束。

二　今文经学与古文经学之争

汉高祖原来是很讨厌儒生的，曾把儒生的帽子拿来撒溺。但他做了皇帝，就抬高儒家的政治地位，利用它来统治天下。

秦始皇焚书除《易经》之外，其他经书全烧光了。他的这些作法，连他儿子也不准说反对话。他的大儿子扶苏，曾对秦始皇说：儒生是读圣贤书的，不要杀他们。秦始皇大怒，并把扶苏派到北边去防守匈奴。

前面已经讲过，被杀的儒生主要是孟子一派的。汉时的赵岐即说过："始皇焚书坑儒，孟子之徒党绝矣！"孟子一派的儒生被杀死了，于是，政治权力落在荀子一派的人手里。丞相李斯，是荀子的学生，秦二世从赵高学《韩非子》。秦亡虽然不能由荀子学派负责，但秦是用韩非的刑名之学的，所以，秦亡与荀子学派是有关系的。秦时本来应该让老百姓休养生息，但秦始皇却大兴土木，造阿房宫，筑万里长城等等，劳民伤财，用刑法强迫老百姓服役，因此引起农民大起义。

汉高祖看到了秦亡的原因。他即位后实行了两条政策，一是统一天下，二是与民休息。天下虽定了，但汉高祖的部将，如韩信、黥布、彭越等都封了王，形成割据局面，刘邦自己管的地方只有15郡，其余25郡都为各王所割据。高祖的统一政策是消灭异姓王，除了长沙王吴芮、闽越王无诸、南粤王赵佗三个边区与安抚少数民族有关的王外，其余的异姓王，都被高祖先后消灭了。异姓王消灭之后，封自己的子弟为王，这些子弟都很年幼，都奉行朝廷的法令。所以废异姓王为同姓王，这对巩固当时的中央统治是有利的。

与民休息，是采取黄老的政治思想——无为而治。曹参继萧何为相，天天喝酒不治国事，惠帝不满，派人问曹参。曹参说，先王和萧何比陛下和我高明，照旧就是了，何必有什么作为。

儒和墨是战国时的两大显学，汉时墨家衰微，儒是仅存的显学。儒家教义本来是不造反的。孔子的后代孔鲋参加了陈胜、吴广的农民起义，这是因为秦始皇杀儒生。汉高祖看到了这点，因此他尊重儒家。但这是表面的，实际上是任用黄老。

汉高祖即位初期，朝廷没有礼仪，那些和汉高祖一块起义打天下的兄弟，对汉高祖很随便，儒生叔孙通帮助他定了朝仪，臣子见他不敢再胡闹了。汉高祖很高兴地说，今天才知道做皇帝的尊严。他体会到了儒家学派对巩固他的统治有作用，在他死的前一年，便用太牢祭孔子。

汉惠帝废除了秦时的书禁，民间始有儒家经典在传授。汉武帝时更进一步，形成罢黜百家，独尊儒术的局面。在惠帝时，掌权的都是功臣——武臣，所以不重视儒生。到文帝、景帝时，割据的诸侯王的势力大为增长，再用黄老的政治思想统治不了了。景帝时把七个大王国都消灭了，统一工作又进了一步，这样，就要求进一步加强思想上的统一。

武帝提出独尊儒家，罢黜诸子百家。从表面上看，好像是由于董仲舒上疏要独尊儒家，实际上，是由于当时政治上的要求。

经学在当时都是口耳相传的，没有写本（因为除了《易经》之外，其余的经书都被烧光了），因此，只有记忆力强的人才能记得住。在传述过程中，由于记忆不准确或口音听不清等等原因，错误很多。

当时，经书在民间的传述者：田何传《易》，伏生（伏胜）传《书经》。《书经》是古代语言，与汉代语言已相差很远。关于《书经》的传述，有两种说法，一说《书经》是口传的。景帝叫晁错去跟伏生学《书经》，伏生是济南人，而晁错是河南人，口音不同，记错不少。

申培传《诗》，高堂生传《礼》，《春秋》的传者有公羊、穀梁两家。这些书是口传后用隶书写的（隶书等于当时的简笔字），故叫今文经。

汉时，各经都立博士。博士类似于顾问或教授。秦时博士很多，汉初也有博士，但皇帝从来不去问他们，博士是有学问、能通一经的人。伏生传的《书经》立了三家博士：欧阳氏、大夏侯氏、小夏侯氏。《诗经》博士也有三家：鲁诗、齐诗（辕固生）、韩诗（燕人韩婴）。传礼的有三家：大戴、小戴、庆氏。《周礼》，从王莽到太平天国都有很大影响。《周礼》从河间献王出，他收集到了古文书《周礼》。但他所收集到的《周礼》缺了《冬官》篇，他用《考工记》补进去，是为《周礼》。《春秋》，汉初时由邹氏、夹氏所传。《左传》由张苍所传。《公羊》《穀梁》两传都写成书。邹氏、夹氏所传的，后来都丧失了。《左传》由张苍传给贾谊，《春秋》只有《公羊》《穀梁》立博士。

汉朝的博士，数目有多有少，一般是十四人：

《易》博士三：施氏（施雠）、孟氏（孟喜）、梁丘氏（梁丘贺）。

《书》博士三：欧阳（欧阳生）、大夏侯（夏侯胜）、小夏侯（夏侯建）。

《诗》博士三：鲁（申培）、齐（辕固生）、韩（韩婴）。

《礼》博士三：大戴（戴德）、小戴（戴圣）、庆氏（庆普）。

《春秋》博士二：颜氏（颜安乐）、严氏（严彭祖）。

到汉献帝时，立的博士就更多了。

这许多书都立了博士，但最重要的是《公羊传》。汉武帝特别重视《公羊传》，这是有原因的。一方面，武帝在政治上需要利用孔子的名义来进行自己的统一工作，《公羊》第一句即讲"大一统"。"元年春王正月"，"何言乎王正月？大一统也。""王正月"，本来并没有别的意义，春秋时，各国历法不同，有建子（以十一月为岁之始）、有建丑（以十二月为岁之始）、有建寅（以正月为岁之始），各不统一。"王正月"，只是说按照周历，以十一月为岁之始，来统一历法。汉武帝则利用这句话，作为政治统一的根据。武帝表面上尊崇儒家，实际上杀人很多，用的是法家的刑名之学。《公羊传》说："君亲无将，将而必诛。"意思是说，臣子对君父不能有弑逆的念头，如果有的话，就可以把他杀死。这个论点很合乎汉武帝随便杀人的意思。《公羊》传又说"复九世之仇"，这也很合汉武帝借口替高祖复仇而要打匈奴的口味。《公羊》兴起的另一原因，是《公羊》家出了一位大师——董仲舒。董仲舒非常好学，用功读书"三年不窥园"。董仲舒的同学胡母生，把《春秋》经义系统化，由于他们两人的关系，《公羊》成了五经中地位最高的一经。汉武帝独尊儒家，归根到底是尊《公羊》。

今文、古文争得很剧烈。西汉立的十四个博士，都是今文博士，古文一直到王莽时才立博士。今文博士坚决反对古文立博士，也就是反对古文经学成为官学。古文经学的提倡者刘歆，曾写了一篇《移让太常博士书》斥责今文博士。

今、古文之争，实际上是齐、鲁之争。鲁的学风比较朴实保守，接近于孔子的讲法；齐学比较浮夸，好讲阴阳五行。鲁学要把孔子神化，儒学宗教化，一直是看不起齐学。从孟子起，就看不起齐学。他说："此非君子之言，齐东野人之语也。"又说，齐人只知管仲、晏子，其余一概不知。又如，叔孙通定朝仪，到鲁国去请 30 多个儒生，其中有两人不肯来，并说，你侍候的主人将近七个了。又说，那能随便讲礼，要行百年仁政始能讲礼。叔孙通则笑他们是"鄙儒"，不识时宜，于此可见齐鲁之风的不同。

武帝偏袒今文，喜好《公羊》，曾经叫治《穀梁》的江公与董仲舒辩论。仲舒通五经，善作文；江公"讷于言"（不善说话）；丞相公孙弘也是学《公羊》的。结果，自然董仲舒胜利了。于是江公就不能充当博士。由于江公的失败，穀梁也不得立为官学。

汉武帝的太子（戾太子）原先跟董仲舒学《公羊》，后来他又去学《穀梁》，并且很喜欢《穀梁》传。汉宣帝是戾太子的孙子，他听说自己的祖父喜欢《穀梁》，就去找学《穀梁》的人，找到了荣广、皓星公。两人都是江公的学生。荣广口才很好，与董仲舒的学生眭孟辩论，荣广胜利了。但是还不能立《穀梁》为博士，于是，宣帝去找了十个最聪明的青年人（其中有刘向）学《穀梁》。最后叫他们跟《公羊》家辩论。太子太傅肖望之也站在《穀梁》方面。《公羊》派参加辩论的有严彭祖、尹更始等，双方各五人，结果自然《穀梁》胜利，从此，《穀梁》才立于官学。可见某一学派立于官学是不容易的。

汉人最重师法，师法是不能改的，只准按照老师的样子讲。传《易经》的孟喜，其师为田王孙。孟喜好吹牛，诈称田王孙临死时曾传给他一本讲阴阳灾异的书。他的同学梁丘贺揭露也说，田生死时，送终的是施雠，你那时到东海去了，根本不在侧。宣帝听说他不守师法，就不准他做博士。

汉初儒者没有官做，武帝始用儒生公孙弘为丞相。公孙弘本来是东海的牧猪人，学《公羊》，为人"曲学阿世"。武帝召集全国文士考试，他考第一。官位升得很快；于是人们争着学《公羊》。

武帝时，五经博士教授的学生每一经只有10人，全国博士弟子一共只有50人。博士弟子可以"复其身"，即可以一辈子不要服徭役。成绩优良的，可以作官。故士人争为博士弟子。汉昭帝时，博士弟子增至100人。宣帝时博士弟子增为200人。汉元帝时，汉朝已走下坡路了，但因为剥削严重，表面上显得很富庶，故有博士弟子1000人。汉成帝时，有人说，孔子一布衣，尚有弟子3000人，皇帝不应比孔子少，于是，太学弟子也增为3000人。后来由于负担太重，仍降为1000人。王莽时，博士弟子一年考试一次，考上甲科，可做郎中；考上乙科，可做太子舍人；考上丙科，可补文学掌故。弟子们虽不得大用，但可求个出身。

汉武帝特别重视《公羊》，因为《公羊》可以与刑名之学配合。《公羊》讲灾异，这也有些好处。因为皇帝很专制，没有人敢批评，可以用灾异来告诫皇帝。灾异家们说，皇帝是天的儿子——天子，皇帝作了坏事，天就现出灾异来告诫了。这也是董仲舒讲灾异的一个动机。所以，他讲得多了，引起了武帝的反感。有一次，辽东高庙火灾，董仲舒又发议论，他写的稿子被主父偃偷去送给武帝。武帝召诸生评论。董仲舒的学生吕步舒不知道是他的老师董仲舒写的，便说是"大愚妄"。于是判董仲舒死刑，后来虽蒙诏赦，但董仲舒从此不敢再讲灾异了。

西汉衰时，用《诗经》治国。宣帝表面上讲儒，实际上是用"刑名"。一天，太子（元帝）对宣帝说，陛下刑罚太甚，宜用儒生。宣帝大怒，说，汉家自有制度，"以霸（刑名）、王（儒）道杂之"，儒家不通时务，是古非今，如何能用？将来乱我汉家制度的一定是你。元帝立，外戚王氏逐渐掌权，不用《公羊》，而用《诗》为教。《诗》提倡温柔敦厚，便于统治者无忌惮地奢侈腐朽。结果，王权下移，外戚专政，直到西汉灭亡。

总的说来，从高帝到文、景，用黄老之术；武帝到宣帝，霸王道杂之；元帝以后至西汉亡，《诗》学盛行，皇帝无权。

西汉末年有两个大问题：一是土地集中，农民流亡，二是农民卖身为奴。土地和奴隶两个问题是相关的，农民没有土地就只好卖身为奴。早在武帝，甚至文帝时，这两大问题即已存在。董仲舒主张限田（名田），即规定占有土地的一个最高限额，但是这个办法实行不了。西汉末年更严重。王莽为了夺取政权，用托古于《周礼》的办法，提出"王田"的主张，即根据《周礼》中关于井田制的说法，把土地收归国有。王莽一举一动都学周公，以《周礼》作为政治改革的根据。《周礼》是古文经，因此便提高古文经的地位。刘歆是王莽的帮手，他写了一封《移让太常博士书》，大骂今文家的博士，遭到博士的激烈反对，博士都罢。大司空上奏，说刘歆反先帝遗法，于是刘歆被贬出去做河内太守。平帝时，古文经由于有王莽的政治力量做后盾，立了五个古文博士，以与今文博士对抗。

光武帝即位，又废古文，提倡今文，要求今文博士讲"谶纬"。谶是托名孔子的预言，纬是解释经书的。光武因为谶纬中有"刘秀当为天子"的话，深信谶纬。但遭到古文家的反对。如古文家桓谭不读"谶纬"，上书极言谶纬妖妄。光武说他"非圣无法"，差点被砍头。当时用人，有的也以谶纬来决定。所以，有个叫尹敏的在整理"谶纬"书时，他便在书的空白地方写了"君缺口，为汉辅"几个字，企图使皇帝重用他。光武帝看出来了，把他大骂一通，但没有处罚他。

古文经是不语怪力乱神的，今文经不同，它专投皇帝之所好。西汉时今文家讲灾异，原来有点限制皇帝暴虐的意思，到东汉时，就变成有灾异要策免三公了。由于东汉时天文学的进步，日蚀也可推算出来，灾异不大好说了，今文学家就改说谶纬。古文家反对谶纬。王充是古文家反对灾异和谶纬的代表。

东汉时，统治阶级内部宗派斗争极为严重。世家大族收集一批贫寒士人，荐他们做个小官小吏。有些人善于做官，可能从小吏上升为公卿。这种贫寒士人称荐举者为恩主，恩主死，要服三年丧。门生故吏成为集团。例如袁绍世代三公，门生故吏遍天下，势力很大。

经学中的派别斗争也很激烈。古文家中出了几位大师，如贾逵、服虔、马融、许慎等。马融对东汉的古文的发展有很大关系。马融是马太后（明帝皇后）的侄子，贵族地位足以保卫他的经师地位。他学问广博，通各经，门下有好几千学生。因此，古文地位就更高了。他的学生郑玄，名望尤高，于是推倒了今文，古文成为独占的了。

今文的衰落有其本身的原因。第一，东汉时不再通过今文经的途径做官，做官是通过征辟之途了。士人学今文经不再那么热心。第二，今文太繁琐，秦延君说《尚书》"尧典"二字，竟达10多万字。说"曰若稽古"四字，多至3万字。一部经书的章句，多至100万字，少的也有几十万字。苦死了学习的人。光武帝自己在学今文时，也吃过这个苦头。他当皇帝后，便令儒臣删五经章句作为太子的课本。桓荣删欧阳氏《书经》，从40万字删为23万字，桓郁又删为12万字。又，张奂删牟氏《尚书章句》45万字为9万字。可见其中绝大部分都是废话。《汉书·艺文志》说："幼童而守一艺，白首而后能言。"这确是打中了今文的弊病。古文家主张通训诂，通大义，所以没有繁琐的弊病。东汉时，"通人恶烦，羞学章句。"由于今文的繁琐。人们都不愿意学了。

虽然如此，但是，今文经学的势力仍很大。今文经是官学，太学生仍达一万人。各地私人的"精庐"（私立大学），学生多的也达几千人。当时古、今文学都开设私立大学招收学生。此外还有小学称"书馆"。例如王充八岁进书馆，书馆中有学生百余人。王充的故乡上虞，不过是个小地方，竟有学生一百多人，足见当时读书人之多。"书馆"教的是今文经，王充幼时学的是今文，后变成古文派了。

今文经的大师为董仲舒，古文经的大师为郑玄。郑玄通所有的今文、古文各经。郑玄所以能通今、古各经，主要是东汉时造纸术的进步，以及今文章句的删减。因此，郑玄比马融达到的成就更高。马融给古文全部经作了注解，而郑玄则采用了今文的某些说法，甚至某些谶纬家的说法注经。《诗·大雅·生民》关于姜嫄感天而生的说法，这本是出于今文家，郑玄也采用了。郑玄基本上是古文派，但他采用了今文家的一些观点。由于郑玄善于吸取今文派中的某些经说，今文被推倒了。郑学成了天下所崇的儒学。

魏文帝以后，做官的道路是"九品中正"。做官的必须是门阀士族，不须要搞什么今文、古文了。士族最讲究的是礼，礼中最重视的是丧礼。郑玄对丧礼最有研究。郑注三礼最受人重视。这也提高了郑学的地位。

西晋永嘉之乱，博士们保存的章句（讲义）都丢掉了。但古文的注解很简单，所以儒生还记得住，而今文，由于太繁琐，都记不得了。这样，西汉博士所传的今文也就全部消灭了。

一个学派的独尊地位是暂时的，一定会出现和它对立的学派。郑学是讲《左传》的。当时，讲《公羊》的何休与之对立。另一个与郑学对立的是专讲马融之学的王肃。《公羊》在东汉时已不是重要的学问了。《左传》《穀梁》是抑制《公羊》的。何休用17年的时间作《公羊解诂》，来为《公羊》辩护，他写了《公羊墨守》《左氏膏育》《穀梁废疾》三篇文章。他所根据的是胡母生的《春秋条例》。他的注解很简单，是《公羊》注解中最好的一种。此书保存至今。

马融的学派为王肃所传，王肃是王朗的儿子。王肃根据马融的学说对古文各经作了注解。王肃敌不过郑学，他造了《圣证论》《孔子家语》《孔丛子》三部假书来反对郑康成。他所以能把郑康成压下去，是由于他的女儿是司马昭的夫人，他是晋武帝司马炎的外祖父，所以他写的东西都立于博士。这样，经学就成了郑、王之争而不是今、古之争了。郑学的政治后台是魏帝曹髦。曹髦帮郑氏博士来反驳王氏博士。后来曹髦被杀，王学是胜利了。但是郑学究比王学高明，东晋时，郑学又压倒了王学。

当郑、王之学在斗争时,有的经学阵地却被别的学派夺去了。首先是《周易》,玄学大师王弼注《周易》。古文只讲训诂,不讲义理。魏晋的玄学,不仅讲训诂,而且讲义理。王弼用玄理说易,故其所注《周易》压倒了以前各学派。杜预注《左传》,范宁注《穀梁》,梅颐作《伪古文尚书》,又一玄学大师何晏注《论语》。这些书出来后,把原来汉学的古文、今文家所作的注解都打倒了,只有《毛诗》、郑注《三礼》及何休的《公羊解诂》仍存在。梅颐的《伪古文尚书》,到清初阎若璩作《古文尚书疏证》,才把它推倒。这些注所以能推倒汉经学家的经注,并不是他们的学问一定比汉经学家高明,主要是由于他们吸取了前人注释中的长处。

魏晋玄学盛行,今文学已是强弩之末。特别是永嘉之乱以后,今文经全部散失(除何休的《公羊解诂》外),古文独存。南北朝通行的就是《毛诗》、郑注《三礼》、杜注《左氏》、范注《穀梁》等,这些都是古文。

南北朝时,大体上南方仍继承魏晋学风,北朝仍继承东汉学风。南方通行的是王注《周易》,杜注《左传》,何注《公羊》;北方通行的则是郑注《周易》,郑注《尚书》,服虔注《左传》。《毛诗》《三礼》则南北都通行郑氏。《隋书·儒林传》说:"南人约简,得其英华;北学深芜,穷其枝叶。"这句话可以作为当时南北学风的概括。

隋唐统一之后,南北的经学的不同,考试取士有困难。唐太宗便叫孔颖达撰《五经正义》。他以"疏不破注"的原则,将南北经学统一起来。从此,儒生记住《正义》,便可考试作官,经学至此也就没有什么发展了。

宋学另开门面,与汉学全然不同。宋学受了佛教的影响。佛教在魏晋南北朝时盛行，引起了儒学的反对。北朝儒者崔浩，与道士寇谦之联合反佛。崔浩在政治上主张恢复周朝的割据局面，五等爵制，保持门阀的特殊地位。后来为鲜卑贵族所杀。他的死，实际上与反佛有关，佛徒与鲜卑贵族联合杀害他。南齐范缜（古文家），他根据古文家的学风写了《神灭论》，击中了佛家的要害。梁武帝帮佛家，把范缜压下去了。宋学兴起的原因之一，是采用儒家的思想去反对佛家。宋学吸取了佛家的佛性说，所谓狗子也有佛性，儒家用来说明人人可以为圣人（人皆可以为尧舜）的思想。佛学成为丰富宋学的养料。宋学有缺点，但反佛是应该肯定的。

三 宋 学

汉代发展起来的经学，到唐时作了总结。钦定的《五经正义》就是。经学作总结了，宋学发展起来了。

为什么宋学会发展起来呢？

一是由于内乱。内乱需要"宋学"这样的东西。

唐玄宗时，政治腐败到极点，于是发生了安史之乱。从东汉开始的士族门阀制度的残余，到唐代仍存在。士族（贵族）都不肯作武官，子弟作军官是被人看不起的。因此，当军官的都是外族人（西北的少数民族）。安禄山、史思明所以获得军权，就是由于这个缘故。安、史乱后，藩镇割据的局面一直存在下去。黄巢起义，推翻了这个腐朽的王朝。但这时，沙陀人又进来了。他们带来了许多"杂胡"。沙陀人与农民起义军的叛徒——朱温混战，朱温被沙陀人李存勖打败了。沙陀人在北方建立了后唐、后晋、后汉三国。这是最乱的时代。什么丑事和笑话都出来了，儿皇帝、卖国贼等等，无奇不有，乱得不能再乱了。

周世宗柴荣时，国家才有统一的倾向。柴荣，这是个不简单的人。从安史之乱到赵匡胤得天下，共250年，乱得一塌糊涂。五代时，你抢我夺，弱肉强食，正像庄子所讲的黄雀啄螳螂的故事一样。有政治地位的人很紧张，什么叫安全是不知道的，谁也不相信自己可以安全。周世宗的身后事可以说是布置得很周到的，但是，柴荣一死，第二年就被赵匡胤夺去了帝位。

赵匡胤看到了夺帝位的容易，他想了许多办法来维护自己的统治。宋代对外是最屈辱的，但对内部的办法则很多。拉拢地主阶级的知识分子，这是宋代维护自己统治的基本办法。唐代进士及第的名额一榜最多只有30名。五代时一榜只有七八名。宋代大大放宽进士及第名额多到四五百名。做官的道路很多，不只是科举一途。唐代，士族和流外的官是分得很清楚的，士族不做流外官。宋代这种界限去掉了。唐代考进士，因为旧士族仍有特权，所以未放榜以前，即知道谁考取，谁没有考取。宋代改用密封，士族与非士族同等对待，所以未放榜时，是不知道谁考取与否的。魏晋以来的士族制度，到宋代最后打破了。宋代的大官，不管犯什么罪，都不杀头，只是充军边地。这些措施都是为了争取士的拥护。

士与儒是分不开的。可以说，以韩愈的思想为代表的士人，拥护了赵宋政权。韩愈的政治运动是重整伦常。他一方面辟佛老，一方面整伦常。赵宋王朝很需要这个思想。伦常自安史之乱以来被破坏得不像样子了。200多年的大乱，使赵匡胤懂得了应该用伦常来巩固自己的统治。

赵宋王朝有意识地来扶持"宋学"。宋学与古代的儒学根本不同了。古代儒学只解经，而宋学则着重讲伦常。

二是由于与宗教的斗争。佛、道的教义，特别是佛教的教义，与儒家的伦常思想是矛盾的。要提倡儒家的伦常思想，就必须改造佛家的一套。

宗教迷信对统治者是需要的。董仲舒即想创立宗教，他把阴阳五行与巫术结合起来。儒家祭祀并没有一个至高无上的偶像——上帝。儒家祭祀的对象是那些对人们有功的人和物。例如，儒家祭猫，因为它能吃老鼠；祭老虎，因为它能吃野猪；如此等等。董仲舒想创造一个以孔子为教主的宗教。董仲舒的创造宗教的活动作得极其可笑。如果翻翻他的《春秋繁露》的《求雨》《止雨》两篇，就知道其荒谬的程度。他说，把南门关闭，北门打开，就可以求雨；把北门关闭，把南门打开，就可以止雨。真是愚昧至极。要把儒家的思想当作宗教教义是很困难的，因为孔子不语鬼神，所以董仲舒没有创造成。东汉时，统治阶级还想创造宗教，他们企图用"谶纬"的一套办法，把孔子装扮成教主。但是古文家反对"谶纬"，所以仍未创造成。

两汉都想把孔子变成儒教教主，但都未成功。西汉末年，佛教传进来了。儒是反佛的，但由于佛教利用"因果报应""求福免祸"等迷信办法来欺骗人民，很符合统治阶级的需要。

封建帝王利用"谶纬"来证明自己做皇帝是上应天命的。《符瑞志》就是为某人做皇帝而编造理由的书。虽然如此，仍有许多困难，因为别人不大相信，而且也相当麻烦。佛教的"因果报应"的理论，利用起来要方便得多。根据"因果报应"的理论，只要谁作了皇帝，谁在上世一定作了天大的好事。佛之所以成佛，是因为他在几亿千万年以来一直作了无限功德。

东汉初年，佛教即发展起来。首先相信佛教的是贵族。光武的儿子楚王刘英首先"学为浮屠斋戒祭祀"。佛教是最会吹牛、最会说谎的。他们说佛的法力大得了不得，把道教的玉皇大帝说得一钱不值，说玉皇大帝对于佛来说，只不过是给佛鸣锣喝道的仆人而已。

佛教来自印度。印度古代有四个种姓：婆罗门、刹地利、吠舍、首陀罗。婆罗门是最高贵的种姓，主要是僧侣。很明显，佛教是高级种姓特意造出一大套谎话用以欺骗广大群众，特别是欺骗下层的被压迫者——首陀罗的。佛教不准杀生，谁杀生谁就得入地狱。种地的农民在地里劳动，总是会杀死些小生物的，因此，农民死后一定要入地狱的。唐僧义净到印度去，写了一本《南海寄归内法传》，这书极可笑。书中有这样一则故事：义净看到印度的大寺庙和尚自己不种地，把地交给农民种，然后与农民对分粮食。他不懂寺庙为什么自己都不直接经营土地，便问大和尚。大和尚说，种地必定会杀生，而杀生是会入地狱的，因此和尚不种地。这样，既可以有吃的，又可以不杀生。义净认为这个办法很了不起。佛教的教规极繁琐，甚至连上厕所都有严格的规定。如果都按照那些规定办，那些拉肚子的人肯定会入地狱。

和尚要出家，他和中国儒家的忠孝思想是对立的。孟子说："无父无君，是禽兽也"，儒家骂和尚是"无父无君"，是禽兽。

道教，它是调和佛、儒的一种思想。东汉琅邪人宫崇，他拿了一部《太平清领经》，据说是他的老师于吉传给他的天书，其宗旨是"奉天地，顺五行"。道教吸取了佛教的一些仪式，去掉佛教与忠孝思想矛盾的东西而形成的。道教为了抬高自己的政治地位，编造了一个谣言，说老子入夷狄而为浮屠，说释迦（即佛）是老子的儿子。道家骂和尚是"髡徒"（光头）。实在说，道教本是没有什么独创的东西。《抱朴子》这是一本著名的道家书，《内篇》讲炼丹，《外篇》讲的全是儒家道理。儒释道三教斗争，儒道往往联合起来共同反佛。

佛教在开始时也曾受到歧视和压迫，但是，很快统治阶级就认识到它的欺骗作用了。

佛教是编造谎言的能手。西晋末年从印度来了一个和尚，名叫佛图澄。他说自己已经有四百多岁了。他来到洛阳后，取得了后赵的皇帝石勒、石虎的尊重。石勒的侄子石虎是个野蛮透顶的皇帝。他信佛，为的是打胜仗。有一次，他打败了，发怒说，我奉佛供僧，却被打败了，佛有什么用？佛图澄便对石虎说，你前生是个大商人，曾在佛寺设大会，预会的有 60 个罗汉，我是其中之一。现在你做了皇帝，就是你前生奉佛供僧的缘故。石虎听了就不再责怪佛教了。所以胡说八道的本领，佛教是第一。

佛教影响越来越大。东汉时只准外国人来传教，而不许中国人当和尚。和尚地位很低，被称为"乞胡"。嵇康曾说，人们肚痛都到"乞胡"那里求佛，其实只要买一服药吃就行了。可见当时佛教的影响。

儒道是中国的土产，佛教是外来的。三教之争往往成了华、夷之争。胡人奉胡教，拜佛。但是，有些入据中国的胡人，为了要统治中国，便不信佛教。北魏是鲜卑人，姓拓跋氏。他们为了要统治中国，说拓跋就是土，土姓就是黄帝的子孙。拓跋焘（太武帝）信道灭佛。北魏皇帝即位，都受道教的符箓，表示自己是中国人，是黄帝子孙。北周武帝原是鲜卑族的宇文部。他也主张灭佛。和尚对他说，反对佛教，死后要进阿鼻地狱（即无间地狱，意思是受苦是不间断的）。周武帝说，到阿鼻地狱也不怕。和尚说，你是胡人，应该信佛教。他说，我是中国人。不久，周武帝病死了，佛没有灭成。隋文帝是最信佛的人。唐朝姓李，与鲜卑族关系密切，他们特别要表示自己是汉族人，唐太宗把道教奉为第一。隋文帝是佛第一、道第二、儒第三；唐朝则是道第一、佛第二、儒第三。

佛是不拜君父的。按照佛教的规定，人做了和尚之后，国王、父母都得拜他。据说，释迦成了佛之后，他的父亲去见他，还是向他下拜的。因此，佛教最受攻击的是这个"无父无君"的思想。儒家攻击佛家是"不忠不孝，削发而抑君亲"，是"以匹夫而抗夫子，无父之教，非孝者"。这个问题对佛教来说，是非常尖锐的。因此，和尚们极力想编一些理由替自己辩护。据《盂兰盆经》说，佛的大弟子目莲，他看到自己的亡母在地狱受苦，请问佛怎么办。佛告诉他，广为布施，就可把他亡母救出来。目莲按照佛的话去做，终于救出了自己的母亲。佛教还传说，佛（释迦）的父亲净饭王死，佛亲自去抬棺材送葬。他们编出这些故事，就是要证明佛教也是要父母的，也是讲孝的。但是，这些论据是极其软弱无力的。佛、儒斗争中，和尚在忠孝方面是最讲不出道理来的。

在经济上，佛教寺院占的土地很多。周武帝灭佛时，废大寺院凡4600多座，令和尚尼姑26万多人还俗，收回寺庙的田有数十万顷，奴婢10余万人。

寺庙都占有大量土地，都是地主。当然，并不是所有和尚都是地主。一般和尚，虽然逃避了国家的赋税，但他仍是被压迫、被剥削者。大和尚对小和尚的压迫是极残暴的。小和尚有病，就给他吃黄龙汤。黄龙汤即是大便。据说发高烧的人吃黄龙汤是会好的。小和尚不管生什么病，都叫他们吃黄龙汤。道士骂和尚吃大小便，指的就是吃黄龙汤。有的和尚否认吃黄龙汤这件见不得人的事，其实，这是否认不了的。义净就反对过吃黄龙汤。如果不吃黄龙汤，义净为什么要反对？胡三省《通鉴注》引陶弘景《本草》，还说明黄龙汤的具体制法。

佛教对麻醉人民的作用是很大的，所以，总有人替它辩护。《唐文粹》李节《送潭州道林疏言禅师太原取经诗序》就竭力说明佛教对统治阶级的作用。它说，学儒之人，力斥释氏，其论甚粗，释氏之教不外衰代之风之所激；而衰代之风，苟无释氏，将无所寄心。而儒者徒知佛教因衰世而兴，而不知衰世之需佛，又不知释氏助化之大。李节说佛教给腐朽统治阶级以自我麻醉的作用，这是说得很对的。他又指出佛教可以使人安分，阡陌之人（农民）不敢起兵反对统治阶级，这一点尤其说得对。统治阶级利用佛教尽管它蠹国殃民，大耗财物，但统治阶级仍认为利大害小，坚决提倡佛教。

宋代既重佛，也重道。但是，宋代的皇帝更需要借重儒家来重整伦常纲纪。

宋学与汉学完全不一样。它以伦常为基础，同时又与佛道结合宋学内容很多是佛老的东西，汉学是汉人的东西。

宋学的先驱为唐的傅奕（反佛）、吕才（反道）、陈子昂。《新唐书》三人合传，这是有道理的。陈子昂是讲古文的。韩愈可以说是对这三人思想的综合和继承。他提倡"文以载道"，反对佛老。韩愈不算经学家，但也讲点经学。他的《论语笔解》释"宰予昼寝"说，"昼寝"是"画寝"之误，"画寝"就是在寝室的壁上画上图像。当然，这个解释是不合古文派的观点的，但这却开了宋学的风气。与韩愈同时，有啖助讲《春秋》。《春秋》是正名分、讲伦常的。啖助的学生赵匡、陆淳且著有《春秋集传》。啖助的书已遗失，陆淳的《春秋集传纂例》仍在。啖助讲《春秋》撇开传注，直接从经文中寻义理，这也是开宋学之风。

韩愈写了五原：《原道》《原性》《原毁》《原人》《原鬼》，弟子李翱作《复性书》，都是要重整伦常。他认为名教（指儒家）自有天地，应该直接从儒教中找哲理。

宋学发展与木刻印书的发展也有关系。后唐冯道刻九经于木板，木版刻书就越来越多了。这样，就有助于经学的流传。同时，宋王朝又竭力提倡尊孔。修国子监，把孔门十哲（子思、颜回等十位大弟子）的像也修立起来。宋太祖赵匡胤屡次去国子监，表彰孝悌，亲自主持进士的考选。

皇帝一提倡，于是响应的人就出来了。宋初出了三先生，一是孙复（泰山先生），一是石介（徂徕先生），一是胡瑗（安定先生）。孙复写《春秋尊王发微》一书，其宗旨是"有贬有褒"，提倡尊王。佛教是尊佛不尊王的，孙复用孔子的名义来评价人物，认为春秋时从周天子到诸侯卿大夫没有一个人没有一件事是好的，一概加以诛绝。因此当时有人批评《春秋尊王发微》是"商鞅行法"。孙复的尊王思想是适合于当时朝廷的需要的。韩愈即说过："君王神圣，臣罪当诛。"

胡瑗在太学当教授，曾出了一题问学生："颜子所乐何事？"这本来是谁也回答不出来的。佛教的禅宗有所谓公案。公案就是由老和尚提出一个谁也答不了的问题。胡瑗这个办法实际上也是学佛教的"公案"。当时大家都觉得胡瑗的题目很好。安定还叫人要"明体，达用"，即明儒家的根本道理，为朝廷服务。胡瑗的学生考取进士的很多，他为宋王朝培养了一批人才。

石介可以说是首搞宗派活动的人。

宋代讲《春秋》的人很多，都是借孔子名义来重整伦常的。北宋时尊王。南宋时，北方被金人夺去了，除尊王外，还要讲攘夷。胡安国作的《春秋传》就是这样的。从胡安国的《春秋传》看，他是一方面强调复仇，一方面又怕战争。《春秋》所记的齐桓公伐山戎这件事，《穀梁传》说这是褒，《公羊传》认为这是贬。胡安国说，《春秋》称"齐人伐山戎"，既称人，可见是贬。按照南宋攘夷的观点来看，应该是"褒"（肯定齐桓公讨伐戎族）；可是胡安国却认为是贬（否定）。这反映了南宋统治者，一方面大叫讨伐金人，一方面又害怕战争的思想。

宋代最重视的是三部经书：《春秋》《周易》《礼记》。

宋学以《周易》来代替佛教的哲学。《周易》有几点是与佛教哲学对立的。佛教讲"苦"、"空"、"灭"，认为人在胎中即是苦的，母亲喝点热水，胎儿就热得要死，母亲喝点冷水，胎儿即冷得要命。所以人是苦的。据佛家禅宗南宗看来，什么都是空的，最后连佛也是空的。什么佛（释迦）、什么祖（达摩），一切皆空。他们骂佛祖是老胡，是乾屎橛。他们不读书，不著文字，因为反正什么都是空的。佛讲涅槃，涅槃即是寂灭（死）的意思。人世什么都空，都是"无常"，认为有生即有灭，最好是无生，无生即可不灭。《易经》刚好与之相反。《易传》说"立人之道，曰仁与义。""仁近于乐"，"仁者不忧"（《论语》）。这就是说，人不是苦的。儒家讲"有"，有父子，有君臣，有夫妇。《易经》还讲不灭，说"天地之大德曰生"。这都是与佛教对立的。

宋学，一是经学，一是哲学。汉人讲训诂，不讲义理，宋学则在《周易》中找哲理，以代替佛教的哲学。《易经》是最易于附会发挥的。宋学的《太极图说》是从道士陈抟那儿来的。太极图原是讲炼丹术，是道家讲炼丹秘诀的，讲的次序由下而上。陈抟的太极图，经数传到了周濂溪（周敦颐）。他讲太极图的次序改为由上而下，并与"易有太极"联系起来，这就成了儒家的东西了。无极太极、动静阴阳、绸缊感通，尧舜之道等等名堂，都是从《周易》的十翼中引伸出来的。叶水心所说的"夷狄之说，本于中国"，就是指宋学把佛教的一套东西，加以改造，用《易经》的形式表述出来。

《易经》有象和数，宋人特别重数。邵雍的《皇极经世》是专讲数的，他甚至相信《河图》《洛书》等无稽之谈。朱熹学问很博，但他也相信《河图》《洛书》。

《周礼》也是宋代最重要的一部书。宋是最积弱的朝代，统治者幻想实行《周礼》中所说的井田制度以求强盛。宋儒李觏提倡《周礼》，他在《致太平论》中说："周之制，其神矣乎？"这就是说，按照《周礼》办事，就可以解决积弱的问题。据《周礼》记载，周时八家九顷地，各家种100亩，中间一顷为公地。这样，民可以安居乐业。宋儒所以对《周礼》所记载的这种土地制度感兴趣，说明宋代土地问题的严重。张载也很重视《周礼》，认为治天下不用井田，即不会平，周致治世，就是由于天下平，人君行井田，须有仁心。王安石做宰相，不仅提倡《周礼》，还作《周礼新义》，规定考进士须读《周礼》。他还用《周礼》作为自己驳反对者的理论根据。宋代重《周礼》，从政治上看，无非是企图借《周礼》的井田制来对当前作些改良罢了。

《春秋》讲尊王、攘夷，当然会受到统治者的重视。

宋儒重《四书》（《大学》《中庸》《论语》《孟子》），《四书》是从宋开始的。《大学》《中庸》都是《礼记》中的一篇文章。程伊川认为《大学》是孔子的遗书，是初学入德之门。他解释"中庸"说"不偏之谓中，不易之谓庸，"不变谓之"常道"。禅宗讲传授心法，宋学认为《中庸》就是孔门心法。孔子传给子思，子思传给孟子，前后相传，其味无穷。

宋儒讲经学与汉人不同。汉人是笃守师法，宋儒则认为，凡合于理的便是师法，否则便不是。因此，宋人讲经有个特点：敢于怀疑。这就把汉唐认为"经"是神圣不可侵犯的一套都推倒了。敢于怀疑，这是好的，但不能没有根据的乱怀疑。清人王鸣盛批评宋儒是，道学大倡，罢落汉唐，独研义理，治学创别是非，以理为准，"其流弊也悍"。皮锡瑞在《经学历史》中，也说宋人既不信注疏，又不信经文，删改经文"不可为训"。

欧阳修写了《易童子问》三卷，认为《易经》的《系辞》、《文言》等十翼是假的。朱熹怀疑古文《尚书》的真实性。朱熹的学生王柏作《诗疑》，删去了30多篇所谓"淫奔之诗"。《春秋》三传，孙复在作《春秋尊王发微》时，完全把它搁在一边不管。南宋叶梦得作《春秋谳》，把《公羊》《穀梁》二传一概驳倒。司马光疑《孟子》不是孟子自己作的。宋儒对古代经典的这些怀疑，只有朱熹对古文《尚书》的怀疑是对的。朱熹虽然怀疑古文《尚书》，但却认为《伪古文尚书·大禹谟》所说的"人心惟危，道心惟微，惟精惟一，允执厥中"一段话，是好得不得了，是孔门传授心法。

宋学的兴起，有其历史的必要。唐末五代大乱，伦常败坏，佛教又与伦常有矛盾，因此，统治阶级提倡儒学。当然，要使儒学能够为宋代的统治者服务，还必须吸取和改造佛教中的有用的东西，以便能更好地欺骗群众。

宋以前，国亡之后很少有人以死殉国的，宋以后就多起来了。清初，毛奇龄变节投清，他讲道学时说宋人都没有国亡殉国的，全祖望举出了许多例子来驳他。

二程主张"饿死事小，失节事大。"北宋时，女人再嫁是不受斥责的。王安石儿媳再嫁，范仲淹的母亲也是再嫁过的。他们都不回避再嫁的事。南宋以后，提倡死守贞节。现在再提倡宋学是要不得的，但是否宋学全要不得呢？是否宋学还有些可用之处呢？宋学讲气节，国亡殉国，不投降外国，这是值得肯定的。

四　明清的经学

清代的经学可以称之为汉学。汉代古文、今文的发展都有政治上的原因，宋学的发生也有政治上的原因。西汉经学重点在讲阴阳灾异。不仅《书经·洪范》篇讲灾异，《诗经》也讲灾异。自董仲舒始，任何一经都须讲灾异，不讲，这部经书就站不住脚。东汉时，光讲灾异还不够，还要讲谶纬。讲谶纬比讲灾异更容易。只有古文经学是反对灾异、谶纬之类的迷信的。汉代经学坏处比好处多，因为讲迷信，欺骗人民，反迷信的只有一部分古文经学家。

宋学的兴起，是由于安史及五代的大乱，伦常败坏。宋学的目的是整顿伦常道德。宋学固然毛病很多，但在重整伦常方面收效不少。宋学重个人气节，因此，宋以后，国家危亡时，民族气节提高了。这样看起来，宋学也有其积极方面，不是完全消极的。宋学的毛病是空谈心、性、天道等抽象的东西。

程朱还是比较重视实践的。当然，他们的实践不是革命的实践，而是指做人的修养。朱熹主张半天读书，半天打坐。程朱的末流就完全流于空谈了。陆象山的思想则更趋于佛教化。由陆象山到王阳明这一派的思想，实际上是佛教南宗慧能一派的"即心成佛"的思想。南宗认为，明心见性即成佛。儒家讲成圣人，成圣人本极不容易，孔子也不敢自称是圣人。王阳明把佛家的明心见性一套思想拿过来，改装成一旦豁然贯通，即可成圣人的理论。王阳明自己还有些办事的本领，其末流空谈之风越来越厉害。明亡与士大夫阶层不务实学，光事空谈有关系。明朝时候的八股文，就是宋学的表现形式，是宋学的文风。明永乐时颁布《四书大全》以朱熹注为正宗。于是明人只读朱注《四书》，连《五经》也不读。因为读熟《四书》，即可考取进士作大官。考进士的题目都出在《四书》上，所以读《五经》的人很少。明人的学问很狭隘，只知道《四书》。

明人嘴上是仁义道德，实际上无耻到极点。读《明史·阉党传》，真令人怒发冲冠。阉党中，除一人外，都是进士出身。宋学和八股文的流弊，明亡之后，看得更清楚。明亡于清，固然有其他原因，但宋学只讲空谈，不务实际，阉党的堕落，也是明亡的原因之一。比较有正义感的士人，对程朱之学的流弊痛恨得很。亡国之后，痛定思痛，都感到宋明理学家所讲的明心见性、明道穷性一套理论，全是废话；主静主敬，全是没有道理的，应该提倡经世致用之学。

明末清初，主经世致用的学者，南有黄宗羲、顾炎武、王夫之。黄、顾、王三人对学术都有很大贡献。北方有颜元、李塨。颜元讲实践。北方的颜、李及孙奇逢，与南方三大家是没有直接联系的。

明人学问的空疏，历史已有定论。他们所印的书也大都靠不住，当然也不能一笔抹煞。有一批人，看到国家危亡，也在认真读书，而且有成绩。清初的几个大学问家，就是在这种环境中长大起来的。

明孝宗时的前后七子，他们主张"文必秦汉，诗必盛唐"。这种只读古书的学风，影响很大。厚古薄今，越古越好，这当然是不对的，但在当时，对于八股先生是一个很大的打击。

明人在经学方面是有成绩的，主要有如下几家：

梅鷟的《尚书考异》。梅鷟把《古文尚书》完全推倒了。《古文尚书》宋人虽然已经疑其为伪，但那是从文字的难易方面提出些疑点。宋人觉得，为什么《古文尚书》反而比今文容易读呢？因此疑古文不可靠，但没有具体论证。梅鷟则提出了许多确凿证据，以证明其伪。

朱谋玮的《周易象通》。朱的学问很大。朱是反对宋学的，宋代易学是讲数的，汉人讲象。朱用象来讲易，实际上是向宋人的《先天图》、《太极图》、《皇极经世》、朱熹的《周易》等宋人的易学挑战。朱谋玮的《周易象通》也不敢完全把《河图》《洛书》等谎言推倒。他以自己所编造的谎言代替了宋人编造的谎言。朱是明皇朝的同姓，他诈称自己从明内府得了一个真正的《河图》。这个《河图》真正是伏牺所作，一直保存在皇帝的内府，到宋徽宗时才发现。这当然是胡说八道。但在那时，他这样作，多少还有点可以原谅。

赵宦光等的音韵之学。古代音韵和宋人不同，宋学家不懂这个道理，看到经书上不协韵的，即任意更改。赵宦光等研究《说文解字》，指出经书的字音，宋时虽然不协韵，但古代则是协韵的，宋人乱改经书中不协韵的字，是错误的。陈第进一步研究古音，作《毛诗古音考》，具体指出古今音韵不同，如母，古念米；马，古念姥；京，古念疆；福，古念逼等等。这种研究，对清儒起很大作用，清儒研究经学，从文字音韵入手，明人开其先例。

焦竑讲校勘之学，这也是开清代校勘学的先例。

明末所以讲这种学问，是由于人们不满于宋学末流的空疏。明末的学风，可以说是弃宋复汉。黄、顾、王三大家则是这种学风的进一步发展。

顾炎武是浙西学派，黄宗羲是浙东学派。两派影响很长久，直到清末。清是封建社会的末代，可是在学术和古诗文等各个领域中都出现了复古的风气，只有小说倒是一个创造。这可能是回光返照。清朝社会有新的变化，资本主义开始萌芽，敏感的文学家，抓住一些新事物，因之产生新鲜的作品。

宋学讲理，理就是圣人之性，是绝对的。一切以理为依据，不合乎理，就必须受到批判。朱熹所以对《尚书》提出怀疑，就是他觉得《尚书》不合乎理。朱熹学生王柏删诗 32 篇，也是因为那些都是淫奔之诗，不合乎理。汉人讲家法，对古代传下来的东西，是完全不敢怀疑的。宋学敢于怀疑，这是宋学的长处。这种怀疑虽然常常流于武断，但总算是用脑子去想。汉学不加任何思考判断，它是不用脑子的。《论语》中有两句话："学而不思则罔，思而不学则殆。"汉学是学而不思，死记师说，不知其义。宋人则思而不学，光去空想，不读书。王阳明坐在竹子旁边格物，结果格出病来了，就是典型例子。

清人想把学与思结合起来。顾炎武讲经学，黄宗羲讲史学。一是清代经学的开创者，一是清代史学的开创者。他们做学问，可以说是学、思结合，为救亡而读书。

顾亭林的学问很广博，年青时已感到国家将亡，要讲实学。他青年时写了《天下郡国利病书》，书未写成，国已亡。他是一个有民族气节的爱国志士。他的学问宗旨有二：博学于文，行己有耻。明士人依附阉党，无耻之极，清人入关，有大批汉族地主阶级知识分子投靠清人。顾亭林见此，痛心之极。顾的重要著作为《日知录》。他说，将来有王者兴，可以为治。他还有一部《音学五书》，这也是很重要的书。清代的戴东原学派，即导源于顾的这本书。

黄宗羲亦极渊博。顾亭林崇拜程朱，反对陆王。黄梨洲则是王阳明的嫡传弟子刘宗周（蕺山）的学生。黄宗羲的父亲是东林党中有名的人物，为阉党所害。黄宗羲父亲临死时，告诉黄说，学者最要紧的是通史。黄从年轻时就研究史学，但他也不放弃经学。他教学生，必先穷经。经学可以经世，不通经，便是迂腐之儒，而学经必须同时学史。黄宗羲有两个大弟子，万斯同和万斯大。万斯同传史学，万斯大传经学。

黄宗羲作有《明史案》240卷（已佚）。康熙十八年，开明史馆。总裁是顾亭林的外甥徐元文。徐把一些有名的人都拉入史馆，实际上是拉他们下水，黄宗羲坚决不入史馆。结果叫黄的儿子黄百家和学生万斯同去。其条件是：以布衣身分参加史局，不受封，不受禄，不具名。两人住在徐元文家里。明史稿每写成一篇，即给万斯同看，有的万斯同还送去给黄宗羲看。明史稿修成时，万斯同已死，但其基础则是万斯同打下的。万斯同自己著有《明史稿》500卷，主要是根据黄宗羲的《明史案》写成的。万的这部《明史稿》后来王鸿绪拿去，王以自己的名义付印。乾隆初，张廷玉又以王鸿绪的《明史稿》为基础，撰成《明史》。

全祖望、章学诚都是传黄学的。全祖望写了许多明末有气节的人的传记。章学诚的《文史通义》造诣很深。

黄梨洲给万斯大作的墓志铭说，万斯大治经学的基本观点是：不通各经，便不能通一经；不懂传注的错误，便不能通经。万斯大曾经指出了某些传注的错误。《诗经·召南·何彼秾矣》："平王之孙，齐侯之子。"《毛传》认为，平王是平正之王，即文王，齐侯是齐一之侯。万斯大指出，《毛传》的解释是错误的。平王就是周平王，齐侯指襄公。这句话的意思就是平王的孙女嫁给襄公的儿子。

万斯大最有研究的是礼。他作有《周礼辨非》《仪礼商》二书，指出《周礼》、《仪礼》中许多可疑之处。这是很好的两本书。黄派为什么这样重视礼呢？黄宗羲认为，礼是"经之大者，为郊社、禘祫、丧法、宗法、官制，言人人殊，莫知适从，士生千载之下，不能会众以合一，犹可谓之穷经乎？"这就是说，因为封建礼制受到了破坏，人们莫知适从，因此，要穷经就必须明礼。

继顾、黄两位大师而起的有阎若璩。阎作《古文尚书疏证》，推倒了宋学的根基，给汉学的恢复开辟了道路。其次是胡渭，胡作《易图明辨》《洪范正论》。他指出，《易图》是华山道士陈抟搞的把戏，把宋人讲《周易》的老底都揭出来了。《洪范正论》则把西汉的五行灾异说打倒了。毛奇龄（浙江萧山人）写了二三四卷书，他的《四书改错》专门反对宋学，把朱熹骂得一塌糊涂。他还写了一部《仲氏易》，把宋人讲的《易经》推倒了。毛奇龄晚年又维护起宋学来，他是一个既废弃宋学又恢复宋学的人。

清初的汉学家中，以毛奇龄的品行最坏。康熙为了拉拢汉族地主阶级知识分子，专门开设博学鸿词科，收买那些社会名流。顾亭林、黄宗羲的态度很明确，坚决不去。阎若璩虽然去应试，但未考取，丢了名气又没有做上官，大发牢骚。临死的那一年，康熙找他，他高兴得了不得，但也没有做什么官就死了。胡渭在康熙十八年南巡时，康熙赏给他"耆年笃学"四个字，于是，他一辈子的名气就完了。毛奇龄最没有骨气。康熙十八年，毛听说康熙要把朱熹列为十哲之一，他就赶快把自己的《四书改错》的书版毁坏了。

清顺治时，统治者还顾不上对士大夫阶层思想的控制。康熙时是尽量拉拢士大夫，如开明史馆，设博学鸿词科等等。到了雍正时，控制就严起来了，对不愿意与清统治者合作的士大夫，大兴文字狱，采取了镇压的手段。吕留良文字狱，就是对汉族地主阶级知识分子的一次大规模的武力镇压。吕留良原是八股先生，他坚持华夷之别，借选文而流露了自己的民族感情。湖南有些人为他选的文章的批语所感动。这就触犯了清统治者。雍正即严办这些对清统治不满的知识分子。当时吕留良已死，清统治者处以剖棺戮尸的酷刑，他的子孙被灭族，他的门生故旧皆被杀。从雍正到乾隆这段时间，文字狱越来越厉害。于是文人学士只好钻旧书，不敢谈政治。考据之学就是在这样的条件下兴盛起来了。

清代的古文经学，大致可分为三个时期，乾隆以前是开始时期，乾隆、嘉庆时是全盛时期，道光以后是衰落时期。

清代的考据家很多，《皇清经解》收有 157 家，收书 2727 卷，大多数是乾隆嘉庆时人，故世称乾嘉学派。乾嘉学派分两派，一为吴派，一为皖派。吴派以惠栋为首，皖派以戴震为首。

吴地富裕，做官人多，藏书丰富。惠栋上代三辈搞经学，基础很厚。他的有名著作是《周易述》，把所有汉人讲《易经》的著作都收集在一起，但没有任何说明和发挥。这种办法成为吴派的学风。钱大昕、王鸣盛、孙星衍、洪亮吉等都是这个学风。这派治学的特点是好博而尊闻，不讲义理。

皖派与吴派不同，他们从音韵小学入手。据章太炎的说法，是讲"形名"。他们收集材料，加以研究判断。戴震的学问很广博，不仅懂经学，还懂算术、地理等学。以汉学反宋学。可以说，到戴震时才算完成。黄宗羲、顾亭林与宋学仍有联系，吴派的学问很杂乱，与宋学分不清，只有戴震才与宋学划清了界限。他的《孟子字义疏证》，从哲学上把宋学驳倒了。他不仅搞训诂、名物，而且也谈义理。他用唯物主义反对宋学的唯心主义。

　　戴震的影响很大。他的学生段玉裁所著的《说文解字注》，可算是文字音韵学的高峰。王念孙的《广雅疏证》，王引之的《经传释词》，成就更高。浙江的俞樾、孙诒让，都是王氏父子所传。俞樾的《古书疑义举例》，很有学术价值。看来文学不能父子相传，经学是可以父子相传的。大诗人李白的儿子伯禽是个饭桶，杜甫的儿子宗文、宗武也毫无成就，王念孙在经学上成就很大，他的儿子王引之在经学上的成就也很高，这便是一例证。

　　汉学到了戴震是登峰造极了。只能在他的规模上扩充，而不能再向上发展了。但是，物极必反，清代的汉学出了反对派。

　　古文家姚鼐愿给戴震当学生。戴震写信拒绝了。姚老羞成怒，要反对戴震学派。但他自己没有什么学问，没有公开写文章反对。他的学生方东树很能写文章，又懂得汉学，便写了《汉学商兑》来反对戴震派的汉学。方一条一条地驳汉学，最后说汉学家的文章是"屠酤计账"。确实，不少汉学家的文章都是罗列一大堆材料，但什么问题也没有说清楚。毛奇龄《孟子生卒考》，考了半天，生卒年还是没有考出来。《皇清经解》里有许多篇《明堂考》，考来考去，明堂到底怎样还是没有考清。

　　但这些还不是汉学的致命伤。反对清代汉学最有力的是戴震的学生孔广森。他开始研究与古文经学作对的今文经学。孔广森写了《公羊通义》，用今文学来改变古文的学风。孔广森年纪很轻就死了，他的今文学尚未深入展开。与戴震同时，江苏武进的庄存与也搞今文学。他的学问很广博，可算是清代今文经学的开创人。庄的两个学生刘逢禄和宋翔凤，把今文经学更向前推进了一步。刘作《春秋公羊传何氏注释例》,发挥了张三世，通三统（三世即据乱世、升平世、太平世，三统指夏、商、周）

的思想。古文学家认为古代好，后代坏，主张复古。今文学家则相反，他们认为，夏、商、周三统要变通，要改制。说孔子作《春秋》，是"绌周王鲁"，"受命改制"。宋翔凤还写了《拟汉博士答刘歆书》，来反对古文学。刘逢禄、宋翔凤是嘉庆时人，这时清统治力量已大为削弱，走向衰落。今文家的改制思想是这种时代条件的反映。

道光时，魏源、龚自珍出，二人对今文学的发展起了很大的作用。魏、龚都是刘逢禄的学生。龚自珍是段玉裁的外孙，文字音韵、训诂等都很有修养。他反对古文家脱离政治，而提倡今文，主张谈政治，关心国事。他还好谈边事，新疆改设为行省，是他首先提出来的。他所写的《蒙古图志》（已失传），见解也很有可取之处。魏源撰《海国图志》，是中国人讲外国情况最早的一个人。

王闿运也是讲今文学的。他是曾国藩的幕僚，文章很好。他虽然讲《公羊》学，但把《公羊》学限于经学，而不谈当时国内外的政治形势。他有个学生叫廖平，却对《公羊》大加穿凿附会，写了许多书。到晚年，张之洞觉得他的说法对清统治者不利，即收买他，他就自己写文章驳斥自己。可是他那些穿凿附会的东西已经产生了影响。广东的康有为，原是搞古文学的，他想从《周礼》中找治乱的根据。看到廖平的著作，大为感动，即援廖例，作《新学伪经考》，反对古文学。认为古文经学都是新莽时刘歆所伪造。康的反对古文学的办法很简单，只要他看不顺眼，就说它是刘歆所伪造的。他的第二部书是《孔子改制考》，宣传托古改制思想。康的第三部书是《大同书》。《礼记·礼运》篇有大同小康之说，康有为把《公羊传》上的三世说倒过来，先是乱世，后是升平世（小康），最后是太平世（大同）。提出了一个由乱到太平的完全空想的社会蓝图。《大同书》写成,康有为却秘而不宣。梁启超说康有为任性主观,自信力极强,看不起客观,以客观事物服从自己主观需要,这些批评说得不错。不过他的变法改制思想是进步的。

今文学中,真正算得上是今文学的经师的是皮锡瑞。皮是个进步的举人。康梁变法失败后,他即闭门著书。他比康、梁好得多,是个真正的经生。他作的《经学历史》是一部比较好的书。他有点偏于今文学,但他对各家的评价基本上是公允的。

古文学派中最后的一个代表人物是章炳麟。他是清末古文经学的代表。古文经学是学而不思,很难引伸出革命的思想来的。古文学派中曾出现了许多进步的历史人物,如王充作《论衡》,范缜作《神灭论》,何承天作《轮回说》,范晔作《无鬼论》,柳宗元作《天说》,等等,但这只能说明,从古文经学中可以引申出进步思想。从古文经学中引申出政治上革命的思想来是很难的。章太炎虽然是革命分子,但他的革命思想与古文经学没有关系,他主要是受黄宗羲浙东学派反满思想的影响。章主要是反满,所以辛亥革命之后,即跑到袁世凯那里去了。

皮锡瑞说,国朝(清)经学凡三变,国初,汉学萌芽,汉学与宋学未分家,未立门户。乾隆之后,古文之学大盛,推倒宋学,讲实证,不讲义理,这是纯汉学。道光以后,讲的是西汉的今文学,讲微言大义,好作引申附会。皮锡瑞的这种分法,大致是对的。

清人的著作,浩如烟海,主要有:

焦　循:雕菰楼易学三种:《易章句》《易通释》《易图略》。

孙星衍:《尚书今古文疏证》。

陈　奂:《诗毛氏传疏》。

孙诒让：《周礼正义》。

胡培翚：《仪礼正义》。

陈　立：《公羊传义疏》。

焦　循：《孟子正义》。

邵晋涵：《尔雅正义》。

（原载 1979 年《历史学》第 1 期）

中国历史上的民族斗争与融合 [①]

　　研究中国历史，差不多到处要碰到民族问题。从中国有历史记载以来，出现过的民族就很多。华夏族只是其中的一部分，此外还有许多名目，这里统称之为非华夏族。春秋时期有所谓蛮、夷、戎、狄，这是华夏族人按地区对非华夏族的称呼，实际上它们内部还有很多分别。那时候，这些民族并不像秦汉以后住在边荒，而是住在中原地区，在黄河流域内，与华夏族杂居。东周天子的都城洛阳，附近就有陆浑之戎、伊雒之戎。卫国城墙上可以望见戎州。在春秋时期，华夏族与非华夏族斗争激烈，到战国时期，这些民族大体上都与华夏族融合了，形成为一个华夏族。其余各族，很多不再见于记载。这不是说它们消失了，而是它们融化成比原来更大的民族了。秦修长城，与匈奴分开。匈奴在长城外，称为引弓之民，华夏族在长城内，称为冠带之民。自西汉时起，塞外游牧民族在匈奴单于统治下成立一个统一的大匈奴国（暂时的、不巩固的、军事行政的联合），长城内农业民族在

---

　　① 范文澜1962年夏间将此文交给《历史研究》编辑部 "附记" 如下："附记：这是我在一些学校里曾经讲过的发言稿，因为预备得不够充分，难免言者以为无罪，听者却认为该受呵责。现在我把发言稿整理出来，予以发表。按照百家争鸣的方针，史学界同仁可以展开争论，我愿意虚心接受好的意见，如果我的论点不正确，那就改正好了。"

汉朝统治下成立统一的以汉族为主体的大汉国。汉武帝同匈奴作战，此后许多塞外民族迁移到内地或边境上，使匈奴、氐、羌、鲜卑、乌桓等族和汉族发生接触。在西南地区有所谓西南夷。当时汉族在四川、云南、贵州、湖南、浙江、福建、两广等地势力不大，汉朝建立初郡，在非汉族地区逐渐伸展政治力量。西晋覆亡后，居住国境内所谓五胡的落后民族相继起来建立政权，统治中原地区的汉族，民族间的斗争热闹得像开水沸腾。到南北朝末年，隋统一黄河流域，这才完成了各民族的大融合。所有以前历史上曾经出现过的民族，到隋朝时差不多都被融化了。长期居于统治地位的鲜卑族，也融化到汉族里面了。

在民族融合的过程中，一般来说，统治汉族的少数民族，融化的速度较快，而被统治的少数民族，融化的速度较慢。这是什么缘故呢？因为汉族经济、文化水平较高，为了统治汉族，不得不把自己提高，但又不可能超过汉族，只能同汉族一样，等到政权崩坏，失去凭藉，那就很自然地只好与汉族合为一体。被汉族统治的少数民族却不然，它保持原来落后的经济和文化，起着抵抗新事物的作用，它不必像统治汉族的民族那样必须提高自己的水平，因此，融化的速度就慢些。这一类民族形式上似乎保持落后文化，藉以保存自己，实际是甘心作池塘里的死水，不能流入江河，最后仍免不了干涸。马克思说："野蛮的征服者总是被那些他们所征服的民族的较高文明所征服"[1]。由于汉族的文明比附近各少数民族都高，人口也多，尤其是汉族地区土地肥沃，物产丰饶，强烈地吸引落后民族用各种形式迁移进来。有的用武力硬打，有的要求内附，不论用的是什么形式，与原来的汉族总有

---

[1] 《不列颠在印度统治的未来结果》，《马克思恩格斯全集》第9卷，第247页。

一番斗争，这种斗争可能是极残酷的，但结果总是融成一体。从历史上看，汉族好像是一座融化各民族的大熔炉，春秋战国时期是一次大融化，十六国南北朝也是一次，唐朝又是一次，辽、金、元、清四朝融化的规模大小不等，多少都增加了汉族的数量。汉族之所以成为一个巨大的民族，是由于几千年来不断吸收附近各民族的缘故。这正是马克思指出的"永恒的历史规律"①。的确，经济水平、文化水平高的民族能够吸收其他民族，这个道理很明白，无待解释。将来到了共产主义社会，国家的界限没有了，民族的界限也将逐渐消失，各民族到底怎样融合，现在还不知道。不过，经济水平文化水平高的民族的吸收力总要比较落后的民族强一些，这一点是大致可以肯定的。

历史上有名的唐朝，皇室姓李，自称是陇西李氏，并说自己是老子李耳的子孙。因为攀高亲，把道教也捧起来，规定道教地位比佛教高一等。有一次唐太宗让道教和佛教辩论，一个著名和尚名叫法琳的，对唐太宗说，你姓的那个李，不是陇西李而是拓拔达阇的那个李，达阇就是汉语的李字。你是鲜卑的达阇。拓拔建立北魏，在北魏以前称代，你这个达阇就是代的贵族，是阴山的名门。你否认自己是鲜卑人，硬说是陇西李氏，这是不对的。唐太宗听了大怒，连眼睛都直起来了，但也无法驳倒法琳，只好说，"你们佛经上讲，念观音菩萨，刀落在头上，头可以不掉下来。我现在给你七天去念观音菩萨，到时候我来试试你的头掉不掉下来。"这个和尚在狱中苦想救头的方法，知道念观音菩萨是骗人的勾当，却骗不了杀头的刀。他忽而想出一条妙计。到了第七天，唐太宗派人去问他。他说，我没有念观音菩萨，我只念的

---

① 《不列颠在印度统治的未来结果》，《马克思恩格斯全集》第9卷，第247页。

皇帝陛下，因为陛下太好了，就是观音菩萨，念了陛下的尊号，头就可以不掉下来。佛教徒既然低头认输，唐太宗也就免他一死。法琳说唐朝皇帝姓鲜卑的李，可能有些根据，而且与唐皇室通婚的也是鲜卑贵族。如唐太宗的母亲窦太后是鲜卑人，唐太宗的皇后长孙氏也是鲜卑贵族，唐初文武大臣很多是鲜卑人。其实，唐朝皇帝是不是汉族，用不着管他，既然他们的文化与汉族一样，表现出来的共同心理状态也是一样，再去分别谁是汉人，谁是鲜卑人，这有什么意义呢！

唐朝的疆域在唐玄宗开元时期，曾经扩大到远远的西方，它在中亚细亚一带设立了很多羁縻州。来自羁縻州的，都算是唐朝人。他们可以自由出入内地，做各种职业，不受限制。隋朝末年，黄河流域人口大量减少，唐朝有意招收塞外各族人迁居内地，让他们住在河北大平原上，一面种田，一面当兵。他们到内地后，就慢慢同汉族融化，唐玄宗开元四年，并州长史王晙上书请将突厥降人迁往内地，说他们"二十年外，渐变旧俗，皆成劲兵，虽一时暂劳，然永久安靖。"所谓渐变旧俗，就是要牧人变成农民，主要是使他们为唐朝当兵。唐玄宗开元末年到天宝年间，统治阶级腐败到极点，终于爆发安史之乱。安禄山是个杂胡，史思明是个胡人，他们使用的兵士和将官，大部分也是胡人。当时汉人承平已久，忘了武事，尤其是骑术不精，难当胡马的冲锋。后来，唐朝用重酬招来回纥兵，才把安史的胡骑打垮。杜甫《北征》诗里描写回纥骑兵的勇猛说，"其俗善驰突。送兵五千人，驱马一万匹。此辈少为贵，四方服勇决。所用皆鹰腾，破敌过箭疾"。骑兵在军事上如此重要，所以安史以后的割据者（所谓藩镇），绝大多数是胡人，他们使胡人当骑兵，让汉人当步兵，军事优势常在胡人方面。河北平原上三个藩镇，唐朝无法消灭它们，原因就在于有一批胡人拥护这些割据者。游牧人不习惯于农业生活，愿意叛乱杀掠，这是不足为奇的事。可奇的却在保护唐朝廷的很多也是非汉族人，如有名的大将军李光弼就是契丹人。唐朝很多姓李的文武官员都不是汉人，唐朝赐他们姓李，就变成了汉人，为朝廷出力反抗胡人的叛乱。从中唐到五代，许多来自突厥、回纥、西域的人，经过对抗或归附，终究与汉族融合成一体。五代时，突厥的一个部落沙陀人，凭武力建立了三个小朝代，一个是李存勖的后唐，一个是石敬瑭的后晋，一个是刘知远的后汉，沙陀人统治汉族以后，按照规律，它本身也就被融化了。

从唐到五代，是汉族的又一次大吸收，主要是吸收突厥人。经济、文化水平比较低的民族融合到经济、文化水平比较高的民族里面，这是好事情。它是有进步的性质，历史学工作者用不着避讳这一点。

事情既然是这样，汉族无疑是很多民族的化合体。它的祖先多得很，不仅传说中的黄帝族是它的祖先，而且所有融合进来的任何一个民族的祖先都是它的祖先。在这些祖先里，有一部分是当时的统治者，大部分则是被统治者，是人民群众。每一个民族都爱用自己著名的首领当作自己的祖先，这，我觉得有点奇怪。难道只有首领有子孙，别人就没有子孙么？我怀疑我们姓范的都是范仲淹的子孙，从家谱上看我也出自范仲淹。北宋时姓范的很不少，为什么别人都没有后代，只有范仲淹子孙独多呢？显然，这是因为他的名气大，有文正公的美谥，大家都愿意尊奉他，这样一来，就逐渐都变成他的子孙了。例如最近有人写文章，说南宋末年投海抗元的忠臣陆秀夫，据陆氏家谱，是陆游的曾孙。但又有人找到了另外的证据，证明陆秀夫是江苏盐城县人，与浙江山阴县的陆家并无关系。这些例子说明，只把名人或领袖人物认作自己的祖先，好像别人都没有后代似的，这种想法是与事实不符合的。我这样说的意思是：凡是现在兄弟民族的祖先或者是已经融化似乎失踪的古代民族，都是汉族的伯叔祖先或者是祖先的一部分。在当时，作为敌对的民族或国家，经常残酷地进行过斗争，今天看来，却是兄弟阋墙，家里打架。我们不能否认它们当时是敌对民族或敌国，但也不能强调不同的民族或国家而有所偏袒。

现在讲少数民族问题时，往往对一些民族的大人物不敢轻易评价。譬如对成吉思汗说些不好听的话，蒙古族的同志就有点不高兴，说对他们的祖先不敬。至于对匈奴、鲜卑等，你怎么说都可以，不会有人出来抗议。其实，成吉思汗固然留有蒙古族，匈奴、鲜卑也留有一部分的汉族。汉族有很多祖先，对谁偏袒好呢？在中国历史上，从来没有停止过民族斗争，不是你打我，就是我打你；不是你打进来，就是我打出去。因此，讲古代史时，民族问题是普遍性的问题，到处都要碰到。我们史学工作者，应该对这个问题提出自己的看法，现在，我把我的看法提出来。列宁说，"国家是阶级统治的机关，是一个阶级压迫另一个阶级的机关"①。单从这一点来看，国家似乎是纯粹消极的东西，被压迫阶级除了仇视国家，不论在什么时候和什么情况下，无条件地把它打倒，再没有其他的道理可讲。但是，我们还必须知道，国家还有恩格斯所讲的另一种职能，保护社会的共同利益，免遭内部和外部的侵犯②。国家有这样的一种积极意义，当它还能起这

---

① 《国家与革命》，《列宁选集》第3卷，第17页。

② 《路德维希·费尔巴哈和德国古典哲学的终结》，《马克思恩格斯全集》第21卷，第347页。

种作用的时候,有什么理由要打倒它或不给以同情呢? 只有当国家完全失去抵御外来侵犯的作用,仅仅是一部剥削机器的时候,这样国家,才应该由民众起来予以消灭。民众自己不起来,强大的邻国进来消灭它,那是很自然的。金和南宋都是高级的封建社会,可是政治极端腐朽,社会继续发展的可能全被阻塞。蒙古虽还只是低级封建社会,但它正是在发展中,符合社会发展的规律,是一个方兴未艾的力量。它所碰到的是高级的但腐朽已极、精力耗尽的行尸走肉。凡是腐朽着的东西,碰到发展着的东西,必然被消灭。马克思主义的史学工作者,难道可以同情行尸走肉的被消灭么!

尤其是统治汉族地区的国家,不论统治者是汉人或女真人,它们被蒙古侵犯以至于覆灭,丝毫不能引起我们的同情。因为统治汉族地区的国家,在人力物力上,有足够力量抵御任何外来的侵犯。举一个例子。唐玄宗时,突厥毗伽可汗想到唐边境抄掠,谋臣暾欲谷说,"不可。突厥人徒稀少,不及唐家百分之一,所以能与为敌者,正以逐水草,居处无常,射猎为业,人皆习武,强则进兵抄掠,弱则窜伏山林,唐兵虽多,无所施用,若筑城而居,变更旧俗,一朝失利,必为所灭"①。以下,每个雄据北方的游牧民族,比起汉族来,都不过百分之一,汉族国家处以百敌一的优势,结果是束手无策,坐以待毙,试问这样的国家是否还有存在的价值? 历史上腐朽国家如北宋、南宋末年,都不过是单纯的剥削机器,抵御外患的作用丝毫也不存在了。虽然这些国家的统治阶级是汉人,但汉族史学工作者不值得替他们呼喊,说是受了侵略,并且谴责侵略者。我们应该严厉谴责那架剥削机器,

---

① 司马光:《资治通鉴》唐纪二十七,玄宗开元四年。

赞成有人出来打倒它，女真灭北宋，蒙古灭金和宋，都是合乎规律的事情。上面说过，这些事情，今天看来，不过是兄弟阋墙，家里打架，一个小兄弟用武力打倒老朽残虐的大哥，替大哥管理家务，管得好坏，应作别论，打倒老朽，代管家务，本身总是一件好事。四分五裂的中国，蒙古把金、南宋、西夏、大理、西域都统一起来，这件好事蒙古人做了，试问当时哪一个国家能做这件好事？列宁回答了这个问题，他说："不能认为凡是合并'别国'领土就是兼并，因为一般说来，社会主义者是同情铲除国界和建立更大的国家的；不能认为凡是破坏 Statusquo（现状）就是兼并"①。

剥削阶级统治下的民族或国家，各民族和各国家间，完全依靠力量的对抗，大小强弱之间，根本不存在和平共处平等联合这一类的概念。蒙古的力量大，就要向外扩张，这是很自然的，成吉思汗时，蒙古处在原始社会刚结束，封建制度刚开始的阶段。那时候战争还被看作劳动的形式之一，打仗可以俘获敌人当奴隶，又可掳掠财物，对蒙古人说来，战争是很有兴趣的事情，谴责他们侵略或扩张，他们是无动于衷的。狼吃羊，羊被狼吃，这是动物界的规律，也是剥削阶级统治的社会规律。在剥削阶级统治的社会里，人并没有脱离动物界，动物界的某些生活规律，同样适用于人类社会。只有当人们从动物的生存条件转到真正的生存条件的时候，也就是在社会主义胜利的国家里，情形就完全不同。真正意义上的社会主义国家，既不侵略别人，也不允许别人侵略，这才不会有武力扩张。

---

① 《俄国社会民主工党向社会主义者第二次代表会议提出的提案》，《列宁全集》第 22 卷，第 169 页。

就古代剥削阶级的扩张来说，也不能一概否定它的后果。以蒙古为例，元朝虽然存在的时间不长，但建立起这么大的一个国家，为中国和欧洲经济文化的交流开展了从来未有的局面。《马可波罗游记》将中国的情况介绍到了欧洲，欧洲人想到中国来，到处寻找航路，后来发现了美洲，这是一个伟大的地理发现。美洲发现以后，大大促进了欧洲资本主义的发展。蒙古武力扩张的结果，打通了欧亚两洲的交通，促进了欧洲资本主义的发展，不能单看它的军事破坏。

承认蒙古扩张有它的积极意义，是不是代表北宋末年汉族反女真的岳飞，南宋末年反蒙古的文天祥，都不能算是民族英雄呢？当然要算。因为当时统治阶级腐烂了，有这些特殊人物，出来号召保护共同利益，抵御外来侵犯，不论成功或失败，他们本身有异于其他腐烂的统治阶级中人，他们还知道担当起抵御外来侵犯的责任。这样的人，为什么不算是民族英雄呢？

还有一种说法，就是鸦片战争时期，中国停滞在封建社会阶段上，侵略者的英国则是方兴的资本主义社会，按照腐朽着的东西必然被发展着的东西所消灭的原则，林则徐抗英是违反社会发展规律，不应该肯定他的功绩，也不应该称为民族英雄。这样想的人，我看，赐谥为机械公，可谓十分允当。在封建社会时期，征服者的经济文化，如果低于被征服者，征服者必须把自己提高到被征服者的水平，否则就不可能统治下去。反之，征服者的经济文化，如果高于被征服者，征服者必须影响被征服者，使逐渐提高，以便自己行使统治权。总的看来，双方在经济文化上趋势是拉平，归根是有益的。资本主义的征服者，往往只顾剥削殖民地，破坏多而建设少。马克思在《不列颠在印度统治的未来结果》一文里说得很清楚，他说，"不列颠人是第一批发展程度高于印度的征服者，因此印度的文明就影响不了他们。他们打破了本地的公社，摧毁了本地的工业，夷平了本地社会中伟大和突出的一切，从而消灭了印度的文明。英国人在印度统治的历史，除了破坏以外恐怕也就没有别的什么内容了，他们的建设性的工作在这大堆大堆的废墟里使人很难看得出来。"[①]把本地社会中伟大和突出的一切全部夷平，这就是资本主义征服者的统治法。当然，建设性的工作毕竟还是有一些的，不过，目的并不是为了提高印度的文明，而是要印度人永远摆脱不了殖民地奴隶的地位。清朝政府反抗英国的侵略，正符合国家保护共同利益以免外来侵犯的原则。林则徐为首的一批统治者，为抗英出了力，为后来中国人民反帝运动开了端，中国沦为半殖民地，还不曾变成完全殖民地，就是靠中国人民联合统治阶级的进步派，不屈不挠地进行顽强的抵抗，尤其是义和团的顽强反抗，迫使帝国主义知难而退，暂时收起瓜分中国的野心。如果照机械公那种想法，资本主义社会的英国来了，封建社会的中国就该束手认输，坐而待毙，一切抵抗都是违反社会发展规律的。那么，中国除了亡国，还有什么道路可走呢？

　　话说到这里，应该做一个结束。六亿多人口的汉民族是世界上最大的民族，所有中国人民，不论属于何族，都必须十分珍视这个民族的遗产。因为劳动群众是人类社会一切发展阶段上的基本生产力，有了丰富的劳动力，一切事情就好办了。缺乏劳动力的兄弟民族也将得到汉族的无私帮助，共同发展生产力。汉族之所以成为如此巨大的共同体，原因是二千多年前，已经初步形成

---

① 《马克思恩格斯全集》第9卷，第247页。

为民族[①]，并且建立起统一的国家。国家的统一，有利于民族的继续和巩固，民族的继续发展和巩固，又有利于国家的统一。因此，秦汉以后，中国基本上是统一的国家，割据分裂只是暂时的现象。割据分裂又多半是由落后民族与汉族杂居所引起的。一个地区存在着游牧与农业两种不同的生产方式，游牧人轻视农业人口的文弱，又受汉族统治者的压迫，必然要乘机发生叛乱，历史上战争和大屠杀多数是民族斗争，由此引起割据分裂，造成一段黑暗时期。在这个黑暗时期里，残酷斗争是一方面，但还有民族融合的一面，斗争与融合同时并进，斗争完了的时候也就是融合完成了，汉族因增添了新鲜血液而进一步发展。从远古传说中的黄炎之战和黄帝与九黎蚩尤之战，一直到满洲入主中国，几乎无例外地说明民族斗争是民族融合的必经过程，归根还是民族融合（元朝统治时间不长，只有一部分蒙古人融合入汉族）。依据这样的看法，中国封建时代几次大的民族冲突，汉族都遭到严重的损失，如果单就损失来看，难免发生民族间的憎恨；如果作为民族融合的必经过程来看，冲突者双方归根都有利益。那么，损失是暂时的，利益却是永久的。对来侵略者不必过分憎恨，可憎恨的应是不能自强、丧失抵御外侮能力的汉族统治阶级。

（原载 1980 年《历史研究》第 1 期）

---

① 马克思和恩格斯在《共产党宣言》中提到"农民的民族屈服于资产阶级的民族"，农民的民族，即封建社会里形成的民族，汉族就是这样的民族。